Les Normes Comptables Internationales (IFRS)

Collection GESTION

dirigée par Yves Simon, Professeur à l'Université de Paris-Dauphine

Les Normes Comptables Internationales (IFRS)

4e édition

Bernard RAFFOURNIER

GESTION

ECONOMICA
49, rue Héricart, 75015 Paris

AVANT-PROPOS

La première édition de cet ouvrage a été publiée en 1996. À l'époque, les normes comptables internationales (qui s'appelaient IAS – *International Accounting Standards*) n'étaient véritablement connues que d'une partie des professionnels de la comptabilité et de certains responsables financiers de grandes entreprises.

Depuis que l'Union européenne a décidé de rendre l'application des IFRS (*International Financial Reporting Standards*, leur nouveau nom) obligatoire à partir de 2005 [1], la connaissance de ces normes est indispensable à toute personne qui fait profession d'établir, de contrôler ou d'analyser les états financiers des entreprises. Le but de ce livre est de rendre les IFRS accessibles à un public plus large que les seuls spécialistes de la comptabilité.

Pour cela, chaque norme fait l'objet d'un chapitre spécifique qui présente l'essentiel du texte et l'illustre par des exemples d'application. Cette formule nous a semblé préférable à un découpage basé sur les subdivisions du bilan, compte tenu que la plupart des normes concernent plusieurs rubriques des états financiers.

Elle permet en outre au lecteur intéressé par une norme particulière de trouver rapidement l'essentiel de celle-ci. Ceux qui préféreraient une lecture plus « transversale » des IFRS pourront néanmoins se référer au tableau de la page 8 qui établit une correspondance entre les normes et les divers éléments des états financiers.

1. Le délai d'application des IFRS a été reporté au 1er janvier 2007 pour les entreprises qui, avant le 11/09/2002, appliquaient les normes américaines (US GAAP).

Chaque chapitre est complété par une description des principales différences par rapport aux principes généralement admis aux États-Unis (US GAAP) et par des extraits de rapports annuels qui, s'ils ne prétendent pas être représentatifs de l'ensemble des sociétés européennes, permettent néanmoins de se faire une idée des pratiques comptables dans différents pays.

Le sujet est ensuite abordé sous l'angle de l'utilisateur des états financiers grâce à une section qui envisage notamment les possibilités de « comptabilité créative » offertes par les imperfections de la réglementation.

Compte tenu de l'extrême technicité de certaines normes, nous avons été amenés, par souci pédagogique, à taire certaines difficultés et à laisser de côté les aspects qui nous paraissaient secondaires. Nous espérons que ces choix n'apparaîtront pas trop contestables. Le lecteur souhaitant des développements plus approfondis pourra se reporter aux normes elles-mêmes ou à des ouvrages plus complets.

Les IFRS et l'Union européenne

Pour être applicables dans l'Union européenne, les normes de l'IASB doivent passer par un processus d'agrément comprenant quatre étapes :

1. Le texte est examiné par un organisme technique, l'*European Financial Reporting Advisory Group* (EFRAG) qui, après consultation des parties intéressées, donne un avis sur la norme.
2. Cet avis est soumis au *Standards Advice Review Group* (SARG) qui doit déterminer s'il est équilibré et objectif.
3. Sur la base des avis de l'EFRAG et du SARG, la Commission européenne publie un projet de résolution qui est soumis au vote de l'*Accounting Regulation Committee* (ARC), composé de représentants des États-membres.
4. En cas de vote favorable, le Parlement européen et le Conseil européen ont 3 mois pour s'opposer au projet de résolution.

Après traduction dans chacune des langues communautaires, la norme est finalement publiée au Journal officiel de l'Union européenne.

L'ensemble du processus prend normalement 6 à 7 mois, mais le délai peut être beaucoup plus court lorsque les circonstances l'exigent. Ainsi, les amendements à l'IAS 39 et l'IFRS 7 permettant le reclassement de certains actifs financiers ont été adoptés par l'Union européenne le 15 octobre 2008, c'est-à-dire deux jours seulement après leur publication par l'IASB.

Toute nouvelle norme ou modification d'une norme ancienne ne fait pas partie de la réglementation communautaire tant qu'elle n'a pas été publiée au Journal officiel de l'Union européenne. Nous avons néanmoins décidé de présenter chaque norme sous sa forme la plus récente car jusqu'à présent toutes les normes de l'IASB ont fini par être adoptées par l'ARC, à l'exception de l'IFRS 9 et d'une disposition de l'IAS 39.

Genève, le 31 mars 2010
Bernard Raffournier

Important

1. Les exemples d'application ne font pas référence à un plan comptable particulier. C'est pourquoi la nature des comptes utilisés est indiquée par le symbole (B) pour les comptes de bilan et (R) pour les comptes de charges et de produits. Il appartient au lecteur d'adapter ceux-ci à son cadre comptable personnel ou national.

2. Les normes présentées dans cet ouvrage sont les versions les plus récentes des IFRS à *fin décembre 2009*. La normalisation comptable étant en perpétuelle évolution, nous invitons le lecteur à s'informer des développements ultérieurs sur les sites spécialisés (voir la bibliographie en fin d'ouvrage).

Correspondance entre les rubriques des états financiers consolidés et les IFRS

	IAS 1	**IAS 2**	**IAS 7**	**IAS 8**	**IAS 10**	**IAS 11**	**IAS 12**	**IAS 16**	**IAS 17**	**IAS 18**	**IAS 19**	**IAS 20**	**IAS 21**	**IAS 23**	**IAS 24**	**IAS 26**	**IAS 27**	**IAS 28**	**IAS 29**	**IAS 31**	**IAS 32**	**IAS 33**	**IAS 34**	**IAS 36**	**IAS 37**	**IAS 38**	**IAS 39**	**IAS 40**	**IAS 41**	**IFRS 1**	**IFRS 2**	**IFRS 3**	**IFRS 4**	**IFRS 5**	**IFRS 6**	**IFRS 7**	**IFRS 8**	**IFRS 9**
BILAN (en général)	√			√	√												√			√			√							√				√				
Immobilisations corporelles							√	√	√			√	√	√			√		√	√				√				√	√			√			√			
Immobilisations incorporelles							√						√				√		√	√				√		√						√			√			
Immobilisations financières							√						√				√	√	√	√	√			√			√											√
Stocks		√				√	√						√	√			√		√	√									√									
Créances						√	√						√				√		√	√	√			√			√											√
Titres de placement			√				√						√				√	√	√	√	√			√			√											√
Trésorerie			√										√				√		√	√	√			√			√											√
Dettes							√		√		√		√				√		√	√	√						√											
Impôts différés							√										√	√		√												√						
Provisions						√	√				√		√				√		√	√	√				√		√								√			
Intérêts minoritaires							√										√															√						
Capitaux propres						√	√						√				√	√	√	√	√						√				√							
Compte de résultat global (en général)	√			√	√												√	√		√		√	√							√				√				
Produits						√	√			√		√	√				√	√	√	√								√	√									
Coût des march. vendues		√				√	√			√			√				√		√	√									√									
Amortissements et provisions						√	√	√	√			√	√				√		√	√				√	√	√		√	√			√			√			
Intérêts							√	√	√	√			√	√			√		√	√	√	√					√											√
Impôts sur les bénéfices							√										√	√		√												√						
Autres charges							√			√	√		√				√		√	√								√	√		√				√			
Tableau des flux de trésorerie	√		√	√									√	√			√	√	√	√	√		√				√			√				√				√
Tableau de variation des capitaux propres	√												√				√	√	√	√	√		√				√			√	√							√
Notes	√	√	√	√	√	√	√	√	√	√	√	√	√	√	√	√	√	√	√	√	√	√	√	√	√	√	√	√	√	√	√	√	√	√	√	√	√	√

NB : La plupart des normes sont susceptibles d'avoir un impact sur de multiples rubriques des états financiers. Nous n'avons fait figurer ici que les incidences les plus systématiques.

L'*INTERNATIONAL ACCOUNTING STANDARDS BOARD* (IASB)

L'*International Accounting Standards Board* (IASB) est l'organisme international de normalisation comptable. Il est né de la transformation, en 2001, de l'*International Accounting Standards Committee* (IASC).

L'IASC a été créé en 1973 à l'initiative des organisations comptables professionnelles de neuf pays (Allemagne, Australie, Canada, États-Unis, France, Japon, Mexique, Pays-Bas et Royaume-Uni) en vue d'harmoniser les règles d'établissement et de présentation des comptes des entreprises. Rapidement, d'autres membres se sont joints aux fondateurs, donnant à l'IASC une stature mondiale. De 1973 à 2000, une quarantaine de normes ont été établies (les *International Accounting Standards* – IAS) couvrant la plupart des sujets comptables.

Malgré leur qualité, ces textes ont été assez peu suivis en pratique, probablement parce qu'en dehors des pays anglo-saxons, les membres de l'IASC n'étaient pas en charge de l'élaboration des règles comptables nationales. Pour donner à ces normes de plus grandes chances d'application, l'IASC a donc décidé de s'affranchir de la tutelle des organisations professionnelles et de se rapprocher des normalisateurs nationaux. Cela a abouti à sa transformation en une organisation autonome, l'IASB, en 2001.

Le fonctionnement de l'IASB

L'IASB est chapeauté par une fondation dont l'objectif avoué est, en substance :

– de développer, dans l'intérêt général, des normes telles que l'information contenue dans les états financiers soit de grande qualité, transparente et comparable, de façon à aider les investisseurs du monde entier à prendre leurs décisions économiques ;

– de promouvoir l'utilisation et l'application rigoureuse de ces normes ;

– et de travailler à la convergence des normes comptables nationales et de celles de l'IASB.

Les Trustees

La fondation est gouvernée par 22 personnalités (les *Trustees*), chargées notamment de la définition des orientations stratégiques, de la désignation des membres de l'IASB et de l'adoption des budgets. Ils jouent également un rôle important dans la collecte de fonds au bénéfice de l'institution.

L'origine des *Trustees* doit, en principe, obéir à une certaine répartition géographique et professionnelle. Au moins six doivent venir d'Amérique du Nord, six d'Europe et six de la zone Asie-Pacifique.

Le mandat des *Trustees* est de 3 ans et il est renouvelable une fois.

L'IASB proprement dit

L'IASB comprend 14 membres, dont 12 à temps plein. Ils sont nommés par les *Trustees* sur la base de leur expertise technique. Initialement, aucune répartition géographique n'était exigée mais, à partir du 1er juillet 2012, l'Europe, l'Amérique du Nord et l'Asie-Océanie devront avoir au minimum 4 représentants chacune et l'Afrique et l'Amérique du Sud au moins un. Les membres de l'IASB doivent avoir une expérience d'auditeurs, de préparateurs ou d'utilisateurs des comptes, ou bien encore d'universitaires.

L'IASB doit assurer une liaison avec les organismes nationaux de normalisation, afin de faciliter la convergence des réglementations avec les IFRS.

Le Président de l'IASB est choisi par les *Trustees* parmi les membres à temps plein. Il est secondé par un Vice-Président, également nommé par les *Trustees*.

Les membres de l'IASB sont nommés pour une durée maximale de 5 ans, renouvelable une fois.

L'International Financial Reporting Interpretations Committee (IFRIC)

Ce comité, qui a succédé au Standing Interpretations Committee (SIC) de l'IASC, a pour but de clarifier l'application des normes de l'IASB en élaborant des Interprétations de celles-ci lorsque cela s'avère nécessaire.

Il comprend 14 membres nommés par les *Trustees* pour 3 ans renouvelables.

Le Standards Advisory Council

Ce conseil comprend une trentaine de membres désignés par les *Trustees* pour une période de 3 ans renouvelable. Il constitue un forum ouvert aux organismes ou même aux individus intéressés par la normalisation comptable internationale. Sa fonction est de conseiller l'IASB sur son agenda, ses priorités et ses projets de nouvelles normes.

Le processus d'élaboration des normes

Le processus d'élaboration des normes de l'IASB est calqué sur celui en usage dans les pays anglo-saxons. Il est censé permettre à tous les intéressés (organismes nationaux de normalisation, préparateurs et utilisateurs des états financiers...) de faire valoir leur point de vue.

La procédure est théoriquement la suivante :

1) consultation du *Standards Advisory Council* sur l'opportunité d'une nouvelle norme ;

2) éventuellement, publication d'un document de discussion soumis aux commentaires du public ;

3) élaboration d'un exposé-sondage (*exposure draft*) qui doit être approuvé par au moins 9 membres de l'IASB avant d'être publié et soumis à commentaires ;

4) examen des commentaires reçus à la suite de la publication du document de discussion et de l'exposé-sondage ;

5) rédaction de la norme finale qui doit être approuvée par au moins 9 membres de l'IASB.

Les réalisations

À fin 2009, l'IASC et l'IASB ont produit 50 normes (dont 12 ont par la suite été remplacées par d'autres ou annulées) et un cadre conceptuel (cadre de préparation et de présentation des états financiers) destiné à servir de guide à l'élaboration de nouveaux textes et à la révision des normes existantes. À cela s'ajoutent 51 *Interpretations* publiées par l'IFRIC et son prédécesseur le SIC. La plupart de ces interprétations ont par la suite été incorporées dans de nouvelles versions des normes.

L'ensemble des textes publiés par l'IASB, à l'exception du cadre conceptuel, constituent les *International Financial Reporting Standards* (IFRS). Cette expression englobe :

– les IFRS proprement dits (normes publiées depuis la création de l'IASB en 2001) ;

– les *International Accounting Standards* (IAS) (normes publiées du temps de l'IASC) ;

– les *Interpretations* du SIC ou de l'IFRIC.

Les normes adoptées avant 1993 se caractérisent par une assez grande diversité d'options. Dans ses premières années, l'IASC s'est en effet essentiellement attaché à faire progresser l'idée de l'harmonisation internationale et à créer un corps de doctrine suffisamment souple pour être acceptable dans des pays dont l'environnement socio-économique et les traditions comptables sont très différents.

Par la suite, l'IASC prit conscience qu'un pas devait être franchi pour faire progresser qualitativement la normalisation internationale. La réduction des options devint alors l'objectif prioritaire. Elle aboutit en 1993 à l'adoption en bloc de 10 normes révisées qui entrèrent en application en 1995.

L'IASC entreprit ensuite, en liaison avec l'*International Organization of Securities Commissions* (IOSCO) [1] (organisme qui regroupe les autorités de régulation des marchés boursiers), un vaste programme de révision de ses normes pour que celles-ci soient admises sur tous les marchés financiers de la planète. Ce processus aboutit à l'élaboration en 1999 d'un ensemble de normes profondément révisées. Comme convenu, l'IOSCO admit le principe que des comptes conformes aux IAS permettaient la cotation sur toutes les bourses de valeurs. L'objectif recherché ne fut toutefois pas atteint car, sous la pression américaine, l'IOSCO permettait en même temps aux autorités qui le souhaitent d'exiger la fourniture d'informations complémentaires.

Cette mésaventure finit par convaincre l'IASB qu'une reconnaissance totale de ses normes passait par un accord avec les Américains. C'est la raison pour laquelle a été signé avec l'organisme de normalisation des États-Unis (le *Financial Accounting Standards Board* – FASB) un accord devant faciliter la « convergence » des IFRS et des US GAAP.

Cette collaboration a abouti en novembre 2007 à la reconnaissance des IFRS par la *Securities and Exchange Commission* (l'autorité de régulation des bourses américaines). Depuis cette date, les sociétés étrangères cotées aux États-Unis et qui appliquent les IFRS ne sont plus obligées d'établir un rapprochement du résultat net et des capitaux propres avec les montants correspondants déterminés selon les US GAAP. En revanche, les sociétés américaines ne sont toujours pas autorisées à appliquer les IFRS. L'adoption des normes internationales par les États-Unis est prévue pour 2014 mais elle se heurte à de nombreuses résistances.

L'influence de l'IASB

L'influence de l'IASB a été très diverse selon les pays. Plusieurs États ont adopté les IFRS tels quels ou avec des ajustements mineurs. Ce sont essentiellement des pays en voie de développement ou nouvellement

1. Cet organisme est aussi désigné par son nom français « Organisation Internationale des Commissions de Bourses de Valeurs » (OICV).

industrialisés qui ont ainsi trouvé le moyen de se doter à bon compte d'un ensemble de règles admises au niveau international et de nature à rassurer les investisseurs étrangers. L'alignement sur les normes de l'IASB est, pour ces pays, moins politiquement gênante que le serait l'adoption pure et simple des principes comptables américains ou britanniques. Les mêmes raisons ont poussé les anciens pays communistes en transition vers l'économie de marché, soit à adopter purement et simplement les IFRS, soit à s'en inspirer fortement.

Les pays développés ont été beaucoup moins perméables aux IFRS, probablement parce qu'ils possédaient déjà leur propre réglementation comptable. Au Japon et dans les pays d'Europe continentale, l'influence de l'IASB s'est en outre heurtée au fait que le financement de l'économie étant davantage assuré par les banques que par le marché boursier, la législation commerciale de ces pays visait plus à protéger les créanciers qu'à satisfaire les besoins des actionnaires. L'orientation « marchés financiers » de l'IASB ne correspondait donc pas à la tradition locale. Mais d'un autre côté, les organismes nationaux de réglementation doivent tenir compte des besoins des grandes entreprises, qui trouvent sur les grandes places boursières les ressources nécessaires à leur développement. La réglementation comptable s'est donc de plus en plus ouverte à l'influence anglo-saxonne. En tout cas, c'est bien dans les pays développés que l'IASB a remporté son succès le plus retentissant avec la décision de l'Union européenne de rendre les IFRS obligatoires pour toutes les sociétés cotées, à partir de 2005.

Toutefois, la diffusion des normes de l'IASB n'a pas toujours eu besoin du concours des organismes de réglementation nationaux ou communautaires. En effet, dans certains pays dont la réglementation comptable est peu contraignante (la Suisse en particulier), de nombreuses sociétés appliquent depuis longtemps les IFRS afin de donner à leurs états financiers une meilleure visibilité internationale et une plus grande crédibilité.

CADRE DE PRÉPARATION ET DE PRÉSENTATION DES ÉTATS FINANCIERS[1]

Le sujet

Le cadre de préparation et de présentation des états financiers (appelé généralement « cadre conceptuel ») a pour but de fournir une base commune permettant l'élaboration de normes cohérentes. Il précise les objectifs des états financiers, en définit les éléments essentiels ainsi que les principes qui doivent présider à leur établissement.

Il ne peut cependant supplanter une norme. En cas de conflit, les dispositions de la norme prévalent sur celles du cadre.

L'objectif des états financiers

Pour l'IASB, l'objectif des états financiers est de fournir une information sur la performance, la situation financière de l'entreprise et son évolution, qui soit utile à une large gamme d'utilisateurs lorsqu'ils prennent leurs décisions économiques.

Les utilisateurs des états financiers sont multiples. Ils comprennent les investisseurs actuels et potentiels, les salariés, les prêteurs, les fournisseurs et autres créanciers, les clients, les gouvernements et leurs administrations ainsi que le public.

1. Adopté en 1989.

L'IASB reconnaît que chaque catégorie d'utilisateurs a des besoins d'information spécifiques :

– Les investisseurs (actionnaires) sont principalement concernés par le risque et la rentabilité de leurs investissements. Ils souhaitent des informations qui les aident à décider s'il convient d'acheter, de vendre ou de conserver les actions de l'entreprise.

– Les salariés sont intéressés surtout par la stabilité et la rentabilité de leur employeur.

– Les créanciers souhaitent savoir si les montants qui leur sont dus (intérêts et principal) seront payés à bonne date.

– Quant aux clients, ils sont surtout préoccupés par la continuité de l'entreprise, qui leur assure celle du service après-vente et une sécurité d'approvisionnement.

Malgré cette diversité, l'IASB considère qu'il existe des besoins communs à tous les utilisateurs et que si les états financiers répondent aux besoins des investisseurs, ils satisfont également ceux des autres utilisateurs.

Plus précisément, l'IASB estime que les états financiers doivent permettre d'évaluer la capacité de l'entreprise à générer des liquidités car cette capacité conditionne la possibilité de payer les salaires, les fournisseurs, les annuités des emprunts et de distribuer des dividendes.

Les états financiers sont utiles dans la mesure où l'appréciation de la capacité de l'entreprise à générer des liquidités est facilitée par la connaissance de ses performances passées, de sa situation financière et de l'évolution de celle-ci.

Les principes comptables

L'IASB fait une distinction entre deux catégories de principes :

– les hypothèses sous-jacentes,

– et les caractéristiques qualitatives des états financiers.

Les hypothèses sous-jacentes

Elles sont au nombre de deux.

Tout d'abord, les états financiers sont établis selon une comptabilité d'engagements (*accrual basis*). Cela signifie que les transactions et autres événements sont pris en compte dès qu'ils se produisent et non pas au moment de l'encaissement des créances ou du paiement des dettes correspondantes. Ainsi, les ventes sont comptabilisées en produits lors du transfert des risques attachés à la propriété des biens (voir IAS 18) quelle que soit leur date de règlement.

L'autre hypothèse de base est la continuité d'exploitation (*going concern*). Cela signifie que, normalement, les états financiers sont préparés en faisant l'hypothèse que l'entreprise poursuivra ses activités dans un avenir prévisible. Elle est donc supposée n'avoir ni l'intention ni l'obligation de mettre fin à ses activités ou de réduire de façon importante la taille de son exploitation. La conséquence pratique est que les actifs peuvent être évalués à un montant supérieur à leur valeur de liquidation.

Bien évidemment, si la continuité de l'entreprise venait à ne plus être assurée, les états financiers pourraient être préparés sur une base différente qui devrait alors être décrite dans l'annexe.

Les caractéristiques qualitatives des états financiers

Ce sont des attributs qui rendent utile l'information contenue dans les états financiers. Les quatre principales caractéristiques qualitatives sont l'intelligibilité, la pertinence, la fiabilité et la comparabilité.

*L'intelligibilité (*understandability*)*

L'information doit être immédiatement compréhensible par les utilisateurs. Ces derniers sont supposés avoir une connaissance raisonnable des activités économiques et de la comptabilité et vouloir étudier l'information d'une façon « raisonnablement diligente ».

L'IASB précise qu'une information ne peut être exclue des états financiers au seul motif qu'elle serait trop difficile à comprendre par certains utilisateurs.

*La pertinence (*relevance*)*

L'information doit être pertinente, c'est-à-dire de nature à influencer les décisions économiques des utilisateurs en aidant ceux-ci à évaluer les événements passés, présents et futurs ou en confirmant ou corrigeant leurs évaluations antérieures.

La pertinence d'une information est généralement fonction de son importance. Une information est d'une importance significative (*material*) dès lors que son omission ou son inexactitude influencerait les décisions économiques des utilisateurs. Cette notion fournit donc un seuil permettant d'apprécier le concept de pertinence.

*La fiabilité (*reliability*)*

Une information est fiable si elle n'est pas entachée d'erreur ni de biais importants. Selon l'IASB, la fiabilité exige quatre qualités supplémentaires.

L'information doit tout d'abord présenter une image fidèle (*faithful representation*) des transactions et autres événements qu'elle vise à représenter. L'application des caractéristiques qualitatives et des normes pertinentes suffit, en principe, à l'obtention d'une image fidèle.

Il faut cependant que les transactions et événements soient comptabilisés et présentés en accord avec leur nature économique et pas seulement selon leur forme juridique. C'est le principe de prééminence du fond sur la forme [1] (*substance over form*) qui se traduit notamment par le fait que les biens faisant l'objet de contrats de location-financement (comme le crédit-bail) sont comptabilisés au bilan du locataire alors qu'ils demeurent la propriété du loueur (voir IAS 17). La présentation des instruments financiers fait aussi un large usage de ce principe (voir IAS 32).

L'information doit également être neutre (*neutral*), c'est-à-dire aussi dépourvue que possible de subjectivité. Les états financiers ne sont pas neutres s'ils orientent les prises de décision des utilisateurs dans un sens prédéterminé.

Une autre qualité essentielle reliée à la fiabilité est la prudence. Celle-ci est rendue nécessaire par le fait que la plupart des transactions et événements sont entachés d'incertitudes.

La prudence est définie comme la prise en compte d'un certain degré de précaution dans l'exercice des jugements nécessaires aux estimations afin d'éviter que les actifs ou les produits soient surévalués et les passifs ou les charges sous-évalués.

L'IASB fixe une limite à la prudence en précisant qu'elle ne doit pas conduire à la création de réserves occultes. Des états financiers dans lesquels les actifs et les produits seraient systématiquement sous-évalués ou les passifs et les charges délibérément surestimés ne seraient en effet pas neutres et donc pas fiables.

Enfin, l'information contenue dans les états financiers doit être exhaustive (*complete*), dans la mesure permise par le souci de l'importance significative et celui des coûts.

La pertinence et la fiabilité s'opposent parfois. Ainsi, il est possible d'augmenter la fiabilité des états financiers en retardant la publication jusqu'au moment où tous les effets des transactions et événements seront connus avec précision. Mais ceci aurait pour conséquence de rendre l'information inutile car produite avec trop de retard. Un compromis doit donc être trouvé entre fiabilité et pertinence.

*La comparabilité (*comparability*)*

Les états financiers doivent être comparables dans l'espace et dans le temps.

La comparabilité dans l'espace signifie que les utilisateurs doivent être en mesure de confronter les états financiers de l'entreprise à ceux d'entreprises semblables. Le choix des méthodes comptables étant susceptible d'avoir une incidence sur la mesure des performances et de la situation financière, il importe que chaque entreprise indique celles qui ont été utilisées.

---

1. Ce principe est aussi appelé principe de « prééminence de la réalité (économique) sur l'apparence (juridique) » (voir IAS 1). Cette appellation a le mérite d'en préciser le sens.

La comparabilité dans le temps signifie la possibilité de comparer les états financiers successifs d'une même entreprise. Deux conséquences en découlent :

– la nécessité d'indiquer les chiffres de l'exercice précédent,

– et l'utilisation des mêmes méthodes comptables d'une année sur l'autre.

Cette dernière contrainte ne saurait toutefois constituer un obstacle à tout changement de méthodes. En effet, lorsqu'il apparaît qu'une méthode autre que celle utilisée par l'entreprise aboutirait à une information plus pertinente ou plus fiable, un tel changement est parfaitement justifié.

Les éléments des états financiers

Les états financiers retracent les effets des transactions et autres événements en les groupant en grandes catégories selon leurs caractéristiques économiques. Ces grandes catégories constituent ce que l'IASB appelle les « éléments des états financiers » (*elements of financial statements*).

Les éléments liés directement à l'évaluation de la situation financière sont les actifs, les passifs et les capitaux propres ; ceux qui mesurent la performance sont les produits et les charges.

*Les actifs (*assets*)*

Pour l'IASB, un actif est une ressource qui provient d'événements passés, qui est contrôlée par l'entreprise et qui doit procurer à celle-ci des « avantages économiques futurs » (*future economic benefits*) sous forme de flux positifs de liquidités (encaissements ou réduction des décaissements).

Ces avantages économiques futurs peuvent profiter à l'entreprise de plusieurs façons. Un actif peut en effet être :

– utilisé pour la production de biens ou de services (c'est le cas en particulier des immobilisations et des stocks de matières) ;

– échangé contre d'autres actifs (stocks de marchandises et de produits) ;

– utilisé pour régler un passif (liquidités) ;

– ou distribué aux propriétaires de l'entreprise (liquidités).

Un droit de propriété n'est pas nécessaire à l'existence d'un actif. Ainsi, comme on l'a déjà dit, les biens faisant l'objet de contrats de location-financement (crédit-bail notamment) figurent comme actifs au bilan du locataire alors qu'ils demeurent la propriété du loueur (voir IAS 17).

*Les passifs (*liabilities*)*

Un passif est une obligation actuelle résultant d'événements passés et dont le règlement doit aboutir, pour l'entreprise, à une sortie de ressources représentatives d'avantages économiques.

Une obligation est le devoir ou la responsabilité d'agir ou de faire quelque chose d'une certaine façon. Elle peut résulter de la Loi, des statuts, d'un contrat, des usages ou du simple désir de conserver de bonnes relations d'affaires ou d'agir équitablement.

L'obligation doit être actuelle. Ainsi, la décision d'acquérir un actif ne donne pas, en elle-même, lieu à la constitution d'un passif. L'obligation ne naîtra que lorsque l'actif sera livré ou que l'entreprise aura conclu l'engagement irrévocable de l'acquérir.

Le règlement de l'obligation peut s'effectuer de plusieurs façons :
- un paiement en monnaie,
- un transfert d'autres actifs,
- une fourniture de services,
- le remplacement de cette obligation par une autre obligation,
- ou une conversion de l'obligation en part de capital.

On réserve souvent le terme « passifs » (ou dettes) aux obligations dont le montant peut être déterminé avec précision ; celles qui font l'objet d'estimations étant qualifiées de provisions.

Le cadre conceptuel de l'IASB ne retient pas cette distinction. Pour lui, toute obligation actuelle qui satisfait à la définition donnée précédemment constitue un passif, même si son montant ne peut être qu'estimé.

*Les capitaux propres (*equity*)*

Les capitaux propres sont définis comme l'intérêt résiduel dans les actifs de l'entreprise après déduction de tous ses passifs. Autrement dit, c'est ce qui resterait du produit de la vente des actifs une fois que tous les passifs de l'entreprise auraient été réglés. Cette définition est symbolisée par la relation :

Capitaux propres = actifs – passifs.

Cette relation montre de manière évidente que le montant des capitaux propres figurant au bilan est le résultat des conventions utilisées pour l'évaluation des actifs et des passifs de l'entreprise.

*Les produits (*income*)*

Les produits sont des accroissements d'avantages économiques apparus au cours de l'exercice sous forme d'augmentations d'actifs ou de diminutions de passifs et qui ont provoqué une augmentation des capitaux propres autrement que par de nouveaux apports en capital.

Autrement dit, constitue un produit tout accroissement des capitaux propres autre qu'une augmentation de capital.

Cette définition englobe à la fois les revenus, qui proviennent de l'activité courante de l'entreprise (ventes, honoraires, commissions, redevances, loyers, intérêts, dividendes...) et les gains [1] (profits de cessions d'immobilisations, plus-values de réévaluation d'actifs).

*Les charges (*expenses*)*

La définition des charges est symétrique de celle des produits.

Il s'agit de diminutions d'avantages économiques apparus au cours de l'exercice sous forme de diminutions d'actifs ou d'accroissements des passifs et qui ont provoqué une baisse des capitaux propres autrement que par des distributions aux propriétaires du capital.

Toute diminution des capitaux propres autre qu'une réduction de capital ou une distribution de dividendes constitue donc une charge.

Comme pour les produits, on peut distinguer les charges proprement dites, qui résultent de l'activité courante (coût des ventes, frais de personnel, dotation aux amortissements...) et les pertes [2] (résultant de catastrophes naturelles, de la cession d'immobilisations, de la variation de taux de change...).

La comptabilisation des éléments des états financiers

La « comptabilisation » [3] est le processus consistant à incorporer dans le bilan ou dans le compte de résultat un élément des états financiers.

Le principe général est qu'un « article » (*item*) qui satisfait à la définition d'un élément des états financiers doit être comptabilisé :

– s'il est probable qu'un avantage économique futur qui lui est lié viendra influer, en plus ou en moins, sur l'entreprise ;

– et si le dit article a un coût ou une valeur qui peut être évalué avec fiabilité.

La probabilité d'avantages économiques futurs s'apprécie au moment où les états financiers sont préparés. Cela signifie qu'on doit, le cas échéant, tenir compte des événements survenus après la clôture de l'exercice (voir IAS 10).

---

1. Les termes officiels anglais sont *revenues* et *gains*. Ils sont traduits respectivement par « produits proprement dits » et « autres produits et plus-values » dans la traduction du cadre conceptuel et par « produits » et « gains » dans celle de l'IAS 18. Nous retiendrons cette dernière traduction car plus récente et plus proche du texte officiel en langue anglaise.

2. La traduction française parle de « pertes et moins-values ».

3. Le terme anglais est *recognition*, que la traduction officielle du cadre conceptuel traduit par « prise en compte ». Nous préférons l'expression « comptabilisation » qui nous semble plus précise.

La possibilité de déterminer le coût ou la valeur d'un article avec précision n'est pas une condition à sa comptabilisation ; une estimation raisonnable suffit pour assurer la fiabilité. Ce n'est que lorsqu'une telle estimation ne peut être faite que l'article en question doit être exclu des états financiers, quand bien même il satisferait à tous les autres critères.

La comptabilisation des actifs et des passifs

L'application de ces principes généraux aboutit aux règles suivantes :

Un actif est comptabilisé au bilan lorsqu'il est probable qu'il procurera à l'entreprise des avantages économiques futurs et que son coût ou sa valeur peut être mesuré de manière fiable.

Un passif est comptabilisé au bilan lorsqu'il est probable que le règlement de l'obligation qu'il représente provoquera une perte d'avantages économiques futurs pour l'entreprise et que le montant de ce règlement peut être mesuré de manière fiable.

Lorsqu'il est improbable qu'une dépense procure à l'entreprise des avantages économiques au-delà de l'exercice en cours, cette dépense ne peut être considérée comme un actif. Elle constitue une charge et est, à ce titre, comptabilisée dans le compte de résultat.

La comptabilisation des produits et des charges

Par application des principes généraux, un produit est comptabilisé au compte de résultat lorsqu'un accroissement d'avantages économiques futurs lié à une augmentation des actifs ou à une diminution des passifs s'est produit et qu'il peut être mesuré de manière fiable.

Une charge est comptabilisée au compte de résultat lorsqu'une diminution d'avantages économiques futurs liée à une diminution des actifs ou à une augmentation des passifs s'est produite et qu'elle peut être mesurée de manière fiable.

À partir du moment où un produit est comptabilisé, toutes les charges nécessaires à l'obtention de ce produit doivent l'être aussi. C'est le principe de rattachement des charges aux produits (*matching principle*), indispensable pour que le résultat comptable mesure effectivement l'enrichissement (ou l'appauvrissement) de l'entreprise au cours de la période.

Lorsque des avantages économiques sont attendus sur plusieurs exercices et que leur association avec les charges correspondantes ne peut être déterminée que de façon vague ou indirecte, ces charges sont inscrites au compte de résultat sur la base d'allocations systématiques et rationnelles. Lorsque ce procédé est utilisé pour comptabiliser les charges associées à l'utilisation des actifs immobilisés, on l'appelle amortissement.

Lorsqu'une dépense ne procure aucun avantage économique futur, elle est immédiatement comptabilisée en charges. Il en est de même lorsqu'un passif apparaît sans donner lieu à la comptabilisation d'un actif en contrepartie (par exemple passif naissant de la garantie d'un produit vendu).

L'évaluation des éléments des états financiers

L'évaluation est le processus de détermination des montants monétaires auxquels les éléments des états financiers sont comptabilisés. Elle implique le choix d'une base d'évaluation : coût historique, coût actuel, valeur réalisable ou valeur actuelle.

Dans l'évaluation au coût historique (*historical cost*), les actifs sont enregistrés pour le montant de liquidités payé ou pour la valeur vénale de la contrepartie donnée lors de leur acquisition. Les passifs sont enregistrés pour le montant de liquidités reçu en échange de l'obligation ou (dans le cas de provisions) pour le montant de liquidités qu'on s'attend à verser pour régler l'obligation dans le cours normal de l'exploitation.

Dans l'évaluation au coût actuel (*current cost*), les actifs figurent pour le montant de liquidités qu'il faudrait payer si le même actif ou un actif équivalent était acquis actuellement. Les passifs figurent pour le montant non actualisé de liquidités qui serait nécessaire pour régler l'obligation actuellement.

En cas d'utilisation de la valeur réalisable (*realisable value*), les actifs sont évalués au montant de liquidités qui pourrait être obtenu actuellement en les vendant lors d'une cession non liquidative. Les passifs figurent au bilan pour leur valeur de règlement, c'est-à-dire pour les montants non actualisés de liquidités que l'on s'attendrait à payer pour régler les obligations correspondantes dans le cours normal de l'exploitation.

Dans l'évaluation à la valeur actuelle (*present value*), les actifs figurent pour la valeur actualisée des flux nets de liquidités que l'élément est supposé générer dans le cours normal de l'exploitation. Les passifs figurent à la valeur actualisée des sorties de fonds nettes futures que l'on s'attend à consentir pour régler les obligations correspondantes dans le cours normal de l'exploitation.

La base d'évaluation la plus communément utilisée est le coût historique, nuancé pour certains actifs, par des règles spécifiques :

– évaluation des stocks au montant le plus faible du coût de revient et de la valeur réalisable nette (voir IAS 2),

– possibilité d'évaluation des titres cotés à leur valeur de marché (voir IAS 39),

– etc.

Les concepts de capital et de maintien du capital

Les définitions des produits et des charges font intervenir la notion de capital. Ce concept peut être abordé :

– soit d'un point de vue financier, le capital étant alors assimilé aux capitaux propres (ou actif net),

– soit d'un point de vue physique, c'est-à-dire à partir de la capacité de production de l'entreprise.

L'approche choisie conditionne la mesure de la performance de l'entreprise. Le profit se définit en effet comme l'excédent du capital à la clôture par rapport à son montant au début de la période, après exclusion des apports et distributions effectués durant l'exercice. Autrement dit, seuls les flux d'actifs qui dépassent les montants nécessaires au maintien du capital peuvent être considérés comme du profit.

L'adoption d'un concept financier du capital n'impose pas une base d'évaluation particulière, le capital financier pouvant être mesuré aussi bien en unités monétaires constantes (c'est-à-dire au coût historique) qu'en unités de pouvoir d'achat constant (c'est-à-dire déflatées).

Le maintien du capital physique exige en revanche que l'on raisonne en coûts actuels.

Selon l'approche et la base d'évaluation retenues, les changements de prix auront des effets nettement différents sur la mesure du profit.

Lorsque le capital est défini en unités monétaires nominales (autrement dit en francs courants), toute augmentation du prix d'un actif (gain de détention ou plus-value latente) constitue un profit, même si, par prudence, elle n'est comptabilisée qu'au moment de sa réalisation effective.

En revanche, lorsque le capital est défini en termes de pouvoir d'achat constant, seule l'augmentation de la valeur des actifs qui excède l'accroissement du niveau général des prix constitue un profit. Le reste, considéré comme un ajustement nécessaire au maintien du capital, fait partie des capitaux propres.

Enfin, lorsque le capital est défini sur une base physique en termes de capacité de production, tous les changements de prix affectant les actifs et les passifs de l'entreprise sont considérés comme des ajustements nécessaires au maintien du capital. Ils ne constituent donc pas des profits.

Principales différences par rapport aux US GAAP

Le cadre conceptuel américain, qui a beaucoup inspiré celui de l'IASB, est contenu dans plusieurs textes (*Statements of Financial Accounting Concepts*) du FASB.

Le SFAC 1 traite de la finalité des états financiers. Si l'objectif principal est le même que pour l'IASB (fournir de l'information utile à la prévision des flux de trésorerie futurs de l'entreprise), l'accent est davantage mis sur les besoins des investisseurs.

Le SFAC 2 établit une certaine hiérarchie entre les caractéristiques qualitatives de l'information comptable, basée sur l'utilité de cette information pour la prise de décision. Les qualités les plus importantes sont la pertinence et la fiabilité. La comparabilité et la permanence des méthodes (*consistency*) viennent ensuite.

Le SFAC 3, remplacé ultérieurement par le SFAC 6, définit une série de dix concepts comptables : actifs, passifs, capitaux propres, produits et charges mais aussi apports des propriétaires (*investments by owners*), distributions aux propriétaires (*distributions to owners*), gains, pertes et résultat global (*comprehensive income*). Les définitions sont semblables à celles de l'IASB.

Le SFAC 5 est consacré aux règles de comptabilisation et d'évaluation. Pour être comptabilisé, un élément des états financiers doit être pertinent pour l'utilisateur et mesurable avec fiabilité. Le FASB ajoute aux quatre bases d'évaluation reconnues par l'IASB l'évaluation à la valeur de marché (*current market value*).

La pratique en Europe

La plupart des dispositions contenues dans le cadre conceptuel sont trop générales pour que les entreprises éprouvent le besoin de les rappeler. Seule la base d'évaluation utilisée (coût historique ou autre) est mentionnée de manière fréquente dans l'annexe.

Conséquences pour l'utilisateur des états financiers

L'objectif reconnu des états financiers est de fournir des informations utiles à la prise de décision des utilisateurs, et en particulier des investisseurs. Cet objectif semble effectivement atteint puisque, si l'on en croit plusieurs études, les documents comptables arrivent en tête parmi les sources d'information des investisseurs individuels ou institutionnels.

Il ne faudrait pas cependant exagérer l'importance des états financiers car la comptabilité est, par définition, une technique d'enregistrement des transactions et événements passés, alors que l'investisseur est essentiellement préoccupé par l'avenir. Même s'il est vrai que la connaissance des performances passées et de l'évolution de la situation financière peut, dans une certaine mesure, fournir des indications sur la capacité de l'entreprise à générer des liquidités, les états financiers ne peuvent que très partiellement satisfaire les besoins d'information des analystes, surtout lorsqu'ils sont publiés plusieurs mois après l'arrêté des comptes.

Parmi les principes comptables, le plus important est certainement celui de prudence. Il conduit à ne comptabiliser les produits que lorsqu'ils sont certains et les charges dès qu'elles apparaissent probables. Combiné avec l'évaluation au coût historique, il aboutit à une sous-évaluation systématique des actifs et à une surévaluation des dettes, qui font que les états financiers offrent, normalement, une vision pessimiste de la situation financière de l'entreprise. Dans certains pays comme la Suisse, ce phénomène est encore accentué par le fait que les entreprises peuvent, en toute légalité, constituer des réserves occultes, pourtant interdites par l'IASB.

L'autre principe important pour l'analyste financier est celui de permanence des méthodes qui rend comparables les comptes d'exercices successifs et évite que la direction de l'entreprise puisse, par des changements de méthodes comptables, dissimuler une détérioration des performances ou faire croire faussement à une amélioration de celles-ci. Certes, ce principe n'interdit pas tout changement de méthodes mais il exige que ces modifications fassent l'objet d'une information précise permettant d'en mesurer les effets (voir IAS 8).

La sous-évaluation systématique des actifs résultant de l'emploi du coût historique peut amener certains à regretter que les entreprises n'utilisent pas plus souvent des bases d'évaluation prenant en compte les effets de la hausse des prix. C'est oublier que le coût historique présente l'avantage de constituer une mesure incontestable et aisément vérifiable ; ce qui n'est pas le cas des autres évaluations, par nature subjectives. C'est pour cette raison que, malgré ses défauts, le coût historique demeure la base d'évaluation de référence.

Le cadre conceptuel en bref

L'objectif des états financiers est de fournir une information sur la performance de l'entreprise, sa situation financière et l'évolution de celle-ci, qui soit utile à une large gamme d'utilisateurs lorsqu'ils prennent leurs décisions économiques.

L'information doit aider à évaluer le montant, les délais et la probabilité des flux de liquidités futurs de l'entreprise.

La préparation des états financiers repose sur deux hypothèses sous-jacentes :
- la continuité d'exploitation,
- l'utilisation d'une comptabilité d'engagements.

Les états financiers doivent présenter quatre caractéristiques essentielles : l'intelligibilité, la pertinence, la fiabilité et la comparabilité.

La fiabilité suppose en outre la prééminence du fond sur la forme, la neutralité, la prudence et l'exhaustivité.

Les éléments des états financiers sont les actifs, les dettes, les capitaux propres, les produits et les charges.

Un élément des états financiers n'est comptabilisé que :
- s'il est probable qu'il provoquera un flux de liquidités en faveur ou au détriment de l'entreprise ;
- et si son coût ou sa valeur peut être évalué avec fiabilité.

L'évaluation des éléments des états financiers peut se faire selon l'une des bases suivantes : coût historique, coût actuel, valeur réalisable, valeur actuelle.

IAS 1

PRÉSENTATION DES ÉTATS FINANCIERS[1]

Le sujet

Cette norme définit le contenu des états financiers, en réglemente la présentation et rappelle certains principes comptables déjà présents dans le Cadre conceptuel.

Le contenu et l'objectif des états financiers

Pour l'IASB, un jeu complet d'états financiers comprend cinq documents :
– un état de la situation financière à la fin de la période (bilan),
– un état du résultat global de la période,
– un état des variations des capitaux propres de la période,
– un tableau des flux de trésorerie de la période,
– des notes sur les comptes (appelées généralement « annexe » en France).

La révision de l'IAS 1 en 2007 a introduit un nouveau concept, celui de « résultat global total »[2] (*total comprehensive income*), défini comme la

1. Norme révisée en 2007.
2. L'adjectif "total" semble redondant, en français comme en anglais, d'autant plus que la norme parle d'un "état du résultat global" et non d'un "état du résultat global total".

variation des capitaux propres résultant d'événements et de transactions autres que celles avec les propriétaires de l'entreprise.

Ainsi, font partie du résultat global :

- le résultat de la période,
- et l'ensemble des autres variations non monétaires des capitaux propres, telles que :

– les variations des écarts de réévaluation des immobilisations corporelles ou incorporelles lorsque celles-ci sont évaluées à leur juste valeur (*cf.* IAS 16 et IAS 38) ;

– les profits et pertes résultant de la conversion des états financiers d'une activité à l'étranger (*cf.* IAS 21) ;

– certains écarts actuariels relatifs aux avantages du personnel (*cf.* IAS 19) ;

– la partie efficace des profits et des pertes sur instruments de couverture dans une couverture de flux de trésorerie (*cf.* IAS 39).

Par contre, les paiements reçus et effectués avec les actionnaires (dividendes, augmentations de capital en numéraire, rachats d'actions propres, etc.) n'entrent pas dans le résultat global.

Le résultat global peut donc être interprété comme l'ensemble des variations non monétaires des capitaux propres.

Exemple 1.1. – Au cours de l'exercice N, l'entreprise a :

– émis 10 000 actions à 300 €. La valeur nominale de ces actions est de 100 € ;

– distribué 5 000 actions gratuites par prélèvement sur les réserves ;

– distribué 1 000 000 € de dividendes à ses actionnaires ;

– réévalué ses immobilisations corporelles de 3 000 000 € (montant après impôt) ;

– comptabilisé 300 000 € d'écarts de conversion directement dans les capitaux propres ;

– et réalisé un bénéfice net de 500 000 €.

Un changement de méthode comptable a également conduit à diminuer les capitaux propres d'ouverture de l'exercice N (capitaux propres au 31/12/N–1) de 1 500 000 €.

Le résultat global de N représente les variations non monétaires des capitaux propres survenues au cours de la période, après exclusion des ajustements liés à des changements de méthodes.

Pour l'exercice N, il se calcule ainsi :

Résultat	500 000
Autres éléments du résultat global :	
– augmentation de l'écart de réévaluation	3 000 000
– augmentation des écarts de conversion n'ayant pas transité par le résultat	300 000
Résultat global	3 800 000

Ne sont pas prises en compte dans ce calcul les variations non monétaires suivantes :

– l'impact des changements de méthodes, parce que ces ajustements sont expressément exclus du résultat global,

– l'augmentation de capital par incorporation de réserves, parce qu'elle n'a pas d'incidence sur le total des capitaux propres (augmentation du capital et diminution des réserves pour le même montant).

Avec l'introduction du résultat global, le résultat traditionnel (appelé dorénavant « résultat » tout court) est relégué au second plan. Il est maintenant défini comme le total des produits diminués des charges, à l'exclusion des autres composantes du résultat global.

Les notions de produits et charges s'en trouvent donc également modifiées, puisque ces éléments englobent dorénavant toutes les variations non monétaires des capitaux propres, qu'elles soient enregistrées dans le résultat (anciennes définitions des charges et des produits), ou directement dans les capitaux propres [1].

Concernant la distinction entre résultat et résultat global, l'IAS 1 pose comme principe que tout produit ou toute charge doit être présenté comme un élément du résultat, sauf si une norme impose ou autorise un autre traitement.

Ainsi c'est par exemple l'IAS 16 qui précise que les variations de l'écart de réévaluation ne doivent pas être considérées comme un élément du résultat, mais comme un autre élément du résultat global.

Bien que l'IAS 1 ait modifié les noms des principaux états financiers, elle admet que d'autres dénominations soient utilisées. Nous continuerons donc à appeler bilan l'« état de la situation financière » et résultat net le « résultat » tout court. Nous parlerons également de « résultat global » et non de « résultat global total ».

Les états financiers doivent être clairement identifiés et distingués des autres parties du rapport annuel.

L'IAS 1 rappelle que le but des états financiers est de fournir de l'information sur la situation financière, les performances et les flux de trésorerie de l'entreprise, qui soit utile à un large éventail d'utilisateurs pour la prise de décisions économiques. Plus précisément, l'information doit aider les utilisateurs des états financiers à prévoir les cash-flows futurs de l'entreprise, en particulier leur échéance et leur degré de certitude.

La norme ajoute que les états financiers montrent aussi les résultats de la gestion des ressources confiées à l'entreprise.

1. On peut regretter que l'IASB n'ait pas cru bon d'utiliser un terme spécifique (par exemple, gains et pertes) pour les autres éléments du résultat global. Cela aurait permis de conserver les concepts traditionnels de produits et charges. Pour notre part, nous continuerons de réserver l'appellation « produits » et « charges » aux éléments qui affectent le résultat ; ceux qui n'affectent que le résultat global seront appelés « autres éléments du résultat global ».

La conformité aux IFRS

Après avoir rappelé que les états financiers doivent donner une image fidèle de la situation financière, des performances et des flux de trésorerie de l'entreprise, l'IAS 1 pose comme principe que l'application des IFRS [1], accompagnée si nécessaire par la présentation d'informations complémentaires, est présumée parvenir à cet objectif.

Les situations justifiant un écart par rapport aux IFRS sont donc jugées « extrêmement rares ». L'IAS 1 prévoit néanmoins la possibilité que l'application d'une disposition des normes ou des interprétations de l'IASB soit trompeuse au point d'entrer en conflit avec l'objectif des états financiers rappelé précédemment.

L'entreprise doit alors s'écarter des IFRS à condition que cette déviation soit permise par le Cadre conceptuel. Mais il lui faut alors mentionner dans l'annexe :

– que la direction estime que les états financiers donnent une image fidèle de la situation financière de l'entreprise, de ses performances et de ses flux de trésorerie ;

– qu'elle s'est conformée à toutes les autres dispositions des IFRS ;

– le titre de la norme ou de l'interprétation non respectée, la nature de l'écart, le traitement normalement exigé par les IFRS, les raisons pour lesquelles ce traitement aurait été trompeur, et le traitement utilisé ;

– l'impact de cette déviation sur chaque élément des états financiers.

Si la déviation par rapport aux IFRS n'est pas permise par le Cadre conceptuel, l'entreprise doit appliquer la disposition contestée. Elle s'efforcera, dans la mesure du possible, d'en réduire les effets trompeurs, en mentionnant dans les notes :

– le titre de la norme ou de l'interprétation en cause, la disposition qui pose problème, les raisons pour lesquelles ce traitement est jugé trompeur,

– et les ajustements des états financiers que l'entreprise estime nécessaires pour parvenir à l'image fidèle.

Pour limiter encore les cas de déviations, l'IAS 1 ajoute qu'une disposition des IFRS est présumée donner une image fidèle si elle est appliquée par d'autres entreprises confrontées à des situations semblables.

L'IASB demande aux entreprises qui appliquent les IFRS de l'indiquer par une déclaration explicite et sans réserve dans les notes. Il ajoute que les états financiers ne peuvent être déclarés conformes aux IFRS que s'ils en appliquent intégralement les dispositions.

---

1. Par IFRS, il faut entendre à la fois :
– les IFRS proprement dits,
– les IAS,
– les interprétations de l'IFRIC ou du SIC.

Les principes comptables

L'IAS 1 reprend certains des principes comptables énoncés dans le Cadre conceptuel, sans toutefois faire de distinction entre ceux considérés comme des « hypothèses sous-jacentes » et ceux dérivés des qualités nécessaires de l'information comptable.

*Continuité d'exploitation (*going concern*)*

Les états financiers sont, en principe, établis en faisant l'hypothèse que l'activité continuera après la date du bilan, sauf si la direction a l'intention ou pas d'autre possibilité réaliste que de liquider l'entreprise ou de cesser son exploitation.

S'il existe des incertitudes significatives sur la capacité de l'entreprise à poursuivre ses activités, elles doivent être indiquées.

Lorsque les états financiers ne font pas l'hypothèse de continuité d'exploitation, cela doit être mentionné et motivé. La base sous laquelle les états financiers ont été établis doit également être indiquée.

*Comptabilité d'engagements (*accrual basis of accounting*)*

Les états financiers, à l'exception bien sûr du tableau des flux de trésorerie, sont établis selon les règles de la comptabilité d'engagements. Cela signifie, rappelons-le, que les transactions sont comptabilisées au moment où elles se produisent, sans attendre leur règlement.

Fréquence des états financiers

L'entreprise doit présenter un jeu complet d'états financiers au minimum une fois par an.

Lorsqu'elle modifie sa date de fin d'exercice et présente ses états financiers pour une période plus longue ou plus courte qu'une année, elle doit indiquer :

– la durée de la période couverte par les états financiers,

– les raisons de ce changement, et le fait que les montants présentés dans les états financiers ne sont pas totalement comparables.

Permanence de la présentation

Ce principe exige que la présentation et la classification des éléments des états financiers soient conservées d'un exercice à l'autre.

Deux exceptions sont néanmoins admises :

– lorsqu'à la suite d'une modification importante des activités de l'entreprise ou d'un examen de ses états financiers, une autre présentation ou classification apparaît plus appropriée ;

– ou lorsque le changement est imposé par une norme ou une interprétation de l'IASB.

Informations comparatives

Sauf disposition contraire des IFRS, toutes les informations chiffrées figurant dans les états financiers doivent être accompagnées du montant correspondant de l'exercice précédent.

Des informations comparatives sous forme narrative doivent également être fournies lorsqu'elles sont nécessaires à une bonne compréhension des états financiers.

En cas de modification de présentation ou de classification, les montants comparatifs doivent eux aussi être reclassés. Lorsque ce reclassement n'est pas possible, l'entreprise doit expliquer pourquoi et indiquer la nature des ajustements qui auraient dû être pratiqués.

Importance relative et regroupement

Ce principe impose que soient présentés séparément dans les états financiers :

– chaque catégorie significative d'éléments semblables,

– et tous les éléments de nature ou de fonction différentes, sauf s'ils ne sont pas significatifs.

Compensation

Sauf stipulation contraire des IFRS, il est interdit de compenser des actifs par des dettes, et des produits par des charges.

Le bilan

La structure du bilan

En principe, le bilan doit présenter séparément les quatre catégories suivantes d'actifs et de dettes :

– les actifs circulants (*current assets*),

– les actifs immobilisés (*non-current assets*),

– les dettes courantes (*current liabilities*),

– les dettes non courantes (*non-current liabilities*).

Constituent des actifs circulants :

– ceux destinés à être vendus ou consommés durant le cycle d'exploitation de l'entreprise,

– ceux détenus essentiellement à des fins de transaction,

– ceux destinés à être réalisés dans les douze mois suivant la clôture de l'exercice,

– et ceux qui font partie de la trésorerie ou des équivalents de trésorerie.

Tous les autres actifs sont considérés comme immobilisés.

On aurait tort d'assimiler actifs circulants et actifs à court terme. Lorsque le cycle d'exploitation est particulièrement long (fabrication de spiritueux par exemple), figurent en effet dans les actifs circulants des stocks dont la durée de détention peut largement dépasser un an.

De manière symétrique, les dettes courantes comprennent :

– celles dont le règlement est prévu durant le cycle d'exploitation de l'entreprise,

– celles détenues principalement à des fins de transaction,

– celles devant être réglées dans les douze mois qui suivent la clôture,

– et celles pour lesquelles l'entreprise ne dispose pas du droit inconditionnel d'en différer le règlement au-delà des douze mois suivant la clôture.

Les dettes ne répondant pas à cette définition sont considérées comme « non courantes ».

Il est à noter qu'une dette initialement non courante qui devient exigible dans les douze mois suivant la clôture (fraction à court terme d'un emprunt à long terme) doit être présentée dans les dettes courantes.

D'une manière générale, lorsqu'un élément des actifs circulants ou des dettes courantes comprend une partie à plus d'un an, l'entreprise doit mentionner le montant qu'elle s'attend à recouvrer ou à régler dans les 12 prochains mois.

Dans certains secteurs d'activité (banques et établissements financiers notamment), une présentation du bilan par ordre de liquidité peut être plus pertinente que la distinction selon les quatre catégories précédentes. Dans ce cas, les actifs et les dettes peuvent être classés respectivement par ordre de liquidité ou d'exigibilité.

La présentation des informations

L'IAS 1 distingue deux catégories d'éléments :

– ceux qui doivent impérativement être présentés au bilan,

– et ceux qui peuvent être présentés indifféremment au bilan, dans le tableau de variation des capitaux propres ou dans les notes.

La première catégorie comprend :

a) les immobilisations corporelles,

b) les immeubles de placement,

c) les immobilisations incorporelles,

d) les actifs financiers (autres que ceux figurant sous e, h et i),

e) les participations comptabilisées selon la méthode de la mise en équivalence,

f) les actifs biologiques,

g) les stocks,

h) les clients et autres débiteurs,

i) la trésorerie et les équivalents de trésorerie,

j) les fournisseurs et autres créanciers,

k) les provisions,
l) les dettes financières (autres que celles figurant sous j et k),
m) les dettes et actifs d'impôts courants,
n) les dettes et actifs d'impôts différés,
o) les intérêts minoritaires (présentés à l'intérieur des capitaux propres),
p) le capital et les réserves revenant aux actionnaires de l'entreprise.

Le bilan doit aussi mentionner séparément le total des actifs et des dettes destinés à être cédés ou appartenant à des groupes détenus en vue de la vente, conformément à l'IFRS 5.

L'entreprise doit également indiquer, soit au bilan, soit dans les notes, des subdivisions complémentaires aux postes présentés ci-dessus.

Les informations à présenter soit au bilan, soit dans le tableau de variation des capitaux propres, soit dans les notes sont :

• pour chaque catégorie d'actions :
– le nombre d'actions dont l'émission a été autorisée,
– le nombre d'actions émises et entièrement libérées,
– le nombre d'actions émises mais non entièrement libérées,
– la valeur nominale des actions (ou l'indication qu'il s'agit d'actions sans valeur nominale),
– un rapprochement du nombre d'actions en circulation au début et à la fin de l'exercice,
– les droits, avantages et restrictions attachés aux actions,
– les actions propres détenues par l'entreprise, ses filiales et ses sociétés apparentées,
– les actions dont l'émission est réservée dans le cadre d'options ou de contrats de vente,
• une description de la nature et de l'objet de chaque réserve figurant dans les capitaux propres.

Le compte de résultat global

La structure du compte de résultat global

Le compte de résultat global peut être présenté de deux façons :
• soit sous forme d'un état unique,
• soit sous forme de deux états séparés :
– un compte aboutissant au résultat (comme avant la révision de 2007),
– et un état commençant par le résultat et détaillant les autres éléments du résultat global.

La présentation des informations

Quel que soit son mode de présentation (1 ou 2 états séparés), le compte de résultat global doit au minimum comporter les postes suivants :
– les produits ;
– les charges financières ;

– la quote-part du résultat des entreprises consolidées selon la méthode de la mise en équivalence ;
– la charge d'impôt sur les bénéfices ;
– le profit ou de la perte après impôt des activités abandonnées ;
– le résultat ;
– les autres éléments du résultat global classés par nature ;
– la quote-part des autres éléments du résultat global des entreprises consolidées selon la méthode de la mise en équivalence ;
– le résultat global.

L'entreprise doit également ventiler le résultat et le résultat global en distinguant :
– la part revenant à la société-mère ;
– et celle des actionnaires ne possédant pas le contrôle de l'entreprise (intérêts minoritaires).

Les charges entrant dans le résultat peuvent être présentées :
– soit par nature (en distinguant les consommations de matières, les charges de personnel, les amortissements, etc.),
– soit par fonction (en regroupant les charges de production, de distribution, administratives, etc.).

Toutefois, l'entreprise qui choisit une ventilation par fonction doit fournir des informations complémentaires sur la nature de ces charges.

Il arrive que des produits ou des charges initialement comptabilisés comme des autres éléments du résultat global lors d'un exercice antérieur doivent être reclassés dans le résultat d'une période. C'est le cas par exemple lorsqu'une activité à l'étranger est cédée (IAS 21) ou lorsqu'un actif financier disponible à la vente est décomptabilisé (IAS 39). Lorsqu'ils surviennent, ces ajustements de reclassement doivent être présentés séparément.

Les produits et charges qui n'entrent pas dans le calcul du résultat (c'est-à-dire les autres éléments du résultat global) peuvent être présentés avant ou après impôt. S'ils sont présentés avant impôt, l'entreprise doit mentionner ailleurs l'impôt relatif à ces éléments.

Pendant longtemps, l'IASB a exigé que soient présentés séparément les éléments considérés comme « extraordinaires », c'est-à-dire les produits et charges résultant d'événements ou de transactions clairement distincts des activités ordinaires de l'entreprise. Depuis 2003, l'emploi du terme « extraordinaire » est interdit.

Le tableau de variation des capitaux propres

Avant l'entrée en vigueur de l'IAS 1 révisée (1er janvier 2009), le tableau de variation des capitaux propres présentait la totalité des variations, monétaires ou non, des capitaux propres.

Les variations non monétaires étant maintenant décrites dans le compte de résultat global, il ne détaille plus que les variations monétaires, c'est-à-dire les paiements entre l'entreprise et ses actionnaires (dividendes, augmentations de capital en espèces, rachats d'actions, etc.) ainsi que les ajustements résultant de changements de méthodes.

Le tableau de variation des capitaux propres présente donc, pour chaque poste des capitaux propres, les variations provenant :

– du résultat global de la période ;

– des transactions avec les propriétaires de l'entreprise ;

– d'éventuels changements de méthodes comptables (*cf.* IAS 8).

L'entreprise doit en outre indiquer, soit dans le tableau de variation des capitaux propres, soit dans les notes, le montant des dividendes comptabilisés durant la période, ainsi que le montant correspondant par action.

Le tableau des flux de trésorerie

L'établissement de ce document fait l'objet d'une norme spécifique (IAS 7). Nous renvoyons donc le lecteur au chapitre qui traite de celle-ci.

Les notes (l'annexe)

Les notes doivent :

– décrire la ou les bases d'établissement des états financiers (coût historique, juste valeur, etc.) et les méthodes comptables utilisées,

– fournir les informations requises par les IFRS et qui ne sont pas présentées ailleurs dans les états financiers,

– et fournir des informations complémentaires, non présentes ailleurs dans les états financiers, mais nécessaires à l'obtention de l'image fidèle.

En principe, chaque poste des états financiers devrait renvoyer à la note correspondante.

Le choix des méthodes comptables implique certains jugements, comme par exemple la classification des actifs financiers en trois catégories (voir IAS 32). L'IAS 1 impose que l'entreprise indique dans les notes les critères utilisés pour effectuer les jugements qui ont le plus d'impact sur les états financiers.

Elle doit également fournir des informations sur les hypothèses-clés concernant l'avenir et sur les autres sources d'incertitude susceptibles d'avoir un impact significatif sur les états financiers au cours des douze mois suivant la clôture.

Enfin, l'entreprise doit indiquer dans les notes :

– le montant (global et par action) des dividendes proposés ou décidés entre la date de clôture et celle à laquelle la publication des états financiers a été autorisée (date du conseil d'administration ayant approuvé les comptes) ;

– le montant cumulé des dividendes préférentiels non comptabilisés.

Principales différences par rapport aux US GAAP

Les normes américaines diffèrent de l'IAS 1 principalement sur les points suivants :

– aux États-Unis, les charges sont généralement ventilées par fonction ;

– les éléments extraordinaires, définis comme à la fois rares et inhabituels, sont présentés séparément (pour leur montant après impôt) dans le compte de résultat ;

– le résultat global peut faire l'objet d'un document spécifique, être présenté dans le tableau de variation des capitaux propres ou encore dans le compte de résultat.

La pratique en Europe

Dans les années 90, beaucoup d'entreprises européennes disaient appliquer les IAS avec certaines exceptions. Cela n'est plus possible depuis que toute déclaration de conformité aux IFRS suppose l'application intégrale de ces normes. Depuis que les IFRS sont devenus obligatoires dans l'Union européenne et dans d'autres pays (Suisse notamment), les sociétés concernées mentionnent l'application de ces normes.

« Les États financiers consolidés d'EADS ont été établis conformément aux normes internationales de présentation de l'information financière IFRS (International Financial Reporting Standards), proposées par l'International Accounting Standards Board (« IASB »), et entérinées par l'Union Européenne (« UE ») et au sein du Chapitre 9 du 2e Tome du Code civil néerlandais. Elles comprennent (i) les normes IFRS, (ii) les normes comptables internationales (« IAS ») et (iii) les interprétations émanant de l'International Financial Reporting Interpretations Committee (« IFRIC ») ou de l'ancien Standing Interpretations Committee (« SIC ») [EADS (Pays-Bas), rapport annuel 2008].

Dans ces sociétés, la conformité aux IFRS est généralement certifiée par les réviseurs externes :

« Selon notre appréciation, les Comptes consolidés de l'exercice 2008 donnent une image fidèle du patrimoine, de la situation financière et des résultats, en conformité avec les IFRS, et sont conformes à la loi suisse » [Nestlé (Suisse), rapport annuel 2008].

L'IAS 1 actuelle est devenue obligatoire pour les exercices ouverts à partir du 1er janvier 2009. Sur la base des rapports annuels disponibles à l'heure où nous écrivons (mars 2010), il semble que la majorité des entreprises aient choisi de présenter le compte de résultat global sous la forme de deux documents (un compte de résultat et un état des autres éléments du résultat global). Il est à noter que ce dernier est souvent abusivement appelé « compte de résultat global ».

Beaucoup d'entreprises continuent de détailler dans le tableau des variations des capitaux propres les composantes du résultat global, alors que celui-ci devrait simplement être reporté sous une ligne. On peut penser que cette anomalie disparaîtra au fur et à mesure que les entreprises acquerront une plus grande expérience de l'IAS 1.

Conséquences pour l'utilisateur des états financiers

Le fait que des états financiers ne puissent être déclarés conformes aux IFRS s'ils n'en respectent pas toutes les dispositions est de nature à rassurer les utilisateurs des comptes. Cela évite en effet que certaines entreprises soient tentées de s'affranchir des normes les plus contraignantes ou de celles qui ne les présentent pas sous un jour favorable. Toutefois, la violation de cette disposition n'étant pas punissable pénalement, l'utilisateur des états financiers a quand même intérêt à vérifier que les auditeurs confirment, dans leur rapport, que toutes les IFRS ont été effectivement respectées.

L'analyste est généralement plus intéressé par la capacité bénéficiaire de l'entreprise, c'est-à-dire le niveau de résultat moyen que l'entreprise peut réaliser sur longue période, que par le bénéfice du dernier exercice qui, lui, peut être influencé par des éléments non récurrents, comme la vente d'une importante immobilisation corporelle. C'est la raison pour laquelle les normes ont, pendant longtemps, demandé que soient clairement identifiés les charges et les produits qui, par leur nature ou leur montant, présentent un caractère exceptionnel.

Le problème est que les entreprises ont tendance à présenter comme habituels les éléments favorables et comme exceptionnels les événements défavorables. Pour restreindre le nombre de charges susceptibles de faire l'objet d'un marquage particulier au compte de résultat, l'IASB avait introduit le concept d'« élément extraordinaire », défini comme une charge ou un produit à la fois non récurrent et hors des activités de l'entreprise. De nombreux éléments exceptionnels, comme la faillite d'un client important, ne pouvaient donc être qualifiés d'extraordinaires car résultant des activités de l'entreprise. Le problème est que les éléments extraordinaires ainsi définis sont extrêmement rares (l'IASB citait comme seuls exemples les catastrophes naturelles et les expropriations !). En voulant éviter les classifications abusives, l'IASB avait en fait vidé le concept d'élément extraordinaire de sa substance.

La comparaison des performances des entreprises au niveau international était en outre compliquée par le fait que d'autres organismes de normalisation, notamment le FASB américain, avaient des définitions moins restrictives des éléments extraordinaires. L'abandon de ce concept par l'IASB est donc plutôt une bonne chose.

En tout cas, il appartient plus que jamais à l'utilisateur des comptes de déterminer quels produits et quelles charges doivent, par leur nature ou leur montant, être considérés comme non récurrents et, à ce titre, exclus du calcul de la capacité bénéficiaire de l'entreprise.

En introduisant le concept de résultat global et en exigeant que celui-ci fasse l'objet d'un état financier à part entière, l'IASB a introduit une nouvelle mesure de performance et, en même temps, profondément relativisé la notion de résultat.

N'oublions pas en effet que ce sont les normes comptables qui déterminent, parmi toutes les variations de richesse survenues durant une période, lesquelles peuvent être enregistrées dans le résultat. Or, ces normes sont fluctuantes dans le temps, de sorte que le résultat est un concept extrêmement relatif. Ces dernières années, l'utilisation croissante de la juste valeur et l'enregistrement de ses variations en charges ou en produits (*cf.* IAS 39 et IAS 40) ont, par exemple, considérablement étendu le champ des variations de richesse reflétées par le résultat.

De ce point de vue, le résultat global peut être considéré comme une mesure extrême du résultat puisqu'il prend en compte toutes les variations non monétaires de richesse survenues au cours d'une période, qu'elles satisfassent ou non aux critères de comptabilisation dans le résultat. C'est, pourrait-on dire, le résultat maximal qui pourrait être obtenu avec des normes moins prudentes que celles actuellement en vigueur.

Cette nouvelle mesure de performance ne se substitue pas au résultat « traditionnel » mais elle peut le compléter utilement, comme le montre l'exemple suivant.

Exemple 1.2. – Deux entreprises du même secteur présentent les résultats globaux suivants :

	Entreprise A	Entreprise B
Résultat	100 000	100 000
Autres éléments du résultat global	0	50 000
Résultat global	100 000	150 000

Si l'on s'en tient au résultat, les performances des deux entreprises sont identiques. Par contre, si on raisonne sur le résultat global, l'entreprise B apparaît plus rentable.

Ce supplément de rentabilité est dû à des éléments moins fiables que ceux enregistrés en charges ou en produits (écart de réévaluation, différences de change et variations de valeur non réalisées, etc.). Certains de ces éléments peuvent même ne jamais être réalisés. Ils représentent néanmoins un accroissement potentiel de richesse qui mérite d'être pris en compte, en complément de celui reflété dans le résultat.

L'avenir dira quel usage les utilisateurs des comptes feront du résultat global et si cette nouveauté introduite par l'IAS 1 modifiera l'analyse des états financiers. Pour le moment, on peut juste regretter que l'IASB n'ait pas saisi l'occasion de la révision de l'IAS 1 pour exiger la publication d'un résultat global par action, en complément des résultats par action requis par l'IAS 33.

L'IAS 1 en bref

Les états financiers comprennent cinq documents obligatoires :
- le bilan,
- le compte de résultat global,
- le tableau de variation des capitaux propres,
- le tableau des flux de trésorerie,
- les notes (annexe).

Le compte de résultat global peut être présenté en un document unique ou sous forme de deux états séparés (compte de résultat et état des autres éléments du résultat global).

Une entreprise qui déclare ses états financiers conformes aux IFRS doit appliquer l'intégralité des normes et interprétations de l'IASB. Pour ces entreprises, les possibilités de s'écarter d'une des dispositions des IFRS sont extrêmement limitées.

Le bilan doit, normalement, ventiler les actifs et les dettes entre :
- actifs circulants,
- actifs immobilisés,
- dettes courantes,
- dettes non courantes.

Au compte de résultat, les charges peuvent être présentées soit par nature, soit par fonction. Mais les entreprises qui choisissent la seconde solution doivent également donner, dans les notes, une ventilation par nature.

L'utilisation du terme « extraordinaire » pour qualifier certaines charges ou certains produits est interdite.

Modèle de bilan (état de la situation financière)

Société X – Bilan consolidé au 31 décembre N (en milliers d'euros)

	31/12/N	31/12/N–1
ACTIFS		
Actifs immobilisés		
Immobilisations corporelles	X	X
Goodwill	X	X
Autres immobilisations incorporelles	X	X
Participations dans des entreprises associées	X	X
Autres immobilisations financières	X	X
	X	X
Actifs circulants		
Stocks	X	X
Clients	X	X
Autres créances à court terme	X	X
Trésorerie et équivalents de trésorerie	X	X
	X	X
Total des actifs	X	X
CAPITAUX PROPRES ET DETTES		
Capitaux propres		
Capital	X	X
Bénéfices non distribués	X	X
Autres éléments des capitaux propres	X	X
Capitaux propres revenant aux actionnaires de la société mère	X	X
Intérêts minoritaires	X	X
Total des capitaux propres	X	X
Dettes non courantes		
Emprunts à long terme	X	X
Impôts différés	X	X
Provisions à long terme	X	X
	X	X
Dettes courantes		
Fournisseurs et autres dettes d'exploitation	X	X
Emprunts à court terme	X	X
Fraction à moins d'un an des emprunts à long terme	X	X
Impôts exigibles	X	X
Provisions à court terme	X	X
	X	X
Total des dettes	X	X
Total des capitaux propres et des dettes	X	X

Modèles de compte de résultat global en un seul document

Société X – Compte de résultat global consolidé de l'exercice N (en milliers d'euros)

(ventilation des charges par fonction)		
	N	**N–1**
Chiffre d'affaires	X	X
Coût des ventes	(X)	(X)
Marge brute	X	X
Autres produits	X	X
Coûts de distribution	(X)	(X)
Charges administratives	(X)	(X)
Autres charges d'exploitation	(X)	(X)
Charges financières	(X)	(X)
Part dans le résultat des entreprises associées	X	X
Résultat avant impôt	X	X
Impôt sur les bénéfices	(X)	(X)
Résultat consolidé de l'exercice	X	X
Autres éléments du résultat global		
Différences de conversion d'activités à l'étranger*	X	(X)
Variations de la juste valeur d'actifs financiers disponibles à la vente*	(X)	X
Couvertures de flux de trésorerie*	X	(X)
Réévaluation d'immobilisations corporelles*		X

(ventilation des charges par nature)		
	N	**N–1**
Chiffre d'affaires	X	X
Autres produits	X	X
Variation des stocks de produits et d'en-cours	(X)	X
Production capitalisée	X	X
Consommations de matières	(X)	(X)
Charges de personnel	(X)	(X)
Amortissements	(X)	(X)
Dépréciations d'immobilisations	(X)	(X)
Autres charges d'exploitation	(X)	(X)
Charges financières	(X)	(X)
Part dans le résultat des entreprises associées	X	X
Résultat avant impôt	X	X
Impôt sur les bénéfices	(X)	(X)
Résultat consolidé de l'exercice	X	X
Autres éléments du résultat global		
Différences de conversion d'activités à l'étranger*	X	(X)
Variations de la juste valeur d'actifs financiers disponibles à la vente*	(X)	X
Couvertures de flux de trésorerie*	X	(X)
Réévaluation d'immobilisations corporelles*		X

Société X – Compte de résultat global consolidé de l'exercice N (en milliers d'euros) (suite)

(ventilation des charges par fonction)			**(ventilation des charges par nature)**		
	N	**N–1**		**N**	**N–1**
Part dans les autres éléments du résultat global des entreprises associées*	X	X	Part dans les autres éléments du résultat global des entreprises associées*	X	X
Impôt relatif aux autres éléments du résultat global	(X)	(X)	Impôt relatif aux autres éléments du résultat global	(X)	(X)
Autres éléments du résultat global, après impôt	X	X	**Autres éléments du résultat global, après impôt**	X	X
Résultat global consolidé de l'exercice	X	X	**Résultat global consolidé de l'exercice**	X	X
Résultat consolidé attribuable :			Résultat consolidé attribuable :		
– à la société mère	X	X	– à la société mère	X	X
– aux intérêts minoritaires	X	X	– aux intérêts minoritaires	X	X
	X	X		X	X
Résultat global consolidé attribuable :			Résultat global consolidé attribuable :		
– à la société mère	X	X	– à la société mère	X	X
– aux intérêts minoritaires	X	X	– aux intérêts minoritaires	X	X
	X	X		X	X
Résultat consolidé par action *(en euros)*			Résultat consolidé par action *(en euros)*		
– résultat de base par action	X	X	– résultat de base par action	X	X
– résultat dilué par action	X	X	– résultat dilué par action	X	X

* Les autres éléments du résultat global peuvent aussi être présentés après impôt.

Modèles de compte de résultat global en deux parties

Société X – Compte de résultat global consolidé de l'exercice N (en milliers d'euros)

(ventilation des charges par fonction)			**(ventilation des charges par nature)**		
	N	**N–1**		**N**	**N–1**
Chiffre d'affaires	X	X	**Chiffre d'affaires**	X	X
Coût des ventes	(X)	(X)	Autres produits	X	X
Marge brute	X	X	Variation des stocks de produits et d'en-cours	(X)	X
			Production capitalisée	X	X
Autres produits	X	X	Consommations de matières	(X)	(X)
			Charges de personnel	(X)	(X)
Coûts de distribution	(X)	(X)	Amortissements	(X)	(X)
Charges administratives	(X)	(X)	Dépréciations d'immobilisations	(X)	(X)
Autres charges d'exploitation	(X)	(X)	Autres charges d'exploitation	(X)	(X)
Charges financières	(X)	(X)	Charges financières	(X)	(X)
Part dans le résultat des entreprises associées	X	X	Part dans le résultat des entreprises associées	X	X
Résultat avant impôt	X	X	**Résultat avant impôt**	X	X
Impôt sur les bénéfices	(X)	(X)	Impôt sur les bénéfices	(X)	(X)
Résultat consolidé de l'exercice	X	X	**Résultat consolidé de l'exercice**	X	X
Résultat consolidé attribuable :			Résultat consolidé attribuable :		
– à la société mère	X	X	– à la société mère	X	X
– aux intérêts minoritaires	X	X	– aux intérêts minoritaires	X	X
	X	X		X	X
Résultat consolidé par action *(en euros)*			Résultat consolidé par action *(en euros)*		
– résultat de base par action	X	X	– résultat de base par action	X	X
– résultat dilué par action	X	X	– résultat dilué par action	X	X

Société X – Compte de résultat global consolidé de l'exercice N (en milliers d'euros)

	N	**N–1**
Résultat consolidé de l'exercice	X	X
Autres éléments du résultat global		
Différences de conversion d'activités à l'étranger*	X	(X)
Variations de la juste valeur d'actifs financiers disponibles à la vente*	(X)	X
Couvertures de flux de trésorerie*	X	(X)
Réévaluation d'immobilisations corporelles*		X
Part dans les autres éléments du résultat global des entreprises associées*	X	X
Impôt relatif aux autres éléments du résultat global	(X)	(X)
Autres éléments du résultat global, après impôt	X	X
Résultat global consolidé de l'exercice	X	X
Résultat global consolidé attribuable :		
- à la société mère	X	X
- aux intérêts minoritaires	X	X
	X	X

* Les autres éléments du résultat global peuvent aussi être présentés après impôt.

Modèle de tableau de variation des capitaux propres

Société X – Tableau de variation des capitaux propres consolidés (en milliers d'euros)

	Capital	Prime d'émission	Réserves de bénéfices	Différences de conversion	Écart de réévaluation	Autres réserves*	Total	Intérêts minoritaires	Total des capitaux propres
Soldes au 31 décembre N–2	X	X	X	(X)	X	X	X	X	X
Incidence des changements de méthodes comptables			(X)				(X)	(X)	(X)
Soldes ajustés	X	X	X	(X)	X	X	X	X	X
Variations des capitaux propres consolidés en N–1									
Dividendes			(X)				(X)	(X)	(X)
Résultat global consolidé de N–1			X	(X)	X	(X)	X	X	X
Soldes au 31 décembre N–1	X	X	X	(X)	X	X	X	X	X
Variations des capitaux propres consolidés en N									
Dividendes			(X)				(X)	(X)	(X)
Augmentation de capital	X	X					X		X
Écart de réévaluation transféré aux réserves de bénéfices			X		(X)				
Résultat global consolidé de N			X	X		X	X	X	X
Soldes au 31 décembre N	X	X	X	(X)	X	X	X	X	X

* À détailler si significatif.

IAS 2

STOCKS[1]

Le sujet

Dans la plupart des entreprises, la comptabilité n'enregistre pas les mouvements des stocks au jour le jour. Le montant figurant au bilan est le résultat d'une double opération : un comptage des quantités en stocks (inventaire physique) et une évaluation de celles-ci.

La norme IAS 2 ne traite que de cette seconde étape. Elle s'efforce de préciser quelles sont les charges à prendre en compte dans le calcul du coût des stocks et de fixer les règles d'évaluation à la clôture de l'exercice.

Les règles d'établissement de l'inventaire physique dérivent des principes de comptabilisation des produits et des charges (voir IAS 18).

Précisons enfin que cette norme ne traite pas de l'évaluation des travaux en cours réalisés dans le cadre de contrats de construction, domaine couvert par l'IAS 11.

Elle ne traite pas non plus des stocks de produits agricoles, forestiers et minerais qui, dans certains secteurs d'activité, sont généralement comptabilisés à leur valeur de réalisation nette. Les actifs biologiques au sens de l'IAS 41 échappent également à cette norme.

---

1. Norme révisée en 2003.

Définitions

Constituent des stocks :

– les actifs terminés ou en cours de fabrication et destinés à être vendus dans le cadre de l'activité normale de l'entreprise ;

– les matières et fournitures destinées à être consommées au cours du processus de production ou pendant la prestation de services.

Cette qualification ne dépend pas de la nature de l'élément considéré mais de sa destination, qui est fortement influencée par l'activité de l'entreprise détentrice. Les terrains et les constructions, par exemple, constituent des immobilisations dans la plupart des entreprises mais des stocks pour un négociant de biens immobiliers.

Les stocks peuvent aussi être immatériels. Ainsi, dans les entreprises de services, les travaux réalisés et non facturés à la clôture de l'exercice constituent des stocks.

Il est de coutume de distinguer quatre catégories de stocks, selon leur nature :

– les marchandises, achetées et revendues sans transformation ;

– les matières et fournitures, qui entrent dans la fabrication des produits fabriqués ;

– les produits finis, objets fabriqués par l'entreprise ;

– les en-cours, produits ou services ayant atteint un stade de fabrication intermédiaire.

Le coût des stocks

Le coût des éléments en stock comprend les coûts d'acquisition et de transformation ainsi que l'ensemble des charges encourues pour amener ceux-ci dans le lieu et l'état où ils se trouvent.

Le coût d'acquisition

Le coût d'acquisition comprend :

– le prix d'achat,

– les droits de douane et les taxes qui ne sont pas récupérables auprès de l'administration fiscale,

– les frais de transport, de manutention et les autres coûts directement imputables à l'acquisition des marchandises et matières.

La TVA étant normalement récupérable, la plupart des stocks sont évalués hors taxe. Seuls les stocks d'entreprises non soumises à la TVA ou dont la taxe n'est pas déductible, sont évalués TVA comprise.

Les réductions commerciales (rabais, remises et ristournes) viennent en déduction du coût d'acquisition. Pour les réductions financières, généralement motivées par un paiement anticipé (escomptes de règlement), la solution retenue doit être cohérente avec celle adoptée pour la comptabilisation des achats (voir IAS 18).

Les coûts de transformation

Les coûts de transformation comprennent :

– les charges directement liées aux unités produites, comme la main-d'œuvre directe ;

– et une quote-part des frais indirects de production, fixes et variables, occasionnés par la transformation des matières premières en produits finis.

L'IASB rappelle la distinction entre charges fixes et charges variables. Les premières restent relativement constantes quel que soit le volume de production ; il s'agit principalement des amortissements et des frais de maintenance des bâtiments et des installations de production. Les secondes varient en fonction du volume de production, comme les consommations directes de matières et de main-d'œuvre.

L'obligation d'inclure une quote-part de charges indirectes de production interdit, en principe, de limiter le montant des stocks aux seuls coûts directs ou variables. Les entreprises dont la comptabilité de gestion repose sur le calcul de coûts partiels ne peuvent donc, normalement, utiliser ceux-ci tels quels pour l'évaluation des stocks au bilan.

L'incorporation des charges fixes indirectes

Afin que l'évaluation des stocks soit relativement indépendante des variations d'activité de l'entreprise, l'incorporation des charges fixes indirectes doit être basée sur la capacité normale de production de l'entreprise.

Exemple 2.1. – Une entreprise fabrique un produit dont le coût variable unitaire de production est de 10,00 €. Les charges fixes annuelles de production sont de 100 000 €. Les quantités fabriquées ont été de 10 000 unités en N, 8 000 en N+1 et 13 000 en N+2. À la clôture de chaque période, l'entreprise possède 1 000 unités en stock.

Calculons le coût de production unitaire :

	N	N+1	N+2
Quantités produites (n)	10 000	8 000	13 000
Charges variables de production (10 n)	100 000	80 000	130 000
Charges fixes de production	100 000	100 000	100 000
Coût total de production	200 000	180 000	230 000
Coût de production unitaire	20,00	22,50	17,69

Le coût de production dépend du niveau d'activité réalisé. Plus celui-ci est élevé, plus les coûts fixes sont répartis sur un grand nombre d'unités et plus le coût unitaire est faible.

En l'absence d'ajustement, les 1 000 produits en stock seraient évalués à 20 000 € en N, 22 500 € en N+1 et 17 690 € en N+2.

Pour éviter ces fluctuations qui ne reflètent pas la valeur réelle des stocks, les coûts fixes sont incorporés sur la base d'une production considérée comme normale. Supposons que celle-ci est de 10 000 unités par période. Le coût de production devient alors :

	N	N+1	N+2
Quantités produites (n)	10 000	8 000	13 000
Charges variables de production (10 n)	100 000	80 000	130 000
Charges fixes de production incorporées			
100 000 × (10 000/10 000) =	100 000		
100 000 × (8 000/10 000) =		80 000	
100 000 × (13 000/10 000) =			130 000
Coût total de production	200 000	160 000	260 000
Coût de production unitaire	20,00	20,00	20,00

L'opération a pour effet de rendre le coût de production unitaire indépendant du niveau d'activité.

Toutefois, les stocks ne pouvant être évalués à un montant supérieur à leur coût, cette méthode ne peut être appliquée dans les périodes de suractivité.

Exemple 2.1. – (suite) Le stock à la clôture de la période N+2 sera évalué à son coût de production réel, d'où finalement :

Stock à fin N : 1 000 × 20,00 = 20 000 €
Stock à fin N+1 : 1 000 × 20,00 = 20 000 €
Stock à fin N+2 : 1 000 × 17,69 = 17 690 €.

L'IASB définit la capacité normale de production comme la production à laquelle on peut s'attendre, en moyenne, sur plusieurs périodes et dans des circonstances normales, compte tenu des pertes de production occasionnées par les travaux de maintenance prévus.

Les autres coûts

Seules les autres charges supportées pour amener les stocks dans le lieu et l'état où ils se trouvent peuvent être incluses dans l'évaluation de ceux-ci. L'IASB mentionne, à titre d'exemple, les coûts relatifs à la conception de produits spécifiques pour certains clients.

D'une façon générale, ne peuvent être considérées comme constitutives de la valeur des stocks les dépenses excessives résultant d'inefficiences de production ainsi que toutes les charges postérieures à la constitution de ces stocks. Doivent donc être exclus de leur évaluation :

– les consommations anormales de matières premières, main-d'œuvre et autres éléments de production ;

– les coûts de stockage autres que ceux séparant deux étapes du processus de production ;
– les frais généraux qui ne contribuent pas à amener les stocks dans le lieu et l'état où ils se trouvent ;
– les coûts de distribution.

L'IASB rappelle également que, dans certains cas, des intérêts d'emprunts doivent être inclus dans l'évaluation des stocks (voir IAS 23).

L'évaluation des produits liés et sous-produits

Certains processus de production aboutissent à la fabrication simultanée de plusieurs produits (produits liés) ou d'un produit principal et d'un ou plusieurs sous-produits.

Lorsqu'ils ne sont pas identifiables séparément, les coûts de transformation doivent être répartis entre ces produits en fonction d'une règle logique et permanente basée, par exemple, sur la valeur commerciale de chacun d'eux.

Exemple 2.2. – L'exploitation d'un gisement de pétrole a permis d'extraire dans l'année du pétrole brut pour 100 millions € et du gaz naturel pour 20 millions €. Le coût de production total à été de 90 millions. Ce coût pourra être réparti ainsi :

– pétrole brut : 90 × (100/120) =	75 millions
– gaz naturel : 90 × (20/120) =	15 millions
	90 millions

Pour les sous-produits de faible valeur, on peut se contenter de retrancher celle-ci du coût du produit principal.

Les stocks des entreprises de services

Dans les entreprises de services, le coût des stocks est constitué principalement par les charges relatives au personnel engagé directement dans la production du service, y compris le personnel d'encadrement, et les frais généraux correspondants.

Les frais de nature commerciale ainsi que les charges du personnel administratif ne peuvent être inclus dans l'évaluation des travaux effectués.

L'utilisation d'autres méthodes d'évaluation

L'utilisation de coûts standards est possible, à condition que ceux-ci soient basés sur des hypothèses normales quant aux consommations de matières, fournitures et main-d'œuvre, et quant à l'efficacité et à l'utilisation de la capacité de production.

Ces normes doivent être périodiquement réexaminées et, si nécessaire, modifiées pour tenir compte des conditions qui prévalent au moment de l'évaluation.

Dans les entreprises de distribution, il est également possible d'évaluer les stocks en retranchant du prix de vente un montant représentant la marge brute réalisée sur le produit considéré.

Quant aux courtiers négociants (*brokers-traders*) en marchandises, ils peuvent évaluer leurs stocks à la juste valeur, diminuée des coûts de vente. Dans ce cas, les variations de celle-ci sont comptabilisées dans le résultat de la période au cours de laquelle elles sont intervenues.

L'identification des sorties de stocks

Lorsqu'un élément en stock est consommé (matière, fourniture, produit en cours) ou vendu (marchandise, produit fini), se pose le problème de l'identification de celui-ci. La situation est différente selon la nature de l'élément considéré.

Les éléments identifiables ainsi que les produits et services destinés à des projets spécifiques doivent faire l'objet d'une évaluation individuelle et spécifique.

Pour les autres, acquis ou fabriqués à des dates différentes, il est nécessaire d'utiliser une convention reliant l'ordre de sortie du stock à l'ordre d'entrée. Trois conventions bien connues sont utilisables :

- le coût moyen pondéré,
- la méthode « premier entré, premier sorti » [*first in, first out (FIFO)*],
- la méthode « dernier entré, premier sorti » [*last in, first out (LIFO)*].

La méthode FIFO considère que les éléments sortent du stock dans l'ordre de leur entrée. En conséquence, le stock de fin de période est constitué des éléments les plus récents.

Inversement, avec la méthode LIFO, restent en stock à la clôture les éléments les plus anciens.

Solution intermédiaire, le coût moyen pondéré tient compte de toutes les entrées et de toutes les sorties de l'exercice. Il peut être calculé à chaque entrée ou en regroupant toutes celles d'une période.

En période de hausse des prix, la méthode LIFO accroît les consommations et minore le stock final. La méthode FIFO diminue au contraire la valeur des sorties et augmente le stock. En cas de baisse des prix, c'est évidemment l'inverse.

La norme IAS 2 révisée n'admet que la méthode FIFO et le coût moyen pondéré [1].

Elle précise également que l'entreprise doit utiliser la même méthode pour tous les stocks présentant une nature et un usage similaires dans l'entreprise. Seuls des stocks présentant des natures ou des usages différents peuvent donc être évalués avec des méthodes différentes. Ainsi, une

1. Avant sa révision en 2003, l'IAS 2 admettait également la méthode LIFO comme autre traitement autorisé.

société pétrolière pourrait, nous semble-t-il, utiliser le coût moyen pondéré pour le fuel destiné à être vendu et la méthode FIFO pour celui destiné à chauffer les locaux de l'entreprise.

La dépréciation des stocks

À la clôture de l'exercice, les stocks doivent être évalués à leur coût ou à leur valeur réalisable nette si celle-ci est inférieure.

La valeur réalisable nette (ou valeur de réalisation nette) est le prix de vente estimé réalisable dans des conditions commerciales normales, diminué des coûts d'achèvement et des frais estimés nécessaires pour réaliser la vente.

L'estimation de la valeur réalisable nette doit tenir compte de la destination de l'élément considéré. Ainsi, les éléments servant à honorer un contrat de vente ou de prestation de service déjà conclu doivent-ils être évalués en fonction du prix stipulé au contrat.

De la même façon, il n'est pas nécessaire de déprécier des matières ou fournitures tant que les produits pour lesquels elles seront utilisées pourront être vendus à un prix supérieur ou égal à leur coût.

La valeur réalisable nette doit normalement être déterminée séparément pour chaque article. Toutefois, il peut être approprié d'effectuer des regroupements d'éléments analogues ou ayant un rapport entre eux. C'est le cas d'éléments appartenant à la même ligne de produits, ayant des finalités ou des usages semblables, produits et commercialisés dans la même zone géographique et qui ne peuvent être évalués séparément des autres éléments de cette ligne de produits.

Principales différences par rapport aux US GAAP

Les règles américaines, contenues dans l'ARB 43, diffèrent de l'IAS 2 principalement sur trois points :

1. Aux États-Unis, la méthode LIFO est autorisée.
2. Si un stock précédemment déprécié voit sa valeur augmenter, la dépréciation doit, selon l'IAS 2, être annulée. Pour les US GAAP, cette annulation n'est pas possible.
3. Il n'est pas obligatoire d'appliquer la même méthode (FIFO, LIFO, coût moyen pondéré) à tous les stocks de même nature ou usage.

La pratique en Europe

L'information concernant les stocks est rarement très abondante. Les sociétés se contentent généralement de rappeler les principes généraux d'évaluation et d'indiquer la ou les méthodes utilisées pour le chiffrage des sorties. Certaines donnent cependant quelques détails sur le mode de calcul des coûts :

« Les matières premières, les fournitures et les biens achetés en vue de leur revente sont évalués au coût d'acquisition. Les produits en cours et les produits finis sont évalués au coût de production. Le coût de production comprend le coût direct des matières premières, les frais directs de fabrication, des quotes-parts adéquates de matières premières et frais généraux de fabrication, ainsi qu'une fraction appropriée des amortissements et réductions de valeur des actifs utilisés pour la production. Il inclut la part des charges des régimes de retraite et des avantages sociaux attribuable à la production. Les frais administratifs sont inclus quand ils sont imputables à la production.

Les stocks sont évalués selon la méthode du coût moyen pondéré. Si le coût d'achat ou de production est supérieur à la valeur de réalisation nette, les stocks sont dépréciés jusqu'à la valeur de réalisation nette. La valeur de réalisation nette correspond au prix de vente estimé dans des conditions de marché normales, déduction faite des coûts liés à l'achèvement et des frais de vente estimés » [Agfa-Gevaert (Belgique), rapport annuel 2008 (traduction)].

Les sociétés pétrolières européennes, qui étaient les principaux utilisateurs de la méthode LIFO, ont dû l'abandonner lorsqu'elles sont passées aux IFRS.

« Le prix de revient des stocks de produits pétroliers et pétrochimiques est déterminé selon la méthode FIFO (*First In, First Out*) et celui des autres stocks selon la méthode PMP (Prix moyen pondéré) » [Total (France), rapport annuel 2008].

« Le coût des stocks d'hydrocarbures (pétrole brut, condensés et gaz naturel) et des produits pétroliers est calculé en appliquant la méthode du coût moyen pondéré sur une base trimestrielle ; le coût des stocks du secteur pétrochimique est obtenu en appliquant le coût moyen pondéré sur une base annuelle » [Eni (Italie), rapport annuel 2008 (traduction)].

Conséquences pour l'utilisateur des états financiers

Il est généralement extrêmement difficile, pour l'analyste financier, d'apprécier la réalité du montant de stocks figurant au bilan.

Rappelons tout d'abord que les normes ne traitent que de l'évaluation des éléments en stocks et pas de leur comptage. Ce dernier résulte, en principe, d'un inventaire physique réalisé par l'entreprise et auquel les réviseurs n'ont pas toujours assisté. La fiabilité du montant figurant au bilan dépend donc en premier lieu du soin apporté à cet inventaire et de la bonne foi de l'entreprise. L'analyste financier n'a pas d'autre choix que de postuler que toutes les précautions ont été prises pour éviter les erreurs de comptage et que les quantités inventoriées sont véridiques.

Ce principe admis, l'évaluation laisse de larges zones d'incertitude.

Il y a tout d'abord la distinction entre charges directes et indirectes, qui dépend en grande partie de la qualité de l'organisation comptable de l'entreprise. Beaucoup de dépenses considérées comme des frais généraux pourraient en effet être réparties directement entre les produits au prix d'un aménagement des procédures.

En second lieu, la distinction entre frais généraux de production (incorporables au coût des stocks) et frais généraux d'administration (non incorporables) n'est pas toujours claire. Dans quelle catégorie ranger par exemple la rémunération d'un directeur d'usine exerçant des tâches administratives en plus de ses fonctions techniques ?

En outre, si l'on admet le principe d'une incorporation des charges fixes indirectes de production en fonction de l'activité normale de l'entreprise, la détermination de ce niveau d'activité reste essentiellement subjective.

Enfin, en cas d'utilisation de coûts standards, on peut se demander si ces coûts sont vraiment représentatifs des coûts réels.

Le choix de la méthode d'identification des sorties n'est pas non plus sans effet sur le montant des stocks et le résultat de l'exercice. On sait qu'en période de hausse des prix, la méthode LIFO aboutit à sous-évaluer ces éléments et la méthode FIFO à les surévaluer.

Les entreprises disposent donc d'une grande latitude dans le choix de la manière dont elles évaluent leurs stocks. L'incidence sur le résultat est toutefois limitée tant que les quantités en stocks ne varient pas dans des proportions considérables d'un exercice à l'autre et que l'entreprise utilise les mêmes méthodes chaque année. Seuls en effet les changements de mode d'évaluation permettent réellement de manipuler les résultats.

Exemple 2.3. – Une entreprise a calculé ses stocks de deux façons : selon la méthode A, non admise par les normes internationales, et selon la méthode B recommandée par l'IASB. Les informations concernant les exercices N–1 et N sont les suivantes :

	N–2	N–1	N
Ventes		1 000 000	1 200 000
Achats		600 000	700 000
Stocks à la clôture de l'exercice :			
– évalués selon la méthode A	90 000	100 000	110 000
– évalués selon la méthode B	135 000	150 000	165 000

En l'absence d'autres charges et produits, le résultat de l'exercice représente la différence entre les ventes et le coût des marchandises vendues (CMV).

Ce dernier s'obtient en ajoutant aux achats de l'exercice la variation de stocks entre le début et la fin de la période : CMV = achats + stock initial – stock final.

On obtient donc, en cas d'utilisation de la méthode A :

résultat N–1 : 1 000 000 – (600 000 + 90 000 – 100 000) = 410 000
résultat N : 1 200 000 – (700 000 + 100 000 – 110 000) = 510 000

et, en cas d'utilisation de la méthode B :

résultat N–1 : 1 000 000 – (600 000 + 135 000 –150 000) = 415 000
résultat N : 1 200 000 – (700 000 + 150 000 – 165 000) = 515 000

On constate que les résultats sont peu sensibles à la méthode d'évaluation retenue tant que celle-ci est maintenue constante. Le choix de la méthode a en effet une incidence de 50 % sur le montant des stocks mais d'à peine 1 % sur le résultat.

Supposons maintenant que l'entreprise, qui avait jusqu'à présent utilisé la méthode A, évalue pour la première fois à la clôture de l'exercice N son stock selon la méthode B. Le résultat N deviendra : 1 200 000 – (700 000 + 100 000 – 165 000) = 565 000 au lieu de 510 000, soit une augmentation de plus de 10 %. Le changement de méthode modifie de manière significative le résultat de l'exercice.

Plus qu'aux méthodes d'évaluation utilisées, c'est donc aux changements de celles-ci que l'analyste devra être vigilant. En principe, tout changement ayant une incidence significative devrait, en théorie, être mentionné et ses effets sur les diverses rubriques des états financiers indiqués dans l'annexe (voir IAS 8). Malheureusement, ces dispositions sont rarement appliquées dans leur intégralité, de sorte que l'analyste externe peut rarement procéder aux ajustements nécessaires.

Les dépréciations offrent des possibilités de manipulations des résultats encore plus pratiques que les changements de méthodes car plus difficiles à contester compte tenu de la subjectivité inhérente à toute appréciation des risques.

L'entreprise qui souhaite réduire son bénéfice n'aura qu'à majorer ses provisions, en découvrant par exemple dans ses stocks des produits à rotation lente ou en éprouvant soudainement des craintes quant à la possibilité de vendre une partie d'entre eux à un prix supérieur au coût. Les excès en la matière sont difficiles à prouver, compte tenu du principe de prudence qui gouverne la comptabilité. Si au contraire l'entreprise souhaite augmenter son bénéfice, un regain d'optimisme lui permettra de limiter les provisions au strict minimum.

Les choses sont encore compliquées par le fait que, dans certains pays (en Suisse notamment), le fisc admet sans discuter une provision forfaitaire égale à un certain pourcentage du coût des stocks (33 % en Suisse). Les entreprises de ces pays ont donc tendance à pratiquer de manière systématique cet abattement, sans se soucier de la réalité de cette dépréciation. Si en plus seul le montant net des stocks (c'est-à-dire provision déduite) figure au bilan, l'analyste ne peut même pas connaître le montant de la provision constituée.

En définitive, la limitation la plus efficace aux manipulations des résultats réside dans le fait que tout profit ou perte ainsi dissimulé finit par réapparaître tôt ou tard puisque le stock final d'un exercice constitue le stock initial de l'exercice suivant. Une entreprise ne peut donc, sauf au prix d'une course en avant effrénée, dissimuler éternellement ses résultats.

Exemple 2.4. – Considérons les données suivantes :

	N–2	N–1	N	N+1 prévisions
Ventes		1 000 000	1 200 000	1 500 000
Achats		600 000	700 000	900 000
Stock final (correctement évalué)	90 000	100 000	110 000	120 000

En l'absence d'autres produits et charges, le résultat de chaque exercice serait normalement :

– résultat N–1 : 1 000 000 – (600 000 + 90 000 – 100 000) = 410 000
– résultat N : 1 200 000 – (700 000 + 100 000 –110 000) = 510 000
– résultat N+1 (prévision) : 1 500 000 – (900 000 + 110 000 – 120 000) = 610 000

Supposons que, pour payer moins d'impôts, l'entreprise décide de sous-évaluer son stock de 50 000 € à la clôture de l'exercice N. Le bénéfice de N deviendrait : 1 200 000 – (700 000 + 100 000 – 60 000) = 460 000 € mais celui de N+1 passerait à : 1 500 000 – (900 000 + 60 000 – 120 000) = 660 000 €. Le profit non constaté en N serait donc reporté en N+1.

Pour ne pas payer plus d'impôts en N+1, l'entreprise devrait à nouveau sous-évaluer son stock final de 50 000 €.

L'IAS 2 en bref

Le coût des stocks comprend les coûts d'achat et de transformation ainsi que l'ensemble des charges supportées pour amener ceux-ci dans le lieu et l'état où ils se trouvent.

Les coûts de transformation comprennent les charges directes de production (consommations de matières, main-d'œuvre directe) ainsi qu'une quote-part des charges indirectes de production basée sur la capacité de production normale de l'entreprise.

Les sorties de stocks sont évaluées au coût moyen pondéré ou selon la méthode FIFO.

À la clôture de l'exercice, les stocks doivent être évalués à leur coût ou à leur valeur réalisable nette si celle-ci est inférieure.

IAS 3

LES ÉTATS FINANCIERS CONSOLIDÉS[1]

Cette norme a été remplacée par les normes IAS 27 et IAS 28.

1. Norme adoptée en 1976.

IAS 4

LA COMPTABILISATION DES AMORTISSEMENTS[1]

Cette norme a été remplacée par l'IAS 16 et l'IAS 38.

1. Norme adoptée en 1976.

IAS 5

LES INFORMATIONS QUE DOIT FOURNIR L'ENTREPRISE DANS SES ÉTATS FINANCIERS[1]

Cette norme a été remplacée par l'IAS 1.

1. Norme adoptée en 1976.

IAS 6

TRAITEMENT COMPTABLE DES CHANGEMENTS DE PRIX[1]

Cette norme a été remplacée par l'IAS 15, qui a elle-même été supprimée en 2003.

1. Norme adoptée en 1977.

IAS 7

TABLEAU DES FLUX DE TRÉSORERIE[1]

Le sujet

Le Cadre conceptuel de l'IASB fait du tableau de financement une composante à part entière des états financiers.

Deux conceptions se sont longtemps opposées et s'opposent encore quant à la structure de ce document : l'une basée sur le fonds de roulement et l'autre sur la trésorerie. L'IASB a tranché en faveur de la seconde puisque la norme IAS 7 exige l'établissement d'un tableau des flux de trésorerie.

Définitions

L'expression « flux de trésorerie » désigne l'ensemble des entrées et sorties de trésorerie et d'équivalents de trésorerie.

La trésorerie comprend les fonds en caisse et les dépôts à vue.

Les équivalents de trésorerie sont des placements à court terme très liquides, facilement convertibles en un montant connu de trésorerie et soumis à un risque négligeable de changement de valeur.

Ils sont détenus dans le but de faire face aux engagements de trésorerie à court terme. Leur échéance doit donc être proche, normalement inférieure à trois mois.

1. Norme révisée en 1992.

Bien que les emprunts bancaires résultent, en principe, d'activités de financement, les découverts bancaires remboursables à vue sont généralement une composante (négative) de la trésorerie.

Exemple 7.1. – Une entreprise possède 8 000 € en caisse, 50 000 € sur des comptes courants bancaires, 60 000 € sur un compte bancaire bloqué arrivant à échéance dans 2 mois et 42 000 € de parts de fonds de placement monétaires. Un autre compte-courant bancaire de l'entreprise présente un solde négatif de 12 000 €.
La trésorerie s'élève donc à 8 000 + 50 000 – 12 000 = 46 000 € et les équivalents de trésorerie à 60 000 + 42 000 = 102 000 €.

L'utilité des informations sur les flux de trésorerie

L'IASB exige que toutes les entreprises établissent un tableau des flux de trésorerie. Ce document est censé permettre aux utilisateurs des états financiers :
- d'évaluer la capacité de l'entreprise à dégager des liquidités,
- de déterminer ses besoins en liquidités,
- et de prévoir les échéances et le risque des encaissements futurs.

Les informations sur les flux de trésorerie renforcent également la comparabilité des résultats en éliminant les effets de l'utilisation de méthodes comptables différentes pour les mêmes opérations et événements.

Exemple 7.2. – Imaginons deux entreprises A et B en tous points identiques. Au cours de l'exercice N, chacune a vendu pour 1 000 000 € des marchandises achetées 600 000 €. Toutes deux ont payé pour 200 000 € de salaires. Elles possèdent chacune pour 500 000 € d'immobilisations amortissables. A les amortit sur 10 ans en linéaire, alors que B, qui pratique l'amortissement dégressif, a comptabilisé en N une charge d'amortissement de 100 000 €.
Le résultat de l'exercice N s'établit à :

	A	B
Ventes	1 000 000	1 000 000
Coût des marchandises vendues	– 600 000	– 600 000
Charges de personnel	– 200 000	– 200 000
Charge d'amortissement	– 50 000	– 100 000
Résultat avant impôts	150 000	100 000

L'entreprise A apparaît plus rentable que B. Mais cet écart n'est qu'apparent puisqu'il est entièrement attribuable à l'utilisation de méthodes comptables différentes.
La comparaison des flux de trésorerie permet d'éliminer l'influence du choix de la méthode d'amortissement :

	A	B
Encaissements	1 000 000	1 000 000
Décaissements :		
Coût des marchandises vendues	– 600 000	– 600 000
Charges de personnel	– 200 000	– 200 000
Flux net de trésorerie avant impôts	200 000	200 000

La ventilation des flux de trésorerie

Le tableau des flux de trésorerie doit présenter les encaissements et décaissements classés selon leur origine :
– activités d'exploitation [1],
– activités d'investissement,
– activités de financement.

Les activités d'exploitation

Pour l'IAS 7, les activités d'exploitation sont les principales activités génératrices de revenus et toutes celles qui ne constituent pas des activités d'investissement ou de financement.

Cette définition assez imprécise est heureusement complétée par une liste d'exemples. Ainsi, constituent notamment des flux de trésorerie liés à l'exploitation :

– les encaissements découlant de la vente de biens ou de services ;

– ceux provenant de redevances, d'honoraires, de commissions et d'autres revenus ;

– les paiements aux fournisseurs et aux salariés ;

– les paiements ou remboursements d'impôts à moins qu'ils concernent les activités d'investissement ou de financement ;

– etc.

La qualification des flux de trésorerie dépend bien sûr de l'activité de l'entreprise. Ainsi, les activités de nature financière (prêts consentis ou obtenus) constituent des flux d'investissement ou de financement pour les entreprises commerciales ou industrielles, mais ce sont des flux d'exploitation pour les établissements financiers.

L'IASB estime que la connaissance des flux de trésorerie liés à l'exploitation est importante car elle permet de mesurer la capacité de l'entreprise à dégager, par son activité, suffisamment de ressources pour rembourser ses emprunts, maintenir sa capacité d'exploitation, verser des dividendes et faire de nouveaux investissements sans recourir à des sources externes de financement.

Les activités d'investissement

Constituent des activités d'investissement l'acquisition et la cession d'actifs à long terme ainsi que tout autre investissement qui n'est pas inclus dans les équivalents de trésorerie.

---

1. L'expression anglaise est « *operating activities* » que les auteurs de la version française des IAS ont traduite par « *activités opérationnelles* ». Nous préférons parler d'activités « *d'exploitation* » qui nous semble une meilleure traduction.

Cette définition englobe notamment :

– l'acquisition et la cession d'immobilisations et d'autres actifs à long terme, y compris les dépenses relatives à des frais de développement activés ;

– l'acquisition et la cession de participations dans d'autres entreprises ;

– les avances de trésorerie et prêts (autres que ceux consentis par un établissement financier) ;

– les remboursements de ces avances ou de ces prêts.

L'IASB rappelle que les flux résultant d'activités d'investissement représentent des dépenses consacrées à l'acquisition d'actifs représentatifs de revenus et de flux de trésorerie futurs. Ils renseignent donc sur la manière dont l'entreprise assure sa pérennité et sa croissance.

Les activités de financement

Les activités de financement sont celles qui entraînent des changements quant à l'ampleur et à la composition des capitaux propres et des capitaux empruntés de l'entreprise.

Elles comprennent notamment :

– l'émission d'actions ou d'autres instruments de capitaux propres ;

– le rachat d'actions de l'entreprise ;

– l'émission d'obligations, d'emprunts, de billets de trésorerie ;

– le remboursement en liquidités des montants empruntés.

La connaissance des flux de trésorerie liés aux activités de financement permet la prévision des sommes que les apporteurs de capitaux prélèveront sur les encaissements futurs de l'entreprise.

Problèmes particuliers

Les opérations sans incidence sur la trésorerie

Certaines activités d'investissement ou de financement ne provoquent ni encaissement ni décaissement. C'est le cas notamment :

– des acquisitions d'actifs payées par la prise en charge de passifs directement liés (reprise pour un montant symbolique d'une entreprise en difficultés) ;

– de celles financées par des contrats de location-financement (crédit-bail, location longue durée...) (voir IAS 17) ;

– de l'acquisition d'une entreprise payée par émission d'actions ;

– de la conversion de dettes en capitaux propres.

Ces opérations, qui n'ont pas d'incidence sur la trésorerie, sont évidemment exclues du tableau des flux de trésorerie.

Elles doivent être mentionnées dans les notes d'une manière qui permette de fournir toutes les informations pertinentes sur les activités d'investissement et de financement en cause.

Les intérêts et dividendes

Les intérêts et dividendes perçus et versés doivent être présentés séparément.

Pour un établissement financier, ces flux constituent des flux d'exploitation.

Pour les autres entreprises, la solution est moins évidente.

Certains considèrent les intérêts et dividendes payés comme la conséquence de la politique de financement choisie et classent donc ces éléments parmi les flux de financement. D'autres estiment qu'il est plus important de mettre en évidence la capacité de l'entreprise à dégager, par son activité, les ressources nécessaires à son financement ; ils considèrent donc ces paiements comme des flux d'exploitation.

Le problème est le même pour les intérêts et dividendes reçus. Les uns, se basant sur le fait qu'il s'agit de la rémunération des placements effectués, les considèrent comme des flux d'investissement ; alors que d'autres les font figurer parmi les flux d'exploitation.

Prenant acte de cette absence de consensus, l'IASB ne se prononce pas quant au classement de ces flux. Il demande seulement que la solution retenue soit la même chaque année.

Les impôts sur les bénéfices

Les impôts sur les bénéfices frappent le résultat de l'entreprise, qui provient aussi bien des activités d'investissement et de financement que des opérations d'exploitation. Le montant d'impôts devrait donc, idéalement, être décomposé entre ces trois composantes.

Malheureusement, cette décomposition n'est pas toujours possible, compte tenu que le résultat fiscal est calculé globalement pour l'ensemble des opérations de l'entreprise. C'est pourquoi l'IAS 7 précise que les paiements et récupérations d'impôts sur les bénéfices sont à classer parmi les flux d'exploitation à moins qu'ils puissent être spécifiquement identifiés comme provenant d'activités d'investissement ou de financement.

Les flux en monnaies étrangères

Tous les flux de trésorerie en monnaies étrangères sont convertis au cours du jour du paiement ou de l'encaissement.

Il est cependant possible d'utiliser un taux de change moyen pondéré pour l'ensemble des flux d'une même période.

La trésorerie et les équivalents de trésorerie en monnaies étrangères existant à la fin de l'exercice sont convertis au taux de clôture.

Les gains et pertes de change non réalisés résultant de la variation du taux de change entre la date du flux et la date de clôture ne constituent pas des flux monétaires. Ils sont cependant indiqués séparément dans le tableau des flux de trésorerie afin de permettre le rapprochement de la trésorerie et des équivalents de trésorerie à l'ouverture et à la clôture de l'exercice.

Exemple 7.3. – Une entreprise détenait 20 000 USD au début de l'exercice. À cette date, le $ valait 0,95 €. Les flux monétaires de l'exercice ont été les suivants :

– encaissements :
  50 000 $ (cours du jour : 0,90 €)
  30 000 $ (cours du jour : 1,05 €)
– décaissements : 70 000 $ (cours du jour : 0,98 €).

À la clôture de l'exercice, le $ vaut 1,10 €.

	$	€
Trésorerie au début de l'exercice	20 000	19 000
Flux de trésorerie :		
encaissements :	80 000	76 500 [a]
décaissements :	– 70 000	– 68 600
	30 000	26 900
Différence de change non réalisée (par différence)		6 100
Trésorerie en fin d'exercice	30 000	33 000 [b]

[a] 76 500 = (50 000 × 0,90) + (30 000 × 1,05)
[b] 33 000 = 30 000 × 1,10

La différence de change non réalisée se décompose ainsi :

– écart sur la trésorerie de début d'exercice : 20 000 × (1,10 – 0,95) =	3 000
– écart sur les flux de trésorerie de l'exercice : [(80 000 × 1,10) – 76 500] – [(70 000 × 1,10) – 68 600] =	3 100
	6 100

La présentation du tableau des flux de trésorerie

Les règles de présentation diffèrent selon la nature des flux.

Les flux d'exploitation

Les flux de trésorerie liés à l'exploitation peuvent être présentés de deux façons :

– soit par la méthode directe,
– soit par la méthode indirecte.

La méthode directe raisonne directement en flux monétaires, qu'elle regroupe en différentes catégories d'encaissements et de décaissements.

La norme n'indique pas quelles catégories doivent être constituées. On peut cependant s'inspirer de deux exemples fournis en annexe de l'IAS 7 pour aboutir à la présentation-type suivante :

Flux de trésorerie relatifs aux activités d'exploitation (méthode directe)	
Encaissements reçus des clients	(+)
Versements aux fournisseurs et au personnel	(–)
Intérêts et dividendes payés[1]	(–)
Impôts sur les bénéfices payés[2]	(–)
Autres décaissements d'exploitation	(–)
Flux net de trésorerie relatif aux activités d'exploitation	(+) ou (–)

1. Ces flux pourraient aussi être considérés comme des flux de financement.
2. Ce flux pourrait aussi être ventilé entre activités d'exploitation, d'investissement et de financement.

La méthode indirecte part du résultat [1] pour arriver à la variation de la trésorerie provenant des activités d'exploitation.

Selon cette méthode, le résultat est corrigé :

– des opérations n'ayant pas un caractère monétaire (dotations et reprises d'amortissements et de provisions, différences de change non réalisées...) ;

– de tout report ou régularisation d'encaissements ou de décaissements passés ou futurs liés à l'exploitation (variation des comptes clients et fournisseurs et des comptes de régularisation principalement) ;

– des charges et produits relatifs à des opérations d'investissement ou de financement.

Toujours à partir des exemples de l'IAS 7, il est possible d'établir la présentation-type suivante :

Flux de trésorerie relatifs aux activités d'exploitation (méthode indirecte)	
Résultat avant impôts et éléments exceptionnels	(+) ou (–)
Élimination des produits et charges sans incidence sur la trésorerie :	
Dotations aux amortissements et aux provisions	(+)
Reprises d'amortissements et de provisions	(–)
Élimination des produits et charges non liés à l'exploitation :	
Résultat de cessions d'immobilisations et de placements	(+) ou (–)
Charge d'intérêts	(+)
Revenus de placements	(–)
Résultat d'exploitation avant variation du besoin en fonds de roulement	(+) ou (–)
Variation des stocks	(+) ou (–)
Variation des comptes clients et autres créances d'exploitation	(+) ou (–)

1. Il n'est pas nécessaire de partir du résultat global puisque les autres éléments du résultat global sont tous non monétaires, c'est-à-dire sans impact sur la trésorerie.

Variation des comptes fournisseurs et autres dettes d'exploitation	(+) ou (–)
Intérêts et dividendes payés[1]	(–)
Impôts sur les bénéfices payés[2]	(–)
Flux net de trésorerie relatifs aux activités d'exploitation	(+) ou (–)

1. Ces flux pourraient aussi être considérés comme des flux de financement.
2. Ce flux pourrait aussi être ventilé entre activités d'exploitation, d'investissement et de financement.

L'IASB encourage (mais n'impose pas) l'utilisation de la méthode directe, qui apporte davantage d'informations sur les flux de trésorerie.

Les flux d'investissement

Les principales catégories de flux d'investissement doivent être présentées séparément.

L'IAS 7 ne précise pas quelles sont les rubriques à constituer. Des exemples fournis en annexe de l'IAS 7, on peut cependant déduire la présentation-type suivante :

Flux de trésorerie relatifs aux activités d'investissement	
Acquisition de la filiale X sous déduction de la trésorerie acquise	(–)
Cession de la filiale Y	(+)
Acquisitions d'immobilisations	(–)
Acquisitions de placements	(–)
Encaissements résultant de la cession d'immobilisations	(+)
Encaissements résultant de la cession de placements	(+)
Intérêts encaissés	(+)
Dividendes reçus	(+)
Flux net de trésorerie des activités d'investissement	(+) ou (–)

Les flux de financement

En l'absence d'indications précises sur les rubriques à constituer, on peut s'inspirer des exemples fournis en annexe de l'IAS 7 pour aboutir à la présentation-type suivante :

Flux de trésorerie relatifs aux activités de financement	
Augmentation de capital en espèces	(+)
Remboursement de capital en espèces	(–)
Émission d'emprunts (autres que ceux de trésorerie)	(+)
Remboursements d'emprunts (autres que ceux de trésorerie)	(–)

Remboursements de dettes résultant de contrats de location-financement	(–)
Intérêts et dividendes payés [1]	(–)
Flux net de trésorerie des activités de financement	(+) ou (–)

1. Ces flux pourraient aussi être considérés comme des flux d'exploitation.

La trésorerie et les équivalents de trésorerie

L'entreprise doit présenter un état de rapprochement des montants du tableau des flux de trésorerie avec les éléments correspondants inscrits au bilan.

Il doit donc être possible, à partir de la trésorerie et des équivalents de trésorerie au début de l'exercice ainsi que des flux monétaires de la période, de retrouver le montant de la trésoreire et des équivalents de trésorerie à la clôture.

L'examen des exemples fournis en annexe de l'IAS 7 aboutit aux présentations-types suivantes :

Tableau des flux de trésorerie selon la méthode directe

Flux de trésorerie relatifs aux activités d'exploitation	
Encaissements reçus des clients	(+)
Versements aux fournisseurs et au personnel	(–)
Intérêts et dividendes payés [1]	(–)
Impôts sur les bénéfices payés [2]	(–)
Autres décaissements d'exploitation	(–)
Flux net de trésorerie relatif aux activités d'exploitation (I)	(+) ou (–)
Flux de trésorerie relatifs aux activités d'investissement	
Acquisition de la filiale X sous déduction de la trésorerie acquise	(–)
Cession de la filiale Y	(+)
Acquisitions d'immobilisations	(–)
Acquisitions de placements	(–)
Encaissements résultant de la cession d'immobilisations	(+)
Encaissements résultant de la cession de placements	(+)
Intérêts encaissés	(+)
Dividendes reçus	(+)
Flux net de trésorerie des activités d'investissement (II)	(+) ou (–)

Tableau des flux de trésorerie selon la méthode directe (suite)

Flux de trésorerie relatifs aux activités de financement	
Augmentation de capital en espèces	(+)
Remboursement de capital en espèces	(–)
Émission d'emprunts (autres que ceux de trésorerie)	(+)
Remboursements d'emprunts (autres que ceux de trésorerie)	(–)
Remboursements de dettes résultant de contrats de location-financement	(–)
Flux net de trésorerie des activités de financement (III)	(+) ou (–)
Variation nette de la trésorerie et des équivalents de trésorerie (IV) = I + II + III	
Effet des variations des taux de change (V)	
Trésorerie et équivalents de trésorerie au début de l'exercice (VI)	
Trésorerie et équivalents de trésorerie à la clôture de l'exercice (VII) = VI + IV + V	

1. Ces flux pourraient aussi être considérés comme des flux de financement.
2. Ce flux pourrait aussi être ventilé entre activités d'exploitation, d'investissement et de financement.

Tableau des flux de trésorerie selon la méthode indirecte

Flux de trésorerie relatifs aux activités d'exploitation	
Résultat avant impôts et éléments exceptionnels	(+) ou (–)
Élimination des produits et charges sans incidence sur la trésorerie :	
Dotations aux amortissements et aux provisions	(+)
Reprises d'amortissements et de provisions	(–)
Élimination des produits et charges non liés à l'exploitation :	
Résultat de cessions d'immobilisations et de placements	(+) ou (–)
Charge d'intérêts	(+)
Revenus de placements	(–)
Résultat d'exploitation avant variation du besoin en fonds de roulement	(+) ou (–)
Variation des stocks	(+) ou (–)
Variation des comptes clients et autres créances d'exploitation	(+) ou (–)
Variation des comptes fournisseurs et autres dettes d'exploitation	(+) ou (–)
Intérêts et dividendes payés [1]	(–)
Impôts sur les bénéfices payés [2]	(–)
Flux net de trésorerie relatifs aux activités d'exploitation (I)	(+) ou (–)

Tableau des flux de trésorerie selon la méthode indirecte (suite)

Flux de trésorerie relatifs aux activités d'investissement	
Acquisition de la filiale X sous déduction de la trésorerie acquise	(–)
Cession de la filiale Y	(+)
Acquisitions d'immobilisations	(–)
Acquisitions de placements	(–)
Encaissements résultant de la cession d'immobilisations	(+)
Encaissements résultant de la cession de placements	(+)
Intérêts encaissés	(+)
Dividendes reçus	(+)
Flux net de trésorerie des activités d'investissement (II)	(+) ou (–)
Flux de trésorerie relatifs aux activités de financement	
Augmentation de capital en espèces	(+)
Remboursement de capital en espèces	(–)
Émission d'emprunts (autres que ceux de trésorerie)	(+)
Remboursements d'emprunts (autres que ceux de trésorerie)	(–)
Remboursements de dettes résultant de contrats de location-financement	(–)
Flux net de trésorerie des activités de financement (III)	(+) ou (–)
Variation nette de la trésorerie et des équivalents de trésorerie (IV) = I + II + III	
Effet des variations des taux de change (V)	
Trésorerie et équivalents de trésorerie au début de l'exercice (VI)	
Trésorerie et équivalents de trésorerie à la clôture de l'exercice (VII) = VI + IV + V	

1. Ces flux pourraient aussi être considérés comme des flux de financement.
2. Ce flux pourrait aussi être ventilé entre activités d'exploitation, d'investissement et de financement.

Les possibilités de compensation

Les flux de trésorerie doivent, en principe, figurer pour leur montant brut. Il n'est donc pas possible de compenser les encaissements et décaissements d'une même catégorie et, a fortiori, de catégories différentes.

L'IAS 7 admet toutefois deux exceptions à ce principe. Ainsi, peuvent (ce n'est pas une obligation) être présentés pour leur montant net (c'est-à-dire après compensation) :

– les encaissements et décaissements effectués pour le compte de clients lorsque ces flux découlent des activités du client et non de celles de l'entreprise ;

– les encaissements et décaissements relatifs à des éléments ayant un rythme de rotation rapide, un montant élevé et des échéances brèves.

Comme exemple d'opérations visées par la première exception, on peut citer la perception de loyers par une régie immobilière pour le compte de ses mandants.

Les établissements financiers doivent, quant à eux, présenter pour leur montant net les flux de trésorerie occasionnés par :

– l'acceptation et le remboursement de dépôts à échéance déterminée ;

– le placement et le retrait de dépôts auprès d'autres établissements financiers ;

– les prêts et avances consentis à des clients et les remboursements correspondants.

Les particularités du tableau consolidé des flux de trésorerie

Le tableau des flux de trésorerie étant un élément à part entière des états financiers, toute entreprise qui publie des comptes consolidés doit aussi, en principe, établir un tableau consolidé des flux de trésorerie.

Ce document obéit aux mêmes règles que le tableau individuel des flux. Sa nature particulière exige cependant des précisions quant à la prise en compte des flux de trésorerie des filiales, coentreprises et entreprises associées.

Les solutions dépendent de la méthode de consolidation utilisée :

– Les flux monétaires des filiales consolidées par intégration globale sont intégralement inclus dans le tableau de flux consolidé.

– Par contre, seule la quote-part du groupe dans les flux de trésorerie des coentreprises consolidées par intégration proportionnelle est prise en compte.

– Enfin, pour les participations mises en équivalence ou comptabilisées au coût de revient, seuls les mouvements de trésorerie entre le groupe et ces entreprises dépendantes figurent dans le tableau consolidé.

Bien que la norme IAS 7 ne le précise pas, il semble évident que les flux de trésorerie internes au groupe (flux entre la société mère et ses filiales ou entre les filiales elles-mêmes) ne figurent pas dans le tableau consolidé des flux de trésorerie.

Il en est de même de la quote-part du groupe dans les flux entre ce dernier et les coentreprises consolidées par intégration proportionnelle.

Principales différences par rapport aux US GAAP

Aux États-Unis, l'établissement du tableau des flux de trésorerie (*cash flow statement*) est réglementé par le FAS 95. La principale différence par rapport à l'IAS 7 réside dans le classement des intérêts et dividendes. Dans la norme américaine, ces éléments doivent obligatoirement figurer dans les flux d'exploitation, sauf les dividendes payés, qui sont considérés comme des flux de financement.

Signalons également que les découverts bancaires et autres crédits ne font pas partie de la trésorerie.

La pratique en Europe

Les sociétés européennes cotées en bourse présentent généralement un tableau des flux de trésorerie conforme à l'IAS 7.

Il est à noter que, dans la quasi-totalité des cas, les flux de trésorerie d'exploitation sont présentés selon la méthode indirecte.

Conséquences pour l'utilisateur des états financiers

Le tableau des flux de trésorerie est un document essentiel pour l'analyse de l'évolution de la situation financière. Lui seul permet de se rendre compte de la provenance des ressources de l'entreprise et de leur utilisation. Or, ce document ne peut généralement être établi par l'utilisateur externe à l'aide des seuls bilans et comptes de résultat car la comparaison des montants figurant à deux bilans successifs montre les variations nettes mais ne renseigne pas sur les mouvements bruts intervenus entre les deux dates. Le fait que l'IAS 7 impose l'établissement d'un tel document est donc, du point de vue de l'analyste, extrêmement positif.

Pendant longtemps, dans les pays francophones notamment, l'analyse des flux a été axée sur le fonds de roulement, garant de l'équilibre financier à long terme. Cette approche a beaucoup perdu de sa pertinence depuis que le phénomène de globalisation financière a rendu en grande partie caduque la distinction long terme/court terme. Dans la plupart des grandes entreprises, l'analyse de la variation du fonds de roulement a donc été remplacée par celle de la trésorerie. L'IAS 7 entérine cette évolution et c'est heureux pour l'analyse financière.

Certains regretteront toutefois que l'IASB n'impose pas un modèle et se contente de fournir des exemples de tableaux de flux de trésorerie [1]. D'autres s'en féliciteront au nom de la nécessaire adaptation aux caractéristiques de chaque entreprise.

Les flux d'exploitation peuvent être présentés de deux manières. Du point de vue de l'utilisateur, la méthode directe est préférable car elle permet de faire apparaître la totalité des mouvements de trésorerie, alors que la méthode indirecte ne reprend que la variation nette des actifs et dettes d'exploitation. Toutefois, la comptabilité étant une comptabilité d'engagements et non pas de trésorerie, il est plus facile de reconstituer les cash flows à partir du résultat que de rechercher l'ensemble des encaissements et décaissements d'exploitation. Ceci explique le succès de la méthode indirecte et le fait que l'IASB n'ait pas cru bon d'exiger l'utilisation de la méthode directe.

---

1. Rappelons que les modèles présentés plus haut n'émanent pas de l'IASB mais qu'ils ont été établis par nos soins sur la base des exemples fournis en annexe de l'IAS 7.

L'IAS 7 distingue de manière précise les flux d'exploitation, d'investissement et de financement sauf en ce qui concerne les intérêts, dividendes et impôts sur les bénéfices.

Les intérêts et dividendes payés peuvent être classés indifféremment dans les flux d'exploitation ou de financement ; et les intérêts et dividendes reçus dans les flux d'exploitation ou d'investissement. Les comparaisons inter-entreprises risquent de s'en trouver faussées si l'on n'y prend garde. Bien que les deux solutions aient chacune leurs partisans, on peut regretter que l'IASB n'ait pas effectué un choix qui n'aurait de toute façon pas pénalisé l'utilisateur, celui-ci pouvant toujours effectuer un reclassement, sous réserve bien sûr que le montant des flux en question soit indiqué.

Les impôts sur les bénéfices sont classés dans les flux d'exploitation sauf s'il est possible de déterminer la part attribuable aux opérations d'investissement et de financement. Cette solution s'explique d'une part par la difficulté de décomposer l'impôt et d'autre part par le fait que son paiement n'intervient généralement pas au cours du même exercice que les opérations qui l'ont fait naître. Même si cette solution semble raisonnable, elle demeure gênante car elle introduit une différence de traitement entre un flux et son incidence fiscale. Elle aboutit en outre à sous-évaluer systématiquement le cash flow d'exploitation et à surestimer les flux d'investissement et de financement. De plus, les comparaisons dans le temps se trouvent faussées en cas de cessions importantes d'actifs, les flux d'exploitation de l'exercice au cours duquel la vente a eu lieu se trouvant diminués de l'impôt sur les gains réalisés. Enfin, ce traitement rend difficiles les comparaisons entre entreprises, celles ayant recours à l'emprunt voyant leur cash flow d'exploitation augmenté de l'économie d'impôt sur les intérêts.

L'IAS 7 en bref

Toute entreprise doit établir un tableau des flux de trésorerie.

Les flux de trésorerie sont classés en trois sections :

- activités d'exploitation,
- activités d'investissement,
- activités de financement.

Les flux d'exploitation peuvent être présentés :

- soit par la méthode directe, qui fait apparaître directement les encaissements et décaissements de l'exercice,
- soit par la méthode indirecte, qui reconstitue le flux net de trésorerie d'exploitation à partir du résultat net.

L'utilisation de la méthode directe est encouragée.

Le tableau des flux de trésorerie doit permettre un rapprochement avec le montant de la trésorerie figurant au bilan.

IAS 8

MÉTHODES COMPTABLES, CHANGEMENTS D'ESTIMATIONS ET ERREURS[1]

Le sujet

Cette norme, totalement remaniée en décembre 2003, traite des conditions des changements de méthodes et des changements d'estimations, et de la manière dont ces modifications doivent être appliquées dans les comptes de l'exercice en cours et des exercices précédents.

Elle indique également comment corriger une erreur découverte dans les états financiers d'une période antérieure.

Définitions

Pour l'IASB, l'expression méthodes comptables désigne les principes, bases, conventions, règles et pratiques appliquées par une entreprise pour établir et présenter ses états financiers.

Constituent donc des méthodes comptables :

– l'évaluation des immobilisations corporelles à leur juste valeur,

– l'activation des intérêts d'emprunts,

– l'utilisation des procédés FIFO, LIFO, coût moyen pondéré pour l'évaluation des stocks,

– l'application de l'intégration proportionnelle pour le traitement des participations dans des coentreprises,

– etc.

1. Norme révisée en 2003.

Le choix des méthodes comptables

Les IFRS sont censées apporter une solution à la plupart des problèmes comptables. L'IAS 8 a néanmoins prévu le cas où il n'existerait pas de norme ou d'interprétation de l'IASB applicable à une transaction ou à un événement particulier. La direction de l'entreprise devrait alors exercer son jugement pour trouver une solution qui soit à la fois :

- pertinente pour les utilisateurs des comptes
- et fiable, c'est-à-dire telle que les états financiers obtenus :

– donneraient une image fidèle de la situation de l'entreprise, de ses performances et de ses cash-flows,

– refléteraient la substance économique des transactions plus que leur apparence juridique (principe de prééminence du fond sur la forme),

– seraient neutres, autrement dit exempts de biais,

– prudents

– et complets.

Pour choisir la méthode comptable la plus appropriée, les dirigeants devraient, par ordre de priorité, considérer :

1) les normes et interprétations de l'IASB couvrant des sujets voisins,

2) le cadre conceptuel de l'IASB.

La même méthode doit être appliquée à toutes les transactions et tous les événements semblables, sauf disposition contraire des IFRS. Il n'est donc pas possible, par exemple, d'évaluer certaines constructions au coût historique, et d'autres à leur valeur de marché.

Les changements de méthodes

Les conditions des changements de méthodes

Pour assurer la comparabilité des états financiers dans le temps, il est nécessaire que les méthodes comptables utilisées soient les mêmes chaque année. Les changements de méthodes doivent donc demeurer exceptionnels.

C'est pourquoi l'IAS 8 n'admet un tel changement que dans deux cas :

– s'il est exigé par une norme ou une interprétation de l'IASB,

– ou s'il contribue à donner une information plus fiable et plus pertinente sur la situation financière, les performances et les cash-flows de l'entreprise.

La norme précise qu'on ne peut pas parler de changement de méthode lorsqu'une nouvelle méthode est appliquée à des transactions ou événements :

– différents de ceux survenus auparavant,

– ou qui ne se sont jamais produits auparavant.

Signalons enfin que, bien que la réévaluation des immobilisations constitue incontestablement un changement de méthode, cette opération échappe à l'IAS 8 car elle obéit à des dispositions particulières contenues dans l'IAS 16 et l'IAS 38.

Les modalités des changements de méthodes

Lorsque le changement de méthode résulte de l'application d'une nouvelle norme ou interprétation de l'IASB, ses modalités sont généralement fixées par la norme ou l'interprétation nouvelle.

Lorsqu'il ne résulte pas d'une modification des IFRS mais d'une décision volontaire de l'entreprise, le changement doit être appliqué rétroactivement [1]. Il s'agit alors de faire comme si la nouvelle méthode avait toujours été utilisée.

Pratiquement, cela revient à :

– appliquer cette méthode à l'exercice du changement (exercice N) ainsi qu'à tous les exercices pour lesquels une information comparative est donnée (exercice N–1 généralement) ;

– ajuster les capitaux propres d'ouverture du plus ancien exercice donné à titre comparatif (exercice N–1 généralement) des effets du changement sur les résultats des exercices antérieurs (N–2, N–3, etc.).

Exemple 8.1. – Une entreprise a pour politique de comptabiliser tous ses coûts de développement en charges au moment où ils sont encourus. En N, elle décide d'appliquer pour la première fois les possibilités d'activation offertes par l'IAS 38.

Les coûts susceptibles d'être activés sont les suivants :

– en N : 100 000 €

– en N–1 : 80 000 €

– en N–2 : 60 000 €.

L'entreprise a renoncé à déterminer les coûts activables au titre des exercices antérieurs à N–2, en raison de la difficulté de déterminer si, à l'époque, les conditions d'activation étaient remplies.

On suppose que :

– les innovations mises au point ne sont pas encore prêtes à être utilisées, de sorte que les frais de développement n'ont pas encore à être amortis ;

– le taux d'imposition de l'entreprise est de 30 %.

Les bilans et comptes de résultat globaux résumés se présentent ainsi :

Comptes de résultat global	**N–2**	**N–1**	**N**
Produits	1 000 000	1 100 000	1 200 000
Frais de R&D	– 100 000	– 120 000	– 50 000
Autres charges	– 750 000	– 800 000	– 950 000
	150 000	180 000	200 000
Impôt sur les bénéfices	– 45 000	– 54 000	– 60 000
Résultat	105 000	126 000	140 000
Autres éléments du résultat global	10 000	– 6 000	12 000
Résultat global	115 000	120 000	152 000

1. La version française de l'ancienne norme IAS 8 parle d'application « rétrospective », traduction littérale de l'anglais « *retrospective* ». Nous préférons utiliser l'expression « rétroactive » qui nous semble sémantiquement plus correcte.

Bilans	**N–2**	**N–1**	**N**
Frais de développement Autres actifs	– 2 000 000	– 2 200 000	240 000 2 400 000
Total des actifs	2 000 000	2 200 000	2 640 000
Impôts différés passifs Autres dettes	200 000 1 000 000	250 000 1 100 000	322 000 1 260 000
Total des dettes	1 200 000	1 350 000	1 582 000
Capital Réserves de bénéfices Différences de change	100 000 650 000 50 000	100 000 706 000 44 000	100 000 902 000 56 000
Capitaux propres	800 000	850 000	1 058 000

Les comptes de N–1 doivent être modifiés ainsi :

1. Au titre des frais de développement de N–1 :

Bilan :

Frais de développement : + 80 000
Impôts différés passifs : + (80 000 × 30 %) = + 24 000
Réserves de bénéfices : + 80 000 – 24 000 = + 56 000

Compte de résultat global :

Frais de R&D : – 80 000
Impôt sur les bénéfices : + (80 000 × 30 %) = + 24 000
Résultat : + 80 000 – 24 000 = + 56 000

2. Au titre des frais de développement de N–2 :

Bilan :

Frais de développement : + 60 000
Impôts différés passifs : + (60 000 × 30 %) = + 18 000
Réserves de bénéfices : + 60 000 – 18 000 = + 42 000

D'où :

Comptes de résultat global	**N–1**	**Ajustements**	**N–1 ajusté**	**N**
Produits Frais de R&D Autres charges	1 100 000 – 120 000 – 800 000	 + 80 000 =	1 100 000 – 40 000 – 800 000	1 200 000 – 50 000 – 950 000
 Impôt sur les bénéfices	180 000 – 54 000	 – 24 000 =	260 000 – 78 000	200 000 – 60 000
Résultat Autres éléments du résultat global	126 000 – 6 000		182 000 – 6 000	140 000 12 000
Résultat global	120 000		176 000	152 000

Bilans	N–1	Ajustements	N–1 ajusté	N
Frais de développement	–	+ 80 000 + 60 000 =	140 000	240 000
Autres actifs	2 200 000		2 200 000	2 400 000
Total des actifs	2 200 000		2 340 000	2 640 000
Impôts différés passifs	250 000	+ 24 000 + 18 000 =	292 000	322 000
Autres dettes	1 100 000		1 100 000	1 260 000
Total des dettes	1 350 000		1 392 000	1 582 000
Capital	100 000		100 000	100 000
Réserves de bénéfices	706 000	+ 56 000 + 42 000 =	804 000	902 000
Différences de change	44 000		44 000	56 000
Capitaux propres	850 000		948 000	1 058 000

Les deux dernières colonnes du tableau présentent le bilan et le compte de résultat global de N avec l'information comparative.

Quant au tableau de variation des capitaux propres à fin N, il pourra revêtir la forme suivante :

	Capital	Réserves de bénéfices	Différences de change	Total
Montants à fin N–2	100 000	650 000	50 000	800 000
Incidence de l'activation des frais de développement		42 000		42 000
Montants à fin N–2 (ajustés)	100 000	692 000	50 000	842 000
Résultat global N–1		126 000	– 6 000	120 000
Distribution de dividendes		– 14 000		– 14 000
Montants à fin N–1	100 000	804 000	44 000	948 000
Résultat global N		140 000	12 000	152 000
Distribution de dividendes		– 42 000		– 42 000
Montants à fin N	100 000	902 000	56 000	1 058 000

Comme dans cet exemple, il est souvent matériellement impossible d'ajuster les résultats de tous les exercices précédents :

– soit en raison de la difficulté d'apprécier, plusieurs années après, les conditions qui prévalaient à l'époque,

– soit parce que l'information nécessaire aux ajustements n'est pas disponible.

Dans ce cas, l'IAS 8 admet que l'application rétroactive du changement se limite aux exercices pour lesquels elle est praticable. C'est ce qui a été fait dans l'exercice précédent en limitant les ajustements aux années N–1 et N–2.

Il peut même arriver que toute application rétroactive soit impossible, c'est-à-dire qu'on ne puisse même pas ajuster les états financiers du dernier exercice précédant le changement (exercice N–1). Ce dernier est alors pratiqué de façon prospective, ce que signifie que :

– la nouvelle méthode ne s'applique qu'à l'exercice du changement (exercice N),

– les états financiers des années précédentes ne sont pas ajustés,

– on se contente d'indiquer dans les notes l'incidence du changement sur les comptes de l'exercice en cours.

Exemple 8.1. – (suite) Supposons maintenant que l'application rétroactive du changement de méthode soit impraticable, c'est-à-dire qu'il soit matériellement impossible de déterminer les frais de développement qui auraient pu être activés en N–2 et N–1.

Les états financiers de N seront présentés ainsi :

Comptes de résultat global	**N–1**	**N**	
Produits	1 100 000	1 200 000	
Frais de R&D	– 120 000	– 50 000	
Autres charges	– 800 000	– 950 000	
	180 000	200 000	
Impôt sur les bénéfices	– 54 000	– 60 000	
Résultat	126 000	140 000	
Autres éléments du résultat global	– 6 000	12 000	
Résultat global	120 000	152 000	
Bilans	**N–1**	**N**	
Frais de développement	–	100 000	(frais de N seulement)
Autres actifs	2 200 000	2 400 000	
Total des actifs	2 200 000	2 500 000	
Impôts différés passifs	250 000	280 000	[322 000 – (24 000 + 18 000)]
Autres dettes	1 100 000	1 260 000	
Total des dettes	1 350 000	1 540 000	
Capital	100 000	100 000	
Réserves de bénéfices	706 000	804 000	[902 000 – (42 000 + 56 000)]
Différences de change	44 000	56 000	
Capitaux propres	850 000	960 000	

Et on mentionnera dans les notes que le changement de méthode effectué en N a eu les effets suivants :

- Sur le bilan à fin N :

– augmentation des actifs de 100 000 € (frais de développement activés en N),
– augmentation des impôts différés passifs de 100 000 × 30 % = 30 000 €,
– augmentation des capitaux propres de 70 000 €.

- Sur le résultat de N :

– diminution de la charge de R&D de 100 000 €,
– augmentation de la charge d'impôt de 100 000 × 30 % = 30 000 €,
– augmentation du résultat de 100 000 × 70 % = 70 000 €.

La publicité des changements de méthodes

Tout changement de méthode doit être accompagné d'une information abondante.

Il faut indiquer dans les notes :

– la nature du changement,

– son impact sur chaque poste des états financiers concerné ainsi que sur le résultat par action (résultat de base et résultat dilué) pour chaque période présentée (exercices N et N–1),

– de même que son incidence sur les périodes antérieures à celles présentées (exercices antérieurs à N–1).

Lorsque le changement n'a pas été appliqué de façon rétroactive, il faut en expliquer les raisons et la manière dont il a été effectué.

En cas de changement volontaire, l'entreprise doit en outre indiquer en quoi la nouvelle méthode améliore la fiabilité et la pertinence de l'information comptable.

Les changements d'estimations

L'établissement des états financiers requiert de multiples estimations, comme par exemple :

– la durée d'utilisation des immobilisations corporelles,

– la dépréciation des stocks ou des créances douteuses,

– le montant des provisions.

Les changements d'estimations doivent être clairement distingués des changements de méthodes car :

1) leur application n'est soumise à aucune condition particulière. Au contraire, ces modifications doivent être effectuées chaque fois que les conditions économiques l'exigent ;

2) ces changements sont appliqués de manière prospective.

En pratique, cela signifie que :

– le changement s'applique uniquement à l'exercice en cours et aux suivants (il n'a pas d'effet rétroactif),

– les états financiers des exercices précédents ne sont pas modifiés.

Exemple 8.2. – Un matériel a été acquis pour 100 000 € le 1er janvier N–3. Il a été, depuis cette date, amorti linéairement sur 10 ans. Au 31/12/N, l'entreprise évalue à 4 ans seulement sa durée d'utilisation résiduelle.

La durée d'amortissement ne correspondant plus aux conditions actuelles, il faut la changer. La modification n'aura d'impact que sur les exercices N et suivants.

La valeur comptable du matériel au début de l'année N est de 100 000 × 70 % = 70 000 €. Elle doit être étalée sur 5 ans (4 années à fin N + l'année N). D'où, pour les exercices N à N+4, un amortissement de 70 000/5 = 14 000 €.

Par contre, les amortissements des exercices N–3 à N–1 restent de 10 000 €.

L'information exigée est beaucoup plus légère que pour les changements de méthodes. Il suffit en effet d'indiquer la nature du changement ainsi que son impact sur la période en cours et, si possible, les suivantes.

Il peut parfois être difficile de déterminer si une modification comptable est un changement de méthode ou un changement d'estimation. Dans ce cas, on doit considérer qu'il s'agit d'un changement d'estimation.

Les corrections d'erreurs

Les états financiers peuvent comporter des erreurs résultant, par exemple, d'un calcul faux, de la mauvaise application d'une méthode comptable, d'une interprétation erronée des faits et des circonstances, voire d'une fraude.

Si elles sont découvertes durant l'exercice au cours duquel elles ont été commises, ces erreurs sont immédiatement corrigées, de sorte qu'elles n'ont pas d'effet sur les états financiers.

Par contre, si une erreur significative [1] est découverte au cours d'un exercice ultérieur, il faut corriger les états financiers concernés. La correction s'effectue de façon rétroactive, c'est-à-dire comme s'il s'agissait d'un changement de méthode.

Exemple 8.3. – Au cours de l'exercice N, l'entreprise s'est aperçue qu'un stock de 100 000 € avait été oublié dans l'inventaire au 31/12/N–1.

Les états financiers se présentent ainsi :

Comptes de résultat global	**N–1**	**N**
Produits Coût des ventes	800 000 – 500 000	850 000 – 480 000 *
Marge brute Autres charges	300 000 – 250 000	370 000 – 240 000
	50 000	130 000

1. Pour l'IAS 8, une erreur est significative (*material*) si elle est de nature, individuellement ou collectivement, à influencer les décisions économiques des utilisateurs des états financiers. La significativité d'une erreur dépend évidemment de son importance relative.

Comptes de résultat global	N–1	N
Impôt sur les bénéfices	– 15 000	– 39 000
Résultat Autres éléments du résultat global	35 000 5 000	91 000 –
Résultat global	40 000	91 000

* Avec prise en compte du stock initial réel.

Bilans	N–1	N
Stocks Autres actifs	200 000 400 000	330 000 450 000
Total des actifs Impôts différés passifs Autres dettes	600 000 120 000 100 000	780 000 180 000 59 000
Total des dettes Capital Réserves de bénéfices Autres réserves	220 000 100 000 230 000 50 000	239 000 100 000 391 000 50 000
Capitaux propres	380 000	541 000

En supposant un taux d'imposition de 30 %, les comptes doivent être corrigés ainsi :

Comptes de résultat global	N–1	Ajustements	N–1 ajusté	N
Produits Coût des ventes	800 000 – 500 000	 + 100 000 =	800 000 – 400 000	850 000 – 480 000
Marge brute Autres charges	300 000 – 250 000		400 000 – 250 000	370 000 – 240 000
 Impôt sur les bénéfices	50 000 – 15 000	 – (100 000 × 30 %) =	150 000 – 45 000	130 000 – 39 000
Résultat Autres éléments du résultat global	35 000 5 000		105 000 5 000	91 000 –
Résultat global	40 000		110 000	91 000

Bilans	**N–1**	**Ajustements**	**N–1 ajusté**	**N**
Stocks	200 000	+ 100 000	300 000	330 000
Autres actifs	400 000		400 000	450 000
Total des actifs	600 000		700 000	780 000
Impôts différés passifs	120 000	+ (100 000 × 30 %) =	150 000	180 000
Autres dettes	100 000		100 000	59 000
Total des dettes	220 000		250 000	239 000
Capital	100 000		100 000	100 000
Réserves de bénéfices	230 000	+ (100 000 × 70 %) =	300 000	391 000
Autres réserves	50 000		50 000	50 000
Capitaux propres	380 000		450 000	541 000

Les deux dernières colonnes du tableau représentent le bilan et le compte de résultat global de N, accompagnés de l'information comparative.

Comme pour les changements de méthode, lorsqu'il n'est pas possible de déterminer l'impact de l'erreur sur chaque exercice présenté, l'ajustement s'effectue sur les capitaux propres d'ouverture du premier exercice pour lequel l'incidence de l'erreur peut être mesurée. Cet exercice peut éventuellement être celui en cours.

L'année où l'erreur est découverte, l'entreprise doit indiquer dans l'annexe :

– la nature de l'erreur,

– son impact sur les états financiers et le résultat par action (résultat de base et résultat dilué) de chaque exercice présenté,

– le montant de l'ajustement pratiqué au début de la première période présentée.

Si la correction n'a pas été appliquée de façon rétroactive, il faut en indiquer les raisons et mentionner comment l'erreur a été corrigée.

Principales différences par rapport aux US GAAP

Jusqu'à une date récente, il n'existait pas de norme américaine comparable à l'IAS 8. Dans la plupart des cas, les effets cumulés d'un changement de méthode comptable étaient pris en compte dans le résultat de l'exercice du changement. Seuls quelques changements limitativement énumérés faisaient l'objet du traitement rétroactif prévu par l'IAS 8.

Les choses ont changé avec l'adoption en 2005 du SFAS 154. Cette norme, élaborée en concertation avec l'IASB dans le cadre du projet de convergence des IFRS et US GAAP, ne présente que des différences mineures par rapport à l'IAS 8.

La pratique en Europe

Si la plupart des entreprises indiquent les modifications induites par l'entrée en vigueur de nouvelles normes, plus rares sont celles qui font état de changements volontaires.

En ce qui concerne les corrections d'erreurs, nous n'avons pas trouvé de société qui en mentionne.

Conséquences pour l'utilisateur des états financiers

Les changements de méthodes ou d'estimations comptables sont probablement les instruments les plus efficaces de manipulation des comptes. Les interdire totalement serait cependant contraire à l'objectif même des états financiers. Il faut en effet que l'entreprise puisse modifier ses méthodes ou ses estimations lorsque celles-ci ne sont plus adaptées à sa situation ou à son environnement. L'IAS 8 essaie donc d'éviter les abus en faisant en sorte que de tels changements ne soient pratiqués que lorsqu'ils sont objectivement justifiés. Elle veille également à ce que leur impact soit indiqué afin que l'analyste puisse continuer à comparer les performances de l'entreprise dans le temps.

Une des difficultés liées à cette norme est la distinction entre changements de méthodes, qui font l'objet d'une application rétroactive, et changements d'estimations, dont l'application n'est que prospective. On a vu en effet que la différence entre ces deux catégories n'est pas toujours évidente. D'ailleurs, ce sont souvent les normes elles-mêmes qui indiquent comment tel ou tel changement doit être analysé. L'IAS 16, par exemple, stipule que les changements de méthodes d'amortissement ne constituent pas des changements de méthodes au sens de l'IAS 8 mais des changements d'estimations.

Étant donné que les changements de méthodes entraînent la correction des capitaux propres d'ouverture, on peut craindre que certaines entreprises procèdent à de tels changements dans ce seul but. L'activation rétrospective des intérêts d'emprunts permet par exemple d'accroître l'actif net de l'entreprise par l'augmentation des réserves. Inversement, on peut supposer qu'une modification ayant une incidence négative sur les résultats sera considérée comme un changement d'estimation plutôt que comme un changement de méthode, afin d'éviter une amputation des capitaux propres d'ouverture.

Du point de vue de l'analyse financière, la distinction entre changements d'estimations et changements de méthodes est donc, d'une certaine façon, regrettable. La comparabilité des performances dans le temps est en effet mieux assurée dans le second cas car seule l'application rétroactive de la nouvelle méthode permet d'annuler les effets du changement.

L'IAS 8 en bref

Un changement de méthode n'est admis que dans deux cas :
– s'il est exigé par une norme ou une interprétation de l'IASB,
– ou s'il contribue à donner une information plus fiable et plus pertinente sur la situation financière, les performances et les cash-flows de l'entreprise.

Un changement de méthode doit, en principe, être appliqué rétroactivement. Les états financiers des exercices antérieurs sont présentés comme si la nouvelle méthode avait toujours été utilisée.

Lorsque ce n'est pas possible, le changement est pratiqué de façon prospective. La nouvelle méthode s'applique alors uniquement à l'exercice du changement et les états financiers des années précédentes ne sont pas modifiés.

Les changements d'estimations doivent être pratiqués aussi souvent que nécessaire et leur application est prospective. Ces changements ont donc un impact uniquement sur l'exercice en cours et les suivants.

Les erreurs portant sur les états financiers d'un exercice antérieur doivent, normalement, être corrigées de manière rétroactive, c'est-à-dire comme pour un changement de méthode.

IAS 9

FRAIS DE RECHERCHE ET DE DÉVELOPPEMENT[1]

Cette norme a été remplacée par l'IAS 38.

1. Norme adoptée en 1993.

IAS 10

ÉVÉNEMENTS POSTÉRIEURS À LA PÉRIODE DE REPORTING[1]

Le sujet

Cette norme décrit la manière dont doivent être pris en compte les événements survenus après la clôture de l'exercice ainsi que l'information à fournir sur ces événements.

Définitions

Les événements postérieurs à la période de reporting[2] sont ceux qui se produisent entre la date de clôture des comptes et la date à laquelle la publication des états financiers est autorisée.

Dans les pays où les comptes doivent être approuvés par les actionnaires réunis en assemblée générale, la date d'autorisation de publication n'est pas celle de l'assemblée générale mais celle du conseil d'administration qui a autorisé la publication des états financiers. Dans les sociétés à directoire et conseil de surveillance, c'est la date à laquelle le directoire a autorisé la communication de ces comptes au conseil de surveillance.

Exemple 10.1. – Une entreprise clôture ses comptes le 31 décembre de chaque année. Les services comptable et financier ont achevé la préparation des états financiers de l'exercice N le 15 février N+1. Le 10 mars N+1, le conseil

1. Norme révisée en 2003.
2. Nous préférerons dorénavant utiliser l'expression événements « post-clôture ».

d'administration a approuvé ces états financiers et autorisé leur publication. Le lendemain, les comptes ont été mis à la disposition du public et des actionnaires. L'assemblée générale statuant sur les comptes de l'exercice N s'est tenue le 20 avril N+1.

Les événements post-clôture sont ceux survenus entre le 1er janvier et le 10 mars N+1.

La prise en compte des événements post-clôture

L'IAS 10 distingue deux catégories d'événements post-clôture :

– ceux qui contribuent à confirmer des situations qui existaient à la date de clôture des comptes,

– et ceux qui décrivent des situations apparues postérieurement à la date de clôture.

Seuls les événements de la première catégorie doivent donner lieu à un ajustement des états financiers.

Dans la mesure où ces événements interviennent entre la date de clôture et la date d'approbation des états financiers, l'entreprise doit donc notamment tenir compte :

– des décisions judiciaires relatives à des affaires en cours à la date de clôture,

– des informations permettant de préciser une dépréciation d'actif déjà apparue à la clôture de l'exercice,

– des éléments précisant le montant d'une obligation existant à la date de clôture.

Comme exemple d'événement ne donnant pas lieu à un ajustement des états financiers car représentatif d'une situation apparue postérieurement à la clôture des comptes, l'IAS 10 cite la baisse de valeur d'un placement survenue entre la date de clôture et celle d'approbation des états financiers.

Ces événements ne doivent pas être comptabilisés. Par contre, lorsqu'ils sont significatifs, ils doivent être mentionnés dans les notes, avec une estimation de leur incidence financière. L'IAS 10 cite plusieurs événements qui devraient généralement faire l'objet d'une telle publicité, notamment :

– un regroupement d'entreprises important,

– l'annonce d'un plan d'abandon d'activités,

– des acquisitions ou cessions importantes d'actifs,

– l'annonce d'une restructuration importante,

– des transactions importantes sur des actions ordinaires de l'entreprise,

– la survenance d'un litige important.

L'IAS 10 précise également que les dividendes dont la distribution a été décidée après la date de clôture ne doivent pas figurer en dettes dans les états financiers de l'exercice clos. Rappelons que, selon l'IAS 1, ces dividendes doivent être mentionnés dans les notes [1].

L'abandon de l'hypothèse de continuité d'exploitation

Normalement, les états financiers sont établis en faisant l'hypothèse que l'entreprise continuera à fonctionner au-delà de la date de clôture.

Si, même après cette date, la situation financière de l'entreprise se dégrade, au point que la pérennité de l'entreprise semble compromise, l'hypothèse de continuité d'exploitation doit être abandonnée.

Principales différences par rapport aux US GAAP

L'IAS 10 ne diffère pas significativement des normes américaines correspondantes.

La pratique en Europe

Les événements post-clôture mentionnés par les entreprises sont très divers, comme le montrent les exemples suivants :

« Le 23 juillet 2008, Pernod Ricard a acquis 100 % des actions du groupe Vin&Sprit (« V&S »), propriétaire notamment de la marque de vodka ABSOLUT. Le prix de l'acquisition a été financé par un crédit syndiqué multidevise. Aucun échange de titres ou émission de titres n'est prévu dans le cadre de ce rachat [...] » [Pernod-Ricard (France), rapport annuel 2007-2008].

« Le 20 février 2009, le Groupe a annoncé :

– son intention de procéder à une augmentation de capital de 1,5 milliard d'euros avec droit de souscription, entièrement garantie. Ces garanties prennent la forme d'engagements, sous certaines conditions et limites, par les deux plus grands actionnaires (Groupe Bruxelles Lambert et NNS Holding Sarl) de souscrire à hauteur de leur participation (0,5 milliard d'euros) et par des partenaires bancaires de garantir la souscription des actions non souscrites par d'autres investisseurs dans le cadre de l'opération. Cette opération nécessite l'autorisation des actionnaires, qui sont convoqués en Assemblée Générale Extraordinaire le 31 mars 2009 ;

– l'obtention d'un nouveau crédit bancaire de 1 milliard d'euros pour une durée de deux ans, disponible après le remboursement de 1,6 milliard d'euros sur les 2,6 milliards d'euros des tranches A1/A2 mentionnés ci-dessus, cette

1. Avant la révision de 2003, les dividendes pouvaient aussi être enregistrés au bilan, comme une composante à part des capitaux propres.

dette étant assortie d'une possibilité de remboursement avant le 30 juin 2010 en fonction d'un ratio de levier financier, à l'option de chacun des prêteurs ;

– son intention de procéder à un remboursement anticipé des tranches A1/A2 du crédit d'acquisition d'Orascom Cement, soit 2,6 milliards d'euros avant fin juin 2009, faisant disparaître le covenant qui y était associé» [Lafarge (France), rapport annuel 2008].

« Les comptes consolidés de l'exercice 2008 du Groupe Novartis ont été approuvés par le Conseil d'administration le 27 janvier 2009. Le 20 janvier 2009, le Conseil d'administration a décidé de soumettre un dividende de CHF 2,00 à l'approbation de l'Assemblée générale des actionnaires du 24 février 2009. En cas d'approbation, le volume total des dividendes versés sera de l'ordre de USD 4,3 milliards » [Novartis (Suisse), rapport annuel 2008].

Conséquences pour l'utilisateur des états financiers

Il y a une vingtaine d'années, il n'était pas rare que des sociétés, même cotées, publient leurs comptes plus de 4 mois après la clôture. De nombreux événements pouvant survenir durant cette période, leur mention dans les états financiers était souhaitable.

Ces dernières années, le délai d'établissement des comptes des sociétés cotées s'est considérablement réduit, au point que certaines grandes entreprises publient maintenant leurs comptes dans le mois qui suit la clôture. Dans ce contexte, l'indication des événements postérieurs à celle-ci est moins importante. L'utilisateur des comptes a néanmoins tout intérêt à consulter les notes pour avoir connaissance d'événements survenus récemment.

Il va de soi que l'absence de signalement n'est pas une garantie. Les entreprises peuvent en effet avoir tendance à ne pas mentionner certains événements susceptibles d'accroître leur niveau de risque aux yeux des investisseurs.

L'IAS 10 en bref

Pour être reflété dans les états financiers, un événement post-clôture doit remplir deux conditions :

– survenir avant que le conseil d'administration ait autorisé la publication des comptes,

– confirmer une situation qui existait à la date de clôture.

Ceux qui remplissent la première condition mais pas la seconde doivent, s'ils sont significatifs, être mentionnés dans les notes.

IAS 11

CONTRATS DE CONSTRUCTION[1]

Le sujet

Chaque fois que la réalisation d'un contrat s'étale sur plusieurs exercices, se pose le problème de la répartition dans le temps des revenus et coûts correspondants. Cette question revêt une importance particulière dans les secteurs d'activités dont le cycle de production est particulièrement long (bâtiment, travaux publics, équipements lourds, construction aéronautique et aérospatiale...) mais elle concerne aussi toute entreprise engagée dans un contrat non terminé à la clôture de l'exercice. La question qui se pose alors est la suivante : Doit-on attendre la fin du contrat pour comptabiliser l'intégralité du résultat de l'opération ou répartir celui-ci sur la période de production en fonction de l'avancement des travaux ? C'est à cette question que cette norme s'efforce de répondre.

Définitions

L'IASB désigne par contrat de construction tout contrat spécifiquement négocié portant sur la fabrication d'un actif ou d'un ensemble d'actifs étroitement liés ou interdépendants quant à leur conception, leur technologie, leur fonction ou leur utilisation finale.

La distinction entre un contrat de construction et une vente de produit n'est pas toujours facile, en particulier dans le secteur immobilier. Selon

1. Norme révisée en 1993.

l'IFRIC 15, on a affaire à un contrat de construction si le client est en mesure de définir les éléments structurels majeurs de l'immeuble avant le début de la construction ou d'y apporter des modifications substantielles par la suite. Ainsi, la construction d'une villa selon un plan original défini avec le client est un contrat de construction soumis à l'IAS 11, alors que la vente « sur plan » d'un appartement standard dans un immeuble est une vente soumise à l'IAS 18.

On notera que la définition d'un contrat de construction est indépendante de la durée de construction. Pourtant, l'habitude a été prise de parler de « contrats à long terme », probablement parce que la question de la répartition du bénéfice se pose avec une acuité particulière dans le cas de contrats s'échelonnant sur plusieurs années. Il n'en demeure pas moins vrai que la norme IAS 11 s'applique à tous les contrats non terminés à la clôture d'un exercice, quelle que soit leur durée.

Il arrive qu'un contrat porte sur la livraison de plusieurs actifs (exemple : construction d'un barrage et fourniture de l'équipement électrique...). Dans ce cas, ces actifs doivent être considérés comme faisant l'objet de contrats séparés si :

– la fourniture de chacun d'eux a fait l'objet d'une proposition individuelle ;

– a été négociée séparément, l'acheteur et le fournisseur ayant eu la possibilité d'accepter ou de rejeter la part du contrat relative à chacun d'eux ;

– les coûts et produits de chaque actif peuvent être identifiés.

Inversement, un ensemble de contrats avec un ou plusieurs clients doit être traité comme un contrat unique si :

– ces contrats ont été négociés en un seul bloc ;

– leurs relations sont tellement étroites qu'ils constituent de fait un seul projet dégageant une marge globale ;

– et s'ils sont exécutés simultanément ou à la suite l'un de l'autre, sans interruption.

Le mode de rémunération du fournisseur varie considérablement d'un contrat à l'autre. On distingue néanmoins deux grands types :

– les contrats à forfait, qui stipulent un prix fixe ou un taux fixe par unité produite, assorti dans certains cas de clauses d'indexation ;

– les contrats en régie, dans lesquels le fournisseur est remboursé du montant des charges prévues et reçoit en outre une prime fixe ou égale à un pourcentage de ces charges.

Les revenus et les charges relatifs aux contrats

Il est fréquent que le revenu final d'un contrat diffère de celui initialement prévu. L'écart peut résulter :

– de modifications du cahier des charges apportées par le client durant la période de construction,

– d'indemnités compensant des coûts supplémentaires imputables au client (coûts résultant de retards ou d'erreurs occasionnés par le client),

– de primes accordées en cas de dépassement des performances attendues (par exemple livraison de l'actif plus tôt que prévu).

Ces suppléments par rapport au devis initial obéissent aux règles générales de comptabilisation des produits (voir IAS 18). Ils ne peuvent être inclus dans le résultat que s'ils sont probables et mesurables avec fiabilité.

Dans le calcul du coût d'un contrat, doivent être ajoutés aux charges directement affectables à ce contrat :

– celles occasionnées par l'ensemble des contrats mais qui peuvent néanmoins être réparties entre ceux-ci ;

– ainsi que les coûts spécifiquement à la charge du client selon les termes du contrat.

Comme exemples de charges indirectes entrant dans la première catégorie, l'IASB mentionne :

– les dépenses d'assurance,

– les coûts de conception et d'assistance technique non spécifiques à un contrat particulier,

– les frais généraux de construction,

– et, sous certaines conditions (IAS 23), les intérêts d'emprunt.

Ces charges doivent être réparties entre les différents contrats de manière systématique selon une méthode rationnelle appliquée de manière constante à tous les coûts présentant des caractéristiques communes. Comme pour l'évaluation des stocks (voir IAS 2), cette répartition doit être basée sur la capacité d'activité normale de l'entreprise.

Parmi les charges exclues du coût des contrats de construction figurent :

– les dépenses administratives, sauf celles dont le remboursement est expressément stipulé dans le contrat ;

– les frais de vente ;

– les frais de recherche et développement, à moins que leur remboursement ait été expressément prévu ;

– l'amortissement de constructions ou d'équipements inutilisés et non nécessaires à l'exécution d'un contrat particulier.

La période à retenir pour le calcul du coût d'un contrat commence, en principe, à la signature de celui-ci et se termine à l'achèvement des travaux. Les dépenses antérieures occasionnées par un contrat dont on peut raisonnablement espérer la signature entrent aussi dans le coût de celui-ci à condition qu'elles puissent être identifiées et mesurées avec fiabilité.

Les méthodes de comptabilisation

Les méthodes de comptabilisation des contrats de construction diffèrent par le moment auquel elles enregistrent le résultat de l'opération.

L'une (méthode du pourcentage d'avancement) le comptabilise au fur et à mesure de l'exécution du contrat tandis que l'autre (méthode de l'achèvement des travaux) attend la fin de celui-ci pour le faire apparaître [1]. Pour illustrer ces deux procédés, considérons l'exemple suivant.

Exemple 11.1. – Une entreprise de travaux publics a obtenu en N–2 un contrat portant sur la construction d'un pont. Le devis initial était de 10 millions €. En N–1, le client a accepté une majoration du prix de 1 million €.

Les prévisions de bénéfice ont évolué ainsi :

	N–2 (estimations)	N–1 (estimations)	N
Revenu du contrat	10 millions	11 millions	11,0 millions
Coût total du contrat	8 millions	9 millions	9,5 millions
Bénéfice	2 millions	2 millions	1,5 million

Quant aux frais de construction, ils ont été :
– en N–2 : 3,0 millions
– en N–1 : 4,0 millions
– en N : 2,5 millions

9,5 millions

Supposons également que le client a versé à titre d'acomptes 4 millions en N–2, 5 millions en N–1 et 2 millions en N.

Le degré d'avancement des travaux est mesuré par le ratio $\frac{\text{coût des travaux effectués}}{\text{coût total estimé}}$.

La méthode du pourcentage d'avancement ventile les revenus et les coûts du contrat en fonction du pourcentage de travaux réalisé au cours de chaque exercice, ce qui a pour effet de répartir de la même façon le bénéfice prévu :

	N–2	N–1	N	Total
Produits (en millions €) :				11,00
$10 \times 3/8 =$	3,75			
$(11 \times 7/9) - 3,75 =$		4,81		
$11 - (3,75 + 4,81) =$			2,44	
Coûts (en millions €) :	3,00	4,00	2,50	9,50
Résultat (en millions €) :	0,75	0,81	– 0,06	1,50

La méthode de l'achèvement des travaux limite l'évaluation des travaux réalisés au montant des charges supportées et susceptibles d'être recouvrées auprès du

1. L'IAS 11 ne donne pas de nom à cette méthode. Nous l'appelons « méthode de l'achèvement des travaux » par opposition à l'autre. Certains l'appellent aussi « méthode de l'avancement des travaux avec profit nul » (*zero-profit percentage of completion method*).

client. Aucun profit n'est donc comptabilisé tant que le contrat n'est pas terminé. L'intégralité du bénéfice apparaît dans les comptes de l'exercice d'achèvement.

	N–2	N–1	N	Total
Produits (en millions €) :	3,00	4,00	4,00	11,00
Coûts (en millions €) :	3,00	4,00	2,50	9,50
Résultat (en millions €) :	0,00	0,00	1,50	1,50

La comptabilisation du contrat donnerait lieu aux écritures suivantes chez le fournisseur (en millions €) :

	Pourcentage d'avancement			Achèvement des travaux		
	N–2			N–2		
1	Coût des travaux (R)	3,00		Coût des travaux (R)	3,00	
	Banque (B)		3,00	Banque (B)		3,00
2	Banque (B)	4,00		Banque (B)	4,00	
	Clients (B)		4,00	Clients (B)		4,00
3	Clients (B)	3,75		Clients (B)	3,00	
	Produit des travaux (R)		3,75	Produit des travaux (R)		3,00
	N–1			N–1		
4	Coût des travaux (R)	4,00		Coût des travaux (R)	4,00	
	Banque (B)		4,00	Banque (B)		4,00
5	Banque (B)	5,00		Banque (B)	5,00	
	Clients (B)		5,00	Clients (B)		5,00
6	Clients (B)	4,81		Clients (B)	4,00	
	Produit des travaux (R)		4,81	Produit des travaux (R)		4,00
	N			N		
7	Coût des travaux (R)	2,50		Coût des travaux (R)	2,50	
	Banque (B)		2,50	Banque (B)		2,50
8	Banque (B)	2,00		Banque (B)	2,00	
	Clients (B)		2,00	Clients (B)		2,00
9	Clients (B)	2,44		Clients (B)	4,00	
	Produit des travaux (R)		2,44	Produit des travaux (R)		4,00

Remarque : Au lieu de débiter chaque année le compte « Clients » du produit des travaux de la période, on pourrait, si on estime cette solution préférable, utiliser un compte de stocks. Les écritures 3, 6 et 9 deviendraient alors :

	Pourcentage d'avancement			Achèvement des travaux		
	N–2			N–2		
3'	Travaux en cours (B)	3,75		Travaux en cours (B)	3,00	
	Produit des travaux (R)		3,75	Produit des travaux (R)		3,00
	N–1			N–1		
6'	Travaux en cours (B)	4,81		Travaux en cours (B)	4,00	
	Produit des travaux (R)		4,81	Produit des travaux (R)		4,00
	N			N		
9'	Travaux en cours (B)	2,44		Travaux en cours (B)	4,00	
	Produit des travaux (R)		2,44	Produit des travaux (R)		4,00
10	Clients (B)	11,00		Clients (B)	11,00	
	Travaux en cours (B)		11,00	Travaux en cours (B)		11,00

Le degré d'avancement d'un contrat peut être déterminé de plusieurs façons. L'indicateur choisi doit permettre une mesure fiable des travaux réalisés. Selon la nature du contrat, on peut utiliser :
– le pourcentage des charges supportées par rapport au coût total estimé,
– ou une mesure physique du travail réellement effectué.

Le choix de la méthode

Chaque fois que le résultat du contrat peut être estimé de manière fiable, la méthode à utiliser est celle du pourcentage d'avancement.

Dans le cas d'un contrat à forfait, il faut pour cela que :
– le revenu total du contrat soit mesurable avec fiabilité ;
– l'entreprise ait une bonne probabilité de percevoir les avantages économiques relatifs au contrat ;
– les coûts nécessaires à l'achèvement du contrat ainsi que le degré d'avancement des travaux à la date du bilan puissent être mesurés avec précision ;
– les coûts attribuables au contrat soient clairement identifiables et mesurables afin de permettre des comparaisons avec les prévisions.

Pour un contrat en régie, les conditions nécessaires sont :
– bonne probabilité pour l'entreprise de percevoir les avantages économiques liés au contrat ;
– possibilité d'identifier clairement et de mesurer avec précision toutes les charges, remboursables ou non, liées au contrat.

Lorsque les conditions précédentes ne sont pas réunies, le résultat du contrat ne peut être estimé avec suffisamment de fiabilité. Dans ce cas, la méthode de l'achèvement des travaux doit être employée.

Dans les premiers temps suivant la signature d'un contrat, il est souvent difficile d'en prévoir le résultat. La méthode de l'achèvement des travaux s'impose donc. Mais si plus tard les incertitudes concernant l'issue du contrat sont levées, de sorte que le résultat de celui-ci devient estimable avec fiabilité, il faut alors passer à l'autre méthode.

En cas de perte probable

Quelle que soit la méthode utilisée, dès qu'il apparaît qu'un contrat se soldera probablement par une perte, celle-ci doit être comptabilisée.

La provision à constituer doit couvrir l'intégralité de la perte probable. Son montant est donc indépendant :
– du démarrage ou non des travaux,
– de l'état d'avancement de ceux-ci,
– et, bien sûr, des profits attendus d'autres contrats sans rapport avec celui en cause.

Exemple 11.1. – (suite) Supposons maintenant qu'à la clôture de l'exercice N–1, le coût total estimé des travaux ait été de 11,2 millions sans possibilité de facturer le surcoût au client. La perte totale prévisible (0,2 million) aurait due être comptabilisée dès cet instant, d'où les écritures suivantes (en millions €) :

Pourcentage d'avancement N–1			Achèvement des travaux N–1		
Coût des travaux (R)	4,00		Coût des travaux (R)	4,00	
Banque (B)		4,00	Banque (B)		4,00
Banque (B)	5,00		Banque (B)	5,00	
Clients (B)		5,00	Clients (B)		5,00
Clients (B)	3,12		Clients (B)	4,00	
Produit des travaux (R) [(11 × 7/11,2) – 3,75]		3,12	Produit des travaux (R)		4,00
Dot. aux prov. (R)	0,07*		Dot. aux prov. (R)	0,20	
Prov. pour pertes (B)		0,07*	Prov. pour pertes (B)		0,20

* Explication :		
Perte totale prévue :		0,20
Perte déjà comptabilisée en N–2 et N–1 :		
Produits du contrat comptabilisés en N–2 et N–1 : 3,75 + 3,12 =	6,87	
– Coûts du contrat comptabilisés en N–2 et N–1 : 3,00 + 4,00 =	– 7,00	
		– 0,13
Perte résiduelle à comptabiliser :		0,07

Principales différences par rapport aux US GAAP

Les normes américaines (ARB 45 et SOP 81-1) sont plus détaillées que l'IAS 11, notamment en ce qui concerne l'estimation du coût des travaux restant à réaliser. Mais le principe est le même : la méthode du pourcentage d'avancement doit être utilisée chaque fois que le coût estimé d'achèvement du contrat ainsi que son degré d'avancement sont déterminables avec fiabilité.

La pratique en Europe

L'application des IFRS a eu pour conséquence de généraliser l'emploi de la méthode du pourcentage d'avancement par les entreprises qui réalisent des contrats de construction.

« Le chiffre d'affaires et la marge brute des contrats de construction et contrats de services à long terme sont comptabilisés en fonction de l'état d'avancement défini par des jalons. De plus, si la revue du projet laisse apparaître une marge brute négative, la perte relative aux travaux non encore exécutés est immédiatement constatée.

Le chiffre d'affaires et la marge sont ainsi comptabilisés à partir d'une estimation du chiffre d'affaires et des coûts à terminaison qui est sujette à révision au fur et à mesure de l'état d'avancement du contrat » [Alstom (France), rapport annuel 2008/09].

« L'ensemble des activités relatives à des contrats de construction est traitée selon la méthode dite à « l'avancement » : Le produit pris en compte à l'avancement correspond au prix de vente avancé, calculé sur la base de la dernière estimation du prix de vente total du contrat multiplié par le taux d'avancement réel du chantier. Ce taux d'avancement est déterminé en fonction de l'avancement physique des travaux. La dernière estimation du prix de vente total du contrat prend en compte, notamment, les réclamations acceptées par le client.

Les contrats dégageant une perte finale probable font l'objet d'une provision pour perte à terminaison, inscrite au passif du bilan sous la rubrique « Provisions courantes ». La perte est provisionnée en totalité dès qu'elle est connue et estimée de manière fiable, quel que soit le degré d'avancement » [Bouygues (France), rapport annuel 2008].

« En ce qui concerne les contrats à long terme, lorsque leur réalisation peut être estimée de manière fiable, les produits sont comptabilisés selon l'avancement des travaux (« méthode PoC ») prévus aux contrats en appliquant l'estimé à fin d'affaire. L'avancement des travaux d'un contrat peut être déterminé de plusieurs manières. Selon la nature du contrat, les produits sont comptabilisés au fur et à mesure que les étapes techniques convenues au travers du contrat sont atteintes, que les unités d'œuvre sont livrées ou que les travaux progressent. Lorsque le résultat d'un contrat à long terme ne peut être estimé de façon fiable – par exemple aux premières étapes d'un contrat ou lorsque le résultat ne peut plus être estimé de façon fiable au cours de la réalisation d'un contrat – tous les coûts contractuels encourus y afférents sont immédiatement enregistrés comme des charges de l'exercice et des produits ne sont constatés que dans la mesure où ces coûts sont recouvrables (« méthode comptable spécifique aux premières phases d'un contrat à long terme »). Dans ces situations particulières, dès que le résultat peut (à nouveau) être estimé de façon fiable, les produits sont comptabilisés à partir de ce moment-là selon la méthode de l'estimé à fin d'affaire, sans récupération des produits précédemment comptabilisés selon la méthode spécifique aux premières phases d'un contrat à long terme. Les variations des taux de marge sont inscrites parmi le résultat de l'exercice au cours duquel elles sont identifiées. Les résultats sur contrats sont analysés à chaque arrêté de comptes et des provisions pour pertes à l'achèvement sont enregistrées dès lors que des pertes éventuelles sur contrats sont identifiées. Ces provisions pour pertes à l'achèvement liées à des contrats à long terme ne sont pas actualisées » [EADS (Pays-Bas), rapport annuel 2008].

Conséquences pour l'utilisateur des états financiers

L'analyse financière exige que puissent être comparées les performances de l'entreprise au cours de périodes successives. La meilleure méthode est donc celle qui assure le mieux la séparation des exercices.

La méthode de l'achèvement des travaux répond mal à cet objectif car avec elle, le résultat d'un exercice ne reflète pas l'importance des travaux effectivement réalisés pendant cette période. L'achèvement d'un contrat important peut en effet suffire à modifier de manière considérable le résultat d'un exercice.

Exemple 11.2. – Imaginons par exemple un contrat à long terme ayant débuté le 1er février N–5 et se terminant le 30 janvier N. Devis : 100 millions €. Coût des travaux : 85 millions. 98 % de ces charges ont été engagées avant le 1er janvier N.

Le résultat de l'exercice N enregistrera la totalité du bénéfice (15 millions) alors que l'exercice ne représente que 1/60 de la durée des travaux et n'a supporté que 2 % des charges.

De même, en cas de variations importantes du nombre de contrats terminés d'une année à l'autre, les résultats successifs peuvent connaître des variations erratiques rendant difficiles les comparaisons temporelles ; ainsi que le montre l'exemple suivant :

Exemple 11.3. – Considérons une entreprise réalisant chaque année pour 100 millions € de travaux dans des contrats de construction sur lesquels elle dégage une marge uniforme de 10 %. Ces contrats ayant des durées différentes, un nombre variable d'entre eux arrive à échéance chaque année. Les données concernant les cinq derniers exercices sont les suivantes (en millions €) :

	N–4	N–3	N–2	N–1	N	Total
Coût des travaux réalisés	100	100	100	100	100	500
Montant des contrats arrivés à échéance	110	0	0	330	110	550
Profits comptabilisés	10	0	0	30	10	50

On constate que, bien que l'activité soit parfaitement régulière, les résultats des exercices successifs varient considérablement en fonction des dates d'achèvement des contrats.

La méthode du pourcentage d'avancement évite ces distorsions en établissant un lien direct entre le résultat d'un exercice et les travaux effectués au cours de la période. Les comparaisons intertemporelles s'en trouvent facilitées, à condition bien sûr que la méthode soit appliquée honnêtement. Il est en effet facile d'améliorer (ou au contraire de diminuer) artificiellement un résultat en gonflant (ou en sous-évaluant) l'état d'avancement des travaux. Les documents techniques sont en effet, par nature, difficiles à contrôler et les réviseurs ne peuvent pas être présents sur tous les chantiers à la clôture de l'exercice. Des changements du mode de mesure de l'avancement des travaux peuvent en outre permettre de manipuler le résultat, même si de telles modifications doivent, en principe, faire l'objet de publicité (voir IAS 8).

Si la généralisation de la méthode du pourcentage d'avancement peut être considérée comme une bonne chose compte tenu de la supériorité de celle-ci en matière de séparation des exercices, l'analyste financier doit être conscient que cette évolution rend plus aisé le lissage des résultats. Il devra donc être particulièrement vigilant quant à la permanence des modalités d'application de la méthode et accorder une importance particulière aux changements qu'il pourra constater.

Certaines entreprises peuvent en effet être tentées d'utiliser la méthode de l'achèvement des travaux dans les périodes bénéficiaires afin de ne pas faire apparaître un résultat difficile à maintenir à long terme. Il suffit pour cela de prétendre que les contrats conclus au cours de l'exercice ne satisfont pas aux conditions nécessaires à l'emploi de la méthode du pourcentage d'avancement. Il sera par la suite très facile de changer de méthode en invoquant un changement de circonstances. Cette modification risque de passer d'autant plus inaperçue qu'elle ne constitue qu'un simple changement d'estimations et n'est donc pas soumise à la publicité inhérente aux changements de méthodes comptables (voir IAS 8).

L'IAS 11 en bref

Il existe deux méthodes de comptabilisation des contrats de construction :

– la méthode de l'« achèvement des travaux », qui enregistre l'intégralité du bénéfice du contrat lorsque celui-ci est terminé ;

– la méthode du « pourcentage d'avancement » qui le répartit sur la période de construction au prorata des travaux réalisés.

La méthode du pourcentage d'avancement doit être utilisée chaque fois que le résultat du contrat peut être déterminé avec fiabilité.

Dès qu'il apparaît qu'un contrat se soldera probablement par une perte, celle-ci doit être immédiatement et intégralement enregistrée au compte de résultat.

IAS 12

IMPÔTS SUR LE RÉSULTAT[1]

Le sujet

Les impôts sur les bénéfices représentent une charge importante pour les entreprises. Leur comptabilisation est rendue difficile par le fait que les règles de calcul du résultat fiscal diffèrent souvent de celles utilisées en comptabilité.

L'IAS 12 décrit la manière dont ces différences doivent être prises en compte dans le calcul de la charge fiscale de l'exercice.

Définitions

L'IAS 12 désigne par bénéfice (ou perte) comptable le résultat net de l'exercice avant impôt sur les bénéfices.

Le bénéfice imposable (ou la perte fiscale) est le résultat de l'exercice, déterminé selon les règles fiscales, et sur la base duquel est calculé l'impôt exigible.

L'impôt exigible est le montant d'impôts sur les bénéfices payable au titre du bénéfice imposable de l'exercice.

1. Norme révisée en 2000.

Les différences temporelles

Les règles fiscales de calcul du bénéfice divergent souvent des règles comptables. Ainsi, certaines charges peuvent ne pas être fiscalement déductibles au moment de leur comptabilisation mais ultérieurement. De même, certains produits peuvent être comptabilisés avant qu'ils deviennent imposables. Cela crée des différences entre le résultat comptable et le résultat fiscal, qui sont qualifiées de « temporaires » (*timing differences*) car elles se résorbent dans le temps.

Le principe de la comptabilité d'engagements exige que la charge d'impôts d'un exercice soit fonction des opérations comptabilisées au cours de l'exercice, indépendamment de la date à laquelle ces opérations sont prises en compte fiscalement. Les différences temporaires donnent donc lieu à des impôts différés dont la variation doit être ajoutée à l'impôt exigible pour obtenir la charge d'impôt de l'exercice :

Charge d'impôt de l'exercice = impôt exigible sur les opérations de l'exercice ± variation des impôts différés au cours de l'exercice

Présenter le concept d'impôts différés à partir des différences temporaires (écarts entre le résultat comptable et le résultat fiscal de l'exercice) est pratique mais réducteur. Toutes les variations de richesse de l'entreprise ne transitent pas en effet par le compte de résultat. C'est le cas, par exemple, lorsqu'une immobilisation corporelle est réévaluée, l'écart de réévaluation étant inscrit directement dans les capitaux propres (voir IAS 16).

Pour englober aussi ces variations de richesse dans le calcul des impôts différés, l'IASB a donc remplacé l'approche résultat et le concept correspondant de « *timing differences* » par une approche par le bilan et la notion de « *temporary differences* » (différences temporelles [1]).

Selon cette nouvelle approche, les impôts différés ne résultent plus des différences entre le résultat comptable et le résultat fiscal, mais de celles entre la valeur comptable d'un actif ou d'une dette, et sa base fiscale, cette dernière étant le montant que le fisc attribue à cet actif ou à cette dette. Les exemples qui suivent permettront de mieux comprendre le concept de différence temporelle.

Exemple 12.1. – Un matériel acquis pour 100 000 € au début de l'année N est, en comptabilité, amorti sur 3 ans. La durée minimale d'amortissement admise par le fisc est de 5 ans.

Le tableau suivant décrit l'évolution de la valeur comptable et de la base fiscale du matériel, ainsi que la différence temporelle correspondante :

---

1. Il est clair que « *temporary differences* » serait mieux traduit par « différences temporaires » mais ce terme a déjà été utilisé par les auteurs de la première traduction des IAS pour « *timing differences* ». Plutôt que de désigner par les mêmes mots des concepts différents, les traducteurs de l'IAS 12 actuelle ont préféré utiliser l'expression « différences temporelles » qui aurait mieux convenu à « *timing differences* ».

Années	Début N	N	N+1	N+2	N+3	N+4
Base fiscale de l'actif	100 000	80 000	60 000	40 000	20 000	0
Valeur comptable	100 000	66 667	33 334	0	0	0
Différence temporelle	0	13 333	26 666	40 000	20 000	0

Exemple 12.2. – Une provision de 50 000 € a été constituée en N. Cette provision n'est pas admise par le fisc, la dépense correspondante n'étant déductible qu'au moment de son paiement, c'est-à-dire en N+2.

Années	N	N+1	N+2
Base fiscale de la provision	0	0	50 000
Valeur comptable	50 000	50 000	50 000
Différence temporelle	50 000	50 000	0

Explication : En N et N+1, la provision n'étant pas admise par le fisc, sa base fiscale est nulle. En N+2, la dette est fiscalement admise, de sorte que la différence temporelle disparaît.

Exemple 12.3. – À la clôture de l'exercice N, l'entreprise a comptabilisé pour 100 000 € de frais de développement à l'actif. Ces frais sont amortissables sur 5 ans. Fiscalement, ces dépenses sont considérées comme des charges de l'exercice N.

Années	Début N+1	N+1	N+2	N+3	N+4	N+5
Base fiscale de l'actif	0	0	0	0	0	0
Valeur comptable	100 000	80 000	60 000	40 000	20 000	0
Différence temporelle	100 000	80 000	60 000	40 000	20 000	0

Explication : La base fiscale de l'actif est nulle puisque les 100 000 € ont déjà été déduits du résultat imposable de l'exercice N.

Exemple 12.4. – En application de la législation fiscale, l'entreprise a constitué en N une « provision » pour hausse de prix de 80 000 € qui doit être réintégrée par parts égales au résultat imposable des 5 exercices suivants. Cet élément ne correspondant pas à la définition comptable des provisions, il a été éliminé du bilan consolidé (sans que cela remette en cause l'avantage fiscal correspondant).

Années	N	N+1	N+2	N+3	N+4	N+5
Base fiscale de la dette	80 000	64 000	48 000	32 000	16 000	0
Valeur comptable	0	0	0	0	0	0
Différence temporelle	80 000	64 000	48 000	32 000	16 000	0

Explication : La valeur comptable de la dette est nulle puisque celle-ci n'a pas été comptabilisée.

Selon qu'elles concernent un actif ou une dette et que la base fiscale est supérieure ou inférieure à la valeur comptable, les différences temporelles peuvent être imposables ou déductibles :

– Une différence temporelle est imposable si elle doit provoquer un paiement d'impôt lorsqu'elle se résorbera.

– Une différence temporelle est déductible si elle doit provoquer une diminution d'impôt lorsqu'elle se résorbera.

Dans les exemples 12.1 et 12.2, on a affaire à des différences temporelles déductibles. En effet :

– la fraction de l'amortissement du matériel non déductible en N, N+1 et N+2 (13 333 € par an) sera fiscalement déductible en N+3 et N+4 ;

– la dépense couverte par la provision (50 000 €) sera déductible en N+2.

Par contre, les différences temporelles des exemples 12.3 et 12.4 sont imposables parce qu'elles provoqueront une augmentation du résultat imposable les années suivantes :

– l'amortissement des frais de développement (20 000 € par an) ne sera pas admis par le fisc, puisque ces dépenses ont déjà été déduites du résultat imposable de N ;

– la réintégration de la « provision » au résultat imposable des années N+1 à N+5 (16 000 € par an) occasionnera un supplément d'impôt ces années-là.

Les pertes fiscales reportables

La perte fiscale d'un exercice est souvent déductible du bénéfice imposable des exercices suivants (la perte est dite alors reportable « en avant »). La réalisation d'une telle perte peut donc être source d'une diminution des impôts futurs.

Exemple 12.5. – Supposons que le résultat fiscal de l'entreprise évolue ainsi :

Années	N	N+1	N+2	N+3	N+4
Résultat fiscal (avant déduction de la perte reportable)	– 50 000	10 000	20 000	30 000	25 000

Si la perte fiscale d'une année est déductible du résultat imposable des trois années suivantes, on aura :

Années	N	N+1	N+2	N+3	N+4
Résultat fiscal (avant déduction de la perte reportable)	– 50 000	10 000	20 000	30 000	25 000
– Déduction de la perte reportable	50 000	– 10 000	– 20 000	– 20 000	0
= Résultat imposable	0	0	0	10 000	25 000

Dans certains pays, une perte fiscale peut aussi être déduite des bénéfices fiscaux des années antérieures (on parle alors de report « en arrière »). Dans ce cas, l'excédent d'impôt payé les années précédentes est normalement remboursé immédiatement, de sorte que l'opération n'a pas d'incidence sur les impôts futurs. Aucun impôt différé n'est donc à comptabiliser.

Exemple 12.6. – En N, l'entreprise a réalisé une perte fiscale de 30 000 €. Cette perte est déductible des bénéfices imposables des deux exercices précédents.

Années	N–2	N–1	N	N+1	N+2
Résultat fiscal (avant déduction de la perte reportable)	20 000	30 000	– 30 000	10 000	25 000
– Déduction de la perte reportable	– 20 000	– 10 000	30 000	0	0
= Résultat imposable	0	20 000	0	10 000	25 000

Les impôts différés sur les participations

Une différence temporelle apparaît chaque fois que la valeur comptable d'une participation s'écarte de la base fiscale de celle-ci, qui correspond généralement au coût d'acquisition. Cette différence résulte essentiellement des bénéfices non distribués accumulés par l'entité faisant l'objet de la participation.

Exemple 12.7. – L'entreprise a acquis à fin N pour 200 000 € une participation de 20 % dans le capital de la société X. L'évolution de la richesse de X est la suivante :

Années	N	N+1	N+2	N+3	N+4
Actif net de X	1 000 000	1 200 000	1 300 000	1 100 000	1 200 000

Si la participation est mise en équivalence (voir IAS 28), son montant évoluera ainsi :

Années	N	N+1	N+2	N+3	N+4
Base fiscale de la participation (coût)	200 000	200 000	200 000	200 000	200 000
Valeur comptable (20 % de l'actif net de X)	200 000	240 000	260 000	220 000	240 000
Différence temporelle	0	40 000	60 000	20 000	40 000

Chez l'actionnaire, ces bénéfices ne seront soumis à l'impôt que s'ils sont distribués (ou si la participation est vendue). C'est pourquoi l'IAS 12 pose comme principe que toute différence temporelle sur une participation donne lieu à des impôts différés sauf si :

– l'entreprise actionnaire est en mesure de contrôler la date à laquelle cette différence temporelle s'inversera

– et s'il est probable qu'elle ne s'inversera pas dans un avenir prévisible.

La première condition peut être satisfaite pour les participations dans des filiales, et éventuellement des coentreprises. Elle ne saurait l'être en revanche pour les participations dans des entreprises associées.

Le calcul des impôts différés

Puisqu'elles sont sources d'impôts futurs, les différences temporelles imposables entraînent la comptabilisation d'impôts différés au passif.

Inversement, les différences temporelles déductibles occasionnent la comptabilisation d'impôts différés à l'actif, de même que les pertes fiscales reportables « en avant ».

Le montant des impôts différés à la clôture de l'exercice s'obtient en multipliant les différences temporelles et les pertes fiscales reportables en avant par le taux d'imposition de l'entreprise concernée. Le calcul s'effectue généralement en utilisant les taux en vigueur. Toutefois, lorsqu'une modification a été annoncée, ce sont les nouveaux taux qu'il faut utiliser.

En supposant un taux d'imposition des bénéfices de 30 %, on obtient pour chacun des exemples précédents :

Exemple 12.1. – (suite)

Années	N	N+1	N+2	N+3	N+4
Base fiscale de l'actif	80 000	60 000	40 000	20 000	0
Valeur comptable	66 667	33 334	0	0	0
Différences temporelles déductibles	13 333	26 666	40 000	20 000	0
Impôts différés actifs (30 %)	4 000	8 000	12 000	6 000	0
Variation des impôts différés actifs	4 000	4 000	4 000	– 6 000	– 6 000

Exemple 12.2. – (suite)

Années	N	N+1	N+2
Base fiscale de la provision	0	0	50 000
Valeur comptable	50 000	50 000	50 000
Différences temporelles déductibles	50 000	50 000	0
Impôts différés actifs (30 %)	15 000	15 000	0
Variation des impôts différés actifs	15 000	0	– 15 000

Exemple 12.3. – (suite)

Années	N	N+1	N+2	N+3	N+4	N+5
Base fiscale de l'actif	0	0	0	0	0	0
Valeur comptable	100 000	80 000	60 000	40 000	20 000	0
Différences temporelles imposables	100 000	80 000	60 000	40 000	20 000	0
Impôts différés passifs (30 %)	30 000	24 000	18 000	12 000	6 000	0
Variation des impôts différés passifs	30 000	– 6 000	– 6 000	– 6 000	– 6 000	– 6 000

Exemple 12.4. – (suite)

Années	N	N+1	N+2	N+3	N+4	N+5
Base fiscale de la dette	80 000	64 000	48 000	32 000	16 000	0
Valeur comptable	0	0	0	0	0	0
Différences temporelles imposables	80 000	64 000	48 000	32 000	16 000	0
Impôts différés passifs (30 %)	24 000	19 200	14 400	9 600	4 800	0
Variation des impôts différés passifs	24 000	– 4 800	– 4 800	– 4 800	– 4 800	– 4 800

Exemple 12.5. – (suite)

Années	N	N+1	N+2	N+3	N+4
Perte restant à reporter	50 000	40 000	20 000	0	0
Impôts différés actifs (30 %)	15 000	12 000	6 000	0	0
Variation des impôts différés actifs	15 000	– 3 000	– 6 000	– 6 000	0

Le calcul de la variation des impôts différés au cours de la période permet de décomposer la charge d'impôt de l'exercice :

Exemple 12.1. – (suite) Supposons que le résultat comptable avant amortissements et impôt sur les bénéfices (RAAI) est de 150 000 € chaque année.

S'il n'existe pas d'autre différence temporelle, le résultat imposable annuel sera donc :

Résultat comptable avant amortissements et impôts	150 000
– Amortissements fiscalement déductibles : 100 000/5 =	– 20 000
= Résultat imposable	130 000

D'où un impôt exigible annuel de 130 000 × 30 % = 39 000 €.

Si l'impôt était calculé sur le résultat comptable, on aurait :

Années	N	N+1	N+2	N+3	N+4
RAAI	150 000	150 000	150 000	150 000	150 000
Amortissements	– 33 333	– 33 333	– 33 334	0	0
Résultat avant impôt	116 667	116 667	116 666	150 000	150 000
Charge fiscale (30 %)	– 35 000	– 35 000	– 35 000	– 45 000	– 45 000

La charge fiscale de chaque exercice peut donc être décomposée ainsi :

Années	N	N+1	N+2	N+3	N+4
Impôt exigible	39 000	39 000	39 000	39 000	39 000
Charge fiscale	35 000	35 000	35 000	45 000	45 000
Impôt différé	4 000	4 000	4 000	– 6 000	– 6 000

On constate que l'impôt différé de la période correspond bien à la variation des impôts différés au cours de l'exercice.

La comptabilisation des impôts différés

En application du principe de prudence, tous les impôts différés passifs doivent être comptabilisés, sauf ceux résultant du goodwill (IFRS 3).

La comptabilisation d'impôts différés à l'actif est plus délicate car la réalité de cet actif est subordonnée à la possibilité, pour l'entreprise, de bénéficier de l'économie d'impôt qu'il représente. C'est pourquoi l'IAS 12 ne permet la comptabilisation d'impôts différés à l'actif que s'il est probable que l'entreprise réalisera dans l'avenir, des bénéfices imposables suffisants pour absorber ces montants.

Exemple 12.1. – (suite) La charge d'impôt des exercices N à N+4 sera comptabilisée ainsi, si l'on fait l'hypothèse que les conditions nécessaires à la comptabilisation d'impôts différés à l'actif sont réunies :

Exercices N à N+2		
Impôts sur les bénéfices (R)	35 000	
Impôts différés actifs (B)	4 000	
État – impôt dû (B)		39 000
Exercices N+3 et N+4		
Impôts sur les bénéfices (R)	45 000	
État – impôt dû (B)		39 000
Impôts différés actifs (B)		6 000

Lorsque les impôts différés résultent d'opérations qui n'affectent pas le résultat, ils sont comptabilisés soit dans les autres éléments du résultat global (voir la comptabilisation des réévaluations d'immobilisations corporelles selon l'IAS 16), soit directement dans les capitaux propres, comme par exemple les impôts différés résultant de l'ajustement des capitaux propres en cas de changement de méthodes comptables (*cf.* IAS 8). Il en va de même pour les ajustements ultérieurs de ces impôts différés.

Concernant les impôts différés résultant de regroupements d'entreprises, voir l'IFRS 3.

Les impôts différés comptabilisés à l'actif doivent être réexaminés chaque année. Si l'obtention de bénéfices imposables suffisants n'apparaît plus probable, leur montant doit être réduit en conséquence.

La compensation d'actifs et de passifs d'impôts différés doit être pratiquée si et seulement s'il s'agit d'impôts prélevés par la même autorité fiscale sur la même entité imposable. Cela signifie par exemple qu'on ne peut pas compenser :

– les impôts différés passifs dus par l'entreprise X à l'administration fiscale du pays A par les impôts différés actifs de X sur le fisc du pays B ;

– ni les impôts différés passifs de la société mère par les impôts différés actifs d'une filiale, même si c'est la même administration fiscale qui est concernée.

L'IAS 12 précise également que :

– les impôts différés ne doivent pas être actualisés,
– ils doivent être présentés au bilan séparément des impôts exigibles,
– et ne doivent pas être inclus dans les actifs et dettes courants.

Principales différences par rapport aux US GAAP

Les règles américaines en matière de comptabilisation des impôts sur les bénéfices sont assez proches de l'IAS 12. Il existe quand même quelques différences notables :

Concernant la comptabilisation des bénéfices non distribués des filiales et coentreprises, les États-Unis font une distinction selon que ces sociétés sont américaines ou étrangères. Seuls les bénéfices des secondes peuvent être dispensés du calcul des impôts différés correspondants.

Pour l'IAS 12, les soldes d'impôts différés actifs ne sont comptabilisés que si l'entreprise estime probable la réalisation de bénéfices fiscaux suffisants pour bénéficier des économies d'impôts correspondantes. Selon les US GAAP, les impôts différés actifs sont toujours comptabilisés ; ils sont seulement dépréciés si leur recouvrement n'apparaît pas probable.

Enfin, tous les ajustements ultérieurs des impôts différés sont comptabilisés dans le résultat, même lorsque le montant initial a été constitué directement par prélèvement sur les capitaux propres.

La pratique en Europe

Pendant longtemps, la comptabilisation des impôts différés a fait l'objet de plusieurs variantes. On distinguait notamment la méthode du « report variable » et celle du « report fixe ». Selon la première, les impôts différés étaient ajustés en cas de variation des conditions d'imposition ; selon la seconde, ils ne l'étaient pas. Les IFRS comme les US GAAP ont définitivement opté pour la première solution, de sorte que la distinction entre ces deux méthodes est devenue caduque. Plusieurs sociétés continuent néanmoins à y faire référence en mentionnant qu'elles appliquent la méthode du report variable (en fait la seule admise par les IFRS) :

« Les impôts différés actifs et passifs sont calculés selon l'approche bilancielle de la méthode du report variable à partir des différences temporelles existant entre les valeurs comptables et fiscales des actifs et passifs figurant au bilan » [Saint-Gobain (France), rapport annuel 2008].

« Les impôts différés sont déterminés selon la méthode dite du report variable et calculés sur la base des différences temporelles portant sur les actifs et les passifs entre la base fiscale et la valeur enregistrée dans le bilan de l'entité établi pour la consolidation » [Novartis (Suisse), rapport annuel 2008].

Souvent, les impôts différés relatifs aux bénéfices des filiales ne sont comptabilisés que si une distribution est prévue.

« Les impôts exigibles en cas de distribution des réserves des filiales ne font pas l'objet de provision lorsqu'il est prévu que ces réserves restent détenues de manière permanente par les filiales » [Saint-Gobain (France), rapport annuel 2008].

« Pour ce qui est des participations dans les filiales ou les sociétés mises en équivalence, un passif d'impôt différé est comptabilisé pour toute différence temporaire entre la valeur comptable des titres et leur valeur fiscale sauf :

– si le Groupe est en mesure de contrôler la date à laquelle la différence temporaire s'inversera ; et

– qu'il est probable qu'elle ne s'inversera pas dans un avenir prévisible.

En application de ce principe :

– pour les sociétés intégrées globalement, un passif d'impôt est reconnu seulement à hauteur des impôts de distribution sur les dividendes que le Groupe a prévu de faire verser par ses filiales l'année suivante ;

– pour les sociétés mises en équivalence, un passif d'impôt de distribution est reconnu sur toutes les différences entre la valeur comptable et la valeur fiscale des titres » [PSA (France), rapport annuel 2008].

« Par ailleurs, les impôts différés passifs liés aux résultats des filiales que le Groupe n'envisage pas de distribuer dans un avenir prévisible, ne sont pas comptabilisés » [Solvay (Belgique), rapport annuel 2008].

Conséquences pour l'utilisateur des comptes

Rappelons que, dans de nombreux pays, la comptabilisation des impôts différés n'est pas obligatoire, en particulier au niveau des états financiers individuels. Compte tenu de l'importance des sommes en jeu, le résultat et la situation financière d'une entreprise pourront apparaître totalement différents selon que la situation fiscale latente est ou n'est pas prise en compte.

L'IAS 12 actuelle a supprimé la plupart des options permises par la précédente. Il n'y a désormais plus qu'une seule méthode de calcul des impôts différés, contre deux auparavant (la méthode du report fixe et celle du report variable). De même, la possibilité d'exclure du calcul des impôts différés les différences temporaires se résorbant à long terme (méthode dite du report partiel) a été supprimée. Tout cela va dans le sens d'une meilleure comparabilité des états financiers. Les entreprises conservent néanmoins une certaine latitude sur deux points importants.

Elles peuvent en premier lieu limiter leur charge fiscale en ne tenant pas compte de l'impôt relatif aux bénéfices non distribués de leurs filiales et coentreprises. Il leur suffit pour cela de prétendre qu'elles contrôlent la décision de distribution de ces bénéfices.

La comptabilisation de soldes d'impôts différés à l'actif permet également de réduire la charge fiscale. Cette comptabilisation est certes soumise à la possibilité de réaliser des bénéfices fiscaux suffisants les années suivantes. Mais l'appréciation de cette condition est fortement subjective, de sorte que, sauf si elle est fortement déficitaire depuis plusieurs années, l'entreprise pourra toujours faire preuve d'optimisme et soutenir qu'elle s'attend à une amélioration sensible de ses résultats.

L'IAS 12 en bref

La charge fiscale d'un exercice comprend l'impôt exigible au titre de cet exercice ainsi que la variation des impôts différés au cours de la période.

Les impôts différés naissent des différences temporelles entre la valeur comptable et la base fiscale des actifs et des dettes. Ils proviennent également des pertes fiscales reportables sur les exercices suivants.

Les impôts différés relatifs aux différences temporelles sur des participations doivent être comptabilisés sauf si l'entreprise est en mesure de contrôler la distribution de dividendes par ces entités et s'il est probable que la distribution de ces dividendes n'aura pas lieu.

Les impôts différés passifs sont toujours comptabilisés.

Les impôts différés actifs ne sont comptabilisés que s'il est probable que l'entreprise réalisera dans l'avenir des bénéfices fiscaux suffisants pour les absorber.

Les impôts différés générés par des opérations ayant un impact sur le résultat sont comptabilisés en charges ou en produits. Ceux relatifs à des opérations n'ayant pas transité par le résultat sont imputés directement aux capitaux propres.

IAS 13

LA PRÉSENTATION DE L'ACTIF À COURT TERME ET DU PASSIF À COURT TERME[1]

Cette norme a été remplacée par l'IAS 1.

1. Norme adoptée en 1979.

IAS 14

INFORMATION SECTORIELLE[1]

Cette norme a été remplacée par l'IFRS 8.

1. Norme adoptée en 1981.

IAS 15

INFORMATION REFLÉTANT LES EFFETS DES VARIATIONS DE PRIX[1]

Cette norme a été supprimée en décembre 2003.

1. Norme adoptée en 1981.

IAS 16

IMMOBILISATIONS CORPORELLES[1]

Le sujet

Cette norme regroupe les règles de comptabilisation et d'évaluation des immobilisations corporelles. Elle traite en particulier du calcul du coût de ces actifs, de leur amortissement et de la possibilité de pratiquer des réévaluations.

L'IAS 16 ne s'applique ni aux actifs biologiques en rapport avec l'activité agricole (voir IAS 41), ni aux ressources non renouvelables comme les réserves de minerais, de pétrole ou de gaz naturel. Mais elle concerne les immobilisations corporelles utilisées pour développer ou maintenir ces actifs.

Cette norme ne s'applique pas aux immeubles de placement, c'est-à-dire aux biens immobiliers (terrains et bâtiments) détenus dans le but d'en retirer des loyers ou de réaliser une plus-value ; ces actifs étant régis par l'IAS 40.

Définitions

Les immobilisations corporelles sont des actifs corporels :

– destinés à être utilisés dans la production de biens ou la fourniture de services, la location à des tiers ou l'administration de l'entreprise,

– pendant plus d'une période comptable.

1. Norme révisée en 2003.

L'exigence d'une durée d'utilisation supérieure à un exercice comptable permet de distinguer les immobilisations des matières et fournitures, dont la durée d'utilisation est moindre et qui, en conséquence, constituent des actifs circulants.

L'identification des éléments répondant à la définition des immobilisations corporelles est parfois délicate, notamment lorsqu'on a affaire à des actifs complexes. L'IASB cite le cas des avions, dont les moteurs ont généralement une durée d'utilisation plus courte que la carlingue. Chaque élément doit alors être comptabilisé séparément et amorti sur sa durée d'utilisation propre.

« Les avions sont amortis selon le mode linéaire sur leur durée moyenne d'utilisation estimée. Cette durée est fixée à 20 ans sans valeur résiduelle.

Les potentiels cellules et moteurs (hors pièces à durée de vie limitée) sont isolés du coût d'acquisition des appareils. Ils constituent des composants distincts et sont amortis sur la durée courant jusqu'à l'événement suivant de grand entretien prévu » [Air France KLM (France), rapport annuel 2008-2009].

Dans un ensemble immobilier, les bâtiments et les terrains doivent être évalués et comptabilisés séparément car la durée d'utilisation des terrains étant illimitée, seuls les bâtiments doivent être amortis.

Les pièces de rechange destinées à réparer les équipements en place sont à l'origine d'une difficulté de classification. Bien que souvent considérées comme des fournitures en stock, elles constituent des immobilisations dès lors que leur durée d'utilisation prévue dépasse une année. C'est encore plus vrai des pièces qui ne peuvent être utilisées que pour un équipement particulier et qui, à ce titre, doivent être amorties au même rythme que celui-ci.

« Les pièces de rechanges permettant d'assurer l'utilisation de la flotte sont classées en immobilisations aéronautiques et font l'objet d'un amortissement linéaire sur la durée de vie restante estimée de vie du type avion/moteur sur le marché mondial. La durée de vie est plafonnée à un maximum de 30 ans » [Air France – KLM (France), rapport annuel 2008/09].

Les biens non directement productifs, comme les équipements de sécurité ou de protection de l'environnement, posent un problème de fond. En effet, dans la mesure où ces éléments ne sont pas directement source d'avantages économiques futurs, peuvent-ils être considérés comme des actifs ? La réponse est oui dès lors que ces équipements sont nécessaires au fonctionnement des actifs de production.

Le coût des immobilisations corporelles

Les immobilisations corporelles sont, comme tous les actifs, comptabilisées au coût d'acquisition ou, si elles sont fabriquées par l'entreprise elle-même, au coût de production.

Le coût des immobilisations acquises

Le coût d'acquisition comprend :

– le prix d'achat, déduction faite des réductions à caractère commercial (rabais, remises, ristournes...),

– les éventuels droits de douane,

– les taxes non récupérables,

– ainsi que tous les coûts directs nécessaires à la mise en état d'utilisation du bien (frais de préparation du site, de transport et de manutention, d'installation, honoraires des architectes et ingénieurs...).

Lorsque l'entreprise est tenue de démonter l'installation ou de restaurer le site à l'issue de la période d'exploitation, ces dépenses futures doivent être estimées et incluses dans le coût de l'immobilisation. Cela permet, par le biais de l'amortissement, d'étaler ces dépenses sur la durée d'exploitation de l'actif.

Exemple 16.1. – Une entreprise vient d'acheter une carrière pour 500 000 €. La durée d'exploitation prévue est de 10 ans. À l'issue de cette période, l'entreprise devra aménager le site. Les dépenses correspondantes sont estimées à 50 000 € et la valeur résiduelle du terrain à l'issue de la période d'exploitation est nulle.

En supposant que le coût de l'aménagement évoluera comme l'inflation estimée à 3 % par an, la valeur actuelle de ces dépenses est :

$$\frac{50\,000}{(1{,}03)^{10}} = 37\,200 \text{ €}$$

L'acquisition de la carrière sera donc comptabilisée ainsi :

Carrières (B)	537 200	
Banque (B)		500 000
Provision pour remise en état de sites (B)		37 200

La carrière sera donc amortie sur 537 200 €.

Chaque année, il faudra aussi augmenter le montant de la provision pour tenir compte de la hausse du coût prévisible de l'aménagement, soit :

– la première année : 37 200 × 3 % = 1 116 €,

– la deuxième année : (37 200 + 1 116) × 3 % = 1 150 €,

– etc.

Ces variations dues au rapprochement de la date de remise en état seront comptabilisées en charges de chaque période :

Année 1		
Charges financières (R)	1 116	
Provision pour remise en état de sites (B)		1 116
Année 2		
Charges financières (R)	1 150	
Provision pour remise en état de sites (B)		1 150

Électricité de France (EDF) fournit un exemple d'application de cette règle dans le cas du démantèlement de centrales électriques :

« Le coût des immobilisations comprend également les coûts de déconstruction des installations de production et pour les installations nucléaires le coût du dernier cœur. Ces actifs sont comptabilisés en contrepartie des provisions constituées au titre de ces obligations. À la date de mise en service, ces actifs sont évalués et valorisés aux mêmes conditions que la provision dont ils sont la contrepartie [...] Ainsi sont inclus dans la valeur des immobilisations :
– le coût actualisé de la déconstruction des installations ;
– et pour les installations nucléaires, le coût actualisé du dernier cœur de combustible, comprenant la dépréciation du stock résiduel de combustible en réacteur non totalement irradié au moment de l'arrêt définitif de la production, le coût du traitement de ce combustible, ainsi que le coût d'évacuation et de stockage des déchets de ces opérations » [EDF (France), rapport annuel 2008].

Les frais administratifs et autres frais généraux n'entrent pas dans le coût de l'actif, à moins qu'ils puissent être directement rattachés à l'acquisition ou à la mise en état d'utilisation du bien. Il en est de même des frais de démarrage et des dépenses de pré-production.

Lorsque le paiement est différé au-delà des conditions habituelles, l'actif est comptabilisé pour son prix au comptant et la différence est considérée comme une charge de la période de crédit. Elle peut aussi, sous certaines conditions, être capitalisée (voir IAS 23).

Exemple 16.2. – L'entreprise a acheté le 1er mai N une immobilisation dont le prix est de 500 000 € en cas de règlement au comptant. Elle convient, avec son fournisseur, de payer 200 000 € à la livraison et le solde 12 mois plus tard. La facture passe alors à 524 000 €.

L'immobilisation doit être comptabilisée pour son prix au comptant, c'est-à-dire 500 000 €. Le supplément de prix est considéré comme une charge financière à étaler sur la durée du crédit.

Les écritures seront donc :

1/05/N		
Matériels (B)	500 000	
Banque (B)		200 000
Fournisseurs (B)		300 000
31/12/N (clôture de l'exercice)		
Intérêts (R) [24 000 × 8/12]	16 000	
Fournisseurs (B)		16 000
1/05/N+1		
Intérêts (R) [24 000 × 4/12]	8 000	
Fournisseurs (B)		8 000

Lorsque le prix au comptant n'est pas fixé, par exemple parce que ce mode de règlement est rare, le coût de l'immobilisation s'obtient en actualisant les paiements au taux d'un emprunt équivalent.

Exemple 16.3. – L'entreprise a acquis un équipement qui sera réglé en trois fois :
- 20 000 € à la livraison,
- 10 000 € six mois plus tard,
- 20 000 € 12 mois plus tard.

On estime que l'entreprise aurait pu obtenir un prêt équivalent au taux d'intérêt annuel de 10 %.

Le coût de l'équipement est égal à :

$$20\,000 + \frac{10\,000}{1{,}05} + \frac{20\,000}{1{,}10} = 47\,706 \text{ €}$$

Le coût des immobilisations fabriquées par l'entreprise

L'évaluation des immobilisations fabriquées par l'entreprise pour elle-même obéit aux mêmes principes.

Si le bien en question est un de ceux que l'entreprise fabrique aussi pour ses clients, son coût correspond au coût de production des produits destinés à la vente (voir IAS 2). Il exclut bien évidemment tout profit interne.

Le coût ne comprend pas non plus les dépenses occasionnées par une utilisation non optimale des ressources de l'entreprise (gaspillage de matières, heures de travail improductives...).

Sous certaines conditions (IAS 23), les intérêts d'emprunts correspondant à la période de fabrication doivent en revanche être inclus dans le coût des actifs.

Ajoutons également que le coût des immobilisations bénéficiant de subventions d'équipement peut être amputé du montant du subside reçu (voir IAS 20).

Le coût des immobilisations échangées

Les immobilisations dont l'acquisition résulte d'un échange contre d'autres d'actifs non monétaires sont normalement comptabilisées à leur juste valeur.

Toutefois, si la transaction manque de « substance commerciale » ou si la juste valeur des actifs échangés ne peut être déterminée avec fiabilité, l'immobilisation acquise est comptabilisée pour un montant égal à la valeur comptable de l'actif cédé.

Exemple 16.4. – Une entreprise possède un immeuble acquis pour 500 000 € et amorti pour 300 000 €. N'en ayant plus l'usage et désireuse de s'implanter dans de nouveaux locaux, elle échange cet immeuble contre un vaste terrain constructible situé en périphérie de la ville. Elle reçoit à cette occasion une soulte de 400 000 €.

1er cas : La juste valeur du terrain est estimée à 800 000 € ou celle de l'immeuble à 1 200 000 € : L'échange sera comptabilisé ainsi :

Terrains (B)	800 000	
Banque (B)	400 000	
Amortissements cumulés des constructions (B)	300 000	
Constructions (B)		500 000
Gains exceptionnels (R)		1 000 000

2e cas : La juste valeur des actifs échangés ne peut être déterminée avec fiabilité. L'écriture précédente devient :

Terrains (B)	200 000	
Banque (B)	400 000	
Amortissements cumulés des constructions (B)	300 000	
Constructions (B)		500 000
Gains exceptionnels (R)		400 000

La question est de savoir ce qu'il faut entendre par « substance commerciale ». L'IAS 16 ne définit pas ce concept mais précise qu'un échange possède de la substance commerciale si :

– les cash-flows attendus de l'actif reçu diffèrent par leur configuration (risque, échéancier, montant) de ceux de l'actif cédé,

– ou si l'échange provoque une modification de valeur de la partie de l'entreprise concernée.

L'exclusion des échanges sans substance commerciale de l'évaluation à la juste valeur a en fait pour but d'éviter que les entreprises puissent comptabiliser des gains élevés grâce à des opérations de troc sans incidence économique réelle.

Exemple 16.5. – Deux entreprises possèdent des bureaux de surfaces équivalentes dans le même immeuble. S'agissant de locaux déjà anciens, leur valeur comptable n'est que de 300 000 € alors que leur valeur de marché est estimée à 1 500 000 €.

En l'absence de traitement spécifique pour les échanges sans substance commerciale, ces entreprises pourraient, en échangeant leurs bureaux, enregistrer chacune un gain de 1 200 000 € alors qu'un simple changement d'étage n'est probablement pas de nature à modifier significativement leur valeur respective.

Les dépenses ultérieures

La plupart des immobilisations corporelles occasionnent des frais dans les années suivant la mise en service. La question est de savoir si certains d'entre eux peuvent être ajoutés à la valeur des immobilisations concernées.

L'IAS 16 pose comme principe que, pour être inscrite au bilan, une dépense doit satisfaire aux conditions générales de comptabilisation d'un actif, c'est-à-dire :

– être source de cash-flows probables futurs,

– et avoir un coût mesurable avec fiabilité.

En conséquence, seules peuvent être capitalisées les dépenses qui améliorent les performances d'une immobilisation par rapport aux prévisions initiales, comme par exemple :

– les modifications augmentant la durée de vie ou la capacité de l'actif,

– les modernisations améliorant de manière substantielle la qualité des produits fabriqués,

– ou l'adoption de nouveaux procédés de production permettant une réduction notable des frais d'exploitation initialement prévus.

A contrario, les réparations et dépenses d'entretien qui permettent seulement à l'actif d'atteindre le niveau de performance attendu au moment de son entrée dans l'entreprise demeurent en charges de l'exercice où elles apparaissent.

Certaines immobilisations nécessitent le remplacement périodique de pièces, comme par exemple les avions, dont les sièges sont changés plusieurs fois durant la vie de l'appareil. Dans ce cas, chaque élément de nature différente faisant, en principe, l'objet d'une comptabilisation et d'un amortissement séparés, chaque renouvellement donne lieu à la comptabilisation d'un nouvel actif.

L'exploitation de certains actifs est parfois soumise à des contrôles périodiques particulièrement onéreux. C'est le cas, notamment des avions, qui, à intervalles réguliers, doivent subir des inspections techniques lourdes. Pour l'IAS 16, le coût de ces inspections peut être activé (et, selon nous, amorti sur la durée séparant deux inspections).

C'est ainsi qu'EDF, par exemple, immobilise le coût d'inspection périodique de ses centrales :

« Lorsque des éléments constitutifs d'un actif se distinguent par des durées d'utilité différentes de l'actif, ils donnent lieu à l'identification d'un composant.

Cette approche concerne principalement les coûts des révisions décennales imposées réglementairement pour les centrales nucléaires ainsi que les coûts de grande révision programmée qui sont amortis sur une durée correspondant à l'intervalle entre deux révisions » [EDF (France), rapport annuel 2008].

Les amortissements

Les immobilisations corporelles doivent être amorties de manière systématique sur leur durée d'utilisation.

Les méthodes d'amortissement

« De manière systématique » signifie que l'amortissement doit résulter de l'application d'une méthode choisie au moment de la comptabilisation de l'actif.

Celle-ci doit s'efforcer de refléter le rythme de consommation des avantages économiques attendus de l'actif. Les méthodes utilisables sont multiples (méthode linéaire, méthodes dégressives...).

La méthode choisie doit être appliquée de manière constante sur la durée d'utilisation de l'actif. Il n'est pas possible, en particulier, de faire varier l'amortissement en fonction des performances de l'entreprise. L'amortissement prévu doit également être pratiqué, même si la valeur de marché de l'actif dépasse sa valeur nette comptable.

La durée d'amortissement

La durée d'utilisation représente :

– soit la période pendant laquelle l'entreprise compte utiliser le bien,

– soit le nombre d'unités de production (ou équivalents) qu'elle espère retirer de l'actif en question.

L'amortissement ne s'exprime donc pas forcément en années d'utilisation. Il peut aussi être basé sur une donnée physique (nombre de pièces à produire, de kilomètres à parcourir, etc.). Cette possibilité est particulièrement indiquée pour des actifs qui se déprécient davantage par leur utilisation que par leur vieillissement ou dont le rythme d'utilisation est irrégulier.

Exemple 16.6. – Pour honorer un contrat portant sur la fourniture de 100 000 pièces sur 3 ans, une entreprise a mis au point une machine étroitement spécialisée dont le coût de production est de 80 000 €. L'échéancier de livraison des pièces a été fixé ainsi, en accord avec le client :

1re année :	20 000
2e année :	30 000
3e année :	50 000
	100 000

La machine sera mise au rebut à l'issue de la période de fabrication.

Plutôt que d'amortir cet actif linéairement ou dégressivement sur 3 ans, méthodes qui ne traduiraient pas le rythme réel de dépréciation, il semble préférable de baser l'amortissement sur les quantités produites, à savoir :

1re année :	80 000 × 20 000/100 000 =	16 000 €
2e année :	80 000 × 30 000/100 000 =	24 000 €
3e année :	80 000 × 50 000/100 000 =	40 000 €
		80 000 €

La détermination de la durée d'utilisation est affaire de jugement. Elle nécessite de considérer toute une série de facteurs :

– la capacité de production de l'actif,

– son usure prévisible, compte tenu du programme d'entretien de l'entreprise,

– l'obsolescence technique à laquelle il est soumis,

– ses limites légales d'utilisation, en particulier la durée de location pour les biens faisant l'objet de contrats de crédit-bail.

L'amortissement ne doit pas, en principe, être basé sur la durée de vie physique de l'actif, mais sur la période pendant laquelle l'entreprise compte l'utiliser. La durée d'amortissement peut donc être nettement inférieure à la durée de vie physique du bien lorsque l'entreprise a pour habitude de renouveler fréquemment ses immobilisations.

Exemple 16.7. – Une entreprise de location de voitures a pour politique de conserver celles-ci pendant deux ans et de les revendre ensuite à leur valeur nette comptable. La durée d'utilisation d'un véhicule est donc de 2 ans. Si on estime la dépréciation à 30 % la première année et 20 % la deuxième, une voiture acquise 20 000 € pourra être amortie ainsi :

année 1 : 20 000 € × 30 % =	6 000 €
année 2 : 20 000 € × 20 % =	4 000 €
	10 000 €

L'amortissement commence au moment où l'immobilisation est prête à être utilisée. Il ne cesse que lorsqu'elle sort du bilan. L'amortissement doit donc continuer même pendant les périodes d'inactivité (à moins bien sûr que l'actif soit déjà totalement amorti).

Le montant amortissable

Le montant amortissable d'un actif est égal au coût d'acquisition ou de production, diminué de la valeur résiduelle du bien. Celle-ci est définie comme le montant estimé que l'entreprise obtiendrait, après déduction des frais de vente, si l'actif était actuellement vendu à l'âge et dans l'état où il sera à la fin de sa période d'utilisation.

En principe, l'amortissement ne devrait donc pas être calculé sur la totalité du coût de l'actif, sauf si l'entreprise a l'intention de conserver le bien jusqu'à la fin de sa durée de vie économique.

En dehors des pays anglo-saxons, les entreprises ont l'habitude de ne pas déduire la valeur résiduelle de la base amortissable et, en contrepartie, d'amortir l'actif sur sa durée de vie plutôt que sur la durée pendant laquelle elles comptent l'utiliser. Les deux solutions reviennent au même lorsque la valeur résiduelle correspond à la valeur comptable qu'aurait l'actif à cette date s'il était amorti sur sa durée de vie.

Exemple 16.8. – La durée de vie d'un véhicule est estimée à 5 ans. Un loueur de voitures a l'habitude de les garder 2 ans et de les revendre ensuite à un prix correspondant aux 3/5 de leur coût.

Considérons un véhicule payé 10 000 €. L'amortissement annuel sera :

– si calculé selon les prescriptions de l'IASB : [10 000 – (10 000 × 3/5)]/ 2 = 2 000 €,

– si calculé sur le coût et la durée de vie : 10 000/5 = 2 000 €.

Les immobilisations complexes

Certaines immobilisations sont constituées de plusieurs parties qui peuvent avoir des durées d'utilisation différentes. C'est le cas, par exemple, des avions, dans lesquels on peut distinguer la carlingue, les moteurs, les sièges, etc.

L'IAS 16 pose comme principe que chaque élément dont le coût est significatif par rapport à celui de l'ensemble doit être amorti séparément. Bien entendu, cette séparation n'a d'intérêt que lorsque les durées d'utilisation des divers composants sont différentes.

Exemple 16.9. – Une compagnie aérienne vient d'acheter pour 20 millions d'euros un avion dont le prix peut être décomposé ainsi :
- carlingue : 30 % (durée de vie 30 ans),
- moteurs : 30 % (durée de vie 15 ans),
- équipements techniques : 30 % (durée de vie 10 ans),
- sièges et aménagements intérieurs : 10 % (durée de vie 8 ans).

La compagnie compte exploiter l'appareil pendant 12 ans et le revendre ensuite.

La valeur résiduelle de l'avion dans 12 ans dépendra de la politique de remplacement des éléments dont la durée de vie est inférieure à 12 ans, de l'évolution des prix de ces éléments et de la situation du marché aéronautique à cette date. Compte tenu de la difficulté de telles prévisions, il semble préférable d'amortir chaque élément sur sa durée de vie, plutôt que sur sa durée d'utilisation par l'entreprise.

L'amortissement des 8 premières années d'exploitation sera donc calculé ainsi :

– carlingue :	(20 000 000 × 30 %)/30 =	200 000 €
– moteurs :	(20 000 000 × 30 %)/15 =	400 000 €
– équipements techniques :	(20 000 000 × 30 %)/10 =	600 000 €
– sièges et aménagements intérieurs :	(20 000 000 × 10 %)/8 =	250 000 €
		1 450 000 €

Les révisions ultérieures

La méthode et la durée d'amortissement doivent être réexaminées chaque année. Lorsque les prévisions initiales n'apparaissent plus d'actualité, il faut ajuster la charge d'amortissement de la période en cours et celles des exercices suivants.

Ces modifications sont considérées comme des changements d'estimations et non comme des changements de méthodes au sens de l'IAS 8. Il n'y a donc pas lieu de retraiter les amortissements antérieurs ni les données comparatives.

Exemple 16.10. – La durée d'utilisation d'une immobilisation achetée au début de l'exercice N–2 et amortie linéairement avait été fixée initialement à 8 ans. Compte tenu de l'état de la machine à la clôture de l'exercice N, il apparaît que la durée de vie résiduelle à cette date n'est plus que de 2 ans.

En supposant un coût d'acquisition de 120 000 €, les amortissements pratiqués s'élèvent à :

année N–2 : 120 000/8 = 15 000 €

année N–1 : 120 000/8 = 15 000 €
d'où une valeur nette comptable à fin N–1 de 120 000 – (15 000 + 15 000) = 90 000 €.

Les charges des années antérieures ne sont pas remises en cause. En revanche, la dotation de l'exercice N et celles des années ultérieures sont modifiées de façon à ce que le bien soit totalement amorti à la fin de N+2, d'où une dotation de 90 000/3 = 30 000 € pour chacun des exercices N à N+2.

La réévaluation des immobilisations corporelles

Au bilan, les immobilisations corporelles peuvent figurer :
– soit au coût historique (coût d'acquisition ou de production – amortissements cumulés),
– soit à leur juste valeur.

Une réévaluation périodique de ces actifs est donc permise.

Les conditions de la réévaluation

La réévaluation consiste à substituer à la valeur nette comptable du bien sa juste valeur, c'est-à-dire généralement sa valeur de marché.

Pour les terrains et constructions, celle-ci est normalement déterminée par des experts qualifiés.

Pour les actifs étroitement spécialisés qui ne font pas l'objet de transactions régulières, la juste valeur peut être estimée à partir du coût de remplacement ou de la rentabilité de l'actif.

L'évaluation s'effectue en principe sur la base de l'utilisation actuelle du bien. Toutefois, si un changement est attendu, ce sont les nouvelles conditions d'utilisation qu'il faut prendre en compte. Ainsi, un hôtel destiné à être transformé en immeuble de bureaux ne doit pas être évalué en fonction de paramètres hôteliers mais du prix du m^2 de bureaux et du coût de la transformation.

Un actif ne peut être réévalué isolément. La réévaluation doit s'appliquer à l'ensemble des biens de même catégorie, c'est-à-dire à tous les actifs de nature et utilisation identiques. Les terrains, les constructions, les machines, les bateaux, les avions, les véhicules à moteur, le matériel de bureau constituent autant de catégories d'actifs différentes pouvant être réévaluées indépendamment les unes des autres.

Tous les biens d'une même catégorie doivent en principe être réévalués simultanément afin d'éviter une trop grande hétérogénéité dans l'évaluation d'une même rubrique. Une réévaluation à tour de rôle est cependant permise à condition qu'elle soit menée à bien rapidement.

Il n'est pas nécessaire de renouveler les réévaluations chaque année. Celles-ci doivent cependant être pratiquées avec une régularité suffisante pour que la valeur nette comptable des actifs à un moment donné ne s'écarte pas trop de la valeur qu'on obtiendrait par une réévaluation à cet instant. L'IASB considère que pour des immobilisations non soumises à des fluctuations importantes de valeur, une périodicité de 3 à 5 ans peut être suffisante. Entre deux réévaluations, l'actif figure au bilan pour le montant résultant de la dernière réévaluation, diminué des amortissements pratiqués depuis cette date.

Comptabilisation

Lorsqu'il est positif, l'écart de réévaluation (montant réévalué – valeur nette comptable au coût historique à la date de réévaluation) ne constitue pas un produit mais un autre élément du résultat global. Il est comptabilisé dans un compte spécifique des capitaux propres.

Si l'actif est amortissable, il est possible :

– soit de réévaluer simultanément le coût et les amortissements cumulés ;

– soit de ne réévaluer que la valeur nette comptable en déduisant les amortissements cumulés du coût de l'immobilisation.

Exemple 16.11. – Une entreprise possède des bâtiments acquis pour 3 000 000 € et amortis de 1 000 000 €. Elle décide de les comptabiliser à leur valeur de marché, c'est-à-dire 7 000 000 €.

L'opération consiste à augmenter la valeur nette comptable et les fonds propres de 5 000 000 €.

Avec le premier procédé, le coût de l'immobilisation et les amortissements cumulés seront réévalués par application d'un coefficient 3,5 qui représente le rapport entre la valeur réévaluée et la valeur nette comptable du bien (7 000 000/2 000 000 = 3,5). Les montants réévalués seront donc :

Coût de l'immobilisation :	3 000 000 × 3,5 =	10 500 000
Amortissements cumulés :	1 000 000 × 3,5 =	3 500 000
Valeur nette comptable :		7 000 000

D'où l'écriture suivante :

Constructions (B) [10 500 000 – 3 000 000]	7 500 000	
Amortissements cumulés constructions (B) [3 500 000 – 1 000 000]		2 500 000
Écart de réévaluation (B)		5 000 000

Avec le second procédé, les amortissements cumulés seront tout d'abord imputés sur la valeur brute de l'immobilisation, qui sera ensuite réévaluée. D'où les écritures :

Amortissements cumulés constructions (B)	1 000 000	
Constructions (B)		1 000 000
Constructions (B)	5 000 000	
Écart de réévaluation (B)		5 000 000

Dans les deux cas, on aura :
– Résultat de l'exercice (avant impôt) 0
– Résultat global de l'exercice (avant impôt) 5 000 000

Si exceptionnellement la réévaluation aboutit à une diminution de la valeur de l'actif, celle-ci est immédiatement enregistrée en charges de l'exercice en cours.

Exemple 16.11. – (suite) Supposons que la réévaluation aboutisse à attribuer aux constructions une valeur vénale de 1 400 000 €. Il faudrait alors comptabiliser un amortissement complémentaire de 2 000 000 – 1 400 000 = 600 000 €.

Dotations aux amortissements (R)	600 000	
Amortissements cumulés constructions (B)		600 000

Dans ce cas, on aura :
– Résultat de l'exercice (avant impôt) – 600 000
– Résultat global de l'exercice (avant impôt) – 600 000

Il convient également de tirer les conséquences fiscales de l'opération, conformément à l'IAS 12 :

– 1er cas : La plus-value de réévaluation est immédiatement imposable : l'impôt est enregistré en charges de l'exercice de la réévaluation.

– 2e cas : La plus-value de réévaluation n'est pas immédiatement imposable : les impôts différés correspondants sont prélevés sur l'écart de réévaluation.

Exemple 16.11. – (suite) Replaçons-nous dans l'hypothèse d'une plus-value de réévaluation de 5 000 000 € et supposons que l'entreprise est soumise à un taux d'imposition de 30 %.

1er cas : La plus-value de réévaluation est immédiatement imposable :

Impôts sur les bénéfices (R) [5 000 000 × 30 %]	1 500 000	
Impôts exigibles (B)		1 500 000

2e cas : La plus-value de réévaluation n'est pas immédiatement imposable :

Écart de réévaluation (B)	1 500 000	
Impôts différés passifs (B)		1 500 000

Il peut sembler paradoxal de comptabiliser des impôts différés alors que la plus-value de réévaluation n'est pas imposable. Il faut comprendre que réévaluer une immobilisation revient à considérer que celle-ci dégagera des résultats supérieurs à ceux initialement prévus. Il est donc normal de comptabiliser les impôts correspondant à ce supplément de rentabilité future.

L'incidence sur les exercices ultérieurs

Toute révision en hausse de la valeur des actifs procure un accroissement de la base amortissable et donc une augmentation des amortissements futurs. Il en résulte une diminution des résultats des exercices suivants.

L'IAS 16 permet (ce n'est pas une obligation) que soit virée chaque année dans les réserves de bénéfices une fraction de l'écart de réévaluation égale au supplément d'amortissement (après impôt) résultant de la réévaluation.

De la même façon, lorsque l'actif est cédé, l'écart de réévaluation résiduel peut (ce n'est pas non plus obligatoire) être viré dans les réserves de bénéfices.

Dans les deux cas, l'opération n'a pas d'incidence sur le bénéfice ou la perte de l'exercice car le virement s'effectue directement, c'est-à-dire sans passer par le résultat. Cela n'a pas non plus d'impact sur le résultat global puisque les capitaux propres ne sont pas affectés.

Au fur et à mesure que la plus-value de réévaluation est consommée, c'est-à-dire amortie, les impôts différés initiaux sont transférés au compte de résultat ; et ceci indépendamment du fait que l'entreprise choisisse ou non de virer une fraction de l'écart de réévaluation dans les réserves de bénéfices.

Exemple 16.11. – (suite) Supposons que les bâtiments étaient amortis sur 50 ans et que leur durée d'utilisation résiduelle à la date de réévaluation est estimée à 35 ans.

L'amortissement de chacun des exercices postérieurs à la réévaluation sera de 7 000 000/35 = 200 000 €.

Si ces actifs n'avaient pas été réévalués, il ne serait que de 3 000 000/50 = 60 000 €.

La différence (après impôt) pourra chaque année être virée dans les réserves de bénéfices par l'écriture suivante :

Écart de réévaluation (B) [140 000 × 70 %]	98 000	
Réserves de bénéfices (B)		98 000

Il faudra également virer dans le compte de résultat les impôts différés correspondants :

Impôts différés passifs (B) [1 500 000/35]	42 857	
Impôt sur les bénéfices (R)		42 857

Supposons que 8 ans après la réévaluation, les bâtiments sont cédés pour 6 000 000 €.

Leur valeur comptable à cette date s'élève à 7 000 000 – (200 000 × 8) = 5 400 000 €.

Le montant résiduel de l'écart de réévaluation est de 3 500 000 – (98 000 × 8) = 2 716 000 €
et celui des impôts différés de 1 500 000 – (42 857 × 8) = 1 157 144 €.

La cession sera comptabilisée ainsi (en supposant que les amortissements cumulés ont été déduits du coût des actifs au moment de la réévaluation) :

Banque (B)	6 000 000	
Produits de cessions d'immobilisations (R)		6 000 000
Amortissements cumulés des constructions (B) [200 000 × 8]	1 600 000	
Valeur comptable des immobilisations cédées (R)	5 400 000	
Constructions (B)		7 000 000
Écart de réévaluation (B)	2 716 000	
Réserves de bénéfices (B)		2 716 000
Impôts différés passifs (B)	1 157 144	
Impôt sur les bénéfices (R)		1 157 144

Les autres dépréciations

Comme tous les actifs, les immobilisations corporelles sont soumises à l'IAS 36 qui réglemente les dépréciations autres que les amortissements.

Lorsqu'il existe l'indice d'une perte de valeur supérieure aux amortissements cumulés, l'entreprise doit calculer la valeur recouvrable de l'actif, la comparer à la valeur comptable de celui-ci et comptabiliser une dépréciation pour la différence.

Cette dépréciation sera comptabilisée en charges si l'actif était évalué au coût historique.

Si celui-ci avait fait l'objet d'une réévaluation, la dépréciation sera en priorité imputée sur l'écart de réévaluation résiduel (et les impôts différés correspondants).

Pour plus de détails, se référer au chapitre sur l'IAS 36.

Les sorties du bilan

Les immobilisations corporelles sont sorties du bilan :
– au moment de leur cession
– ou de leur mise au rebut, à condition que celle-ci soit définitive et qu'aucun revenu futur ne puisse être attendu de leur revente.

Le profit ou la perte réalisée à cette occasion constitue un gain ou une perte de l'exercice en cours.

Rappelons que si l'actif a été réévalué, l'écart de réévaluation résiduel peut être viré aux réserves. Le transfert s'effectue directement sans passage par le compte de résultat et sans impact sur le résultat global.

Principales différences par rapport aux US GAAP

Les US GAAP diffèrent de l'IAS 16 principalement par le fait qu'aux États-Unis, les réévaluations d'immobilisations sont interdites.

On peut également mentionner les divergences suivantes :

– aucun gain ni perte n'est comptabilisé en cas d'échange d'immobilisations semblables ;

– les méthodes et durées d'amortissement n'ont pas à être réexaminées chaque année ;

– en cas de changement de méthode d'amortissement (mais pas de durée), les amortissements antérieurs doivent être recalculés et la différence comptabilisée dans le résultat de l'année du changement.

La pratique en Europe

La quasi-totalité des entreprises fournissent, sous forme de fourchettes, les durées d'amortissement de chaque catégorie d'immobilisations corporelles.

La plupart ne pratiquent que l'amortissement linéaire dans les comptes consolidés :

« L'amortissement est calculé en fonction des rythmes de consommation des avantages économiques attendus par élément d'actif sur la base du coût d'acquisition, sous déduction le cas échéant d'une valeur résiduelle. À ce titre, le mode linéaire est en général retenu sur les durées suivantes :

Bâtiments et aménagements	10 à 30 ans
Commutation, équipements de transmission et autre équipement de réseau	5 à 10 ans
Lignes et génie civil	15 à 30 ans
Matériel informatique	3 à 5 ans
Autres	3 à 14 ans

Ces durées d'amortissement sont revues annuellement et sont modifiées si elles diffèrent des estimations précédentes ; ces changements d'estimation sont comptabilisés de façon prospective » [France Telecom (France), rapport annuel 2008].

L'amortissement sur la base des unités de production est rarement utilisé, sauf dans le secteur pétrolier :

« Les gisements de pétrole et de gaz naturel, y compris les oléoducs correspondants sont amortis selon la méthode des unités de production. Le coût des puits en production est amorti sur la base des réserves développées prouvées. Les coûts d'acquisition de licences, de démantèlement et de développement de sites sont amortis sur le total des réserves prouvées. Le taux d'unité de production pour l'amortissement des coûts de développement de sites tient compte des dépenses déjà encourues ainsi que des futures dépenses de développement » [British Petroleum (Royaume-Uni), rapport annuel 2008 (traduction)].

Avant 2005, un certain nombre de sociétés réévaluaient certaines immobilisations ou maintenaient dans les comptes consolidés les réévaluations pratiquées dans les comptes individuels. L'application des IFRS semble avoir mis un terme à ces pratiques, probablement en raison de l'obligation d'appliquer le même mode d'évaluation à tous les actifs d'une même catégorie.

Conséquences pour l'utilisateur des états financiers

Les immobilisations corporelles constituent une part importante des actifs des entreprises commerciales et industrielles. L'utilisateur des états financiers doit être attentif à leur évaluation car les possibilités offertes sont multiples.

Les dépenses activées

La distinction entre les dépenses qui doivent être comptabilisées en charges et celles qui doivent être capitalisées n'est pas toujours aisée. Ainsi, l'échange standard d'un moteur de camion non encore totalement amorti constitue une charge dans la mesure où cette dépense est nécessaire pour permettre au véhicule d'atteindre sa durée d'utilisation prévue ; mais aussi une dépense activable si elle prolonge cette durée. De même, le coût d'un ravalement de façade représente à la fois une charge normale d'entretien et un accroissement de valeur de l'immeuble. Étant donné qu'il est extrêmement difficile de distinguer ces deux composantes, les entreprises disposent d'une certaine latitude quant au traitement comptable des dépenses relatives aux immobilisations. Celles qui souhaitent diminuer leurs résultats auront tendance à considérer la majeure partie de ces dépenses comme des charges normales d'entretien ; alors que celles qui veulent au contraire augmenter leurs résultats s'efforceront de les activer en insistant sur le supplément de valeur qu'elles apportent.

Les réévaluations d'immobilisations

S'il est un sujet sur lequel l'utilisateur des états financiers doit être vigilant, c'est bien celui des réévaluations d'actifs car cette pratique offre de multiples possibilités de manipulations.

La décision de réévaluer n'est généralement pas innocente. C'est souvent la solution de dernier recours utilisée par les entreprises en difficultés pour gonfler leurs capitaux propres et espérer accroître ainsi leur capacité d'endettement. La réévaluation est aussi utilisée par les sociétés qui craignent de faire l'objet d'une tentative de prise de contrôle et qui espèrent rendre l'offre de l'acquéreur moins attractive en faisant apparaître des plus-values potentielles sur leurs actifs.

Le choix des actifs réévalués n'est pas non plus innocent. Les entreprises ont évidemment tendance à ne réévaluer que les actifs sur lesquels elles peuvent dégager des plus-values et laisser de côté ceux dont la valeur réelle risque d'apparaître inférieure à la valeur comptable (installations étroitement spécialisées ou immeubles acquis lorsque les prix étaient très élevés). Les normes imposent certes de réévaluer tous les actifs d'une même catégorie mais cette notion est suffisamment imprécise pour être interprétée au mieux des intérêts de l'entreprise.

Quant à l'évaluation, elle est, par nature, éminemment subjective. L'analyste se méfiera donc particulièrement des valeurs fixées par l'entreprise elle-même. Le fait que l'évaluation ait été confiée à des experts extérieurs est de nature à rassurer mais cela ne constitue pas une garantie d'objectivité compte tenu de la multiplicité des méthodes utilisables et de l'incertitude des données prévisionnelles (prévisions de chiffre d'affaires, de charges...). Seule l'évaluation des biens faisant l'objet d'un marché actif (biens fonciers et immobiliers essentiellement) offre quelque garantie d'objectivité. Celle-ci est néanmoins toute relative compte tenu que deux terrains ou deux immeubles ne sont jamais identiques.

Les amortissements postérieurs à la réévaluation

Une réévaluation d'actifs est un événement important mais qui, par la publicité qui l'entoure, ne risque pas de passer inaperçu. Il n'en est pas de même de ses effets à long et moyen terme, qui peuvent pourtant influencer considérablement les résultats des exercices suivants. Il faut rappeler en effet que toute réévaluation d'immobilisations amortissables provoque une hausse des amortissements futurs et donc une diminution des bénéfices. L'analyste devra s'en souvenir s'il compare les résultats avant et après la réévaluation ou s'il met ces derniers en relation avec ceux d'une entreprise dont les immobilisations sont évaluées au coût historique.

Pour éviter une amputation de leurs résultats futurs, les entreprises peuvent être tentées de ne réévaluer que des actifs non amortissables, c'est-à-dire essentiellement les terrains. Les normes le permettent puisque ces biens constituent une « catégorie » au sens de l'IAS 16.

L'IAS 16 en bref

Les immobilisations corporelles sont des actifs :

– destinés à être utilisés dans la production de biens ou la prestation de services, la location à des tiers ou l'administration de l'entreprise

– pendant plus d'une période comptable.

Elles doivent être amorties de manière systématique sur leur durée d'utilisation prévue. La méthode d'amortissement doit refléter le rythme de consommation des avantages économiques liés à l'actif.

Les durées et méthodes d'amortissement doivent être réexaminées chaque année. En cas de changement par rapport aux prévisions initiales, la dotation de l'exercice en cours et celles des exercices suivants doivent être ajustées.

Lorsque la valeur nette comptable d'un actif apparaît supérieure à sa valeur récupérable, cet actif doit faire l'objet d'une dépréciation supplémentaire d'un montant égal à la différence constatée.

Au bilan, les immobilisations corporelles peuvent figurer :

– soit au coût, déduction faite des amortissements et dépréciations nécessaires,

– soit à un montant réévalué.

En cas de réévaluation, l'écart constaté est enregistré directement dans les capitaux propres.

Les réévaluations doivent être renouvelées périodiquement et concerner l'ensemble des actifs d'une même catégorie.

Entre deux réévaluations successives, les biens réévalués font l'objet d'amortissements calculés sur le montant réévalué.

IAS 17

CONTRATS DE LOCATION[1]

Le sujet

Cette norme traite de la comptabilisation des contrats de location chez le bailleur et chez le locataire.

La question essentielle est de savoir si les biens faisant l'objet d'un contrat de location-financement (location à long terme, crédit-bail…) doivent être comptabilisés au bilan du propriétaire, en vertu d'une conception patrimoniale de la comptabilité ; ou au bilan du locataire, selon une vision plus économique.

Ne sont pas concernées par ce texte les redevances provenant de concessions d'exploitation de ressources naturelles ou de licences d'exploitation de biens soumis à la propriété intellectuelle (films, enregistrements vidéo, manuscrits, brevets…).

Les deux catégories de locations

Un contrat de location (ou bail) est une convention par laquelle un bailleur cède à un preneur (locataire) le droit d'utiliser un bien pour une période déterminée moyennant une série de paiements.

Les modalités des contrats de location sont très diverses. La norme distingue deux catégories :

1. Norme révisée en 2003.

– les contrats de location simple (*operating leases*),
– les contrats de location-financement (*finance leases*).

Une location-financement est une location par laquelle la quasi-totalité des avantages et les risques inhérents à la propriété du bien sont transférés au locataire, qu'il y ait ou non transfert final de propriété.

Tout contrat de location qui ne répond pas à cette définition est un contrat de location simple.

La distinction entre ces deux catégories tient plus à la nature de l'opération qu'à la forme du contrat.

L'IAS 17 fournit une série d'exemples caractéristiques d'une location-financement :

a) Le contrat prévoit que la propriété du bien sera transférée au locataire au terme du contrat.

b) Le bailleur donne au locataire l'option d'acquérir le bien à un prix suffisamment avantageux pour qu'il soit pratiquement certain que l'option sera exercée.

c) Le bail couvre la majeure partie de la durée de vie du bien.

d) La valeur actualisée des paiements minimaux, à la date d'entrée en vigueur du bail, correspond à peu près à la valeur vénale du bien à cette date.

e) Les biens loués sont d'une spécificité telle que seul le locataire peut les utiliser sans modification majeure.

On a aussi probablement affaire à une location-financement dans les situations suivantes :

a) Si le locataire résilie le contrat, il doit supporter les pertes occasionnées par cette résiliation chez le bailleur.

b) Les profits ou pertes résultant de la variation de la juste valeur de la valeur résiduelle du bien sont à la charge du locataire.

c) Le locataire a la possibilité de renouveler la location pour une deuxième période moyennant un loyer sensiblement inférieur au prix du marché.

En pratique, la location-financement recouvre le crédit-bail (leasing) et les formes de location apparentées (location-vente, location avec option d'achat...).

La comptabilisation des contrats de location simple

La comptabilisation des contrats de location simple ne présente aucune difficulté particulière.

Chez le locataire, les loyers sont enregistrés en charges, en principe sur une base correspondant à l'échelonnement dans le temps des avantages procurés par le bien. En pratique, ils sont généralement comptabilisés dans la période au titre de laquelle ils sont encourus.

Lorsque le locataire doit payer une somme importante au début du bail, celle-ci s'analyse comme un complément de loyer à étaler sur la période de location.

Exemple 17.1. – Une entreprise a obtenu de la commune la location d'un terrain pour y entreposer des matériels de chantier. La durée du bail est de 20 ans. Le loyer annuel est de 60 000 € mais l'entreprise a dû payer 100 000 € supplémentaires (non remboursables) à la signature du contrat.

Les écritures sont les suivantes :

À la signature du contrat

Charges à répartir (B)	100 000	
Banque (B)		100 000
Chaque année		
Loyers (R)	65 000	
Banque (B)		60 000
Charges à répartir (B) [100 000/20]		5 000

Le bailleur comptabilise le bien loué à l'actif et l'amortit, le cas échéant, sur sa durée d'utilisation. Les loyers sont comptabilisés en produits de manière régulière sur la durée du bail.

Quant aux éventuels frais initiaux supportés par le bailleur à la conclusion du contrat, ils sont ajoutés à la valeur comptable du bien loué et étalés en charges sur la durée du bail, au même rythme que les loyers.

Exemple 17.2. – La société X est, depuis le 1/04/N, propriétaire d'un bâtiment qu'elle loue pour une durée de 3 ans à la société Y. Les loyers sont de 20 000 € par mois. La société X a supporté pour 60 000 € de frais de recherche de locataire, qu'elle décide d'étaler sur la durée du bail. Le coût d'acquisition de l'immeuble est de 5 000 000 € et sa durée d'utilisation 50 ans.

Chez le bailleur, les écritures seront, en N :

Constructions (B)	5 060 000	
Banque (B)		5 060 000
Banque (B) [20 000 × 9]	180 000	
Produits de location (R)		180 000
Dotation aux amortissements (R) [5 060 000 × 2 % × 9/12]	75 900	
Amortissements cumulés constructions (B)		75 900

La comptabilisation des contrats de location-financement chez le locataire

Deux conceptions s'opposent en matière de comptabilisation des contrats de location-financement.

Les tenants d'une vision essentiellement juridique de la comptabilité considèrent que le bilan doit refléter l'état du patrimoine de l'entreprise. Selon eux, le bien loué ne peut pas figurer au bilan du locataire puisque celui-ci n'en est pas propriétaire.

Les partisans d'une conception économique rappellent, pour leur part, qu'en vertu du principe de prééminence du fond sur la forme (*substance over form*), les transactions et événements doivent être comptabilisés et présentés en conformité avec leur nature économique et leur réalité financière, et pas simplement selon leur forme juridique. Or, dans le cas d'un contrat de location-financement, le locataire bénéficie des avantages économiques provenant de l'utilisation du bien pendant la majeure partie de la durée de vie de celui-ci, comme s'il en était propriétaire. Le bien loué doit donc figurer à son bilan, de même que l'engagement de payer les loyers correspondants.

Ils font également remarquer que la non-comptabilisation des contrats de location-financement au bilan du locataire aboutirait à déformer les ratios financiers en sous-évaluant ses ressources économiques et ses engagements financiers.

L'IASB donne raison aux tenants de cette seconde approche en imposant la comptabilisation des contrats de location-financement au bilan du locataire.

Comptabilisation à l'entrée en vigueur du bail

Au début du bail, les droits et obligations du locataire sont comptabilisés à la plus faible des deux valeurs suivantes :

– juste valeur (*fair value*) du bien loué, déduction faite des éventuelles subventions et avantages fiscaux dont doit bénéficier le bailleur ;

– valeur actuelle des paiements minimaux du contrat.

Ces derniers représentent l'ensemble des sommes que le locataire est ou peut être tenu de verser en vertu du bail (à l'exception des loyers conditionnels [1] et des frais normalement à la charge du bailleur). En outre, lorsque le contrat comporte une option d'achat tellement avantageuse qu'on est pratiquement certain qu'elle sera exercée, le montant à payer pour exercer cette option fait partie des paiements minimaux du contrat.

1. Par loyers conditionnels, il faut entendre ceux qui sont fonction d'un facteur autre que l'écoulement du temps (par exemple un pourcentage du chiffre d'affaires réalisé par le locataire, l'évolution des prix ou des taux d'intérêt).

La valeur actuelle des paiements minimaux se calcule en utilisant le taux d'intérêt implicite du contrat ou, à défaut, le taux marginal d'endettement du locataire.

Le premier correspond au taux d'actualisation tel que, à la signature du contrat, la valeur actuelle des paiements minimaux et de la valeur résiduelle non garantie [1] soit égale au total de la juste valeur du bien loué et des frais initiaux du bailleur.

Quant au taux marginal d'endettement du locataire, c'est le taux d'intérêt que celui-ci aurait à payer pour emprunter sur une durée similaire les fonds nécessaires à l'acquisition de l'actif.

Exemple 17.3. – Une entreprise a conclu le 1/04/N, avec une entreprise spécialisée, un contrat de crédit-bail portant sur un matériel dont la valeur de marché est de 100 000 €. Les modalités du contrat sont les suivantes :

- versement initial : 20 000 €,
- durée du bail : 4 ans,
- 16 loyers trimestriels de 6 000 € versés à terme échu,
- option d'achat du bien à la fin de la 4e année pour 3 000 €.

On estime que la valeur résiduelle du bien à la fin de la période de location sera de 7 000 €.

L'option d'achat (3 000 €) étant largement inférieure à la valeur résiduelle du bien (7 000 €), on peut considérer qu'elle sera exercée.

Les paiements minimaux s'élèvent donc à :

- un versement initial de 20 000 €,
- 16 versements trimestriels de 6 000 €,
- un versement final de 3 000 €.

Quant à la valeur résiduelle non garantie, elle s'établit à 7 000 – 3 000 = 4 000 €.

Compte tenu de ces éléments, le taux d'intérêt implicite (trimestriel) du contrat est le taux i tel que :

$$100\,000 = 20\,000 + \sum_{t=1}^{16} \frac{6\,000}{(1+i)^t} + \frac{3\,000}{(1+i)^{16}} + \frac{4\,000}{(1+i)^{16}}$$

La résolution de cette équation donne i = 2,96 %, c'est-à-dire un taux annuel de $(1{,}0296)^4 - 1 = 12{,}4$ %.

En actualisant les paiements minimaux au taux d'intérêt implicite du contrat, on obtient une valeur de :

$$20\,000 + \sum_{t=1}^{16} \frac{6\,000}{(1{,}0296)^t} + \frac{3\,000}{(1{,}0296)^{16}} = 97\,479 \text{ €}$$

Ce montant étant inférieur à la valeur vénale du bien (100 000 F), c'est lui qu'on utilisera pour comptabiliser le bien loué et les engagements correspondants :

1. La valeur résiduelle non garantie est la fraction de la valeur résiduelle du bien loué dont le recouvrement par le bailleur n'est pas assuré.

1/04/N		
Matériels (B)	97 479	
Engagements de crédit-bail (B)		97 479

Le cas particulier des locations immobilières

Les règles de classification précédentes s'appliquent aux biens immobiliers comme aux autres actifs.

Toutefois étant donné que les terrains ont, normalement, une durée de vie infinie, les locations portant sur de tels biens sont des locations simples, sauf en cas de transfert de propriété à l'issue du contrat.

Lorsque le contrat porte sur un ensemble immobilier, il faut, si possible, séparer la fraction des paiements minimaux correspondant aux terrains et celle relative aux bâtiments. On se base pour cela sur la juste valeur de chacun de ces éléments.

Exemple 17.4. – L'entreprise occupe un immeuble en vertu d'un contrat de location-financement. Le loyer annuel est de 100 000 €. La valeur de marché de l'immeuble est estimée à 1 200 000 €, dont 1/3 pour le terrain.

Le loyer annuel (et donc les paiements minimaux) peuvent se décomposer ainsi :

- terrain : 1/3
- bâtiment : 2/3.

Un immeuble faisant l'objet d'une location simple peut quand même être classé comme immeuble de placement par son locataire. Celui-ci doit alors le comptabiliser comme s'il s'agissait d'une location-financement et l'évaluer à la juste valeur selon les modalités de l'IAS 40.

Comptabilisation des loyers

Les loyers payés par le locataire représentent à la fois :

- un remboursement des fonds investis par le bailleur dans l'acquisition du bien loué,
- et la rémunération de ces fonds.

Seule la seconde composante constitue une charge pour le locataire ; l'autre vient en déduction de la dette comptabilisée au début du contrat. La comptabilisation des loyers exige donc que les deux composantes soient séparées. Il faut pour cela dresser le tableau des flux monétaires liés au contrat.

Exemple 17.3. – (suite) Ce tableau se présente ainsi, en arrondissant à l'euro le plus proche :

Date	Flux (1)	Intérêts (2) = (4) × 2,96 %	Rembts (3) = (1) – (2)	Capital restant dû (4)
				97 479
1/04/N	20 000		20 000	77 479
1/07/N	6 000	2 294	3 706	73 773
1/10/N	6 000	2 184	3 816	69 957
1/01/N+1	6 000	2 071	3 929	66 028
1/04/N+1	6 000	1 954	4 046	61 982
1/07/N+1	6 000	1 835	4 165	57 817
1/10/N+1	6 000	1 711	4 289	53 528
1/01/N+2	6 000	1 584	4 416	49 112
1/04/N+2	6 000	1 454	4 546	44 566
1/07/N+2	6 000	1 319	4 681	39 885
1/10/N+2	6 000	1 181	4 819	35 066
1/01/N+3	6 000	1 038	4 962	30 104
1/04/N+3	6 000	891	5 109	24 995
1/07/N+3	6 000	740	5 260	19 735
1/10/N+3	6 000	584	5 416	14 319
1/01/N+4	6 000	424	5 576	8 743
1/04/N+4	9 000	257	8 743	0
Totaux	119 000	21 521	97 479	

Les loyers de l'exercice N se décomposent donc de la façon suivante :

– remboursements : 20 000 + 3 706 + 3 816 + 3 929 = 31 451

– intérêts : 2 294 + 2 184 + 2 071 = 6 549

38 000

Ils se comptabilisent ainsi :

En N		
Engagements de crédit-bail (B)	31 451	
Intérêts (R)	6 549	
Banque (B)		38 000

L'amortissement du bien loué

Le bien loué est amorti selon les mêmes modalités que les actifs de même nature appartenant à l'entreprise.

S'il est pratiquement certain que le locataire en deviendra propriétaire à la fin du bail, le bien est amorti sur sa durée d'utilisation Sinon, on l'amortira sur la durée du bail si celle-ci est inférieure à la durée d'utilisation.

Exemple 17.3. – (suite) Considérons que le bien loué a une durée d'utilisation de 6 ans et que l'entreprise locataire utilise l'amortissement linéaire pour les biens de cette nature. En supposant que la valeur résiduelle du bien sera nulle après 6 ans, l'amortissement comptabilisé en N sera de (97 479/6) × 9/12 = 12 185 € :

31/12/ N		
Dotations aux amortissements (R)	12 185	
Amortissements cumulés des matériels (B)		12 185

Au début du bail, le bien loué et les engagements du locataire figurent pour le même montant. Cette égalité n'est plus assurée par la suite, l'amortissement du bien étant calculé indépendamment des modalités de remboursement de la dette.

La durée du bail étant généralement plus courte que la durée de vie économique du bien afin de rendre l'option d'achat avantageuse, la dette s'amortit plus rapidement que l'actif loué.

Exemple 17.3. – (suite) À la clôture de l'exercice N, la valeur comptable du matériel est de 97 479 – 12 185 = 85 294 €, alors que les engagements restant dus s'élèvent à 97 479 – 31 451 = 66 028 €.

La comptabilisation des contrats de location-financement chez le bailleur

Le bailleur ne bénéficie pas des avantages procurés par le bien loué ; il n'assume pas non plus les risques liés à sa détention. Cet actif ne doit donc pas figurer à son bilan, bien qu'il en soit propriétaire.

D'un point de vue économique, le bailleur doit être considéré comme un investisseur qui prête une certaine somme d'argent, rémunérée et remboursée par les loyers prévus au contrat.

Les paiements minimaux du contrat, majorés de la valeur résiduelle non garantie du bien, constituent l'investissement brut du bailleur.

L'investissement net s'obtient en actualisant cette somme au taux d'intérêt implicite du contrat. Il correspond à la juste valeur du bien loué, majorée éventuellement des frais encourus par le bailleur.

Comptabilisation à l'entrée en vigueur du bail

À la signature du contrat, le bailleur acquiert le bien qui fera l'objet de la location. L'investissement net réalisé est comptabilisé non pas en immobilisations corporelles, mais dans les créances.

Quant aux frais directs engendrés par la conclusion du contrat, ils sont répartis sur la durée du bail, au même rythme que les produits du contrat.

Exemple 17.3. – (suite) Le 1/04/N, le bailleur acquiert le matériel pour 100 000 €, juste valeur du bien.

Supposons en outre que la conclusion du contrat ait provoqué pour 4 000 € de frais à la charge du bailleur.

À l'entrée en vigueur du bail, le bailleur passera l'écriture suivante :

1/04/N		
Investissements nets de crédit-bail (B)	104 000	
Banque (B)		104 000

La comptabilisation des loyers

Les loyers doivent, comme pour le locataire, être décomposés en deux éléments :

– la rémunération de l'investissement net, qui représente un produit financier,

– le remboursement d'une partie des sommes engagées, qui vient en déduction de l'investissement net initial.

La méthode choisie doit dégager un taux d'intérêt constant sur l'investissement net résiduel. Il faut pour cela décomposer les loyers en utilisant le taux d'actualisation qui rend la valeur actualisée des paiements minimaux égale à l'investissement net initial, majoré des frais directs initiaux.

Exemple 17.3. – (suite) Le taux d'actualisation à utiliser est le taux i tel que :

$$104\ 000 = 20\ 000 + \sum_{t=1}^{16} \frac{6\ 000}{(1+i)^t} + \frac{3\ 000}{(1+i)^{16}}$$

c'est-à-dire 1,949 % (taux trimestriel).

Le tableau suivant donne la décomposition des loyers selon ce taux.

Date	Flux (1)	Intérêts (2) = (4) × 1,949 %	Rembts (3) = (1) – (2)	Invest. net résiduel (4)
				104 000
1/04/N	20 000		20 000	84 000
1/07/N	6 000	1 637	4 363	79 637
1/10/N	6 000	1 552	4 448	75 189
1/01/N+1	6 000	1 465	4 535	70 654
1/04/N+1	6 000	1 377	4 623	66 031
1/07/N+1	6 000	1 287	4 713	61 318
1/10/N+1	6 000	1 195	4 805	56 513
1/01/N+2	6 000	1 101	4 899	51 614
1/04/N+2	6 000	1 006	4 994	46 620
1/07/N+2	6 000	909	5 091	41 529
1/10/N+2	6 000	809	5 191	36 338
1/01/N+3	6 000	708	5 292	31 046
1/04/N+3	6 000	605	5 395	25 651

Date	Flux (1)	Intérêts (2) = (4) × 1,949 %	Rembts (3) = (1) – (2)	Invest. net résiduel (4)
1/07/N+3	6 000	500	5 500	20 151
1/10/N+3	6 000	393	5 607	14 544
1/01/N+4	6 000	283	5 717	8 828
1/04/N+4	9 000	172	8 828	0
			104 000	

Les loyers de l'année N se décomposent donc ainsi :
– remboursements de l'investissement net du bailleur :
20 000 + 4 363 + 4 448 + 4 535 = 33 346
– rémunération de l'investissement net : 1 637 + 1 552 + 1 465 = 4 654

38 000

Leur comptabilisation donnera lieu aux écritures suivantes :

En N		
Banque (B)	38 000	
Investissements nets de crédit-bail (B)		33 346
Produits financiers (R)		4 654

Cas particulier : Le bailleur est le fabricant ou un distributeur du bien loué

Certains fabricants ou distributeurs offrent à leurs clients le choix entre l'achat et la location des biens qu'ils proposent.

Une location-financement consentie par un fabricant ou un distributeur s'analyse comme une vente à tempérament.

Au début du contrat, le bailleur enregistre un produit équivalent à celui qu'il aurait comptabilisé en cas de vente au comptant. Ce produit est égal au plus faible des deux montants suivants :

– valeur de marché du bien,

– ou valeur actuelle du total des paiements minimaux et de la valeur résiduelle non garantie, calculée au taux d'intérêt du marché.

La différence entre ce produit et le coût du bien loué représente le résultat de la vente.

Les loyers perçus sont ensuite décomposés en deux éléments :

– règlement du montant de la vente,

– intérêts.

Quant aux éventuels frais supportés par le vendeur, ils sont comptabilisés en même temps que le résultat de la vente.

Exemple 17.5. – Le 1/01/N, un distributeur consent une location-financement sur un bien dont le prix de vente au comptant est de 50 000 €. Le contrat prévoit :

– le versement de 8 000 € à la signature du contrat,
– 12 loyers trimestriels L calculés afin d'assurer un intérêt trimestriel de 2,8 %.

Le locataire deviendra propriétaire du bien à l'issue de la période de location sans rien verser.

Le montant des loyers est tel que :

$$50\ 000 = 8\ 000 + \sum_{t=1}^{12} \frac{L}{(1{,}028)^t}$$

La résolution de cette équation donne un loyer trimestriel de 4 169 € qui se décompose ainsi :

Date	Flux (1)	Intérêts (2) = (4) × 2,8 %	Rembts (3) = (1) – (2)	Invest. net résiduel (4)
				50 000
1/01/N	8 000		8 000	42 000
1/04/N	4 169	1 176	2 993	39 007
1/07/N	4 169	1 092	3 077	35 930
1/10/N	4 169	1 006	3 163	32 767
1/01/N+1	4 169	917	3 252	29 515
1/04/N+1	4 169	826	3 343	26 172
1/07/N+1	4 169	733	3 436	22 736
1/10/N+1	4 169	637	3 532	19 204
1/01/N+2	4 169	538	3 631	15 373
1/04/N+2	4 169	436	3 733	11 840
1/07/N+2	4 169	332	3 837	8 003
1/10/N+2	4 169	224	3 945	4 058
1/01/N+3	4 169	111	4 058	0
Totaux	58 028	8 028	50 000	

Supposons également que la conclusion de la transaction a occasionné 2 000 € de frais pour le vendeur.

La comptabilisation du contrat se fera ainsi :

	Débit	Crédit
1/01/N		
Frais de vente (R)	2 000	
Banque (B)		2 000
1/01/N		
Investissements nets location-financement (B)	50 000	
Ventes en location-financement (R)		50 000
En N		
Banque (B) [8 000 + (4 169 × 4)]	24 676	
Investissements nets de location-financement (B) [8 000 + 2 993 + 3 077 + 3 163 + 3 252]		20 485
Produits financiers (R) [1 176 + 1 092 + 1 006 + 917]		4 191

Il arrive que, pour attirer des clients, les producteurs ou les distributeurs proposent des conditions de crédit particulièrement favorables et, en contrepartie, majorent le prix de vente du produit. Si aucun correctif n'était apporté, cette pratique conduirait à surestimer le résultat de la vente. C'est pourquoi l'IAS 17 exige, dans un tel cas, de limiter le profit comptabilisé à celui qui aurait été obtenu si le financement avait été conclu aux conditions du marché.

Exemple 17.6. – Un fabricant de photocopieuses propose à ses clients de leur louer un matériel valant selon lui 4 800 €, contre 12 loyers trimestriels de 400 €. La publicité insiste sur le caractère « gratuit » du financement proposé (12 × 400 = 4 800). Le coût de l'appareil pour le fabricant est de 4 000 €.

Si on estime à 1,5 % le taux d'intérêt trimestriel habituellement pratiqué sur le financement d'équipements de bureautique, le montant d'une vente réalisée le 1er janvier N sera de :

$$\sum_{t=1}^{12} \frac{400}{(1{,}015)^t} = 4\,363\ €$$

On peut donc décomposer les loyers de la façon suivante :

Date	Loyers (1)	Intérêts (2) = (4) × 1,5 %	Rembts (3) = (1) – (2)	Invest. net résiduel (4)
				4 363,00
1/04/N	400,00	65,45	334,55	4 028,45
1/07/N	400,00	60,43	339,57	3 688,88
1/10/N	400,00	55,33	344,67	3 344,21
1/01/N+1	400,00	50,16	349,84	2 994,37
1/04/N+1	400,00	44,92	355,08	2 639,29
1/07/N+1	400,00	39,59	360,41	2 278,88
1/10/N+1	400,00	34,18	365,82	1 913,06
1/01/N+2	400,00	28,70	371,30	1 541,76
1/04/N+2	400,00	23,13	376,87	1 164,89
1/07/N+2	400,00	17,47	382,53	782,36
1/10/N+2	400,00	11,74	388,26	394,10
1/01/N+3	400,00	5,90	394,10	0,00
			4 363,00	

On aura donc les écritures suivantes, pour N :

	Débit	Crédit
Investissements nets de crédit-bail (B)	4 363,00	
Ventes (R)		4 363,00

Banque (B) [400 × 4]	1 600,00	
Investissements nets de crédit-bail (B) [334,55 + 339,57 + 344,67 + 349,84]		1 368,63
Produits financiers (R) [65,45 + 60,43 + 55,33 + 50,16]		231,37

D'où un résultat de :
marge brute : 4 363,00 – 4 000,00 = 363,00
produits financiers : 231,37
594,37

au lieu de :
marge brute : 4 800,00 – 4 000,00 = 800,00
produits financiers : 0,00
800,0

Comptabilisation des ventes suivies de relocation (cession-bail)

Une cession-bail (*lease-back*) est une opération par laquelle un bien est vendu à un tiers avant d'être repris en location par le vendeur. L'opération permet à ce dernier d'encaisser la valeur du bien tout en gardant l'usage de celui-ci.

Les loyers et le prix de vente sont généralement négociés simultanément ; ils ne s'appuient pas nécessairement sur les valeurs de marché.

Le mode de comptabilisation dépend de la nature du contrat de location.

Cas d'une location-financement

S'il s'agit d'une location-financement, l'opération revient, pour le bailleur, à financer le locataire en prenant le bien en garantie. L'éventuel bénéfice ou perte [1] dégagé à l'occasion de la vente ne doit pas être comptabilisé dans le résultat de l'exercice de cession, mais étalé sur la durée du bail.

Exemple 17.7. – Le 1/01/N, une entreprise a signé un contrat de cession-bail aux conditions suivantes :
prix de cession : 100 000 €
location : 16 loyers trimestriels de 7 660 €

À la fin de la période de location, l'entreprise redeviendra propriétaire du bien.

1. L'IAS 17 n'envisage que le cas d'un bénéfice. Il nous semble que la solution est la même en cas de perte compte tenu qu'il ne s'agit pas d'une véritable vente, le vendeur conservant les risques attachés à la détention du bien.

Ce matériel avait été acquis pour 120 000 €. Au 1/01/N, ses amortissements cumulés s'élevaient à 40 000 €.

Le bénéfice de cession apparent [100 000 – (120 000 – 40 000) = 20 000 €] n'a pas à être comptabilisé. À la signature du contrat, il suffit d'enregistrer une dette égale au montant des fonds reçus.

1/01/N		
Banque (B)	100 000	
Engagements de crédit-bail (B)		100 000

Comme dans tout contrat de location-financement, les loyers seront décomposés en intérêts et remboursements à l'aide du taux d'intérêt implicite du contrat, donné par l'équation :

$$100\,000 = \sum_{t=1}^{16} \frac{7\,660}{(1+i)^t}$$

Cas d'une location simple

En cas de location simple, tout dépend du prix de cession et des loyers futurs.

Si ceux-ci ont été fixés à leur juste valeur, l'opération doit être considérée comme une vente normale et le résultat de cession immédiatement comptabilisé.

Si, par contre, le prix de vente est inférieur à la juste valeur du bien, le profit ou la perte de cession doit être immédiatement enregistré à moins, s'il s'agit d'une perte, qu'elle soit compensée par des loyers futurs inférieurs aux prix du marché, auquel cas il faudra l'étaler sur la durée de location prévue, proportionnellement aux loyers.

Lorsque le prix de vente est supérieur à la juste valeur, la différence doit être amortie sur la même durée.

Exemple 17.8. – Le 1/01/N, une entreprise cède son siège social à un établissement financier. Le contrat prévoit qu'elle pourra louer ce bâtiment pendant les 10 années suivantes. Cet immeuble avait été acquis pour 6 000 000 € et était amorti à concurrence de 2 500 000 €.

1er cas : Le prix de cession (9 000 000 €) et le loyer correspondent aux prix du marché.

L'opération équivaut à une simple vente :

1/01/N		
Banque (B)	9 000 000	
Amortissements cumulés constructions (B)	2 500 000	
Constructions (B)		6 000 000
Profits de cessions d'immobilisations (R)		5 500 000

2e cas : Le prix de cession est inférieur à la valeur de marché :

a) prix de cession : 9 000 000 €
valeur de marché : 10 000 000 €

Le profit de cession (5 500 000 €) est comptabilisé immédiatement, comme dans le cas précédent.

b) prix de cession : 3 000 000 €
valeur de marché : 4 000 000 €

Les loyers correspondent aux prix du marché.

La perte de cession (500 000 €) est comptabilisée immédiatement :

1/01/N		
Banque (B)	3 000 000	
Amortissements cumulés constructions (B)	2 500 000	
Pertes de cessions d'immobilisations (R)	500 000	
Constructions (B)		6 000 000

c) prix de cession : 3 000 000 €
valeur de marché : 4 000 000 €

Les loyers sont inférieurs aux prix du marché.

La perte est étalée sur la période de location prévue (10 ans). Si on suppose que les loyers sont constants, l'amortissement de la perte est linéaire.

1/01/N		
Banque (B)	3 000 000	
Amortissements cumulés constructions (B)	2 500 000	
Charges à répartir (B)	500 000	
Constructions (B)		6 000 000
En N		
Loyers (R) [500 000/10]	50 000	
Charges à répartir (B)		50 000

3e cas : Le prix de cession est supérieur à la valeur de marché.

Prix de cession : 9 000 000 €

Valeur de marché : 8 000 000 €

La fraction du résultat de cession provenant d'un prix de vente excessif (1 000 000 €) est étalée sur la durée de location prévue.

En supposant que les loyers sont constants :

1/01/N		
Banque (B)	9 000 000	
Amortissements cumulés constructions (B)	2 500 000	
Constructions (B)		6 000 000
Profits de cessions d'immobilisations (R)		4 500 000
Produits à répartir (B)		1 000 000
En N		
Produits à répartir (B) [1 000 000/10]	100 000	
Loyers (R)		100 000

Principales différences par rapport aux US GAAP

Les pratiques américaines en matière de comptabilisation des contrats de location ont fortement inspiré l'IASB. Les différences entre l'IAS 17 et la norme américaine FAS 13 sont donc mineures. Les deux textes exigent en particulier que les biens faisant l'objet d'un contrat de location-financement soient inscrits au bilan du locataire.

La pratique en Europe

Les grandes entreprises comptabilisent à leur bilan consolidé les biens dont elles disposent en vertu d'un contrat de location-financement :

« Les actifs détenus en vertu d'un contrat de location financement sont comptabilisés en tant qu'actifs au plus faible de la valeur actualisée des paiements minimaux au titre de la location et de leur juste valeur, déterminée au commencement du contrat de location. Le passif correspondant dû au bailleur est enregistré au bilan en tant qu'obligation issue du contrat de location financement, en passifs financiers » [Air France KLM (France), rapport annuel 2008-2009].

« Si en substance tous les risques et les avantages inhérents à la propriété d'un actif loué sont attribuables au locataire (location-financement), celui-ci doit comptabiliser l'actif en question au bilan. Au début de la période de location, l'actif loué est évalué au minimum de la juste valeur et de la valeur actualisée des paiements futurs minimaux. Il est amorti sur la période la plus courte entre la durée estimée d'utilisation et la durée de location. L'amortissement est comptabilisé en charges. Au début de la période de location, le locataire enregistre une dette égale à la valeur comptable du bien loué. Les années suivantes, cette dette est diminuée par application de la méthode du taux d'intérêt effectif, et la valeur comptable est ajustée en conséquence » [Deutsche Telekom (Allemagne), rapport annuel 2008 (traduction)].

Le point de vue du bailleur est évoqué par les entreprises qui pratiquent la location des biens qu'elles fabriquent :

« Les sociétés de financement du groupe ont pour activité le financement des réseaux commerciaux et de la clientèle finale de l'activité automobile. Les financements sont réalisés sous la forme de crédits classiques ou d'opérations de crédit-bail, de location avec option d'achat ou de location longue durée. Ces financements sont traités comme des crédits financiers et figurent au bilan pour un montant correspondant à l'engagement financier net du groupe Banque PSA Finance [...]. Les revenus financiers dégagés sur ces financements des ventes sont comptabilisés sur la durée des crédits selon une méthode actuarielle qui permet de constater un taux d'intérêt constant sur la période » [PSA Peugeot Citroën (France), rapport annuel 2008].

« Le Groupe loue des actifs aussi bien comme bailleur que comme locataire, essentiellement à l'occasion d'opérations de financement de ventes d'avions commerciaux. Les contrats pour lesquels la quasi-totalité des risques et des avantages de la propriété sont transférés par le bailleur au locataire sont comptabilisés comme des contrats de location-financement. Tous les autres contrats sont comptabilisés comme des contrats de location simple.

Les actifs détenus pour être loués dans le cadre de contrats de location simple sont inclus parmi les immobilisations corporelles à leur prix de revient diminué de tous amortissements [...]. Les revenus locatifs des contrats de location simple d'avions sont enregistrés en revenus de façon linéaire sur la durée du contrat.

Les actifs loués dans le cadre de contrats de location-financement cessent d'être comptabilisés au bilan consolidé en immobilisations corporelles ou stock dès la mise en œuvre du contrat. À la place, une créance au titre des loyers de location-financement, correspondant aux revenus locatifs futurs actualisés à recevoir du locataire, augmentés de l'éventuelle valeur résiduelle actualisée, est enregistrée parmi les actifs financiers non courants [...]. Le chiffre d'affaires et le coût des produits vendus correspondant sont comptabilisés à la date d'entrée en vigueur du contrat de location-financement » [EADS (Pays-Bas), rapport annuel 2008].

Quant aux opérations de cession-bail, elles semblent traitées conformément aux dispositions de l'IAS 17 si l'on en croit la note suivante :

« Dans le cadre d'opérations de cession-bail suivies d'une location opérationnelle, les plus ou moins-values dégagées font l'objet des traitements suivants :

– elles sont reconnues immédiatement lorsqu'il est clairement établi que la transaction a été réalisée à la juste valeur ;

– si le prix de vente est inférieur à la juste valeur, les plus ou moins-values sont reconnues immédiatement exception faite du cas suivant : si la perte est compensée par des loyers futurs inférieurs au prix de marché, elle est différée et amortie proportionnellement aux paiements de loyers sur la période d'utilisation attendue de l'actif ;

– si le prix de vente est supérieur à la juste valeur, l'écart est différé et amorti sur la période d'utilisation attendue de l'actif.

Dans le cadre d'opérations de cession-bail suivies d'une location financement, les résultats de cession sont étalés, en produits financiers, sur la durée du contrat. Les moins-values sont reconnues si un indicateur de perte de valeur apparaît sur le bien » [Air France KLM (France), rapport annuel 2008-2009].

Conséquences pour l'utilisateur des états financiers

D'un point de vue financier, une location-financement n'est pas autre chose qu'une alternative à l'emprunt. Le preneur d'un contrat de crédit-bail se trouve en effet dans la même situation que s'il avait emprunté la somme nécessaire à l'acquisition du bien. Il profite de ce bien comme s'il en était propriétaire et doit en contrepartie payer des loyers qui correspondent aux annuités d'un emprunt.

Il est donc logique de comptabiliser de la même façon ces deux modes de financement. D'ailleurs, si les engagements de crédit-bail n'apparaissaient pas au bilan du locataire, le niveau d'endettement de celui-ci serait sous-évalué. Du point de vue de l'analyste financier, la solution proposée par la norme IAS 17 est donc parfaitement légitime. Pourtant, son application est loin d'être universelle. On sait que de nombreux pays interdisent l'inscription au bilan d'actifs dont l'entreprise n'est pas propriétaire. Dans d'autres pays, les deux modes de comptabilisation sont admis.

Lorsque les biens que l'entreprise utilise en vertu d'un contrat de location-financement ne figurent pas au bilan, celui-ci doit être retraité. Idéalement, il faudrait :

– ajouter à l'actif la juste valeur des biens en question ;

– augmenter les dettes financières de la valeur actualisée des loyers restant à payer (l'actualisation est indispensable car une partie de ces loyers représente des intérêts relatifs aux années futures) ;

– et porter la différence dans les capitaux propres.

Un tel retraitement n'est généralement pas possible car les entreprises n'indiquent dans l'annexe que le montant des loyers restant à payer. On est donc conduit à simplement ajouter aux immobilisations et aux dettes financières la valeur actualisée de ce montant. Compte tenu que le remboursement de la dette est généralement plus rapide que la dépréciation du bien, ce retraitement aboutit à sous-évaluer l'actif mais il n'est pas possible de faire autrement en l'absence d'informations complémentaires.

Exemple 17.9. – Le bilan simplifié d'une entreprise se présente ainsi (en milliers €) :

Actif		Passif	
Immobilisations	1 000	Capitaux propres	800
Actif circulant	1 000	Dettes financières	600
		Dettes d'exploitation	600
Total	2 000	Total	2 000

L'entreprise ne comptabilise pas les biens faisant l'objet de location financement au bilan mais l'annexe indique qu'il reste à payer pour 800 000 € de loyers de crédit-bail à raison de 200 000 € par an pendant 4 ans.

En supposant que l'entreprise aurait pu s'endetter au taux de 10 %, la valeur actuelle des loyers à payer s'établit à :

$$200\,000\left(\frac{1-(1+0{,}1)^{-4}}{0{,}1}\right)=633\,973\text{ €} \quad \text{arrondi à } 634\,000\text{ €}$$

Pour retraiter les comptes, il suffit d'ajouter ce montant aux immobilisations et aux dettes financières. Le bilan retraité se présente donc ainsi :

Actif		Passif	
Immobilisations	1 634	Capitaux propres	800
Actif circulant	1 000	Dettes financières	1 234
		Dettes d'exploitation	600
Total	2 634	Total	2 634

Cela a pour effet de faire passer le ratio dettes financières/capitaux propres de 600/800 = 0,75 à 1 234/800 = 1,54.

Pour ne pas accroître leur endettement apparent, les entreprises peuvent être tentées de faire passer certaines locations-financement pour des locations simples. L'incitation est particulièrement vive lorsque l'entreprise est tenue de ne pas dépasser certains ratios d'endettement [1]. Il s'agira alors de construire un contrat permettant le financement d'un actif sans présenter les caractéristiques d'une location financières. Même si les critères de distinction de l'IAS 17 et des normes comparables sont assez précis, il est vraisemblablement possible de trouver des formules hybrides qui permettent de soutenir qu'il ne s'agit pas de locations financement. L'analyste externe n'est évidemment pas en mesure de déceler ces manœuvres ; il ne peut que s'en remettre au jugement des auditeurs pour la caractérisation des contrats de location et le respect des normes en vigueur.

L'IAS 17 en bref

Une location-financement est une location dans laquelle le locataire supporte les avantages et les risques inhérents à la propriété du bien (crédit-bail, location avec option d'achat, location-vente...). Toutes les autres locations sont des locations simples.

Comptabilisation des locations-financement :
Les biens faisant l'objet d'un contrat de location-financement sont comptabilisés au bilan du locataire, qui comprend :
– à l'actif : la valeur comptable du bien loué ;
– au passif : la valeur actualisée des loyers futurs, calculée au taux d'intérêt implicite du contrat (taux actuariel) ou, à défaut, au taux d'intérêt marginal du locataire.

Les charges du locataire sont constituées :
– de l'amortissement du bien loué, calculé comme si l'entreprise en était propriétaire,
– des intérêts de la période, calculés au taux d'intérêt implicite du contrat ou, à défaut, au taux d'intérêt marginal du locataire.

Le bilan du bailleur comprend une créance égale à son investissement net dans l'opération, qui correspond généralement à la valeur actualisée des loyers futurs.
La fraction des loyers correspondant à des intérêts constitue un produit du bailleur.

Comptabilisation des locations simples :
Les biens faisant l'objet d'une location simple sont comptabilisés au bilan du bailleur. Les loyers constituent une charge du locataire.

1. Dans les pays anglo-saxons, les contrats de prêts sont souvent assortis de clauses restrictives imposant à l'entreprise de respecter certains ratios sous peine de rendre la dette immédiatement exigible.

IAS 18

PRODUITS[1]

Le sujet

Cette norme traite de la comptabilisation des produits de l'entreprise.

La question essentielle est de savoir à partir de quel moment les ventes et prestations de services effectuées peuvent être incluses dans le résultat. Cette norme traite aussi de la mesure des produits, en particulier de la comptabilisation des réductions accordées aux clients.

Définitions

Le cadre conceptuel de l'IASB définit les produits comme des avantages économiques apparus au cours de l'exercice et qui ont provoqué une

---

1. Norme révisée en 1993.

Le titre anglais de cette norme est « *Revenues* ». Cette expression désigne uniquement les produits tirés de l'activité courante de l'entreprise (ventes, prestations de services, intérêts reçus, etc.), les bénéfices réalisés lors de la cession d'actifs immobilisés étant appelés « *gains* ». En français, le terme « produits » s'applique aux deux catégories d'éléments, d'où un risque de confusion. Les auteurs de la traduction officielle des IFRS croyaient avoir trouvé une solution en baptisant cette norme « Produits des activités ordinaires », solution d'ailleurs contestable car les activités ordinaires au sens de l'ancienne IAS 8 englobaient également les cessions d'immobilisations. La distinction ordinaire/extraordinaire ayant été supprimée en 2003, il nous semble préférable d'appeler cette norme tout simplement « Produits », tout en rappelant l'ambiguïté de ce concept.

augmentation des capitaux propres sans apports nouveaux des propriétaires de l'entreprise.

Ils comprennent notamment les ventes, honoraires, intérêts, dividendes et redevances. Ils se distinguent des gains (ou plus-values) qui sont des éléments exceptionnels (voir IAS 8) et qui, à ce titre, ne sont pas censés se reproduire de manière fréquente ou régulière (profits de cessions d'immobilisations, plus-values de réévaluation d'actifs...).

La mesure des produits

L'IAS 18 pose comme principe que les produits doivent être mesurés à la juste valeur des contreparties reçues ou à recevoir.

La détermination du montant du produit est aisée lorsque la contrepartie se présente sous forme d'espèces ou de quasi-espèces. Elle l'est moins lorsqu'il s'agit d'un autre bien ou service.

Les échanges de biens ou de services

En cas d'échange ou de troc, les principes sont les suivants :

Lorsque les biens ou les services échangés sont de nature et de valeur similaires, aucun produit n'est comptabilisé.

Par contre, en cas d'échange contre des biens ou services différents, les produits correspondent à la juste valeur des biens ou services reçus, ajustée du montant des espèces ou quasi-espèces transférées. Lorsque la valeur des biens ou services reçus ne peut être mesurée de manière fiable, c'est celle des biens ou services cédés qui sert de référence.

Exemple 18.1. – Pour éviter les coûts de transport, une entreprise X de construction travaillant sur un chantier situé au lieu A échange avec une autre entreprise Y un stock de matériaux évalué à 100 000 € et situé en B contre un stock équivalent que Y possède en A. S'agissant de biens de nature et de valeur similaires, l'opération ne donne pas lieu à comptabilisation de produits.

Si en revanche X remettait des fournitures en échange, elle enregistrerait un produit de 100 000 € correspondant à la valeur des matériaux reçus.

Les ventes à crédit

En cas de paiement différé (vente à crédit), on doit, en principe, considérer qu'une partie du prix de vente correspond à la rémunération du crédit accordé. Ce montant, qui constitue un produit financier, peut être déterminé :

– soit par différence avec le prix au comptant,

– soit en actualisant l'ensemble des recettes futures au taux d'intérêt que procurerait un actif financier de risque équivalent à celui de l'acheteur.

Exemple 18.2. – L'entreprise a vendu pour 1 000 000 € de marchandises à un client le 1/01/N. Les conditions de règlement sont les suivantes :

40 % à la signature du contrat,
40 % le 31/12/N,
20 % le 31/12/N+1.

On estime que le client aurait pu obtenir sur le marché financier un crédit équivalent au taux de 9 %.

La valeur actuelle des recettes liées à la transaction est de :

$$400\,000 + \frac{400\,000}{1{,}09} + \frac{200\,000}{(1{,}09)^2} = 935\,308$$

On peut donc considérer que le prix de vente comprend pour 1 000 000 – 935 308 = 64 692 € d'intérêts. La vente sera comptabilisée ainsi :

1/01/N		
Banque (B)	400 000	
Clients (B)	535 308	
Ventes (R)		935 308
31/12/N		
Banque (B)	400 000	
Produits financiers (R) [535 308 × 9 %]		48 178
Clients (B)		351 822
31/12/N+1		
Banque (B)	200 000	
Produits financiers (R) [(535 308 – 351 822) × 9 %]		16 514
Clients (B)		183 486

L'application de cette règle à toutes les ventes à crédit amènerait à comptabiliser un produit financier pour chaque transaction, y compris celles conclues aux conditions habituelles de règlement (crédit de 30, 60 ou 90 jours) ; l'escompte de règlement offert en cas de paiement au comptant pouvant, s'il est représentatif d'un coût de financement normal, être considéré comme le produit de l'opération de financement.

Exemple 18.3. – Considérons une vente de 100 000 € payable à 60 jours ou au comptant avec un escompte de règlement de 1,5 %.

La vente sera comptabilisée ainsi si le client paie à l'échéance habituelle :

Clients (B)	100 000	
Intérêts (R) [100 000 × 1,5 %]		1 500
Ventes de marchandises (R)		88 500

et de cette façon s'il paie au comptant :

Clients (B)		88 500	
Ventes de marchandises (R)			88 500

Actuellement, dans les pays où le crédit-clients est une pratique courante, la vente est généralement comptabilisée pour le montant exigible à l'échéance (100 000 € dans l'exemple précédent) et l'escompte de règlement considéré comme une charge financière pour le vendeur.

Cette solution semble pouvoir être maintenue dans la majorité des cas étant donné que l'IAS 18 n'impose l'actualisation que lorsque le paiement différé résulte d'une véritable « transaction de financement », ce qui, selon nous, exclut les opérations conclues aux conditions habituelles de règlement (30, 60 ou 90 jours).

Principes généraux de comptabilisation des produits

Le cadre conceptuel de l'IASB définit deux conditions qui doivent être satisfaites pour qu'un produit puisse être comptabilisé :

– il doit être probable que l'entreprise retirera des avantages économiques de l'opération ;

– le montant du produit doit être mesurable de manière fiable.

Des conditions supplémentaires sont exigées en fonction de la nature du produit en question.

La comptabilisation des ventes de marchandises ou de produits

En plus des principes applicables à tous les produits, ceux provenant de la vente de marchandises ou de produits fabriqués par l'entreprise doivent satisfaire à trois conditions pour être comptabilisés :

– l'entreprise doit avoir transféré à l'acheteur les principaux risques et avantages inhérents à la propriété des biens cédés ;

– l'entreprise ne doit pas conserver le contrôle effectif de ces biens ni participer à leur gestion ;

– les coûts de l'opération doivent être mesurables de manière fiable.

Généralement le transfert des risques et des avantages liés à la propriété coïncide avec le transfert du droit de propriété ou avec la livraison.

Il peut cependant être différé, notamment dans les cas suivants :

– le vendeur reste soumis à une obligation en raison d'une exécution non satisfaisante, non couverte par les clauses de garantie ;

– l'obtention des produits de la vente des biens est subordonnée à la revente de ceux-ci par l'acheteur ;

– les biens sont livrés sous réserve de leur installation, celle-ci représentant une part importante du contrat non encore achevée par le vendeur ;

– l'acheteur a le droit d'annuler l'achat pour une raison précisée dans le contrat de vente, le vendeur étant dans l'incertitude quant à la probabilité de retour.

Dans tous ces cas, la transaction ne constitue pas une vente et aucun produit n'est constaté.

En revanche, la vente est supposée réalisée et les produits constatés lorsque le vendeur ne conserve qu'une part insignifiante des risques. C'est le cas, notamment, lorsque la conservation de la propriété des biens a pour seul but de protéger le vendeur contre le risque de non paiement.

De nombreuses entreprises (les sociétés de vente par correspondance en particulier) offrent à leurs clients la possibilité de leur retourner la marchandise s'ils ne sont pas satisfaits. Cette clause n'est pas un obstacle à l'enregistrement du produit au moment de la vente si le vendeur est en mesure d'estimer de façon fiable la quantité de marchandises qui sera retournée. Il lui suffit alors de constituer une provision pour un montant correspondant.

Exemple 18.4. – Le chiffre d'affaires annuel d'une entreprise de vente par correspondance est de 100 millions €. Les statistiques montrent que 3 % environ des marchandises sont retournées et remboursées.

Si la marge brute représente en moyenne 15 % du prix de vente, l'entreprise devra provisionner 100 000 000 × 3 % × 15 % = 450 000 € au titre des retours prévisibles. Cette provision sera évidemment réintégrée au résultat au fur et à mesure des retours effectifs.

L'extrait suivant illustre cette pratique :

« Suite à la vente de biens, et selon les clauses contractuelles attachées à ces ventes, des provisions peuvent être comptabilisées en réduction du produit des activités ordinaires, afin de faire face aux éventuels retours de marchandises susceptibles d'intervenir postérieurement à la date de clôture de l'exercice » [Pinault-Printemps-Redoute (France), rapport annuel 2008].

Pour les contrats qui permettent à l'acheteur d'exiger le remboursement s'il n'est pas satisfait, les produits sont quand même comptabilisés au moment de la vente si le vendeur peut, sur la base de son expérience antérieure ou d'autres considérations, estimer de façon fiable les marchandises qui seront retournées.

Conformément au principe de rattachement des charges aux produits (*matching principle*), les produits et les charges relatifs à la même opération ou au même événement doivent être constatés simultanément. Il en résulte que, lorsque les charges ne peuvent pas être évaluées de façon fiable, les produits correspondants ne peuvent être comptabilisés ; les sommes encaissées sont alors enregistrées en dettes.

Lorsque le prix de vente d'un bien inclut des prestations de services futures (entretien, mise à jour du produit livré, etc.), le produit relatif à ces prestations doit être étalé sur la durée de celles-ci.

Exemple 18.5. – Le 1/01/N, un concessionnaire automobile a vendu pour 30 000 € un véhicule neuf. Le prix inclut l'entretien gratuit du véhicule pendant 3 ans. Le coût de l'entretien pour le vendeur est estimé à 500 € par an et la marge habituelle sur les opérations de ce type est de 20 %.

Si on estime à 8 % le taux d'intérêt applicable à un emprunt du concessionnaire, la juste valeur au 1/01/N des prestations à fournir s'élève à :

$$(500 \times 1,2)\left[\frac{1-(1,08)^{-3}}{0,08}\right] = 1\ 546\ €$$

La vente sera donc comptabilisée ainsi :

1/01/N		
Banque (B)	30 000	
Ventes de marchandises (R)		28 454
Produits reçus d'avance (B)		1 546

Quant au produit relatif à la prestation de service, il sera étalé sur la durée du contrat de la façon suivante :

31/12/N		
Intérêts (R) [1 546 × 8 %]	124	
Produits reçus d'avance (B)	476	
Prestations de services (R)		600
31/12/N+1		
Intérêts (R) [(1 546 – 476) × 8 %]	86	
Produits reçus d'avance (B)	514	
Prestations de services (R)		600
31/12/N+2		
Intérêts (R) [(1 546 – 476 – 514) × 8 %]	44	
Produits reçus d'avance (B)	556	
Prestations de services (R)		600

L'extrait suivant semble conforme à cette règle :

« *Prestations de services associées à la vente de produits automobiles* :

Renault propose à ses clients des contrats d'extension de garantie et d'entretien pour lesquels les produits et la marge sont reconnus sur la durée de la prestation fournie » [Renault (France), rapport annuel 2008].

La comptabilisation des prestations de services

La comptabilisation des prestations de services dépend de la fiabilité du résultat de ces opérations.

Le résultat d'une opération de prestations de services est considéré comme pouvant être estimé de façon fiable lorsque les deux conditions applicables à l'ensemble des produits sont satisfaites et que l'état d'avancement de l'opération à la date du bilan ainsi que le montant des charges encourues et à encourir pour achever l'opération peuvent être estimés de façon fiable.

Dans ce cas, les produits correspondants sont constatés par référence à l'état d'avancement de l'opération à la date du bilan (méthode dite du « pourcentage d'avancement ») (voir IAS 11).

Ce dernier peut être déterminé de différentes façons. Selon la nature de la transaction, on peut se baser sur :

– un examen des travaux exécutés,

– les services rendus à la date du bilan, exprimés en pourcentage de l'ensemble des services à exécuter,

– la proportion des coûts encourus par rapport au total des coûts estimés de l'opération.

Exemple 18.6. – Un cabinet d'audit a entrepris le 1/11/N l'examen des procédures et des comptes d'un client. Le devis s'établit à 60 000 € pour un coût total prévu de 50 000 €. Au 31/12/N, date de clôture du cabinet, les dépenses engagées au titre de ce contrat s'élèvent à 15 000 €. Les travaux réalisés représentent, quant à eux, 40 % de ceux à effectuer.

Selon qu'elle se base sur le coût ou sur la quantité des travaux déjà effectués, l'entreprise d'audit comptabilisera en N :

– soit 18 000 € de produits et 15 000 € de charges,

– soit 24 000 € de produits et 20 000 € de charges.

En utilisant le même schéma de comptabilisation que pour les contrats de construction (voir IAS 11), les écritures seront :

Exercice N		
Coûts des prestations de services (R)	15 000	
Banque (B)		15 000
Clients (B) [60 000 × (15 000/50 000)]	18 000	
Prestations de services (R)		18 000

ou bien :

Exercice N		
Coûts des prestations de services (R) [50 000 × 40 %]	20 000	
Banque (B)		15 000
Charges différées (B)		5 000
Clients (B) [60 000 × 40 %]	24 000	
Prestations de services (R)		24 000

L'IAS 18 précise que, lorsque les services sont fournis au moyen d'un nombre indéterminé de prestations, les produits sont constatés selon la méthode linéaire sur la durée de la période, à moins que les faits démontrent qu'une autre méthode permettrait de mieux refléter le degré d'avancement. Par contre, lorsqu'un acte particulier est beaucoup plus important que les autres, la comptabilisation des produits est différée jusqu'à ce que cet acte soit exécuté.

Lorsque le résultat d'une opération de prestations de services ne peut être estimé de façon fiable, les produits correspondants ne sont comptabilisés qu'à concurrence des coûts récupérables encourus. L'opération ne dégage alors aucun bénéfice.

Lorsque la récupération des coûts encourus est improbable, aucun produit n'est comptabilisé.

Exemple 18.6. – (suite) Si le résultat du contrat ne pouvait être estimé de façon fiable, la société de révision ne comptabiliserait aucun résultat au titre de l'exercice N. Elle se contenterait de comptabiliser un produit égal aux dépenses engagées, sous réserve que celles-ci puissent être récupérées. Les écritures seraient donc :

Exercice N		
Coûts des prestations de services (R)	15 000	
Banque (B)		15 000
Clients (B)	15 000	
Prestations de services (R)		15 000

Les programmes de fidélisation des clients

Beaucoup d'entreprises proposent à leurs clients des cartes de fidélité permettant d'accumuler des points qui, sous certaines conditions, pourront être échangés contre des cadeaux, des produits de l'entreprise ou d'entreprises affiliées. L'IFRIC 13 indique comment ces programmes de fidélisation doivent être comptabilisés.

Elle pose comme principe que les points-cadeau doivent, au moment de la vente, être distingués des autres éléments de la transaction et considérés comme une dette qui sera annulée lorsque l'entreprise s'acquittera de son obligation en octroyant le cadeau ou le service promis.

Les points-cadeau doivent être évalués à leur juste valeur, c'est-à-dire au prix auquel ils pourraient être vendus séparément. Bien que l'IFRIC 13 ne l'indique pas expressément, on peut penser que, lorsqu'il est probable qu'une partie seulement des points distribués sera utilisée (en particulier si ces points ont une date limite d'utilisation ou si leur utilisation est soumise à conditions), il convient d'estimer leur probabilité d'utilisation.

Exemple 18.7. – Une entreprise de distribution propose à ses clients une carte de fidélité qui permet d'accumuler des points à chaque achat. Chaque euro dépensé dans l'entreprise donne droit à 1 point. Ces points peuvent être échangés contre des cadeaux dans les deux ans suivant leur date d'obtention. Le taux d'échange est de 2 % (1 000 points donnent droit à un cadeau vendu habituellement 20 €).

Les ventes de l'année N, qui se sont élevées à 10 millions €, ont occasionné l'octroi de 6 millions de points.

Au cours de la même année, 4 200 000 points ont été échangés et 800 000 sont arrivés à expiration.

L'entreprise estime, sur la base de son expérience, que 10 % des points distribués arrivent à expiration avant d'avoir été utilisés.

En N, les écritures seront donc :

Clients (B)	10 000 000	
Ventes (R)		9 892 000
Dette résultant des programmes de fidélisation (B) [6 000 000 × 2 % × 90 %]		108 000
Dette résultant des programmes de fidélisation (B)	100 000	
Ventes (R) [4 200 000 × 2 %]		84 000
Autres produits d'exploitation (R) [800 000 × 2 %]		16 000

Les compagnies aériennes sont particulièrement concernées par la comptabilisation des programmes de fidélisation :

« Les sous-groupes Air France et KLM disposent d'un programme commun de fidélisation « Flying Blue » permettant aux adhérents d'acquérir des « miles » au fur et à mesure de leurs voyages sur des vols Air France ou KLM et d'autres compagnies partenaires. Ces « miles » donnent accès à divers avantages dont des voyages gratuits sur les vols des deux compagnies respectives.

La probabilité de transformation des « miles » en billets primes ou autres avantages est estimée selon une méthode statistique dont découle un taux dit de « rédemption ».

La juste valeur des « miles » est estimée en fonction des conditions d'utilisation des billets gratuits et autres avantages. L'évaluation résulte de l'application de la méthode du revenu différé à sa juste valeur [...]

Les « miles » probabilisés sont comptabilisés en diminution du chiffre d'affaires et inscrits en dette au fur et à mesure de leur acquisition par les adhérents, au poste « Titres de transport émis et non utilisés ».

Les compagnies vendent aussi des « miles » à des sociétés partenaires participant au programme de fidélisation tels que des sociétés de carte de crédit, des chaînes hôtelières et des loueurs de voitures. Le groupe diffère une partie de ce produit correspondant à la valeur du futur voyage, de façon cohérente avec la détermination du passif reconnu lors de la constitution des « miles ». La marge réalisée sur les ventes de « miles » est rapportée immédiatement au résultat » [Air France KLM (France), rapport annuel 2008-2009].

La comptabilisation des intérêts, redevances et dividendes

Dans la mesure où ils satisfont aux conditions générales de constatation, ces produits sont comptabilisés sur les bases suivantes :

– intérêts : en fonction du temps écoulé ;

– redevances : au fur et à mesure qu'elles sont acquises, conformément aux dispositions de l'accord applicable ;

– dividendes : lorsque le droit de l'actionnaire aux dividendes est établi.

En cas de prime de remboursement (différence entre le montant remboursé à l'échéance et la valeur comptable initiale de l'actif), celle-ci est comptabilisée en utilisant la méthode du taux effectif (voir IAS 39).

Exemple 18.8. – Le 1/01/N, une entreprise acquiert à l'émission 100 obligations dont les caractéristiques sont les suivantes :

Valeur nominale : 1 000 €

Prix d'émission : 970 €

Prix de remboursement : 1 020 €

Taux d'intérêt : 8 %

Durée : 5 ans

Remboursement en totalité le 1/01/N+5

Intérêts payables chaque année à terme échu.

Le rendement effectif du placement est le taux r tel que :

$$97\ 000 = \frac{8\ 000}{1+r} + \frac{8\ 000}{(1+r)^2} + \frac{8\ 000}{(1+r)^3} + \frac{8\ 000}{(1+r)^4} + \frac{110\ 000}{(1+r)^5}$$

soit r = 9,1069 %.

Le tableau suivant permet de déterminer les produits comptabilisés sur la durée du placement :

Période	Valeur actuelle du placement en début de période (1)	Produit financier (2) = (1) × 9,1069 %	Intérêts (3)	Étalement de la prime de remboursement (4) = (1) – (3)
N	97 000	8 834	8 000	834
N+1	97 834 [a]	8 910	8 000	910
N+2	98 744 [b]	8 993	8 000	993
N+3	99 737 [c]	9 083	8 000	1 083
N+4	100 820 [d]	9 180	8 000	1 180
				5 000

a. 97 834 = 97 000 + 834.

b. 98 744 = 97 834 + 910.

c. 99 737 = 98 744 + 993.

d. 100 820 = 99 737 + 1 083.

Les produits de ce placement seront donc comptabilisés ainsi :

1/01/N		
Obligations (B)	97 000	
Banque (B)		97 000
31/12/N		
Banque (B)	8 000	
Obligations (B)	834	
Produits de placement (R)		8 834
31/12/N+1		
Banque (B)	8 000	
Obligations (B)	910	
Produits de placement (R)		8 910

Etc.

31/12/N+4		
Banque (B)	8 000	
Obligations (B)	1 180	
Produits de placement (R)		9 180
Banque (B)	102 000	
Obligations (B)		102 000

Remarque : Ce schéma d'écriture correspond au cas où les obligations sont comptabilisées au coût amorti, c'est-à-dire supposées détenues jusqu'à leur échéance (voir IAS 39).

Les intérêts courus avant l'acquisition du placement, de même que les dividendes prélevés sur des bénéfices antérieurs à l'acquisition des titres ne constituent pas des produits. Au moment de leur encaissement, ils doivent être considérés comme un remboursement partiel du placement.

Exemple 18.9. – Le 31/03/N, une entreprise a acquis 10 obligations X à 1 200 € l'unité. L'intérêt annuel de 80 € est payé le 30/08 de chaque année. Le coupon reçu en N sera donc décomposé ainsi :

– intérêts antérieurs à l'acquisition des titres
(période du 1/09/N–1 au 31/03/N) : 80 × 10 × 7/12 = 467
– intérêts postérieurs à l'acquisition des titres
(période du 1/04/N au 30/08/N) : 80 × 10 × 5/12 = 333

800

D'où les écritures :

31/03/N		
Produits à recevoir (B)	467	
Obligations (B)	11 533	
Banque (B)		12 000
30/08/N		
Banque (B)	800	
Produits de placement (R)		333
Produits à recevoir (B)		467

Exemple 18.10. – Le 28/02/N, l'entreprise a acquis des actions de la société X. Le 25/04/N, elle a reçu 1 200 € de dividendes de cette société.

Ces dividendes sont, par définition, prélevés sur les bénéfices des exercices N–1 ou antérieurs. Cette richesse existait au moment de l'acquisition des titres, de sorte que le cours de l'action X à cette date devait en tenir compte.

Les dividendes reçus ne constituent donc pas un produit mais un remboursement partiel du coût du placement. Ils sont comptabilisés ainsi :

25/04/N		
Banque (B)	1 200	
Actions (B)		1 200

Principales différences par rapport aux US GAAP

Il n'existe pas à proprement parler de norme américaine sur la comptabilisation des produits, les dispositions en la matière étant réparties entre plusieurs textes. Le principe général est que les produits sont enregistrés au moment de la vente, c'est-à-dire lorsque le résultat de l'opération est acquis ou virtuellement acquis. Au-delà des différences de formulation, les règles américaines ne diffèrent pas significativement de l'IAS 18.

La pratique en Europe

L'information sur la manière dont le chiffre d'affaires est déterminé est plus ou moins détaillée selon les entreprises et l'activité qu'elles exercent.

« Les produits comprennent les ventes de marchandises aux clients extérieurs au Groupe moins un montant approprié pour les retours effectifs et attendus, les remises et le coût des bons de fidélité. Ils figurent pour un montant net de TVA et d'autres taxes sur les ventes. Les ventes de mobilier et les ventes online sont comptabilisées lors de la livraison au client » [Marks & Spencer (Royaume-Uni), rapport annuel 2008 (traduction)].

L'information est, en général, plus abondante dans le secteur des services ou lorsque l'activité de l'entreprise présente des particularités qui rendent la mesure du chiffre d'affaires délicate.

« Le chiffre d'affaires issu des activités de France Telecom est reconnu et présenté de la manière suivante en application des principes établis par IAS 18 « Produits des activités ordinaires » :

Éléments séparables d'une offre packagée et offres liées

De nombreuses offres de services proposées sur les marchés principaux de France Telecom comportent deux éléments : un équipement (par exemple un terminal mobile) et un service (par exemple un forfait de communications).

Pour toute vente d'offres à produits ou services multiples, le Groupe analyse l'ensemble des éléments de l'offre afin de déterminer s'ils doivent être comptabilisés séparément. Un élément livré (produit vendu ou prestation rendue) est comptabilisé séparément (i) s'il a une valeur individuelle pour le client et (ii) s'il y a une indication objective et fiable de juste valeur de l'élément à livrer. Le montant total fixe ou déterminable du contrat est alloué en fonction de la juste valeur relative de chacun des éléments. Toutefois, lorsqu'un montant alloué à un élément livré est conditionnel à la livraison d'éléments complémentaires ou répondant à des conditions de performance spécifiques, le montant alloué à l'élément livré est limité au montant non conditionnel. Tel est le cas des ventes d'offres liées comprenant un terminal et une prestation de service de télécommunications. Il est alors considéré que le terminal a une valeur individuelle pour le client et qu'il y a une indication objective et fiable de la juste valeur de la prestation de service à rendre. Bien que le montant attribuable au terminal excède généralement le montant à recevoir du client à la livraison du terminal, le revenu reconnu au titre de la vente du terminal est généralement limité au montant contractuel non conditionné à la réalisation de la prestation de service, c'est-à-dire au montant payé par le client pour le terminal.

Pour les offres commerciales pour lesquelles des éléments séparables ne peuvent être identifiés, le chiffre d'affaires relatif à l'offre est reconnu dans sa globalité sur la durée du contrat. Ainsi, la connexion au service, qui constitue le principal cas d'application de cette méthode, ne constitue pas un élément séparable de l'offre d'abonnement et de communication elle-même. En conséquence, les revenus associés à la première connexion au service sont étalés sur la durée moyenne de la relation contractuelle attendue.

Ventes d'équipement

La vente d'équipement est comptabilisée en chiffre d'affaires lorsque l'essentiel des risques et avantages inhérents à la propriété est transféré à l'acheteur.

Lorsqu'une vente d'équipement, associée à la souscription d'un service de télécommunications, est réalisée par un distributeur tiers qui s'approvisionne auprès du Groupe et bénéficie d'une rémunération d'apport de clientèle, le chiffre d'affaires est :

– comptabilisé à la date de réalisation de la vente auprès du client final ;

– évalué en fonction de la meilleure estimation du prix de vente au client final, compte tenu des subventions accordées au distributeur au moment du placement et rétrocédées au client final sous la forme d'un tarif remisé sur l'équipement » [France Telecom (France), rapport annuel 2008].

Conséquences pour l'utilisateur des états financiers

Le chiffre d'affaires constitue la mesure la plus utilisée de l'activité de l'entreprise. Une baisse des ventes est généralement interprétée comme annonciatrice de difficultés, alors qu'une hausse supérieure à l'inflation est considérée comme un élément favorable.

Les entreprises confrontées à une baisse d'activité peuvent donc être tentées de gonfler artificiellement leur chiffre d'affaires. Les normes, en particulier l'IAS 18, s'efforcent de faire obstacle à ce comportement en définissant de façon assez précise les conditions nécessaires à la comptabilisation d'un produit. Toutefois, étant donné que ces conditions sont appréciées par l'entreprise elle-même, celle-ci dispose d'une certaine latitude quant à l'enregistrement de ses revenus. La conception de contrats sophistiqués qui rendent difficile l'application des normes offre en outre d'autres possibilités de manipulations.

Ainsi, un des moyens les plus efficaces pour majorer le chiffre d'affaires est de conclure une transaction assortie soit d'une clause par laquelle le vendeur s'engage à racheter les marchandises à une date ultérieure, soit d'une option permettant à l'acheteur d'exiger le rachat de ces marchandises par le vendeur. Lorsqu'elles sont conclues avec des banques ou des établissements financiers, ces opérations constituent un moyen de financement qui présente l'avantage de ne pas apparaître au bilan.

Les entreprises de services ont encore plus de facilité à gonfler leur chiffre d'affaires. Il leur suffit de surestimer l'état d'avancement des travaux ou de choisir, parmi les multiples façons de mesurer celui-ci, l'indicateur le plus favorable.

Toutefois, l'incitation à manipuler le chiffre d'affaires ne joue pas que dans un seul sens. En effet, étant donné que le montant des ventes intervient dans de multiples ratios de marge, les entreprises peuvent être incitées à sous-évaluer leur chiffre d'affaires afin d'augmenter leur rentabilité apparente.

Plusieurs moyens permettent d'atteindre cet objectif. Les entreprises de services peuvent évidemment sous-évaluer les travaux réalisés, voire même prétendre que le contrat se soldera par une perte. Les autres peuvent faire preuve d'un pessimisme excessif quant à la probabilité de retour de certaines marchandises vendues. Mais elles peuvent aussi, déduire les escomptes de règlement du montant des ventes. Certaines vont même jusqu'à constituer des provisions pour dépréciation des clients par prélèvement sur le chiffre d'affaires.

Exemple 18.11. – Une entreprise commerciale a réalisé les opérations suivantes (en milliers €) :

Ventes :	10 000
Coût des marchandises vendues :	– 8 000
Dotation aux provisions pour clients	– 1 500
Résultat d'exploitation	500

La rentabilité d'exploitation s'établit à 500/10 000 = 5 %.

En créant la provision par prélèvement sur le chiffre d'affaires, le compte de résultat devient :

Ventes : 10 000 – 1 500 =	8 500
Coût des marchandises vendues :	– 8 000
Résultat d'exploitation :	500

La rentabilité d'exploitation est maintenant de 500/8 500 = 5,88 %.

Les manipulations du chiffre d'affaires s'expliquent également par la volonté de lisser les résultats. Toute anticipation ou tout retard dans la comptabilisation des produits a en effet une action immédiate sur le bénéfice.

On sait que les entreprises cherchent à éviter de faire apparaître des variations trop importantes de leurs résultats car plus ceux-ci sont volatils, plus le risque apparaît grand aux investisseurs. Une croissance régulière des ventes et du résultat d'exploitation est donc généralement considérée comme souhaitable. Lorsque cette évolution ne peut être obtenue naturellement, les entreprises sont incitées à manipuler leurs revenus.

L'analyste externe n'est généralement pas en mesure de déceler ce comportement. Il ne peut que s'en remettre à la vigilance des réviseurs qui, en principe, n'hésiteront pas à exprimer des réserves lorsque des produits auront été comptabilisés trop tôt. Ils auront par contre beaucoup moins tendance à s'opposer à une sous-évaluation du chiffre d'affaires qui peut être interprétée comme une application du principe de prudence.

L'IAS 18 en bref

Les produits sont comptabilisés après déduction des réductions commerciales (rabais, remises).

Le supplément de prix justifié par un paiement différé constitue, pour le vendeur, un produit financier.

Les produits provenant de la vente de marchandises ou de produits ne sont comptabilisés que lorsque :

– les risques et les avantages liés à la propriété des biens vendus ont été transférés à l'acheteur,

– les produits et les coûts correspondants peuvent être mesurés avec fiabilité.

Les produits provenant de prestations de services sont comptabilisés au fur et à mesure de l'avancement des opérations.

Lorsque le résultat d'une prestation de services ne peut être estimé de façon fiable, les produits ne sont comptabilisés qu'à concurrence des charges récupérables déjà comptabilisées.

Les autres produits sont comptabilisés ainsi :
– intérêts : en fonction du temps écoulé ;
– redevances : au fur et à mesure qu'elles sont acquises ;
– dividendes : lorsque le droit à recevoir des dividendes est établi.

IAS 19

AVANTAGES DU PERSONNEL[1]

Le sujet

Cette norme traite de la comptabilisation des retraites et de tous les avantages accordés par une entreprise à ses salariés, que ce soit pendant ou après leur période d'activité (salaires, congés payés, avantages en nature, primes de départ à la retraite, assurance maladie, etc.).

Seules les rémunérations liées d'une façon ou d'une autre à la valeur de l'action de l'entreprise (en particulier les *stock-options*) sont hors du champ d'application de l'IAS 19, car soumises à l'IFRS 2.

Les catégories d'avantages du personnel

L'IAS 19 distingue quatre catégories d'avantages du personnel :
- les avantages à court terme,
- les avantages postérieurs à l'emploi,
- les avantages à long terme,
- et les indemnités de fin de contrat de travail.

Les avantages à court terme

Les avantages à court terme comprennent :

1. Norme révisée en 2002.

– les salaires, rémunérations et cotisations sociales,
– les absences rémunérées à court terme (notamment les congés annuels et congés maladie),
– l'intéressement et les primes,
– et les avantages non monétaires (assistance médicale, logement, voitures de fonction...) accordés au personnel en activité.

La comptabilisation des salaires et des cotisations sociales ne pose généralement pas de problème. Il n'en va pas forcément de même pour les autres catégories.

Les absences rémunérées à court terme

Le mode de comptabilisation est différent selon que le salarié peut ou non reporter sur l'exercice suivant les droits non utilisés au cours de l'exercice, autrement dit selon que ces absences sont cumulables ou non :
– le coût des absences non cumulables (congés maladie par exemple) est comptabilisé en charges au moment où elles se produisent ;
– alors que celui des absences cumulables est comptabilisé au moment où les salariés acquièrent ces droits.

Exemple 19.1. – Une entreprise accorde à ses salariés 3 jours d'absence pour convenance personnelle par an. Les congés non pris une année peuvent être reportés sur l'année suivante. À la fin de l'exercice, un décompte montre que 20 jours de congés n'ont pas été pris. Sur la base de l'expérience passée, l'entreprise estime que 80 % seulement des salariés profitent de la possibilité de report. Elle comptabilisera donc en charges à payer le coût correspondant à 16 jours de congés.

L'intéressement et les primes

L'intéressement et les primes doivent être comptabilisés dès lors que :
– l'entreprise a l'obligation d'effectuer ces paiements,
– et qu'une estimation fiable peut en être faite.

L'obligation peut être juridique, c'est-à-dire résulter de la loi ou d'un contrat ; mais elle peut aussi être implicite. Une obligation implicite existe lorsque l'entreprise n'a pas d'autre solution réaliste que de payer ces primes, par exemple parce qu'elle a pris l'habitude de les accorder.

Il est à noter également que, même si leur montant est calculé sur le résultat de l'entreprise, l'intéressement et les primes sont des charges et non pas une affectation de résultat.

Exemple 19.2. – L'entreprise a, depuis plusieurs années, pris l'habitude d'accorder à son personnel une prime égale à 5 % du résultat net qui, avant prise en compte de cette prime, s'élève à 800 000 € pour l'exercice N.

En supposant que la prime est déductible fiscalement et que le taux d'imposition de l'entreprise est de 30 %, le coût de cet avantage tombe à 5 × 70 % =

3,5 %. Le montant de la prime s'établit donc à $\frac{800\,000 \times 5}{103,5} = 38\,647$ euros. D'où l'écriture :

Exercice N		
Charges de personnel (R)	38 647	
Impôts sur les bénéfices (R) [38 647 × 30 %]		11 594
Charges à payer (B)		27 053

Les avantages postérieurs à l'emploi

Les avantages postérieurs à l'emploi comprennent essentiellement les retraites. Mais d'autres prestations, comme l'assurance-vie ou l'assistance médicale en font également partie, dès lors qu'elles concernent des salariés ayant cessé leur activité.

Les deux catégories de régimes

Les avantages postérieurs à l'emploi sont réglementés par des conventions, appelées régimes, que l'on peut classer en deux catégories :
– les régimes à cotisations définies
– et ceux à prestations définies.

Un régime à cotisations définies est un régime dans lequel l'entreprise verse des cotisations à une entité distincte (un fonds) et n'a aucune obligation, juridique ou implicite, de payer des cotisations supplémentaires si le fonds n'a pas suffisamment d'actifs pour payer tous les avantages attendus. Dans un tel régime, les prestations fournies au personnel ne sont fonction que des cotisations versées durant la période d'activité des salariés, et du rendement des placements effectués grâce à ces cotisations. Autrement dit, ce sont les salariés qui supportent le risque actuariel (risque que les prestations soient moins importantes que prévu) et le risque de placement (risque que les actifs investis ne soient pas suffisants pour faire face aux prestations prévues).

Tout régime qui ne répond pas à la définition précédente est un régime à prestations définies. Dans un tel régime, l'entreprise a pris un engagement quant au montant des prestations futures. C'est donc elle qui supporte le risque actuariel et le risque de placement.

La définition des régimes à prestations définies se veut très large puisque l'IAS 19 précise qu'on a affaire à un tel régime dès lors, par exemple :

– que le calcul des prestations n'est pas lié uniquement au montant des cotisations et au produit de leur placement ;

– ou que l'entreprise a garanti un rendement minimal aux fonds investis ;

– ou encore qu'elle a toujours révisé à la hausse les prestations versées pour tenir compte de l'inflation, quand bien même elle n'y était pas juridiquement tenue.

Il en résulte qu'en pratique, la plupart des régimes d'avantages postérieurs à l'emploi doivent être considérés comme à prestations définies.

Cas particuliers

Les régimes multi-employeurs, qui sont alimentés par les cotisations de plusieurs entreprises, sont soit à cotisations définies, soit à prestations définies.

De tels régimes ne doivent pas être confondus avec les régimes à administration groupée, qui ne sont que de simples structures permettant à des régimes à employeur unique de regrouper leurs actifs afin de réduire leurs coûts de gestion. Dans ce type de régimes, les droits de chaque participant restent en effet clairement séparés de ceux des autres adhérents.

Il est à noter qu'un régime multi-employeurs fonctionnant selon le principe de la répartition, c'est-à-dire dans lequel les cotisations ne servent qu'à payer les prestations versées aux retraités actuels, peut être à prestations définies. Il suffit pour cela que l'entreprise n'ait aucun moyen réaliste de sortir du régime sans payer une cotisation supplémentaire au titre des droits acquis par son personnel. Un tel régime fait en effet courir un risque actuariel à l'entreprise.

La législation prévoit souvent également des régimes généraux et obligatoires qui s'appliquent à l'ensemble des entreprises d'un pays ou d'un secteur d'activité et qui sont administrés par les pouvoirs publics (systèmes de Sécurité sociale). Ces régimes doivent être traités comme les régimes multi-employeurs. Toutefois, étant donné qu'ils fonctionnent le plus souvent selon le système de la répartition et que les entreprises ne sont en général pas tenues de payer des cotisations complémentaires si elles cessent d'employer les bénéficiaires de ces régimes, ces derniers peuvent généralement être considérés comme à cotisations définies.

Les entreprises peuvent également se décharger de leurs obligations en matière d'avantages postérieurs à l'emploi en payant des cotisations à une compagnie d'assurance qui se chargera d'effectuer en temps voulu le paiement des prestations aux bénéficiaires. Un tel régime est à cotisations définies sauf si l'entreprise conserve une obligation, juridique ou implicite, de verser des montants complémentaires si l'assureur n'est pas en mesure de servir l'intégralité des prestations convenues.

La comptabilisation des avantages postérieurs à l'emploi

Le principe est que le coût des avantages postérieurs à l'emploi doit être comptabilisé en charges durant la période d'activité du salarié et non pas au moment où celui-ci reçoit effectivement ces prestations.

Dans un régime à cotisations définies, l'entreprise est déchargée de toute obligation à partir du moment où elle a payé ses cotisations au fonds. Le coût des avantages postérieurs à l'emploi correspond donc tout simplement aux cotisations de la période.

Dans un régime à prestations définies, la comptabilisation est plus complexe car l'entreprise conserve une obligation même après avoir payé ses cotisations. La section suivante traite la problématique propre à ce type de régimes.

La comptabilisation des avantages postérieurs à l'emploi dans un régime à prestations définies

Dans un régime à prestations définies, le coût des avantages postérieurs à l'emploi dépend d'une part de la variation du montant des engagements de l'entreprise durant la période et, d'autre part, de l'évolution de la valeur des actifs du fonds.

La détermination de ce coût nécessite donc une évaluation des engagements et de la valeur du fonds à la clôture de l'exercice.

L'évaluation des engagements de l'entreprise

Régulièrement, l'entreprise doit déterminer la valeur actualisée de son obligation au titre des régimes à prestations définies. Le calcul s'effectue selon la méthode dite « des unités de crédit projetées ». L'exemple qui suit, adapté de l'IAS 19, expose le principe de cette méthode.

Exemple 19.3. – Un régime prévoit que chaque salarié recevra, au moment de son départ à la retraite et pour chaque année d'activité, une somme forfaitaire égale à 1 % de son salaire annuel de fin de carrière. M. X doit prendre sa retraite dans 5 ans. Son salaire actuel de 30 000 € est supposé augmenter chaque année de 3 %. Le taux d'actualisation utilisé est de 6 %.

Le salaire annuel de fin de carrière de M. X peut être estimé à $30\,000 \times (1{,}03)^4 = 33\,765$ €.

Chaque année d'activité donne donc droit au versement de $33\,765 \times 1\,\% = 338$ € au moment du départ à la retraite.

L'obligation de l'entreprise se calcule ainsi :

Années	1	2	3	4	5
Valeur actuelle de l'obligation à l'ouverture de l'exercice	0	268	568	903	1 276
Coût financier (intérêts à 6 %)	0	16	34	54	76
Coût des services rendus au cours de l'exercice	268	284	301	319	338
Valeur actuelle de l'obligation à la clôture de l'exercice	268	568	903	1 276	1 690

Explications :

$$268 = \frac{338}{(1{,}06)^4} \qquad 284 = \frac{338}{(1{,}06)^3} \qquad 301 = \frac{338}{(1{,}06)^2} \qquad 319 = \frac{338}{1{,}06}$$

Le coût des avantages postérieurs à l'emploi au titre d'un exercice correspond à la variation de la valeur actuelle de l'obligation au cours de l'exercice. Il comprend deux éléments :

– le coût des services rendus au cours de l'exercice (accroissement de la valeur actuelle de l'obligation due à l'activité du salarié durant l'exercice),

– et le coût financier (accroissement de la valeur actuelle de l'obligation due au fait qu'on se rapproche de la date de paiement des prestations).

Exemple 19.3. – (suite) Si on ne tenait pas compte de l'évolution de la valeur des actifs du fonds, on aurait :

Années	1	2	3	4	5
Dans les dettes au bilan : Obligations afférentes aux avantages postérieurs à l'emploi	268	568	903	1 276	1 690
Dans les charges au compte de résultat : Coût des avantages postérieurs à l'emploi	268	300	335	373	414

Le calcul de l'obligation de l'entreprise et du coût des avantages postérieurs à l'emploi nécessite toute une série d'hypothèses concernant notamment :

– la mortalité du personnel pendant et après l'activité,

– l'incapacité et les départs en retraite anticipée,

– la rotation du personnel,

– l'évolution des salaires,

– le taux d'actualisation,

– dans le cas de prestations médicales, la fréquence des demandes de remboursement et l'évolution des coûts médicaux, etc.

Certaines de ces hypothèses sont du ressort de l'entreprise (l'évolution des salaires notamment), d'autres plutôt de la compétence des actuaires (mortalité). L'IAS 19 précise seulement qu'elles doivent être objectives et mutuellement compatibles. L'exigence de compatibilité traduit le fait, notamment, qu'il existe un lien entre l'inflation, les taux d'intérêt et, dans une certaine mesure, la hausse des salaires.

En ce qui concerne le taux d'actualisation, l'IAS 19 précise qu'on doit se baser sur le taux des obligations d'entreprises de première catégorie ou, s'il n'existe pas de marché actif pour ce type d'instrument, sur le taux des obligations d'État.

L'IASB encourage (mais n'oblige pas) les entreprises à faire appel à un actuaire qualifié pour calculer leurs engagements de retraites. Il n'impose pas non plus une évaluation annuelle mais requiert que les engagements soient déterminés avec une régularité suffisante pour que les montants comptabilisés ne diffèrent pas significativement de ceux qui auraient été obtenus avec une évaluation à la fin de chaque exercice.

L'évaluation des actifs du régime

Les actifs du fonds, qui serviront à payer les prestations, doivent être évalués à leur juste valeur.

Pour les actifs disposant d'un marché actif, la juste valeur correspond à la valeur de marché. Pour les autres, elle doit être estimée, par exemple en actualisant les cash-flows futurs attendus. Le taux d'actualisation à utiliser pour ce calcul est fonction du risque de l'actif en question.

Cas particulier des régimes multi-employeurs

Lorsque l'entreprise cotise à un régime multi-employeurs à prestations définies, elle doit, en principe, comptabiliser sa part des engagements, des actifs et des coûts du régime, comme elle le ferait pour un régime à employeur unique.

L'IASB admet cependant que l'obtention des informations nécessaires puisse s'avérer difficile. Dans ce cas, l'entreprise peut faire comme s'il s'agissait d'un régime à cotisations définies et indiquer la raison pour laquelle elle ne dispose pas des informations nécessaires. Toutefois, si un excédent ou un déficit du régime était susceptible d'affecter le montant des cotisations futures, l'entreprise devrait fournir toute information sur cet excédent ou ce déficit et sur les conséquences éventuelles pour elle-même.

Ces dispositions ne s'appliquent pas aux régimes qui regroupent des entreprises soumises à un contrôle commun (par exemple une société mère et ses filiales) car l'IAS 19 précise que ces régimes ne doivent pas être considérés comme multi-employeurs.

Les écarts actuariels

L'évolution de la valeur actuelle de l'obligation et de la juste valeur des actifs du fonds peut faire apparaître des écarts actuariels, qui résultent :

– des différences entre les hypothèses actuarielles antérieures et ce qui s'est effectivement produit

– et des changements d'hypothèses.

Parmi les causes de ces écarts, on peut citer :

- un taux de rotation du personnel exceptionnellement élevé ou faible,
- un changement d'hypothèse concernant l'évolution des salaires,
- un taux de rendement réel des actifs différent de celui attendu, etc.

Étant donné qu'à long terme, ces écarts peuvent se compenser, il n'est pas forcément pertinent de les répercuter intégralement dans les comptes. L'IAS 19 a donc défini une marge à l'intérieur de laquelle les variations de l'obligation peuvent ne pas être comptabilisées. Cette règle dite « du corridor » est la suivante : L'entreprise doit comptabiliser en produits ou en charges une fraction des écarts actuariels si, à la fin de l'exercice précédent, la somme des écarts actuariels non comptabilisés excède :

– soit 10 % de la valeur actuelle de l'obligation,
– soit 10 % de la juste valeur des actifs du régime.

Dans ce cas, la fraction à comptabiliser est l'excédent en question, divisé par la durée d'activité résiduelle moyenne attendue des salariés du régime.

Exemple 19.4. – Imaginons un régime dont la valeur actuelle de l'obligation et la juste valeur des actifs ont évolué ainsi :

Années	1	2	3
Valeur actuelle de l'obligation au 1/01	1 000	1 080	1 100
Coût financier (6 %)	60	65	66
Coût des services rendus durant l'exercice	60	90	110
Prestations payées durant l'exercice	– 90	– 100	– 120
Gain (–) ou perte (+) actuariel (par différence)	50	– 35	– 46
Valeur actuelle de l'obligation au 31/12	1 080	1 100	1 110
Juste valeur des actifs du fonds au 1/01	900	1 050	1 080
Rendement attendu des actifs du fonds	63	84	65
Cotisations de la période	120	140	130
Prestations payées durant l'exercice	– 90	– 100	– 120
Gain (+) ou perte (–) actuariel (par différence)	57	– 94	10
Juste valeur des actifs du fonds au 31/12	1 050	1 080	1 165
Durée d'activité résiduelle moyenne des salariés	10 ans	12 ans	15 ans

Supposons en outre que le montant cumulé des écarts actuariels non comptabilisés au début de l'année 1 était un gain net de 120.

Années	1	2	3
Gain (+) ou perte (–) actuariel cumulé non comptabilisé au 1/01	120,0	125,0	64,6
Limite du corridor au 1/01	100,0	108,0	110,0
Excédent	20,0	17,0	0,0
Durée d'activité résiduelle moyenne des salariés	10 ans	12 ans	15 ans
Gain (+) ou perte (–) actuariel comptabilisé au titre de la période	2,0	1,4	0
Gain (+) ou perte (–) actuariel cumulé non comptabilisé au 1/01	120,0	125,0	64,6
Gain (+) ou perte (–) actuariel de la période sur l'obligation	– 50,0	35,0	46,0

Années	1	2	3
Gain (+) ou perte (–) actuariel de la période sur les actifs du fonds	57,0	– 94,0	10,0
Total	127,0	66,0	120,6
Gain (–) ou perte (+) actuariel comptabilisé au titre de la période	– 2,0	– 1,4	0,0
Gain (+) ou perte (–) actuariel cumulé non comptabilisé au 31/12	125,0	64,6	120,6

L'IAS 19 admet également l'emploi d'une méthode de réintégration plus rapide et même la comptabilisation de tous les écarts actuariels, y compris ceux qui n'excèdent pas les limites du corridor. Mais il faut que la méthode retenue soit appliquée de façon permanente d'un exercice à l'autre.

Dans ce cas, la fraction des écarts actuariels comptabilisés qui dépasse le montant résultant de la règle du corridor peut être enregistrée comme autre élément du résultat global.

Les conséquences des modifications de régime

L'adoption d'un régime à prestations définies ou sa modification affecte non seulement les droits que les salariés acquerront dans l'avenir, mais aussi ceux qu'ils ont acquis par leur activité passée. La modification des droits acquis s'appelle le coût des services passés.

Ce coût doit être comptabilisé immédiatement en charges si les droits en question sont déjà acquis lors de l'adoption du régime ou de sa modification.

Si une condition est nécessaire pour bénéficier de ces nouveaux droits et qu'elle n'est pas remplie au moment de l'adoption ou de la modification du régime, le coût des services passés est étalé linéairement sur la durée restant à courir jusqu'à ce que la condition soit satisfaite.

Exemple 19.3. – (suite) Imaginons qu'en N, l'entreprise décide de faire passer l'indemnité forfaitaire de 1 à 1,5 % par année d'activité mais que cette modification soit réservée aux personnes bénéficiant de 10 années d'ancienneté.

L'augmentation de la valeur actuelle de l'obligation résultant de cette modification est :

– pour les salariés ayant déjà 10 ans d'ancienneté :	150
– pour les autres :	90
	240

La durée d'ancienneté moyenne des salariés n'ayant pas 10 ans d'ancienneté est de 7 ans.

Le coût de modification du régime (coût des services passés) sera comptabilisé ainsi :

– en N : 150 + (90/3) = 180
– en N+1 : 90/3 = 30
– en N+2 : 90/3 = 30

240

Les conséquences des réductions et liquidations de régimes

L'entreprise peut, à la suite de l'abandon d'activités ou d'une cession partielle d'activité, être amenée à réduire voire liquider un régime à prestations définies. Il en résulte un gain ou une perte qui, selon l'IAS 19, doit être comptabilisé au moment de la réduction ou de la liquidation du régime.

Ce gain ou cette perte comprend :

– la variation de la valeur actuelle de l'obligation,
– la variation de la juste valeur des actifs du fonds,
– les écarts actuariels et coûts des services passés non comptabilisés antérieurement.

Le montant figurant au bilan

L'existence d'un régime à prestations définies se traduit par la présence au bilan d'un solde égal à :

valeur actuelle de l'obligation
± écarts actuariels cumulés non comptabilisés
– coût des services passés non encore comptabilisé
– juste valeur des actifs du régime à la date de clôture

Lorsque ce solde est positif, il figure dans les dettes au passif.

Exemple 19.4. – (suite) Compte tenu des informations disponibles dans les tableaux précédents, le montant de l'engagement net au bilan est :

Années	1	2	3
Valeur actuelle de l'obligation	1 080,0	1 100,0	1 110,0
+ Gains actuariels cumulés non comptabilisés	125,0	64,6	120,6
+ Coût des services passés non comptabilisés	0	0	0
– Juste valeur des actifs du régime	– 1 050,0	– 1 080,0	– 1 165,0
= Engagement net au bilan	155,0	84,6	65,6

Mais il peut aussi arriver que ce solde soit négatif. C'est en particulier le cas si les marchés financiers ont connu une forte hausse, la valeur des actifs du fonds pouvant alors être supérieure au montant de l'obligation. Logiquement, si la situation perdure, cela devrait entraîner un remboursement ou au moins une diminution des cotisations de l'entreprise, d'où la comptabilisation d'un actif assimilable à une charge comptabilisée d'avance.

L'IAS 19 exige toutefois que le montant de cet actif soit plafonné au total :

pertes actuarielles nettes cumulées
+ coût des services passés non encore comptabilisé
+ valeur actuelle des remboursements ou des diminutions de cotisations futures.

Exemple 19.5. – Un régime à prestations définies aboutit à la situation suivante :

valeur actuelle de l'obligation à la clôture	800 000
+ gains actuariels cumulés non comptabilisés	70 000
– coût des services passés non encore comptabilisé	– 50 000
– juste valeur des actifs du régime à la date de clôture	– 1 200 000
=	– 380 000

Compte tenu de ce solde négatif, l'entreprise s'attend à une réduction des cotisations de 100 000 € par an pendant 3 ans. Si le taux d'intérêt des obligations d'entreprises de première catégorie est de 7 %, la valeur actuelle de ces réductions est de :

$$\frac{100\,000}{1{,}07}+\frac{100\,000}{(1{,}07)^2}+\frac{100\,000}{(1{,}07)^3}=262\,432 \text{ euros.}$$

Le montant comptabilisé à l'actif est le plus faible des deux montants suivants :

380 000 et 50 000 + 262 432 = 312 432.

D'où la comptabilisation d'un actif de 312 432 €.

Le montant figurant au compte de résultat global

Le coût d'un régime à prestations définies ne dépend pas directement des cotisations versées durant l'exercice, mais de l'évolution du solde au bilan. Il comprend en fait :

- le coût des services rendus au cours de l'exercice,
- le coût financier,
- le rendement attendu des actifs du régime,
- les écarts actuariels comptabilisés,
- le coût des services passés comptabilisés,
- et éventuellement l'effet d'une réduction ou liquidation de régime.

Exemple 19.4. – (suite) Compte tenu des informations disponibles dans les tableaux précédents, la charge nette de retraites sera pour chaque exercice :

	1	2	3
Cotisations de la période	120,0	140,0	130,0
± Variation de l'engagement net de retraites			
155,0 – 220,0* =	– 65,0		
84,6 – 155,0 =		– 70,4	
65,6 – 84,6 =			– 19,0
= Charge nette de retraites	55,0	69,6	111,0

* Montant reconstitué par différence.

Ces montants s'expliquent ainsi :

	1	2	3
Coût des services rendus durant l'exercice	60,0	90,0	110,0
+ Coût financier	60,0	65,0	66,0
+ Coût des services passés comptabilisés durant l'exercice	0,0	0,0	0,0
– Rendement attendu des actifs du régime	– 63,0	– 84	– 65
– Gain actuariel comptabilisé durant l'exercice	– 2,0	– 1,4	0,0
= Charge nette de retraites	55,0	69,6	111,0

Les cotisations étant généralement payées chaque mois, la charge de retraites est régularisée en fin d'année, au moment de l'évaluation de l'engagement net de l'entreprise. Les écritures seront donc les suivantes :

Exercice 1		
Coût des retraites (R)	120,0	
Banque (B)		120,0
Engagements de retraites (B)	65,0	
Coût des retraites (R)		65,0
Exercice 2		
Coût des retraites (R)	140,0	
Banque (B)		140,0
Engagements de retraites (B)	70,4	
Coût des retraites (R)		70,4
Exercice 3		
Coût des retraites (R)	130,0	
Banque (B)		130,0
Engagements de retraites (B)	19,0	
Coût des retraites (R)		19,0

Les autres avantages à long terme

Les autres avantages à long terme ont en principe une échéance supérieure à un an. Ils comprennent notamment les congés sabbatiques et les indemnités d'incapacité de longue durée.

Théoriquement, ces prestations devraient être évaluées comme celles postérieures à l'emploi. Mais étant donné qu'elles ne présentent pas le même degré d'incertitude et que leur création ou modification n'entraîne généralement pas un coût des services passés important, l'IAS 19 a choisi une méthode simplifiée pour les évaluer.

Cette méthode diffère de celle utilisée pour les avantages postérieurs à l'emploi sur deux points :

– les écarts actuariels sont comptabilisés immédiatement (il n'y a pas de « corridor »),

– et, en cas de création ou de modification de ces avantages, la totalité du coût des services passés est comptabilisée en charges ou en produits immédiatement.

Les indemnités de fin de contrat de travail

Les indemnités de fin de contrat de travail sont les montants versés aux salariés en cas de licenciement ou dans le cadre d'un plan visant à favoriser les départs à la retraite.

Ces indemnités sont comptabilisées si et seulement si l'entreprise est « manifestement engagée » :

– à mettre fin au contrat de travail d'un ou plusieurs membres du personnel avant l'âge normal de la retraite,

– ou à accorder ces indemnités suite à une offre faite pour encourager les départs volontaires.

L'IAS 19 précise que l'entreprise est « manifestement engagée » à mettre fin à un contrat de travail si et seulement si elle a un plan formalisé et détaillé de licenciement sans possibilité réelle de se rétracter. Elle ajoute qu'un tel plan doit, au minimum, indiquer :

– l'implantation, la fonction et le nombre approximatif de personnes concernées,

– les indemnités prévues pour chaque fonction ou classification professionnelle,

– et la date à laquelle le plan sera mis en œuvre.

Le but de ces dispositions restrictives est d'éviter que certaines entreprises « provisionnent » des sommes excessives au titre de futures indemnités de licenciement, notamment à la suite d'un regroupement d'entreprises (voir IFRS 3 et IAS 37).

Dans le cas d'une offre faite pour encourager les départs volontaires, l'évaluation des indemnités doit être basée sur le nombre prévu de personnes qui accepteront l'offre.

Principales différences par rapport aux US GAAP

Les règles américaines en matière de comptabilisation des retraites sont assez proches de l'IAS 19. La principale différence réside, dans le fait qu'il n'existe pas de plafond à la comptabilisation d'un solde à l'actif lorsque la valeur des actifs du fond dépasse le montant des engagements de retraite.

Les divergences sont plus importantes en ce qui concerne les autres avantages postérieurs à l'emploi. Selon les US GAAP, ces avantages sont en effet ventilés en trois catégories soumises à des règles de comptabilisation propres, parfois assez différentes de l'IAS 19.

La pratique en Europe

La plupart des entreprises publient une information détaillée sur leurs engagements de retraite et assimilés.

« Le Groupe offre à ses employés différents régimes de retraite complémentaire, indemnités de fin de carrière et autres avantages à long terme, en fonction des réglementations et usages en vigueur dans les pays d'exercice de l'activité. Les avantages procurés par ces régimes sont de deux types : à cotisations définies et à prestations définies.

Pour les régimes à cotisations définies, le Groupe n'a pas d'autre obligation que le paiement de primes dues à des organismes extérieurs ; la charge qui correspond à ces primes dues est prise en compte dans le résultat de l'exercice.

Pour les régimes à prestations définies, y compris pour les plans multi-employeurs pour lesquels le gestionnaire externe est en mesure de fournir l'information, le Groupe évalue ses obligations conformément à la norme IAS 19 «Avantages du Personnel ».

Les engagements sont ainsi calculés selon la méthode des unités de crédit projetées, en tenant compte d'hypothèses actuarielles telles que, augmentation des salaires, âge de départ en retraite, mortalité, rotation et taux d'actualisation. Ces hypothèses prennent en considération les conditions particulières notamment macro-économiques des différents pays dans lesquels le Groupe opère.

Afin de déterminer le passif au titre des engagements de retraite et assimilés, il est également tenu compte des actifs des régimes détenus en couverture qui sont évalués à leur valeur de marché. Le passif au titre des engagements de retraite comptabilisé au bilan correspond à la valeur actualisée des obligations, après déduction de la juste valeur des actifs détenus en couverture. Un excédent d'actifs n'est comptabilisé au bilan que dans la mesure où il représente des avantages économiques futurs qui sont effectivement disponibles pour le Groupe, par exemple sous la forme de remboursements du régime ou de diminutions des cotisations futures au régime. S'agissant des avantages postérieurs à l'emploi, les modifications d'hypothèses actuarielles et effets d'expérience donnent lieu à des écarts actuariels qui sont intégralement constatés en capitaux propres de l'exercice lors de leur survenance.

Le passif net déterminé est constaté au bilan dans la rubrique « Provisions à caractère non courant » [Accor (France), rapport annuel 2008].

« Le Groupe met en œuvre un certain nombre de plans de retraite à cotisations définies ou à prestations définies. Les versements à des plans de retraite à cotisations défi nies sont inscrits en charges, au moment où ils sont engagés.

Les engagements du Groupe résultant des plans à prestations définies, ainsi que leurs coûts, sont évalués à leur valeur actualisée à la date de clôture (selon la méthode des « unités de crédit projetées »).

Le montant comptabilisé au bilan représente la valeur actualisée des prestations de retraite définies, ajustée des écarts actuariels, du coût des services passés non encore comptabilisés et de la juste valeur des actifs des fonds externalisés, limitée en cas d'excédent à la valeur actualisée des remboursements possibles et/ou des diminutions de cotisations futures.

Les écarts actuariels qui excédent la valeur la plus élevée de 10 % de la valeur actualisée des obligations de retraite ou de 10 % de la juste valeur des actifs des fonds externalisés à la date de clôture sont amortis sur la durée de vie active moyenne résiduelle des bénéficiaires » [Solvay (Belgique), rapport annuel 2008].

« *Régimes de retraite*

Le Groupe entretient divers régimes de retraite à prestations définies et à cotisations définies, conformément aux prescriptions et pratiques dans les pays concernés. Les régimes à prestations définies sont basés sur l'ancienneté et le salaire perçu pendant une période prédéterminée. Les cotisations à ces régimes sont normalement versées dans des fonds gérés à l'extérieur du Groupe, sauf dans de rares cas où il n'existe pas d'obligation légale de provisionner. Dans de tels cas, l'obligation figure au bilan consolidé du Groupe.

L'obligation du Groupe à l'égard des régimes à prestations définies et le coût annuel inscrit au compte de résultat sont calculés par des actuaires indépendants selon la méthode des unités de crédit projetées. Les gains et pertes actuariels sont immédiatement comptabilisés au bilan consolidé, un mouvement correspondant étant inscrit à l'état des produits et charges comptabilisés.

Les coûts des services passés sont comptabilisés en charges sur la période moyenne restant à courir jusqu'à ce que les prestations soient acquises. Dans la mesure où les prestations sont déjà acquises immédiatement après l'introduction d'un régime à prestations définies ou le passage à un tel régime, la charge est comptabilisée immédiatement. Les versements à des régimes à cotisations définies sont inscrits en charges au compte de résultat dans l'exercice au cours duquel ils sont effectués.

L'obligation au titre des prestations de retraite figurant au bilan représente la valeur actualisée de l'obligation au titre des prestations définies, ajustée du coût des services passés non comptabilisé et diminuée de la juste valeur de l'actif des régimes. Tout actif résultant de ce calcul est limité à la valeur actualisée des remboursements disponibles et des réductions de cotisations futures aux régimes.

Avantages postérieurs à l'emploi autres que régimes de retraite

Le Groupe gère un certain nombre de régimes d'avantages postérieurs à l'emploi à prestations définies, essentiellement des programmes de soins médicaux. La méthode de comptabilisation et la fréquence des évaluations sont comparables à celles utilisées pour les régimes de retraite à prestations définies » [SGS (Suisse), rapport annuel 2008].]

Conséquences pour l'utilisateur des comptes

Parmi l'ensemble des sujets couverts par l'IAS 19, c'est la comptabilisation des engagements de retraite qui, en raison de l'importance des sommes en jeu, importe le plus.

Dans les régimes à cotisations définies, il suffit que les cotisations dues aient effectivement été comptabilisées en charges. On peut, en principe, faire confiance aux réviseurs pour s'en assurer.

Dans les régimes à prestations définies, une évaluation actuarielle est indispensable pour chiffrer les engagements. Il est malheureusement très difficile, sur la base des informations habituellement fournies par les entreprises, d'apprécier la justesse de cette évaluation. Compte tenu du degré d'incertitude des paramètres en cause (prévisions de salaires, taux de rotation du personnel, taux d'inflation, rendement attendu des actifs...), les entreprises peuvent en effet très facilement orienter les calculs dans le sens voulu.

Un des moyens les plus pratiques pour augmenter le résultat d'un exercice est de ne pas comptabiliser l'intégralité de la charge de retraites. Il suffit pour cela de modifier les hypothèses actuarielles en invoquant des changements dans l'environnement économique ou au sein de l'entreprise. Ces modifications sont difficiles à contester car les engagements de retraite ne produisant leurs effets qu'à long terme, il est impossible d'établir une liaison entre les retraites effectivement payées et le montant comptabilisé en charges au cours d'un exercice.

La volatilité des marchés financiers offre également des possibilités de sous-évaluation des engagements. Après une brutale hausse des cours, il est en effet possible que la valeur des actifs dépasse le montant des engagements de l'entreprise. C'est arrivé dans les années 80 et à la fin des années 90. L'entreprise peut alors comptabiliser un actif et éventuellement un produit au titre de ses engagements de retraite. Même si l'IAS 19 contient des dispositions visant à limiter ces montants, on peut critiquer cette solution dans la mesure où la comptabilisation d'engagements à long terme ne devrait pas dépendre de variations boursières à court terme surtout quand, comme à la fin des années 90, la hausse du marché est due à une bulle spéculative susceptible de se dégonfler rapidement. C'est la raison pour laquelle beaucoup d'entreprises ont renoncé à comptabiliser ces actifs. Mais on peut craindre que celles dont la situation financière est mauvaise n'aient pas toujours le courage de se priver de ce coup de pouce.

L'IAS 19 exige la fourniture d'une information abondante sur les régimes de retraite, les méthodes de calcul utilisées et les hypothèses actuarielles retenues. La garantie offerte par ce type d'information est illusoire car il est de toute façon difficile à l'utilisateur externe d'apprécier ces données, compte tenu de la technicité des calculs et de sa méconnaissance des particularités de l'entreprise. Seule une évaluation établie ou contrôlée par un actuaire indépendant offre une certaine garantie d'objectivité. Malheureusement, dans la plupart des pays, rien n'oblige les entreprises à faire appel à un professionnel.

L'IAS 19 en bref

Les retraites sont comptabilisées en charges durant la période d'activité du salarié et non pas au moment où elles sont payées.

Il existe deux catégories de régimes de retraite :

– les régimes à cotisations définies dans lesquels le montant des retraites ne dépend que des cotisations versées et du rendement des actifs du fonds ;

– les régimes à prestations définies, dans lesquels le montant des retraites est également fonction d'autres paramètres (par exemple le dernier salaire avant le départ en retraite).

La plupart des régimes de retraite sont à prestations définies.

Dans un régime à cotisations définies, la charge de retraites correspond aux cotisations dues au titre de l'exercice et il n'y a pas de passif autre que d'éventuelles cotisations restant dues.

Dans un régime à prestations définies, la charge de retraites dépend de multiples facteurs, en particulier :

– du coût des services rendus dans l'exercice,

– des écarts actuariels entre les hypothèses antérieures et la réalité,

– et de l'incidence des modifications du régime ou des hypothèses actuarielles.

Tout régime à prestations définies exige que soient régulièrement calculées la valeur actuelle de l'obligation de l'entreprise et la juste valeur des actifs du régime.

Dans un tel régime, le solde figurant au bilan représente la différence entre ces deux montants, corrigée des écarts actuariels et de l'incidence d'éventuelles modifications du régime.

IAS 20

COMPTABILISATION DES SUBVENTIONS PUBLIQUES ET INFORMATIONS À FOURNIR SUR L'AIDE PUBLIQUE[1]

Le sujet

Cette norme traite de la comptabilisation des subventions publiques et autres formes d'aide publique, à l'exception des subventions couvertes par l'IAS 41, des avantages fiscaux (exonérations fiscales, amortissements accélérés, taux d'imposition réduits...) et des participations détenues par la puissance publique dans le capital des entreprises.

Définitions

L'aide publique est une mesure prise par la puissance publique (l'État, les collectivités locales ou tout organisme public local, régional, national ou international) et destinée à donner un avantage économique spécifique à une entreprise ou à une catégorie d'entreprises répondant à certains critères.

Elle n'inclut pas, dans l'esprit de ce texte, les avantages fournis indirectement au moyen de mesures affectant les conditions générales de l'activité économique, telles que la mise à disposition d'infrastructures dans des zones en développement ou l'imposition de contraintes commerciales à des concurrents.

Les subventions publiques (appelées aussi subsides, aides ou primes) sont un type d'aide publique qui prend la forme d'un transfert de ressour-

1. Norme adoptée en 1983.

ces vers une entreprise, si celle-ci s'est conformée ou est prête à se conformer à certaines conditions liées à son activité courante.

L'IAS 20 distingue deux catégories de subventions :

– celles liées à des actifs (couramment appelées « subventions d'équipement »),

– celles liées au résultat (« subventions d'exploitation »).

Les subventions liées à des actifs sont des aides publiques dont la condition fondamentale est que l'entreprise qui en bénéficie acquière ou construise certains actifs à long terme.

Toutes les subventions publiques ne répondant pas à cette définition sont des subventions liées au résultat.

La comptabilisation des subventions publiques

Deux conceptions s'opposent en matière de comptabilisation des subventions publiques.

L'approche par le bilan considère que la subvention doit être portée directement dans les capitaux propres. Elle est fondée sur deux arguments :

– Ces aides constituent un moyen de financement. Il faut les enregistrer comme telles au bilan, dans les capitaux propres puisqu'elles ne sont pas, normalement, remboursables.

– Leur comptabilisation au compte de résultat serait incorrecte puisqu'une subvention ne représente pas un gain de l'entreprise, mais un encouragement accordé par la puissance publique sans charges en contrepartie.

Les partisans de l'approche par le résultat contestent cette conception. Ils estiment que les subventions doivent être enregistrées dans le compte de résultat sur une ou plusieurs périodes. Leurs arguments sont les suivants :

– Les subventions ne peuvent être portées dans les capitaux propres puisqu'elles ne proviennent pas des associés.

– L'octroi d'une subvention étant généralement subordonné au respect de certaines obligations génératrices de charges pour l'entreprise, l'aide accordée doit être enregistrée au compte de résultat pour compenser les coûts qu'elle engendre.

– Les subventions publiques constituent, au même titre que les impôts, un instrument de politique économique. Il est donc logique qu'elles figurent, comme les impôts, dans le compte de résultat.

L'IAS 20 fait sienne cette seconde approche en exigeant la comptabilisation des subventions publiques au compte de résultat.

Les règles générales de comptabilisation des subventions publiques

Le traitement comptable des subventions publiques pose deux questions :

– À partir de quel moment une subvention peut-elle être comptabilisée ?
– Sur combien d'exercices doit-elle être étalée ?

En réponse à la première question, l'IAS 20 stipule qu'une subvention ne peut être comptabilisée que s'il existe une « assurance raisonnable » que :

– l'entreprise se conformera aux conditions attachées à la subvention ;
– et que celle-ci sera effectivement perçue.

Lorsque ces conditions sont remplies, la subvention est rapportée aux résultats de l'exercice en cours et des exercices suivants selon une méthode permettant de la rapprocher des coûts qu'elle est censée compenser.

La comptabilisation des subventions liées à des actifs

Les subventions liées à des actifs peuvent être comptabilisées de deux façons.

La première consiste à les considérer comme des produits différés et à les rapporter de manière systématique et rationnelle à la durée d'utilisation de l'actif subventionné.

Lorsque ce dernier est amortissable, la réintégration de la subvention aux résultats suivra, normalement, le rythme des amortissements, afin de rapprocher le mieux possible la subvention des coûts correspondants.

Exemple 20.1. – Le 1/08/N, l'entreprise obtient une subvention de 60 000 € pour acquérir un matériel dont le coût est de 200 000 € et qui sera amorti selon la méthode dégressive au taux de 40 %.

Si on applique le mode d'amortissement dégressif qui consiste à remplacer l'annuité dégressive lorsqu'elle devient inférieure au montant obtenu en divisant la valeur comptable nette par le nombre d'années restant à amortir, les dotations aux amortissements et les subventions rapportées aux résultats seront :

Exercice		**Dotation aux amortissements**	**Subvention rapportée**	**Incidence sur le résultat**
N	200 000 × 40 % × 5/12 =	(33 333)		
	60 000 × 40 % × 5/12 =		10 000	(23 333)
N+1	(200 000 – 33 333) × 40 % =	(66 667)		
	(60 000 – 10 000) × 40 % =		20 000	(46 667)
N+2	(200 000 – 100 000) × 40 % =	(40 000)		
	(60 000 – 30 000) × 40 % =		12 000	(28 000)
N+3	(200 000 – 140 000)/2 =	(30 000)		
	(60 000 – 42 000)/2 =		9 000	(21 000)
N+4	(200 000 – 140 000)/2 =	(30 000)		
	(60 000 – 42 000)/2 =		9 000	(21 000)
		(200 000)	60 000	(140 000)

D'où les écritures suivantes, pour l'exercice N :

1/08/N		
Matériels (B)	200 000	
Banque (B)		200 000
Banque (B)	60 000	
Subventions d'équipement (B)		60 000
31/12/N		
Dotation aux amortissements (R)	33 333	
Amortissements cumulés des matériels (B)		33 333
Subventions d'équipement (B)	10 000	
Subventions d'équipement rapportées (R)		10 000

Lorsque l'actif subventionné n'est pas amortissable, la subvention n'a pas, normalement, à être rapportée aux résultats ; sauf si elle nécessite l'accomplissement de certaines obligations, auquel cas il y a lieu de l'étaler sur les exercices supportant le coût d'exécution de ces obligations.

Ainsi, une subvention pour l'acquisition d'un terrain, qui aurait été allouée sous condition d'y édifier un immeuble, devrait être rapportée aux résultats sur la durée d'utilisation de l'immeuble.

La seconde méthode de comptabilisation des subventions liées à des actifs consiste à déduire celles-ci du coût de l'actif qu'elles contribuent à financer. La subvention se trouve ainsi automatiquement rapportée aux résultats par l'intermédiaire d'une réduction de la charge d'amortissement.

Exemple 20.1. – (suite) Avec cette méthode, le matériel serait comptabilisé pour 200 000 – 60 000 = 140 000 € et les amortissements s'élèveraient à :

– en N :	140 000 × 40 % × 5/12 =	23 333
– en N+1 :	(140 000 – 23 333) × 40 % =	46 667
– en N+2 :	(140 000 – 70 000) × 40 % =	28 000
– en N+3 :	(140 000 – 98 000)/2 =	21 000
– en N+4 :	(140 000 – 98 000)/2 =	21 000
		140 000

L'incidence sur les résultats est la même qu'avec l'autre méthode.

Les écritures de l'exercice N deviendraient :

1/08/N		
Matériels (B)	200 000	
Banque (B)		200 000
Banque (B)	60 000	
Matériels (B)		60 000

31/12/N		
Dotation aux amortissements (R)	23 333	
Amortissements cumulés des matériels (B)		23 333

La comptabilisation des subventions liées au résultat

Les subventions liées au résultat doivent, comme les autres, être rapportées aux résultats des exercices dont elles compensent les charges.

Comptablement, on peut :
- soit les considérer comme des produits,
- soit les retrancher des charges auxquelles elles sont liées.

Exemple 20.2. – Une entreprise a entrepris le 1/04/N l'exploitation d'un équipement culturel communal. Elle a reçu à cette occasion une subvention de 100 000 € destinée à couvrir une partie du déficit prévu des deux premières années de fonctionnement.

En anticipant des recettes et des dépenses régulières, on rapporterait la subvention aux résultats selon l'échéancier ci-après :

– en N :	100 000 × 9/24 =	37 500
– en N+1 :	100 000 × 12/24 =	50 000
– en N+2 :	100 000 × 3/24 =	12 500
		100 000

D'où les écritures de l'exercice N :

1/04/N		
Banque (B)	100 000	
Produits différés (B)		100 000
31/12/N		
Produits différés (B)	37 500	
Subventions d'exploitation rapportées (R)		37 500

Les subventions liées au résultat qui ont pour but d'apporter un soutien financier immédiat à une entreprise ou de compenser des pertes ou des charges antérieures doivent être comptabilisées dans le résultat de l'exercice au cours duquel elles deviennent exigibles.

Le remboursement d'une subvention

Il peut arriver qu'une subvention doive être remboursée en raison du non respect de ses obligations par le bénéficiaire. Il s'agit alors d'un changement d'estimation comptable au sens de l'IAS 8, ce qui signifie que seuls les résultats de l'exercice en cours et des exercices suivants doivent être modifiés.

Le remboursement d'une subvention liée au résultat est imputé en priorité sur le montant non encore rapporté aux résultats et le solde éventuel immédiatement comptabilisé en charges.

Exemple 20.2. – (suite) Supposons que, par suite du non respect de ses obligations, l'entreprise doive, le 1/07/N+1, rembourser 70 % de la subvention reçue. Le remboursement sera comptabilisé ainsi :

1/07/N+1		
Produits différés (B) [50 000 × 6/12]	25 000	
Subventions d'exploitation rapportées (R)		25 000
Produits différés (B) [100 000 – (37 500 + 25 000)]	37 500	
Subventions remboursées (R)	32 500	
Banque (B) [100 000 × 70 %]		70 000

S'il s'agit d'une subvention liée à des actifs, le remboursement est, selon la méthode utilisée pour la comptabilisation du subside, soit imputé sur la subvention non encore rapportée aux résultats, soit ajouté à la valeur de l'immobilisation.

Dans ce dernier cas, les amortissements de l'exercice en cours et des exercices suivants doivent être corrigés en conséquence.

Exemple 20.1. – (suite) Supposons qu'en janvier N+3, l'entreprise doive rembourser 50 % de la subvention reçue.

À cette date, il reste 60 000 – 42 000 = 18 000 € de subvention non rapportée aux bénéfices.

Si la subvention n'a pas été portée en déduction du coût du matériel, le remboursement sera comptabilisé ainsi :

01/N+3		
Subventions d'équipement (B)	18 000	
Subventions remboursées (R)	12 000	
Banque (B) [60 000 × 50 %]		30 000

Si la subvention a été initialement déduite du coût du matériel, il faut :

– augmenter la base amortissable de l'actif du montant à rembourser,

– et comptabiliser en charge les amortissements supplémentaires qui auraient été pratiqués s'ils avaient été calculés sur la nouvelle base.

01/N+3		
Matériels (B)	30 000	
Banque (B)		30 000

Comparons les amortissements pratiqués à ceux qui auraient été obtenus avec la nouvelle base de calcul (170 000 €) :

		Amorts calculés sur la nouvelle base amortissable	**Amorts pratiqués**	**Différence**
N	170 000 × 40 % × 5/12 =	28 333	23 333	
N+1	(170 000 – 28 333) × 40 % =	56 667	46 667	
N+2	(170 000 – 85 000) × 40 % =	34 000	28 000	
	Totaux	119 000	98 000	21 000

La différence doit être comptabilisée en charge de l'exercice de remboursement :

01/N+3		
Dotation aux amortissements (R)	21 000	
Amortissements cumulés des matériels (B)		21 000

Bien évidemment, les amortissements des exercices suivants seront calculés sur la nouvelle base de calcul. Ils seront donc de (170 000 – 119 000)/ 2 = 25 500 au lieu de 21 000 pour chacun des exercices N+3 et N+4.

Bien entendu, si, à la suite de cette correction, la nouvelle valeur comptable devenait supérieure à la valeur récupérable du bien, il y aurait lieu de déprécier celui-ci sans attendre.

Les autres formes d'aide publique

L'aide publique peut prendre de multiples formes autres que les subventions.

Elle n'est pas comptabilisée lorsqu'elle ne peut être raisonnablement évaluée (conseil technique ou commercial gratuit, garanties données…) ou lorsqu'elle résulte de transactions (commandes publiques) qui ne peuvent être distinguées des opérations commerciales courantes et normales de l'entreprise.

L'avantage procuré par des prêts à taux faible ou nul n'est pas non plus enregistré en comptabilité.

De fait, seuls les prêts non remboursables constituent une forme d'aide comptabilisable. Ils sont traités comme des subventions s'il existe une « assurance raisonnable » que l'entreprise remplira les conditions relatives à l'abandon de créance.

Une subvention peut prendre une forme non monétaire, par exemple lorsqu'elle consiste en la mise à disposition d'un terrain, d'un bâtiment ou de matériels. Dans ce cas, l'actif transféré et la provision correspondante sont comptabilisés :

– soit à leur juste valeur,
– soit pour un montant symbolique.

Exemple 20.3. – Pour favoriser l'implantation d'une entreprise sur son territoire, une commune a mis gratuitement à la disposition de celle-ci un local situé dans une zone industrielle. La juste valeur du bâtiment est estimée à 1 000 000 €. L'entreprise bénéficiaire pourra comptabiliser la subvention ainsi :

	Débit	Crédit
Constructions (B)	1 000 000	
Subventions d'équipement (B)		1 000 000

ou

	Débit	Crédit
Constructions (B)	1	
Subventions d'équipement (B)		1

Principales différences par rapport aux US GAAP

Il n'existe pas de norme américaine sur les subventions mais les dispositions contenues dans différents textes montrent une grande similitude avec l'IAS 20. On peut néanmoins citer deux différences :

– Les subventions liées à l'acquisition d'actifs immobilisés peuvent, dans certains cas, être comptabilisées immédiatement en produits au lieu d'être étalées sur la durée d'utilisation de ces actifs.

– Les aides non monétaires (mise à disposition d'actifs par exemple) sont obligatoirement comptabilisées à leur juste valeur. L'enregistrement pour un montant symbolique n'est donc pas possible.

La pratique en Europe

Les informations données par les entreprises concernent essentiellement les subventions liées à des actifs.

Les deux modes de comptabilisation (dettes ou déduction du coût des actifs subventionnés) sont utilisés, comme le montrent les extraits suivants :

« Les subventions d'investissement reçues au titre d'achat d'immobilisations sont comptabilisées au passif du bilan dans le poste "Autres dettes" et sont créditées dans le compte de résultat en fonction de la durée d'utilité effective des immobilisations pour lesquelles elles ont été attribuées » [Saint-Gobain (France), rapport annuel 2008].

« Les subventions d'investissement reçues par les sociétés du Groupe sont comptabilisées au passif dans la rubrique "Autres créditeurs" et virées au compte de résultat en fonction du rythme de consommation des avantages économiques des biens correspondants » [EDF (France), rapport annuel 2008].

« Les subventions pour investissements sont portées en déduction de la valeur brute des immobilisations au titre desquelles elles ont été reçues » [GDF Suez (France), rapport annuel 2008].

« France Télécom est susceptible de recevoir des subventions d'investissement non remboursables sous la forme de financements de travaux directs ou indirects par des tiers, principalement des collectivités territoriales. Les subventions sont comptabilisées en réduction du coût des immobilisations financées et, en conséquence, elles sont constatées en résultat en fonction du rythme de consommation des avantages économiques attendus des biens correspondants » [France Télécom (France), rapport annuel 2008].

Conséquences pour l'utilisateur des états financiers

Il est généralement facile, à partir de l'examen des conditions d'octroi d'une aide publique, de déterminer s'il s'agit d'une subvention liée à des actifs ou au résultat. Les entreprises peuvent cependant profiter de certaines ambiguïtés pour retenir le classement qui leur apparaît le plus favorable.

Celles dont les performances sont modestes peuvent notamment être tentées de considérer certaines subventions liées à des actifs, en particulier celles qui portent sur des actifs non amortissables ou à durée de vie longue (constructions), comme des subventions liées au résultat afin d'en anticiper la réintégration aux résultats. L'analyste externe, qui ne dispose pas des documents relatifs à l'octroi des subventions, n'a évidemment pas les moyens de détecter un tel comportement mais les auditeurs devraient, en principe, s'y opposer ou, au minimum, signaler ce genre d'anomalies.

Il existe, on l'a vu, deux méthodes pour comptabiliser les subventions liées à des actifs. Chacune a ses avantages. L'imputation de la subvention sur le coût d'acquisition de l'actif permet de comptabiliser celui-ci à son coût véritable pour l'entreprise alors que l'enregistrement de l'aide publique en produits différés aboutit à faire figurer l'actif à sa « juste valeur ».

Le choix n'est pas sans incidence sur certains paramètres fréquemment utilisés en analyse financière. La première méthode aboutit à diminuer le total du bilan ainsi que les amortissements ; alors que la seconde est sans effet sur ces postes, et donc sur les ratios dans lesquels ils interviennent.

Exemple 20.4. – Une entreprise a reçu au début de l'exercice N une subvention de 100 000 € pour l'acquisition d'un actif payé 300 000 € et dont la durée de vie est de 5 ans.

Si la subvention est déduite du coût d'acquisition, on aura :

Charge d'amortissement de l'exercice N : (300 000 – 100 000)/5 = 40 000 €

Valeur nette comptable de l'actif à fin N : (300 000 – 100 000) – 40 000 = 160 000 €

Si la subvention est comptabilisée en produits différés, les montants seront :
Charge d'amortissement de l'exercice N : 300 000/5 = 60 000 €
Valeur nette comptable de l'actif à fin N : 300 000 – 60 000 = 240 000 €

L'incidence sur le cash-flow est évidemment nulle, à condition, dans le second cas, de ne pas oublier que la réintégration de la subvention constitue un produit non monétaire.

Exemple 20.4. – (suite) Supposons que le bénéfice d'exploitation de l'entreprise est de 120 000 €. Le cash flow d'exploitation se calcule ainsi :

Avec la première méthode :		
	Résultat d'exploitation :	120 000
+	Dotation aux amortissements :	40 000
=	Cash flow d'exploitation :	160 000
Avec la seconde méthode :		
	Résultat d'exploitation :	120 000
+	Dotation aux amortissements :	60 000
–	Subvention rapportée au résultat : 100 000/5 =	– 20 000
=	Cash flow d'exploitation :	160 000

La comptabilisation des subventions en produits différés pose en outre le problème du classement de ce poste en analyse financière. Il est clair qu'il ne s'agit pas d'une dette puisque ces subventions sont, par définition, non remboursables. Il ne s'agit pas non plus, à proprement parler, de capitaux propres, pour les raisons exposées plus haut. Il semble donc que la meilleure solution soit de retrancher ce montant de la valeur nette comptable des immobilisations, comme le fait l'autre méthode. De ce point de vue, l'imputation de la subvention sur le coût d'acquisition de l'actif est donc préférable.

L'IAS 20 en bref

Les subventions publiques doivent être rapportées aux résultats au même rythme que les coûts qu'elles compensent.

Les subventions liées à des actifs peuvent être :
- soit considérées comme des produits différés et rapportées aux résultats des exercices suivants ;
- soit déduites de la valeur de l'actif qu'elles ont contribué à financer.

Les subventions liées au résultat doivent être incluses dans le résultat de l'exercice au moment de leur exigibilité. Elles peuvent être :
- soit enregistrées en produits ;
- soit déduites des charges correspondantes.

IAS 21

EFFETS DES VARIATIONS DES COURS DES MONNAIES ÉTRANGÈRES[1]

Le sujet

Toutes les entreprises qui réalisent, même rarement, des opérations en monnaies étrangères sont confrontées au problème de la comptabilisation de ces transactions et à celui de l'évaluation des créances et des dettes correspondantes à la clôture de l'exercice.

Celles qui possèdent des participations dans des sociétés étrangères doivent en outre convertir les états financiers de celles-ci à des fins de consolidation.

L'IAS 21 fournit des solutions à ces deux problèmes en précisant :

– le taux de change à utiliser pour convertir ces opérations ou ces états financiers

– et la façon dont les écarts de conversion doivent être comptabilisés.

Il est à noter que cette norme ne s'applique ni aux instruments financiers dérivés, ni à la comptabilisation des opérations de couverture, ces sujets étant traités par l'IAS 39.

Quant à la conversion des états financiers des entreprises situés dans des pays à économie hyperinflationniste, elle obéit à des règles spécifiques (voir IAS 29).

1. Norme révisée en 2003.

Définitions

Toute entreprise doit convertir ses opérations en monnaies étrangères et les comptes correspondants dans sa monnaie fonctionnelle, définie comme celle de l'environnement économique primaire dans lequel l'entreprise évolue.

La monnaie fonctionnelle est généralement celle du pays dans lequel l'entreprise est située. Ainsi, pour la plupart des sociétés de la zone Euro, la monnaie fonctionnelle est l'euro.

Elle peut néanmoins être différente de la devise nationale, en particulier pour les firmes qui réalisent la plupart de leurs opérations dans une autre monnaie (société européenne de courtage de matières premières opérant principalement en dollars ou filiale située dans un pays hyperinflationniste), ou qui sont sous l'étroite dépendance d'une société étrangère (certaines filiales de sociétés américaines par exemple).

Pour aider à déterminer la monnaie fonctionnelle, l'IAS 21 précise que c'est généralement celle qui influence le plus le prix ou le coût des biens et des services produits par l'entreprise. Si cela ne suffit pas, l'entreprise peut aussi considérer la devise dans laquelle elle se procure son financement ou celle dans laquelle elle perçoit ses ressources d'exploitation.

Pour la plupart des entreprises, la monnaie fonctionnelle est également celle dans laquelle elles tiennent leurs comptes. L'IAS 21 permet néanmoins d'établir les états financiers dans une autre devise, appelée monnaie de présentation.

Lorsque monnaie fonctionnelle et monnaie de présentation diffèrent, le traitement des transactions en devises étrangères nécessite donc deux conversions successives :

1) conversion de la monnaie de l'opération dans la monnaie fonctionnelle,

2) conversion de la monnaie fonctionnelle dans la monnaie de présentation.

La deuxième étape, qui s'applique également à la conversion des états financiers des filiales étrangères en vue de l'établissement des comptes consolidés, s'effectue de la façon suivante :

– les actifs et les dettes sont convertis au taux de clôture,

– les produits et les charges sont convertis au cours du jour de la transaction,

– les différences de conversion en résultant sont comptabilisées directement dans les capitaux propres, comme autres éléments du résultat global.

La conversion des opérations en monnaies étrangères

Cette section intéresse toutes les entreprises à qui il arrive d'effectuer des transactions dans une monnaie autre que leur monnaie fonctionnelle.

La comptabilisation des transactions

Toute transaction (achat, vente, règlement, emprunt, prêt, etc.) en monnaie étrangère est enregistrée au cours du jour de la transaction.

Exemple 21.1. – Le 1er avril N, une entreprise dont la monnaie fonctionnelle est l'euro a :

– acheté des marchandises pour 100 000 USD,
– vendu des marchandises pour 50 000 GBP,
– acheté un matériel pour 75 000 CHF,
– emprunté 10 000 000 JPY.

À cette date, les taux de change étaient les suivants :

	USD $	GBP £	CHF	JPY ¥
1 EUR € =	1,20	0,70	1,50	130

Ces opérations ont donc été comptabilisées ainsi :

1/04/N		
Achats de marchandises (R) [100 000/1,20]	83 333	
Fournisseurs (B)		83 333
Clients (B) [50 000/0,7]	71 429	
Ventes de marchandises (R)		71 429
Matériels (B) [75 000/1,50]	50 000	
Fournisseurs (B)		50 000
Banque (B) [10 000 000/130]	76 923	
Emprunts (B)		76 923

L'évaluation des actifs et des dettes au bilan

L'évaluation des actifs et des dettes en monnaies étrangères à la clôture de l'exercice dépend de la nature de ces éléments et de leur mode d'évaluation.

Les éléments monétaires (trésorerie, créances et dettes) sont évalués au taux de clôture.

Les éléments non monétaires (autres actifs) comptabilisés au coût historique sont évalués au taux du jour d'acquisition ou de fabrication. Par contre, pour ceux qui ont fait l'objet d'un ajustement de valeur (réévaluation ou dépréciation), c'est le taux en usage à la date de cet ajustement qui doit être utilisé.

Exemple 21.2. – À la clôture de l'exercice N, les actifs d'une entreprise française comprennent :

– un matériel dont la valeur comptable est de 10 000 USD. Ce matériel a été acquis le 20/02/N–3. Le $ cotait alors 0,88 € ;

– un terrain acquis pour 5 000 USD en N–20 (cours du $ à l'époque : 9,00 FF) et réévalué le 31/12/N–2 à 40 000 USD. Le 31/12/N–2, le $ valait 0,95 € ;

– un stock de marchandises acheté le 4/07/N pour 4 500 USD (cours du jour 0,80 €) et déprécié d'1/3 à la clôture de l'exercice N ;

– une créance de 5 000 USD sur un client étranger, qui correspond à une vente effectuée le 10/11/N, alors que le $ cotait 0,92 € ;

– 800 USD en caisse.

Le cours du $ au 31/12/N est de 0,90 €.

Au bilan du 31/12/N, ces éléments sont évalués ainsi :

	USD $	**Taux de change**	**EUR €**
Éléments monétaires : au taux de clôture :			
Caisse	800	0,90	720
Créance	5 000	0,90	4 500
Éléments non monétaires évalués au taux historique : taux du jour d'acquisition :			
Matériel	10 000	0,88	8 800
Éléments non monétaires évalués à leur juste valeur : taux du jour de l'évaluation :			
Terrain	40 000	0,95	38 000
Stock	3 000	0,90	2 700

Les différences de change sur éléments monétaires

Toute variation du cours de la monnaie étrangère après l'enregistrement de la transaction provoque une différence de change.

Pour les opérations conclues et dénouées au cours du même exercice, il est évident que cette différence constitue, selon son signe, un produit ou une charge de l'exercice.

Exemple 21.3. – Une entreprise italienne a vendu le 20/08/N des marchandises à un client étranger pour 20 000 USD. À cette date, le $ valait 0,80 €. Les marchandises ont été payées le 31/10/N, alors que le $ cotait 0,83 €.

Ces opérations ont été comptabilisées ainsi :

	Débit	Crédit
20/08/N		
Clients (B) [20 000 × 0,80]	16 000	
Ventes de marchandises (R)		16 000
31/10/N		
Banque (B) [20 000 × 0,83]	16 600	
Clients (B)		16 000
Gains de change (R)		600

Lorsque le règlement n'est pas encore intervenu à la clôture de l'exercice, l'évaluation de la créance ou de la dette à un taux différent de celui utilisé au moment de la transaction provoque aussi une différence de change. Mais celle-ci n'étant pas réalisée, sa comptabilisation est moins évidente :

– certains préconisent, par mesure de prudence, de ne comptabiliser que les pertes dans le résultat de l'exercice ;

– d'autres, par souci d'homogénéité, recommandent de ne comptabiliser ni gain ni perte ;

– d'autres, enfin, estiment qu'il n'y a pas lieu de distinguer entre différences favorables ou défavorables, définitives ou provisoires.

L'IAS 21 défend cette dernière position en exigeant que toute différence de change, réalisée ou non, soit comptabilisée en produit ou en charge de l'exercice.

Exemple 21.4. – Une entreprise belge a acheté le 10/11/N pour 10 000 GBP de marchandises à un fournisseur britannique. Le règlement a été effectué le 28/02/N+1. L'entreprise clôture ses comptes le 31 décembre.

Le cours de la £ a évolué ainsi :

- 10/11/N : 1,40 €
- 31/12/N : 1,35 €
- 28/02/N+1 : 1,38 €

Les écritures sont les suivantes :

10/11/N		
Achats de marchandises (R) [10 000 × 1,40]	14 000	
Fournisseurs (B)		14 000
31/12/N		
Fournisseurs (B) [10 000 × (1,40 – 1,35)]	500	
Gains de change (R)		500
28/02/N+1		
Fournisseurs (B)	13 500	
Pertes de change (R)	300	
Banque (B) [10 000 × 1,38]		13 800

L'opération s'est finalement traduite par un gain de 14 000 – 13 800 = 200 €. Mais, comptablement, deux différences de change ont été enregistrées :

- un gain de 500 € en N
- une perte de 300 € en N+1.

L'IAS 21 prévoit cependant une exception pour les entreprises qui prêtent ou empruntent à leurs entités étrangères (filiales, coentreprises, sociétés apparentées) des sommes importantes dont le remboursement n'est ni planifié, ni susceptible d'intervenir dans un futur prévisible. Ces créances ou ces dettes à long terme représentent, de fait, de véritables accroissements ou diminutions de l'investissement de l'entreprise dans l'entité étrangère en question.

C'est la raison pour laquelle l'IAS 21 considère que les différences de change relatives à ces éléments ne doivent pas être enregistrées dans le résultat de l'exercice mais portées directement dans les capitaux propres.

Exemple 21.5. – Une entreprise allemande possède une créance de 500 000 CHF sur sa filiale helvétique. Cette avance, qui n'a pas de date de remboursement fixée, a, de fait, le caractère de financement permanent. Le franc suisse, qui cotait 0,70 € à la clôture de l'exercice N–1, est passé à 0,75 € à fin N.

La différence de change relative à l'exercice N s'établit à 500 000 × (0,75 – 0,70) = 25 000 €. Elle sera comptabilisée ainsi :

31/12/N		
Débiteur filiale suisse (B)	25 000	
Différences de change sur filiales (B)		25 000

Cette variation non monétaire des capitaux propres constitue un autre élément du résultat global de l'année N.

Les différences de change sur éléments non monétaires

Les éléments non monétaires sont convertis au taux en vigueur le jour de leur acquisition. Ils ne génèrent donc pas de différence de change tant qu'ils restent évalués au taux historique.

Une différence de change (non réalisée) apparaît par contre lorsque ces éléments sont réévalués ou dépréciés. Ce gain ou cette perte est comptabilisé comme l'opération qui lui a donné naissance. Autrement dit :

– si la réévaluation ou la dépréciation est comptabilisée dans le résultat, la différence de change correspondante l'est aussi ;

– si la réévaluation ou la dépréciation est comptabilisée directement dans les capitaux propres, il en est de même de la différence de change.

Exemple 21.6. – Une entreprise néerlandaise possède un terrain au Danemark. Ce terrain, payé 1 000 000 DKK le 25 février N–12, est réévalué à 2 500 000 DKK le 31/12/N.

Lors de l'achat, le terrain avait été comptabilisé pour 250 000 NLG. Au 31/12/N, la Couronne danoise vaut 0,13 €.

Compte tenu de la parité fixe entre l'euro et le florin (1 NLG = 0,4538 €), le terrain figure dans les comptes pour 250 000 × 0,4538 = 113 450 €.

Son montant réévalué au 31/12/N est de 2 500 000 × 0,13 = 325 000 €.

D'où un écart de réévaluation avant impôt de 325 000 – 113 450 = 211 550 € qui se décompose ainsi :

– écart de réévaluation à taux constant :
(2 500 000 – 1 000 000) × 0,11345 [1] = 170 175

– différence de change :
2 500 000 × (0,13 – 0,11345) = 41 375

211 550

1. 0,11345 est le taux de change utilisé lors de l'introduction de l'euro : 113 450/1 000 000.

En supposant un taux d'imposition de 30 %, la réévaluation sera comptabilisée ainsi (voir IAS 16) :

31/12/N		
Terrain (B)	211 550	
Écart de réévaluation (B) [211 550 × 70 %]		148 085
Impôts différés passifs (B) [211 550 × 30 %]		63 465

La différence de change se trouve incluse pour partie dans les capitaux propres et pour partie dans les dettes.

La réévaluation n'a pas d'impact sur le résultat de N. Par contre, le résultat global est accru de la variation de l'écart de réévaluation (148 085 €).

La conversion des états financiers en monnaies étrangères

Cette section concerne principalement la conversion des états financiers des filiales étrangères pour l'établissement des comptes consolidés. Mais elle s'applique aussi à l'élaboration des comptes individuels lorsque ceux-ci sont établis dans une devise autre que la monnaie fonctionnelle.

Le bilan et le compte de résultat global doivent être convertis ainsi :

– actifs et dettes : au taux de clôture,

– produits et charges : au taux du jour de la transaction (ou à un taux moyen périodique).

Il est à noter que les mêmes taux s'appliquent aux chiffres donnés à titre comparatif (les actifs et les dettes de N–1 sont convertis au taux de clôture de N et les produits et les charges de N–1 au taux utilisé pour les éléments correspondants de N).

La conversion du bilan et du compte de résultat global fait apparaître un écart de conversion, qui résulte :

– de l'utilisation de taux différents pour les éléments du bilan et ceux du compte de résultat global,

– de l'impact de la variation du taux de change sur les capitaux propres d'ouverture.

Cet écart est comptabilisé directement dans les capitaux propres, comme autre élément du résultat global.

Si par la suite la participation dans la filiale ou la société apparentée est vendue, l'écart de conversion est viré dans le résultat de l'exercice de cession.

Lors de l'établissement des comptes consolidés, se pose le problème de l'origine du goodwill dégagé lors de l'acquisition d'une filiale. Cet élément peut être analysé de deux façons :

– on peut considérer qu'il représente des actifs de la filiale non comptabilisés au bilan de celle-ci ;

– mais on peut aussi estimer que ce supplément de prix payé par l'acquéreur s'explique par les retombées positives de l'acquisition sur la société mère.

L'IFRS 3 n'indique pas quelle interprétation doit être retenue, probablement parce que chacune peut être vraie, selon le cas. L'IAS 21, par contre, estime que le goodwill doit être considéré comme un actif de la filiale, et donc converti au taux de clôture.

Exemple 21.7. – Les états financiers de la filiale américaine d'une société française se présentent ainsi :

Bilan (en milliers de $)

	31/12/N	**31/12/N–1**
Actifs		
Immobilisations corporelles	500 000	480 000
Autres immobilisations	190 000	180 000
Stocks	100 000	90 000
Créances	150 000	165 000
Trésorerie	10 000	15 000
Total des actifs	*950 000*	*930 000*
Dettes		
Emprunts	300 000	280 000
Autres dettes	100 000	130 000
Provisions	80 000	100 000
Total des dettes	*480 000*	*510 000*
Capitaux propres		
Capital	100 000	100 000
Réserves de bénéfices	320 000	280 000
Autres réserves	50 000	40 000
Total des capitaux propres	*470 000*	*420 000*

Compte de résultat global (en milliers de $)

	N	**N–1**
Ventes	1 000 000	1 050 000
Coût des marchandises vendues	– 600 000	– 628 000
Marge brute	*400 000*	*422 000*
Charges de distribution	– 220 000	– 240 000
Charges administratives	– 60 000	– 57 000
Autres charges d'exploitation	– 34 000	– 48 000
Résultat d'exploitation	*86 000*	*77 000*
Intérêts	– 21 000	– 19 000
Résultat avant impôt	*65 000*	*58 000*
Impôt sur les bénéfices	– 20 000	– 18 000

Compte de résultat global (en milliers de $)

	N	N–1
Résultat hors éléments exceptionnels	*45 000*	*40 000*
Éléments exceptionnels (nets d'impôt)	– 5 000	15 000
Résultat de l'exercice	*40 000*	*55 000*
Autres éléments du résultat global	10 000	– 3 000
Résultat global de l'exercice	*50 000*	*52 000*

Les taux de change sont les suivants :

31/12/N–1 : 1 $ = 0,90 €

31/12/N : 1 $ = 0,80 €

Les produits et les charges de N sont convertis au taux moyen de l'exercice (0,87 €).

Au 31/12/N–1, les capitaux propres se présentaient ainsi, après conversion en euros :

	Milliers $	Taux de conversion	Milliers €
Capital	100 000	0,95	95 000
Réserves de bénéfices	280 000		257 600
Autres réserves	40 000		39 000
Écart de conversion (par différence)			– 13 600
Total des capitaux propres	420 000	0,90	378 000

Il n'y a pas eu de distribution de dividendes en N.

La conversion des états financiers s'effectuera de la façon suivante :

Compte de résultat global

	Milliers $	Taux de conversion	Milliers €
Ventes	1 000 000	0,87	870 000
Coût des marchandises vendues	– 600 000	0,87	– 522 000
Marge brute	*400 000*		*348 000*
Charges de distribution	– 220 000	0,87	– 191 400
Charges administratives	– 60 000	0,87	– 52 200
Autres charges d'exploitation	– 34 000	0,87	– 29 580
Résultat d'exploitation	*86 000*		*74 820*
Intérêts	– 21 000	0,87	– 18 270
Résultat avant impôt	*65 000*		*56 550*
Impôt sur les bénéfices	– 20 000	0,87	– 17 400
Résultat hors éléments exceptionnels	*45 000*		*39 150*
Éléments exceptionnels (nets d'impôt)	– 5 000	0,87	– 4 350
Résultat de l'exercice	*40 000*		*34 800*
Autres éléments du résultat global	10 000	0,87	8 700
Résultat global de l'exercice	*50 000*		*43 500*

Bilan au 31/12/N

	Milliers $	Taux de conversion	Milliers €
Actifs			
Immobilisations corporelles	500 000	0,80	400 000
Autres immobilisations	190 000	0,80	152 000
Stocks	100 000	0,80	80 000
Créances	150 000	0,80	120 000
Trésorerie	10 000	0,80	8 000
Total des actifs	*950 000*		*760 000*
Dettes			
Emprunts	300 000	0,80	240 000
Autres dettes	100 000	0,80	80 000
Provisions	80 000	0,80	64 000
Total des dettes	*480 000*		*384 000*
Capitaux propres			
Capital	100 000	0,95	95 000
Réserves de bénéfices	320 000		292 400
Autres réserves	50 000		47 700
Écart de conversion (par différence)			– 59 100
Total des capitaux propres	*470 000*	*0,80*	*376 000*

Explication du montant des réserves :

Réserves de bénéfices :

Montant au 31/12/N–1	257 600
Résultat de N (report du compte de résultat)	34 800
	292 400

Autres réserves :

Montant au 31/12/N–1	39 000
Autres éléments du résultat global de N	8 700
	47 700

Quant à l'écart de conversion, il peut s'expliquer ainsi :

Écart de conversion au 31/12/N–1		– 13 600
Impact de la variation du taux de change sur les capitaux propres d'ouverture :		
420 000 × (0,80 – 0,90) =		– 42 000
Écart dû à l'utilisation de taux différents pour le bilan et le compte de résultat global de N :		
Résultat global de N converti au taux de clôture :		
50 000 × 0,8 =	40 000	
Résultat global de N converti au taux moyen de l'exercice	– 43 500	
		– 3 500
		– 59 100

Règles particulières pour les entreprises situées dans des économies hyperinflationnistes

Lorsque la monnaie fonctionnelle est celle d'un pays hyperinflationniste, la conversion des états financiers de l'entreprise obéit à des règles particulières.

1) Il faut en premier lieu réévaluer le bilan et le compte de résultat à la date de clôture, conformément à l'IAS 29.

2) Les états financiers réévalués sont ensuite convertis dans la monnaie de présentation en appliquant le taux de clôture à tous les postes du bilan et du compte de résultat (y compris les capitaux propres).

Il est à noter que, lors de cette deuxième étape, les chiffres de l'année précédente ne sont pas modifiés.

Cession d'une participation

En cas de cession de la participation dans une filiale, co-entreprise ou entreprise associée étrangère, les différences de conversion cumulées figurant dans les capitaux propres doivent être reclassées dans le résultat de l'exercice de cession. Il en est de même en cas de perte de contrôle ou d'influence notable, même si la société mère conserve une participation dans l'entreprise en cause.

Si la cession porte sur une filiale consolidée par intégration globale, seule la part de la société mère dans les différences de change cumulées doit être reclassée dans le résultat.

Principales différences par rapport aux US GAAP

La révision de l'IAS 21 a été fortement inspirée par la norme américaine FAS 52, au point qu'on peut considérer qu'il n'y a plus maintenant de différence majeure entre l'IAS 21 et les US GAAP.

La pratique en Europe

Les extraits suivants illustrent la façon dont les sociétés européennes cotées en bourse appliquent l'IAS 21.

« La devise d'établissement des comptes consolidés est l'euro ; les comptes des filiales utilisant une monnaie fonctionnelle différente sont convertis en euros :
- aux cours de clôture pour les postes du bilan ;
- aux cours moyens de la période pour les éléments du compte de résultat.

Les différences de change résultant de l'application de ces cours sont inscrites dans les capitaux propres, en « Écarts de conversion ».

Les opérations en devises étrangères réalisées par les sociétés consolidées sont converties dans leur monnaie fonctionnelle aux cours des devises à la date des opérations.

Les créances et dettes exprimées en devises étrangères sont converties aux cours de ces devises à la date de clôture. Les pertes et gains de change latents résultant de cette conversion sont enregistrés :
– en coût des ventes pour les opérations à caractère commercial ;
– en résultat financier pour les opérations de nature financière.

Les pertes et gains de change résultant de la conversion d'opérations ou créances et dettes intra-Groupe en devises étrangères, ou de leur élimination, sont enregistrés au compte de résultat, à moins qu'ils ne proviennent d'opérations de financement intra-Groupe à long terme pouvant être considérées comme des opérations en capital : ils sont dans ce cas inscrits en capitaux propres, en « Écarts de conversion » [LVMH (France), rapport annuel 2008].

« Les transactions en devises étrangères dans les sociétés du Groupe sont initialement comptabilisées aux taux de change prévalant à la date des transactions. Les actifs et passifs monétaires libellés en devises étrangères sont convertis aux taux de change de fin de période. Les profits et les pertes de change sont enregistrés dans le compte de résultats de la période.

Dans le cadre de la consolidation, les actifs et passifs des entités étrangères sont convertis en EUR aux cours de fin de période. Les résultats sont convertis en EUR aux cours moyens de la période. Les écarts de conversion qui apparaissent sont transférés à la rubrique « écarts de conversion », en capitaux propres » [Solvay (Belgique), rapport annuel 2008].

« Les éléments inclus dans les états financiers de chacune des entités du Groupe sont calculés en utilisant la monnaie la plus représentative de leur environnement économique, qualifiée de monnaie fonctionnelle. Les comptes consolidés sont établis en francs suisses, monnaie de présentation du Groupe.

Les transactions en monnaies étrangères sont converties au cours de change en vigueur à la date où elles ont été effectuées. Les gains et pertes de change sur ces transactions, de même que ceux résultant de la conversion d'actifs et de passifs monétaires libellés en monnaie étrangère sur la base des cours du jour de clôture de l'exercice, sont comptabilisés dans le compte de résultat consolidé. Les gains et pertes de change sur transactions de couvertures de flux de trésorerie (cash flow hedges) sont comptabilisés dans les capitaux propres.

La conversion du compte de résultat des entités du Groupe dont la monnaie fonctionnelle n'est pas le franc suisse s'effectue au cours moyen de l'année, établi par approximation des cours en vigueur à la date de la transaction. Le bilan est converti au cours du jour de clôture de l'exercice. Les écarts de conversion qui en découlent sont reconnus en tant que composant distinct des capitaux propres.

Lors de la consolidation, les écarts de conversion provenant de l'investissement net dans des entités étrangères sont inscrits dans les capitaux propres. Lors de la vente d'une entité étrangère, ces écarts sont inclus dans le résultat de la vente présenté dans le compte de résultat.

Pour la période sous revue, aucune des entités du Groupe n'opère dans une monnaie d'économie hyper-inflationniste.

Le goodwill et les ajustements de juste valeur provenant de l'acquisition d'une entité étrangère sont traités en tant qu'actifs et passifs de ladite entité et convertis au cours du jour de clôture » [SwatchGroup (Suisse), rapport annuel 2008].

Conséquences pour l'utilisateur des états financiers

L'adoption de l'euro a considérablement réduit l'importance des problèmes de conversion qui ne se posent plus, maintenant, que pour les échanges avec des entreprises n'appartenant pas à la zone de la monnaie unique.

En posant comme principe que toute différence de change, réalisée ou non, doit être comptabilisée dans le résultat de l'exercice au cours duquel elle apparaît, l'IAS 21 limite les risques de manipulations comptables.

L'existence d'une exception pour les prêts et emprunts à long terme qui font partie de l'investissement net dans une entité étrangère permet cependant aux entreprises qui le souhaitent d'influencer, dans une certaine mesure, leurs résultats. On a vu en effet que les différences de change sur ces éléments ne sont pas comptabilisées en charges ou en produits mais inscrites directement dans les capitaux propres. Si l'entreprise souhaite inclure ces écarts dans son résultat, elle prétendra donc que les prêts ou emprunts en question seront remboursés prochainement. Inversement, si elle veut exclure ces différences du calcul du résultat, elle soutiendra que le règlement de ces opérations n'est ni planifié ni susceptible de survenir dans un avenir prévisible.

N'oublions pas également que de nombreuses sociétés qui n'appliquent pas les IFRS ne comptabilisent pas les gains de change non réalisés en produits. Il en résulte alors une sous-évaluation systématique du résultat, puisque les pertes de change potentielles sont, elles, obligatoirement prises en charges.

La conversion des états financiers établis dans une devise étrangère est, pour l'analyste externe, source d'interrogations car les écarts en résultant, qui sont souvent d'un montant important, ne peuvent être expliqués autrement que de façon purement comptable. À défaut de posséder une signification économique claire, ces écarts doivent au moins pouvoir être calculés objectivement. Il importe donc que les méthodes qui les font naître soient unanimement reconnues et les critères de choix parfaitement définis.

Avant sa révision de 2003, l'IAS 21 admettait deux méthodes de conversion : celle dite « du taux de clôture », proche de la norme actuelle ; et la « méthode temporelle ». Selon cette dernière, les éléments monétaires étaient convertis au taux de clôture et les éléments non monétaires au taux historique. Quant aux écarts de conversion, ils étaient, pour la plupart, comptabilisés en charges ou en produits, ce qui avait pour conséquence de rendre le résultat très sensible aux variations des taux de change. À chaque méthode était, en principe, associé un domaine d'application particulier, la méthode du taux de clôture étant réservée aux filiales jouissant d'une forte autonomie. Mais étant donné que c'était l'entreprise elle-même qui décidait à quelle catégorie appartenait chaque filiale, on pouvait craindre que ce classement obéisse à d'autres critères qu'une analyse objective des conditions de fonctionnement de la filiale.

L'IAS 21 révisée a mis un terme à cette incertitude en généralisant la méthode du taux de clôture. Ceci dit, même avant cette norme, cette méthode était pratiquement la seule utilisée, ce qui tend à prouver que les méthodes de conversion n'étaient pas un instrument de manipulation des comptes. Il est vrai que la volatilité des taux de change n'incite pas à jouer sur ce paramètre pour influencer le résultat, dans la mesure où un écart favorable une année peut fort bien être défavorable l'année suivante. On comprend donc que les entreprises aient de tout temps, préféré comptabiliser les écarts de conversion directement dans les capitaux propres plutôt que dans le compte de résultat.

L'IAS 21 en bref

La norme repose sur la notion de monnaie fonctionnelle, qui est généralement la monnaie du pays dans lequel l'entreprise est située.

Les transactions effectuées dans une autre devise doivent être converties dans la monnaie fonctionnelle au cours du jour de la transaction.

À la clôture de l'exercice :

– les créances et dettes sont converties au taux de clôture ;

– les autres actifs qui figurent au taux historique sont convertis au taux du jour d'acquisition ; ceux qui figurent à leur juste valeur au taux du jour de la dernière évaluation ;

– les écarts de conversion sont comptabilisés dans le résultat de l'exercice, sauf ceux relatifs à des créances et dettes participant au financement permanent d'une société du groupe, qui eux, sont enregistrés directement dans les capitaux propres.

Le bilan et le compte de résultat des filiales étrangères sont convertis dans la monnaie de présentation des comptes consolidés de la façon suivante :

– actifs et dettes : convertis au taux de clôture,

– produits et charges : convertis au taux du jour de la transaction (ou à un taux moyen périodique),

– écarts de conversion : comptabilisés directement dans les capitaux propres.

Les états financiers des filiales situées dans des pays hyperinflationnistes sont d'abord réévalués à la date du bilan puis convertis dans la monnaie de présentation au taux de clôture.

IAS 22

REGROUPEMENTS D'ENTREPRISES[1]

Cette norme a été remplacée par l'IFRS 3.

1. Norme révisée en 1998.

IAS 23

COÛTS D'EMPRUNT[1]

Le sujet

Certains actifs ont une durée de fabrication particulièrement longue (biens immobiliers notamment). Pour financer cette période, l'entreprise peut être amenée à emprunter des fonds. La question qui se pose est de savoir si les intérêts correspondants doivent être maintenus en charges de l'exercice auquel ils s'appliquent ou au contraire être considérés comme un élément du coût de l'actif concerné.

Les partisans de cette dernière solution estiment que cette charge n'est pas intrinsèquement différente de celles qui entrent dans le coût de revient de l'actif. Les adversaires de la capitalisation font valoir qu'elle aboutirait à évaluer différemment un bien selon qu'il est financé par emprunt ou par capitaux propres, à moins d'admettre aussi l'incorporation d'une rémunération des fonds propres ; ce que tous s'accordent à exclure.

Définitions

Les coûts d'emprunts ne se limitent pas aux intérêts. Ils comprennent aussi les autres frais occasionnés par l'emprunt de fonds comme :

– l'amortissement des primes d'émission ou de remboursement,
– l'amortissement des frais accessoires d'émission,

1. Norme révisée en 2007.

– les différences de change sur emprunts en devises étrangères, dans la mesure où elles peuvent être considérées comme des compléments d'intérêts,
– ainsi que la fraction des locations financières assimilable à des intérêts (voir IAS 17).

Rappelons également quelques définitions concernant les emprunts, qui n'émanent pas de l'IASB :
– valeur nominale (VN) : montant sur lequel sont calculés les intérêts,
– prix d'émission (PE) : montant versé par les souscripteurs à l'émission,
– prix de remboursement (PR) : montant remboursé par l'emprunteur à l'échéance.

Le plus souvent ces trois montants coïncident. Cependant, dans le cas d'emprunts émis sous forme d'obligations, il n'est pas rare qu'ils diffèrent. On a alors généralement : PE ≤ VN ≤ PR. On trouve aussi des cas où le prix d'émission est supérieur à la valeur nominale. Quoi qu'il en soit, on appelle :
– prime d'émission : la différence entre la valeur nominale et le prix d'émission,
– prime de remboursement : la différence entre le prix de remboursement et la valeur nominale.

Ces primes constituent des charges complémentaires pour l'emprunteur. Comptablement, elles sont le plus souvent étalées sur la durée de l'emprunt sous forme d'un amortissement qui fait partie des coûts d'emprunts.

Comptabilisation

L'IAS 23 pose comme principe que le coût des emprunts ayant servi à financer la construction ou la production d'un actif « qualifié » doivent être inclus dans le coût de cet actif. Les autres coûts d'emprunts sont comptabilisés en charges.

Un actif « qualifié » est un actif qui exige une longue période de préparation avant de pouvoir être utilisé ou vendu.

Cette définition appelle deux remarques :
– Les actifs en cause peuvent être des immobilisations mais aussi des stocks dont la durée de fabrication ou de maturation est particulièrement longue (travaux immobiliers, spiritueux...).
– En l'absence de précision, l'appréciation du caractère suffisant de la durée de mise en état d'utilisation ou de vente est du ressort de l'entreprise (et de ses réviseurs). La norme indique seulement que les stocks fabriqués sur une période courte ne satisfont pas aux conditions de capitalisation. Il en est de même des actifs prêts à être utilisés ou vendus au moment de leur acquisition, quelle qu'ait été leur durée de production chez le fournisseur.

Signalons également que la capitalisation des coûts d'emprunts est facultative pour les actifs qualifiés :

– qui sont évalués à leur juste valeur,

– ou qui constituent des stocks fabriqués en grande quantité et de façon répétitive.

Une entreprise fabriquant des spiritueux nécessitant une longue période de stockage avant commercialisation peut donc s'abstenir d'inclure des intérêts d'emprunts dans le coût de ces stocks.

Le calcul des coûts capitalisables

Le calcul des charges d'emprunts pouvant être incorporées dans le coût des actifs suppose la détermination des emprunts concernés et la délimitation de la période de calcul.

Les emprunts à prendre en compte

Les coûts d'emprunts capitalisables sont, par définition, ceux qui auraient pu être évités si l'actif en question n'avait pas été acquis (ou loué s'il s'agit d'une location financière). Leur identification est plus ou moins facile selon que le financement de l'actif a fait l'objet d'un emprunt particulier ou que les fonds nécessaires ont été prélevés sur l'ensemble des ressources de l'entreprise.

Dans le premier cas, peuvent être capitalisées les charges réelles relatives à la période de mise en état d'utilisation ou de vente de l'actif, déduction faite des éventuels revenus tirés du placement temporaire des fonds empruntés.

Exemple 23.1. – Une entreprise a emprunté 5 000 000 € pour financer la construction d'un bâtiment. Les charges relatives à cet emprunt se sont élevées à 300 000 € au cours de l'exercice N. Le montant emprunté dépassant les besoins immédiats de l'entreprise, une partie de la somme a été placée, procurant 80 000 € de produits financiers.

Le montant d'intérêts capitalisables au titre de l'exercice N se monte donc à 300 000 – 80 000 = 220 000 €.

Lorsque le financement de l'actif n'a pas fait l'objet d'un emprunt spécifique, le montant de charges capitalisables s'obtient en multipliant le coût de l'actif par un taux représentatif du coût moyen des emprunts de l'entreprise au cours de la période. En tout état de cause, le montant ainsi obtenu ne doit pas dépasser les coûts d'emprunts réellement supportés au cours de la période.

L'IASB précise que le coût moyen de l'actif durant la période (y compris les charges d'emprunts précédemment incluses) constitue une bonne approximation de la base de calcul des intérêts capitalisables.

Lorsque l'opération fait l'objet de subventions, celles-ci doivent être déduites du coût de l'actif.

Exemple 23.2. – Une entreprise dont l'exercice coïncide avec l'année civile a entrepris la construction d'un bâtiment sans faire appel à un financement particulier. Les emprunts et travaux en cours au début et à la clôture de l'exercice N étaient les suivants :

	1/01/N	31/12/N	Moyenne
Emprunts :			
Emprunt A à 8 %	1 000 000	800 000	900 000
Emprunt B à 6 %	1 500 000	1 500 000	1 500 000
	2 500 000	2 300 000	2 400 000
Coût des travaux réalisés	2 200 000	3 400 000	2 800 000

Pour l'exercice N, les intérêts sur emprunts se sont élevés à 170 000 €.

Taux d'intérêt moyen des emprunts en cours durant l'exercice N :

$$\left[8\ \% \times \frac{900\ 000}{2\ 400\ 000}\right] + \left[6\ \% \times \frac{1\ 500\ 000}{2\ 400\ 000}\right] = 6{,}75\ \%$$

Intérêts capitalisables au titre de l'exercice N :

2 800 000 × 6,75 % = 189 000 € plafonnés à 170 000 €.

Remarquons que cette façon de procéder aboutit généralement à surestimer l'importance de l'endettement. Multiplier le coût d'un actif par le taux moyen des emprunts de l'entreprise revient en effet à supposer que cet actif est financé intégralement par emprunts, hypothèse peu réaliste compte tenu de la mixité (dettes et capitaux propres) de la structure financière de la plupart des entreprises.

La détermination des emprunts directement attribuables au financement d'un actif particulier est difficile dans les groupes où les décisions financières sont centralisées au niveau d'une société (généralement la holding) qui répartit les ressources obtenues entre les différentes filiales. Dans ce cas, le calcul du taux moyen de charges financières peut prendre en compte l'ensemble des emprunts contractés par la société mère et ses filiales.

La période de calcul

Les coûts d'emprunts peuvent être capitalisés dès que :

– des dépenses liées à l'actif ainsi que des charges d'emprunts apparaissent ;

– et que des activités nécessaires à la préparation de l'actif sont entreprises.

Les activités en question dépassent la simple construction physique de l'actif. Elles comprennent aussi le travail technique et administratif préalable, comme par exemple les démarches nécessaires à l'obtention du permis de construire.

En revanche, les coûts d'emprunts relatifs à des périodes pendant lesquelles le développement de l'actif est suspendu ne sont pas capitalisables. Ainsi, en cas de retards prolongés dans la construction, dus par exemple à des blocages administratifs, les intérêts relatifs à cette période ne peuvent pas, en principe, être inclus dans le coût de la construction.

La période de capitalisation des coûts d'emprunts se termine lorsque l'actif considéré atteint le stade qui lui permet d'être utilisé ou vendu.

Lorsqu'un actif est constitué de plusieurs unités qui peuvent être mises en service dès leur terminaison alors même que la construction des autres continue (exemple : un ensemble immobilier comprenant plusieurs bâtiments), la période de capitalisation des coûts d'emprunts est déterminée unité par unité.

Principales différences par rapport aux US GAAP

Les US GAAP exigent eux aussi la capitalisation des intérêts d'emprunts pour les actifs dont la durée de fabrication est longue. Deux différences par rapport à l'IAS 23 peuvent être signalées :

– Selon les US GAAP, la capitalisation ne porte généralement que sur les intérêts ; elle ne s'étend pas aux autres charges d'emprunts.

– Les éventuels produits financiers tirés du placement temporaire des sommes empruntées ne viennent pas en déduction des intérêts capitalisables.

La pratique en Europe

La norme IAS 23 actuelle est entrée en application le 1er janvier 2009. Avant cette date, les entreprises pouvaient soit activer le coût des emprunts relatifs à des actifs qualifiés, soit les comptabiliser en charges. Les deux solutions étaient utilisées, comme le montrent les exemples suivants.

« Les coûts d'emprunts supportés pendant la période de construction des ouvrages en concession sont incorporés dans la valeur des actifs immobilisés. Ils sont déterminés de la façon suivante :

– lorsque des fonds sont empruntés spécifiquement en vue de la construction d'un ouvrage, les coûts d'emprunt incorporables correspondent aux coûts réels encourus au cours de l'exercice, diminués des produits financiers éventuels provenant du placement temporaire des fonds empruntés ;

– dans le cas où les emprunts ne comportent pas d'affectation précise, le montant des intérêts incorporables au coût de l'ouvrage est déterminé en appliquant aux dépenses de construction un taux de capitalisation égal à la moyenne pondérée des coûts d'emprunts dédiés à la construction, autres que les coûts des emprunts contractés spécifiquement pour la construction d'ouvrages déterminés » [Vinci (France), rapport annuel 2008].

« Les intérêts des emprunts affectés à la construction et à l'acquisition des actifs corporels sont comptabilisés en charges financières et ne sont pas immobilisés dans le coût de l'actif » [Saint-Gobain (France), rapport annuel 2008].

L'inclusion d'intérêts dans le coût des stocks semble rare, même chez les entreprises dont les produits nécessitent une longue période de stockage :

« Le prix de revient des stocks à cycle long est calculé, de façon uniforme, en incluant les coûts de distillation et de vieillissement hors frais financiers » [Pernod Ricard (France), rapport annuel 2008-2009].

« Les stocks figurent au minimum du coût et de la valeur réalisable nette. Le coût comprend les matières premières, la main-d'œuvre et les dépenses directes, une part appropriée des frais généraux de production, mais pas de coûts d'emprunts » [Diageo (Royaume-Uni), rapport annuel 2008-2009 (traduction)].

Conséquences pour l'utilisateur des états financiers

L'activation des intérêts d'emprunts a pour effet de retarder la constatation en charges des intérêts des emprunts finançant la construction de certains actifs. L'impact sur le résultat peut être substantiel en cas d'investissements massifs. En principe, les intérêts capitalisés au cours d'un exercice doivent être indiqués dans les notes. Il est donc facile de recalculer le résultat qui aurait été obtenu s'ils avaient été comptabilisés en charges.

De toute façon, les intérêts inclus dans le coût d'un actif suivent le sort de celui-ci. Ils finissent donc toujours par se retrouver en charges, soit lorsque l'actif est vendu, soit lorsqu'il est amorti.

Exemple 23.3. – Au cours de l'exercice N, une entreprise a capitalisé pour 120 000 € de charges d'emprunts dans une immobilisation et des stocks. L'immobilisation, amortissable sur 5 ans est terminée à la fin de l'exercice N. Les stocks sont vendus en N+1 pour 130 000 €.

Les coûts de production sont les suivants :
- immobilisation : 300 000 € (dont 80 000 € de charges financières)
- stock : 120 000 € (dont 40 000 € de charges financières).

On supposera pour simplifier qu'il n'y a pas d'autres produits ni charges.

Les résultats des exercices N à N+5 seront (en milliers €) :

	N	N+1	N+2	N+3	N+4	N+5	Total
Charges d'emprunts	0	0	0	0	0	0	0
Amortis. de l'immobilis.	0	– 60	– 60	– 60	– 60	– 60	– 300
Profit/vente des stocks	0	10	0	0	0	0	10
Résultat net	0	– 50	– 60	– 60	– 60	– 60	– 290

Si l'entreprise n'avait pas capitalisé les coûts d'emprunts, les résultats seraient :

	N	N+1	N+2	N+3	N+4	N+5	Total
Charges d'emprunts	– 120	0	0	0	0	0	– 120
Amortis. de l'immobilis.	0	– 44	– 44	– 44	– 44	– 44	– 220
Profit/vente des stocks	0	50	0	0	0	0	50
Résultat net	– 120	6	– 44	– 44	– 44	– 44	– 290

Le résultat cumulé sur 6 ans est le même quelle que soit la solution retenue.

L'activation ne fait donc que modifier l'échéancier des résultats. Seule l'inclusion d'intérêts dans le coût d'immobilisations non amortissables (terrains essentiellement) serait de nature à différer éternellement la constatation de ces charges (à condition bien sûr que ces actifs ne soient ni vendus ni dépréciés). Les conditions d'activation des charges d'emprunts (actifs à durée de fabrication longue) s'opposent heureusement à cette éventualité.

La capitalisation ayant pour effet de faire disparaître du résultat une part importante des intérêts, l'analyste risque, s'il n'y prend garde, de sous-estimer le poids des dettes dans les performances de l'entreprise. Le remède, là aussi, est simple : Il suffit d'ajouter aux charges financières apparaissant dans le compte de résultat global le montant d'intérêts capitalisés durant l'exercice, dans la mesure bien sûr où cette information est fournie.

L'IAS 23 en bref

Normalement, les coûts d'emprunts (intérêts et frais accessoires) sont comptabilisés en charges de l'exercice auquel ils s'appliquent.

Ceux directement attribuables à l'acquisition, la construction ou la production d'un actif dont la mise en état d'utilisation ou de vente nécessite une durée substantielle doivent être inclus dans le coût d'acquisition de cet actif.

La période de capitalisation commence avec les premières dépenses liées à l'actif considéré et se termine lorsque celui-ci est prêt à être utilisé ou vendu.

IAS 24

INFORMATION RELATIVE AUX PARTIES LIÉES[1]

Le sujet

Cette norme réglemente l'information à fournir sur les relations qu'entretient l'entreprise avec les personnes physiques ou morales sur lesquelles elle est susceptible d'avoir une influence ou qui sont susceptibles d'avoir une influence sur elle.

Elle s'applique aussi bien aux états financiers individuels qu'aux comptes consolidés.

Définitions

Une personne ou un de ses proches est liée à une entreprise dans chacune des situations suivantes :

– elle a le contrôle [2] exclusif ou conjoint de cette entreprise,

– elle a une influence notable [3] sur cette entreprise,

– elle fait partie des principaux dirigeants de l'entreprise ou de sa société mère.

Sont considérés comme « proches » d'une personne :

– ses enfants, son conjoint ou son (sa) concubin(e),

1. Norme révisée en 2009.
2. Le concept de « contrôle » est défini par l'IAS 27.
3. Sur la notion d'« influence notable » et d'« entreprise associée », voir l'IAS 28.

– les enfants de son conjoint ou de son (sa) concubin(e),
– les personnes qui sont à sa charge ou à la charge de son conjoint ou de son (sa) concubin(e).

Par « principaux dirigeants », il faut entendre les personnes qui ont l'autorité et la responsabilité de la planification, de la direction et du contrôle des activités de l'entreprise. Cette définition inclut tous les administrateurs (salariés ou non) de la société.

Deux entreprises sont liées si :
– elles appartiennent au même groupe,
– l'une est une entreprise associée [1] ou une coentreprise [2] de l'autre (ou d'un membre du groupe dont l'autre entreprise est membre),
– elles sont toutes deux des coentreprises d'une troisième entité,
– elles sont coentreprise et entreprise associée d'une troisième entité,
– l'une est contrôlée par une personne liée à l'autre,
– une personne qui a le contrôle de l'une a aussi une influence notable sur l'autre ou est un des principaux dirigeants de l'autre (ou de la société mère de l'autre).

Ne constituent pas, en elles-mêmes, des parties liées :
– deux sociétés ayant un dirigeant commun (sauf bien sûr si celui-ci influence les politiques des deux sociétés dans leurs opérations communes) ;
– les prêteurs, les syndicats, les entreprises de services publics, les services et agences publics dans le cours de leurs opérations normales avec l'entreprise (bien qu'ils puissent restreindre la liberté d'action de celle-ci ou participer à son processus décisionnel) ;
– un client, fournisseur, franchiseur, distributeur ou agent général avec lequel l'entreprise réalise un volume d'opérations important, malgré la dépendance économique qui en résulte.

Les informations à publier

L'idée sous-jacente à l'IAS 24 est que l'existence de relations étroites entre deux parties peut amener celles-ci à effectuer des transactions à des conditions particulièrement avantageuses pour l'une d'elles ou même à réaliser des opérations qu'elles ne réaliseraient pas si elles n'étaient pas liées. Il importe donc que les utilisateurs des états financiers soient informés de l'existence de tels liens et des caractéristiques principales des transactions effectuées.

L'IAS 24 remarque que l'existence d'une situation de parties liées peut avoir une influence sur les résultats et la situation financière d'une entreprise, même en l'absence de toute opération entre les parties considérées.

---

1. Sur la notion d'« influence notable » et d'« entreprise associée », voir l'IAS 28.
2. Voir l'IAS 31.

Une filiale peut, par exemple, mettre fin à ses relations avec un partenaire commercial à la suite de l'acquisition, par la société mère, d'une société poursuivant les mêmes activités que le partenaire précédent. Elle peut aussi s'abstenir de certaines activités en raison de l'influence exercée par une autre partie : Une filiale peut ainsi être interdite de recherche-développement par la société mère si celle-ci préfère se réserver l'exclusivité de cette activité.

Cependant, étant donné la difficulté de déterminer l'incidence des influences qui ne débouchent pas sur des opérations, l'IAS 24 n'exige pas leur mention dans les états financiers. Seules les transactions entre parties liées doivent donc faire l'objet d'une information.

La nature de ces transactions doit être indiquée, ainsi que toute information utile à la compréhension de leur effet potentiel sur les états financiers. L'information à fournir comprend au minimum :

– le montant des transactions,
– les créances en résultant avec les éventuelles provisions pour dépréciation,
– et les pertes constatées sur ces créances.

Ces informations doivent être données séparément pour les transactions réalisées par l'entreprise avec :

– sa société mère,
– ses filiales,
– ses sociétés apparentées,
– les coentreprises dans lesquelles elle est actionnaire,
– ses principaux dirigeants ou ceux de sa société mère,
– les entités qui exercent un contrôle conjoint ou une influence notable sur elle,
– et les autres parties qui lui sont liées.

Les éléments de même nature peuvent être regroupés, à moins qu'une information séparée soit nécessaire pour bien comprendre les effets des opérations entre parties liées.

L'entreprise doit indiquer le nom de sa société mère. Elle doit aussi décrire les relations avec ses filiales, même s'il n'y a pas eu de transactions avec celles-ci.

Enfin, l'entreprise doit également publier la rémunération totale de ses principaux dirigeants et ventiler cette somme entre :

– les avantages à court terme (salaires, primes, avantages en nature…),
– les avantages postérieurs à l'emploi (retraites, assurance vie et assurance médicale postérieures à l'emploi),
– les autres avantages à long terme (avantages liés à l'ancienneté),
– les indemnités de fin de contrat de travail
– et les avantages sur capitaux propres (*stock-options*).

Les exceptions applicables aux entreprises publiques

L'IAS 24 a prévu des exceptions pour les entreprises publiques, c'est-à-dire celles qui sont sous le contrôle ou qui sont soumises à une influence notable de l'État, ses services ou ses subdivisions administratives (région, commune, etc.).

Ces entreprises peuvent ne pas fournir les informations relatives à leurs transactions avec les services de l'État ou avec d'autres entreprises publiques.

Mais elles doivent alors :

– indiquer l'identité des services concernés et la nature de leurs relations (contrôle exclusif, contrôle conjoint ou influence notable),

– la nature et le montant de chaque transaction jugée significative,

– un indicateur de l'importance des transactions non significatives.

Principales différences par rapport aux US GAAP

Aux États-Unis, les relations entre parties liées font l'objet de la norme FAS 57. Les personnes concernées et l'information à publier à propos des transactions réalisées sont pratiquement les mêmes que pour l'IAS 24.

On notera néanmoins que c'est l'autorité de régulation des bourses américaines (la Securities and Exchange Commission), et non les US GAAP, qui exige la publication des rémunérations des dirigeants. Cette information ne figure donc pas dans les états financiers, mais dans une autre partie du rapport annuel.

La pratique en Europe

L'information relative aux parties liées a longtemps été insuffisante, les entreprises répugnant probablement à fournir des renseignements considérés comme relevant du secret des affaires ou de la sphère privée des personnes concernées.

L'intérêt récent pour le gouvernement d'entreprise et les lois qui ont été votées dans ce sens ont profondément modifié les pratiques en la matière. La plupart des sociétés cotées fournissent maintenant quantité d'informations qui, auparavant, étaient tenues secrètes.

Les plus fréquentes concernent la rémunération des dirigeants, dont le niveau de détail varie considérablement en fonction de la réglementation nationale à laquelle l'entreprise est soumise.

Les autres informations fournies portent sur les filiales et participations ainsi que sur les actionnaires principaux.

Conséquences pour l'utilisateur des états financiers

Les transactions d'une entreprise avec les parties qui lui sont liées sont souvent conclues à des conditions éloignées de celles du marché. Il est donc souhaitable que ces opérations fassent l'objet d'une certaine publicité.

Cette information est d'autant plus nécessaire qu'en consolidation, les transactions entre sociétés du même groupe sont éliminées et que le résultat consolidé n'est donc pas affecté par les conditions particulières auxquelles ces transactions sont conclues.

L'IAS 24 en bref

Les opérations entre l'entreprise et les personnes physiques et morales liées à elle par une relation de contrôle ou l'exercice d'une influence notable doivent faire l'objet d'une information particulière.

Doivent être indiqués la nature de ces opérations ainsi que tout élément nécessaire à une bonne compréhension des états financiers.

L'entreprise doit également publier la rémunération globale de ses principaux dirigeants, ventilée par catégorie.

IAS 25

LA COMPTABILISATION DES PLACEMENTS[1]

Cette norme a été remplacée par l'IAS 39 et l'IAS 40.

1. Norme adoptée en 1985.

IAS 26

COMPTABILITÉ ET RAPPORTS FINANCIERS DES RÉGIMES DE RETRAITE[1]

Le sujet

Alors que la norme IAS 19 réglemente la comptabilisation du coût des pensions de retraite dans les états financiers de l'employeur, l'IAS 26 traite du contenu des rapports présentés par les régimes de retraite eux-mêmes.

Elle s'applique à tous les régimes, qu'ils soient gérés par une entité juridique séparée (caisse de retraite) ou par l'employeur lui-même. Elle concerne également les régimes qui confient la gestion de leurs placements à une compagnie d'assurance, à moins que celle-ci soit seule responsable du paiement des prestations.

Dans tous les cas, le régime de retraite est considéré comme une entité autonome distincte de ses adhérents.

Définitions

La norme reprend les définitions et la classification des régimes de retraite introduites par l'IAS 19.

Ainsi, un régime de retraite est défini comme une convention, formalisée ou non, par laquelle un employeur s'engage à des prestations au profit de ses salariés à la date de la cessation de leurs activités ou ultérieurement, sous forme d'une rente annuelle ou d'un capital.

1. Norme adoptée en 1987.

Les régimes de retraite se rattachent à deux grandes catégories : les régimes à cotisations (ou contributions) définies et ceux à prestations définies.

Dans un régime à cotisations définies, le montant des prestations est fonction du capital constitué par les cotisations versées et les revenus tirés de leur placement. L'employeur ne prend pas d'engagement quant au montant des pensions futures ; il se contente de verser les cotisations prévues, calculées généralement à partir des salaires de la période.

Dans un régime à prestations définies, les retraites sont déterminées à l'avance, le plus souvent sous la forme d'un pourcentage du salaire au moment de la cessation d'activité du salarié ; l'employeur s'engageant à faire en sorte que les prestations promises puissent être versées.

L'IAS 26 précise que les régimes mixtes, qui constituent des combinaisons des deux types précédents, sont assimilés à des régimes à prestations définies.

Le contenu du rapport financier des régimes de retraite

Le contenu du rapport financier des régimes de retraite dépend de la nature du régime. Une partie des informations à publier est cependant commune à tous les régimes.

Les informations communes

Tout régime de retraite, qu'il soit à cotisations définies ou à prestations définies, doit présenter :

– un état de l'évolution des actifs nets affectés au paiement des prestations ;

– un résumé des principales méthodes comptables utilisées ;

– une description du régime avec mention de l'incidence de toute modification intervenue au cours de la période.

Les actifs nets affectés au paiement des prestations sont constitués des placements du régime, diminués des dettes.

Les placements doivent être comptabilisés à leur juste valeur.

L'IAS 26 précise que, pour des titres négociables, la juste valeur est la valeur de marché, autrement dit le cours de bourse. Les titres qui ont une valeur de remboursement fixe, comme les obligations, peuvent cependant être comptabilisés à leur valeur de remboursement.

Lorsqu'il n'est pas possible de faire une estimation de la juste valeur de certains placements, ceci doit être indiqué et expliqué.

Les informations spécifiques aux régimes à cotisations définies

L'IASB estime que l'objectif principal du rapport financier d'un tel régime est de fournir des informations sur le rendement des placements.

Le rapport doit donc comporter :

– un état des actifs nets affectés au paiement des prestations

– et une description de la politique de placement [1].

Les informations spécifiques aux régimes à prestations définies

Pour l'IAS 26, l'objectif premier du rapport financier d'un régime à prestations définies est de permettre l'appréciation de l'évolution du rapport entre les ressources accumulées et les prestations dues.

Dans un tel régime, il est indispensable de recourir périodiquement aux services d'un actuaire pour évaluer la situation financière du régime, réviser les hypothèses et fixer le niveau des cotisations.

L'actuaire devra notamment calculer la valeur actuarielle des prestations promises, c'est-à-dire la valeur actuelle des prestations que le régime aura à verser aux employés actuels et anciens, au titre des services déjà rendus.

Le calcul peut être basé soit sur les rémunérations à la date du rapport, soit sur une prévision des salaires des bénéficiaires au moment de leur départ en retraite.

Dans tous les cas, il convient de distinguer entre prestations acquises et prestations non acquises ; les premières correspondant aux retraites dont la perception n'est pas soumise à une condition de présence ultérieure du salarié dans l'entreprise.

Un consensus n'a pu être trouvé quant à la meilleure façon de présenter l'information actuarielle. Certains en effet sont favorables à ce que le rapport financier fasse clairement apparaître la différence entre la juste valeur des placements et la valeur actuarielle des prestations promises. D'autres estiment que cette comparaison peut être trompeuse, dans la mesure où, dans une perspective de continuité d'exploitation, la juste valeur des placements importe moins que le revenu attendu de ces actifs. Deux présentations sont donc admises.

Selon la première, le rapport financier doit comprendre :

– un état présentant les actifs nets affectés au paiement des prestations,

---

1. Une confusion semble avoir été faite lors de la rédaction de la norme. Le paragraphe 16 requiert en effet une description des « investment policies » et le paragraphe 13 une description de la « funding policy ». Dans la version française, ces termes ont été fidèlement traduits par « politiques de placement » et « politique de financement ». De fait, compte tenu de la nature des régimes à cotisations définies et de l'objectif énoncé par l'IASB, il nous semble que c'est la politique de placement qui importe. Nous considérons donc que c'est elle dont l'IAS 26 exige une description.

– la valeur actuarielle des prestations de retraite promises, en distinguant entre prestations acquises et prestations non acquises,
– et l'excédent ou l'insuffisance de couverture en résultant.

Selon la seconde présentation, le contenu du rapport est le suivant :
– un état des actifs nets affectés au paiement des prestations et
– soit une note mentionnant la valeur actuarielle des prestations promises, en distinguant entre prestations acquises et non acquises,
– soit un renvoi à cette information fournie dans un rapport actuariel joint.

Quelle que soit la forme choisie, l'IAS 26 précise que le rapport financier doit expliquer la relation entre la valeur actuarielle des prestations promises et les actifs nets affectés au paiement de celles-ci, ainsi que la politique suivie pour le financement des prestations promises.

Enfin, il va de soi que les conséquences de toute modification des hypothèses actuarielles sur la valeur actuarielle des prestations promises doivent être mentionnées, dans la mesure, bien sûr, où elles sont significatives.

La norme IAS 26 ne se prononce pas quant à la fréquence des évaluations actuarielles. Elle précise seulement que c'est l'évaluation la plus récente qui doit être utilisée et que sa date doit être mentionnée.

Principales différences par rapport aux US GAAP

Aux États-Unis, les obligations de publication des régimes de retraite sont contenues dans le FAS 35, qui ne concerne que les régimes à prestations définies. Cette norme semble avoir fortement inspiré l'IAS 26 puisqu'elle exige la publication d'à peu près les mêmes informations.

Conséquences pour l'utilisateur des comptes

Les informations requises par l'IAS 26 sont suffisantes pour permettre une appréciation de la situation financière d'un régime de retraite. Encore faut-il que leur objectivité ne puisse être mise en cause. Ceci ne semble pas facile étant donné la nature de ces informations.

L'évaluation des placements pour lesquels il n'existe pas de valeur de marché (titres non cotés, actifs immobiliers...) est forcément sujette à caution, compte tenu de la variété des méthodes et des paramètres utilisables.

Il en est de même du calcul de la valeur actuarielle des prestations promises, qui nécessite la prise en compte de multiples facteurs (espérance de vie, rotation du personnel, taux d'actualisation...), tous susceptibles d'influencer fortement le montant obtenu.

Comme toujours dans des cas semblables, l'analyste devra être attentif à ce que les méthodes et paramètres retenus soient constants dans le temps, tout changement injustifié pouvant être le signe d'une tentative de manipulation.

La méfiance sera moins de mise lorsque les évaluations émaneront de spécialistes indépendants (experts immobiliers, actuaires professionnels).

L'IAS 26 en bref

Les placements des régimes de retraite doivent être comptabilisés à leur juste valeur.

Le rapport financier de tout régime de retraite doit comprendre :

– un état faisant apparaître les actifs nets affectés au paiement des prestations et leur évolution au cours de l'exercice ;

– un résumé des principales méthodes comptables utilisées ;

– une description du régime et, le cas échéant, l'incidence de toute modification intervenue au cours de la période.

Les régimes à cotisations définies doivent en outre décrire leur politique de placement.

Les régimes à prestations définies doivent indiquer la valeur actuarielle des prestations de retraites promises en distinguant entre prestations acquises et non acquises. Cette information est publiée soit dans le rapport financier, soit dans un rapport actuariel joint.

Le calcul peut être basé sur les salaires actuels ou sur ceux prévus au moment du départ à la retraite.

IAS 27

ÉTATS FINANCIERS CONSOLIDÉS ET INDIVIDUELS[1]

Le sujet

Les utilisateurs des états financiers d'une entreprise qui a une ou plusieurs filiales ont besoin de connaître la situation financière et les résultats de l'activité du groupe ainsi constitué. Le but des états financiers consolidés est précisément de représenter le groupe dans son ensemble en dépassant les frontières juridiques des entités qui le composent.

La norme IAS 27 traite principalement de l'établissement des comptes consolidés et en particulier de la façon dont doivent être comptabilisées les participations dans les filiales.

Elle réglemente également l'établissement des comptes individuels des sociétés qui possèdent de telles filiales.

Définitions

On appelle filiale une entreprise qui est contrôlée (de manière exclusive) par une autre.

Les sociétés contrôlées conjointement par plusieurs actionnaires (*joint ventures*) sont soumises aux dispositions de l'IAS 31.

Le contrôle est défini comme le pouvoir de diriger l'exploitation et le financement d'une entreprise de façon à en retirer des avantages.

Une société mère est une entreprise qui a une ou plusieurs filiales.

---

1. Norme révisée en 2008.

L'ensemble constitué par la société mère et ses filiales constitue un groupe.

Les états financiers consolidés sont les états financiers d'un groupe présentés comme ceux d'une entreprise unique.

La nécessité d'établir des états financiers consolidés

Toute entreprise qui possède une ou plusieurs filiales doit établir des états financiers consolidés.

Lorsqu'une société mère est elle-même filiale d'une autre, il peut être plus utile d'avoir une vue d'ensemble du groupe auquel elle appartient que du sous-ensemble qu'elle constitue avec ses propres filiales.

C'est pourquoi l'IAS 27 exonère de l'obligation d'établir des comptes consolidés l'entreprise qui est elle-même filiale d'une autre société publiant des comptes de groupe conformes aux IFRS. Cette dispense est néanmoins subordonnée à trois autres conditions. Il faut en effet :

– que les autres actionnaires (y compris ceux n'ayant pas le droit de vote) aient été informés de la décision de l'entreprise et qu'ils ne s'y soient pas opposés ;

– que les titres émis par l'entreprise (actions, obligations...) ne soient pas cotés ;

– et que l'entreprise n'ait pas engagé les formalités visant à s'introduire en bourse.

Le périmètre de consolidation

Le périmètre de consolidation désigne l'ensemble des entreprises consolidées par intégration globale [1]. Il comprend toutes les entreprises contrôlées par la société mère.

Une entreprise qui détient, directement ou indirectement à travers ses filiales, plus de 50 % des droits de vote d'une société est présumée la contrôler.

L'IASB ne se limite cependant pas au contrôle de droit. Doivent aussi être incluses dans le périmètre de consolidation toutes les entreprises dont le contrôle résulte de circonstances de fait. L'IAS 27 énonce quatre situations dans lesquelles le contrôle est réputé exister :

– l'entreprise mère possède plus de la moitié des droits de vote grâce à un accord avec d'autres actionnaires ;

– elle a le pouvoir de diriger l'exploitation et le financement de l'entreprise grâce à une disposition des statuts ou à un accord ;

1. L'intégration globale est la méthode de consolidation applicable aux filiales. C'est celle qui est décrite dans cette norme.

– elle peut nommer ou révoquer la majorité des membres du conseil d'administration ou de l'organe de direction équivalent ;
– elle détient la majorité des votes à ce conseil ou à cet organe.

L'appréciation du contrôle ne doit pas se limiter aux droits de vote existants. Il faut prendre également en compte les droits de vote potentiels actuellement exerçables ou convertibles.

Exemple 27.1. – La société F a deux actionnaires : A qui détient 60 % des actions, et B qui détient les 40 % restants. Mais il existe aussi des obligations qui peuvent à tout moment être échangées contre des actions F. B possède certaines de ces obligations. Si toutes les obligations convertibles émises par F étaient échangées, le pourcentage de droits de vote de B passerait à 55 %.
Ce n'est donc pas A qui contrôle F, mais B.

Exemple 27.2. – Le capital de la société X est détenu par deux gros actionnaires C et D qui détiennent respectivement 40 % et 25 % des droits de vote. Mais D possède également un certain nombre de warrants qui, s'ils étaient exercés, feraient passer son pourcentage de droits de vote à 52 %.
Le contrôle appartient donc à D, pas à C.

Seuls les droits de vote potentiels actuellement exerçables ou convertibles doivent être considérés. Ceux qui ne pourront être exercés ou convertis qu'à une date future et ceux dont l'exercice ou la conversion est subordonné à la survenance d'un événement particulier ne doivent pas être pris en compte dans l'appréciation du contrôle.

Il est à noter que les critères de détermination du contrôle sont identiques, que l'entité soit une entreprise permanente ou une structure créée pour une opération particulière, comme le montage d'une opération financière (entité *ad-hoc*).

Il arrive que des filiales exercent des activités très différentes de celles des autres entreprises du groupe. C'est le cas, notamment, des banques et sociétés financières appartenant à des groupes industriels. Leurs états financiers présentant des caractéristiques marquées, ces filiales sont souvent exclues du périmètre de consolidation afin, prétend-on, de ne pas nuire à la fidélité de l'image de l'ensemble.

Ce motif d'exclusion n'est plus admis, l'IASB estimant préférable de consolider ces filiales et de fournir une information complémentaire sur leurs activités, conformément à l'IFRS 8.

Pendant longtemps, l'IASB a admis que pouvaient être exclues du périmètre de consolidation les filiales dont le contrôle n'était que temporaire, en particulier les participations acquises dans le seul but d'être revendues à court terme. L'IFRS 5 a supprimé ce motif d'exclusion, de sorte que, à l'heure actuelle, il n'existe plus d'exception au principe de consolidation de toutes les filiales.

L'uniformisation préalable des états financiers individuels

Les comptes consolidés sont établis à partir des états financiers individuels des sociétés du groupe. Il est nécessaire que ceux-ci soient uniformisés avant même le début des opérations de consolidation. L'uniformisation porte à la fois sur les dates de clôture et les méthodes comptables utilisées.

Tous les états financiers servant de base à la consolidation doivent être arrêtés à la même date. Les filiales qui clôturent leurs comptes à un autre moment que la société mère doivent donc établir un bilan et un compte de résultat intermédiaires.

Lorsque l'écart entre les deux dates ne dépasse pas trois mois, l'IASB admet que les états financiers de la filiale puissent être utilisés, à condition qu'ils soient modifiés pour tenir compte des transactions et événements significatifs intervenus dans l'intervalle.

Les états financiers consolidés doivent être établis selon des méthodes uniformes. Si la société mère ou une filiale a utilisé, dans ses comptes individuels, des méthodes différentes de celles adoptées en consolidation, ses états financiers doivent être retraités en conséquence.

Exemple 27.3. – Une société F, filiale d'une société M, amortit ses matériels de transport selon le mode dégressif, alors que les principes de consolidation du groupe prévoient l'utilisation exclusive de l'amortissement linéaire.

Une comparaison des amortissements selon les deux méthodes a été effectuée. Elle aboutit aux montants suivants :

	amortissements dégressifs	amortissements linéaires	différence
Exercice N	100 000	70 000	30 000
Exercices antérieurs	300 000	200 000	100 000
	400 000	270 000	130 000

L'utilisation de l'amortissement dégressif a donc abouti à majorer les charges de N de 30 000 € et celles des exercices antérieurs de 100 000 €. La diminution des résultats des exercices antérieurs fait que les réserves à la fin de l'exercice N se trouvent inférieures de 100 000 € a ce qu'elles seraient si l'amortissement linéaire avait été pratiqué.

Le retraitement consistera donc à diminuer les charges de N de 30 000 € et à augmenter les réserves de 100 000 € :

	Débit	Crédit
Amortissements cumulés des matériels de transport (B)	130 000	
Dotation aux amortissements (R)		30 000
Réserves (B)		100 000

Ces retraitements, pratiqués pour les seuls besoins de la consolidation, ne sont évidemment pas reportés dans les états financiers individuels de l'entreprise concernée.

Au cas où certains retraitements s'avéreraient impossibles à effectuer, il conviendrait de l'indiquer avec, pour chaque élément concerné, l'importance relative de chaque méthode utilisée.

Les opérations de consolidation [1]

Les opérations de consolidation proprement dites comprennent trois étapes :

– le cumul des états financiers individuels,
– l'élimination des comptes et opérations internes au groupe,
– l'élimination des participations entre sociétés consolidées.

Le cumul des comptes ne présente aucune difficulté. Il suffit d'additionner ligne par ligne chacun des postes des bilans et comptes de résultats retraités de la société mère et de ses filiales.

Exemple 27.4. – La société M détient 60 % des actions et des droits de vote de sa filiale F. Après retraitements d'uniformisation, les états financiers des deux sociétés au 31/12/N se présentent comme suit (en milliers €) :

Bilans au 31/12/N

	M	F
Actifs		
Actifs immobilisés		
Terrains	200 000	60 000
Constructions	920 000	800 000
– Amortissements cumulés	– 500 000	– 450 000
Matériels	800 000	400 000
– Amortissements cumulés	– 300 000	– 120 000
Participation dans F	280 000	
Prêts	200 000	
Actifs circulants		
Stocks	500 000	160 000
Clients	1 100 000	300 000
Autres créances	420 000	100 000
Trésorerie	80 000	50 000
Total des actifs	**3 700 000**	**1 300 000**

1. Cette section a pour but de présenter brièvement les étapes du processus de consolidation, dont la connaissance est indispensable à la compréhension de l'IAS 27. Elle ne remplace évidemment pas la consultation d'ouvrages spécialisés sur l'établissement des comptes consolidés.

Bilans au 31/12/N

	M	F
Dettes et capitaux propres		
Capitaux propres		
Capital	500 000	100 000
Bénéfices non distribués	1 100 000	450 000
Autres éléments des capitaux propres	200 000	70 000
Total des capitaux propres	**1 800 000**	**620 000**
Dettes		
Provisions	200 000	100 000
Emprunts	500 000	200 000
Impôts différés	200 000	100 000
Fournisseurs	800 000	200 000
Autres dettes	200 000	80 000
Total des dettes	**1 900 000**	**680 000**
Total des dettes et capitaux propres	**3 700 000**	**1 300 000**

Comptes de résultat global de l'exercice N

	M	F
Ventes	5 000 000	1 800 000
Coût des marchandises vendues	– 3 000 000	– 1 000 000
Marge brute	2 000 000	800 000
Autres produits d'exploitation	500 000	100 000
Charges de personnel	– 1 200 000	– 400 000
Dotation aux amortissements et provisions	– 500 000	– 200 000
Autres charges d'exploitation	– 300 000	– 80 000
Résultat d'exploitation	500 000	220 000
Intérêts sur prêts	10 000	
Intérêts sur emprunts	– 50 000	– 10 000
Impôts sur les bénéfices	– 160 000	– 80 000
Résultat avant éléments exceptionnels	300 000	130 000
Produits exceptionnels	50 000	20 000
Charges exceptionnels	– 50 000	– 30 000
Résultat	**300 000**	**120 000**
Autres éléments du résultat global	40 000	– 10 000
Résultat global	**340 000**	**110 000**

Le cumul des comptes donne lieu à deux écritures : une pour le bilan, l'autre pour le compte de résultat global :

Au bilan		
Terrains [200 000 + 60 000]	260 000	
Constructions [920 000 + 800 000]	1 720 000	
Matériels [800 000 + 400 000]	1 200 000	
Participation dans F	280 000	
Prêts	200 000	
Stocks [500 000 + 160 000]	660 000	
Clients [1 100 000 + 300 000]	1 400 000	
Autres créances [420 000 + 100 000]	520 000	
Trésorerie [80 000 + 50 000]	130 000	
Amorts cumulés constructions [500 000 + 450 000]		950 000
Amorts cumulés matériels [300 000 + 120 000]		420 000
Capital M		500 000
Capital F		100 000
Bénéfices non distribués M		1 100 000
Bénéfices non distribués F		450 000
Autres éléments capitaux propres M		200 000
Autres éléments capitaux propres F		70 000
Provisions [200 000 + 100 000]		300 000
Emprunts [500 000 + 200 000]		700 000
Impôts différés [200 000 + 100 000]		300 000
Fournisseurs [800 000 + 200 000]		1 000 000
Autres dettes [200 000 + 80 000]		280 000

Au compte de résultat global		
Coût des marchandises vendues [3 000 000 + 1 000 000]	4 000 000	
Charges de personnel [1 200 000 + 400 000]	1 600 000	
Dotation aux amorts et provisions [500 000 + 200 000]	700 000	
Autres charges d'exploitation [300 000 + 80 000]	380 000	
Intérêts sur emprunts [50 000 + 10 000]	60 000	
Charges exceptionnelles [50 000 + 30 000]	80 000	
Impôts sur les bénéfices [160 000 + 80 000]	240 000	
Autres éléments du résultat global F	10 000	
Résultat global M	340 000	
Résultat global F	110 000	
Ventes [5 000 000 + 1 800 000]		6 800 000
Autres produits d'exploitation [500 000 + 100 000]		600 000
Intérêts sur prêts		10 000
Produits exceptionnels [50 000 + 20 000]		70 000
Autres éléments du résultat global M		40 000

L'élimination des comptes, opérations et profits internes

Pour que les états financiers consolidés représentent la situation et les opérations du groupe vis-à-vis de l'extérieur, il faut éliminer les comptes, opérations et profits internes.

L'élimination des comptes et des opérations internes s'effectue simplement en soldant les créances/dettes et charges/produits réciproques.

Exemple 27.4. – (suite) Supposons que :
- l'emprunt contracté par F ait été intégralement souscrit par M,
- les intérêts annuels correspondants s'élèvent à 10 000 €,
- F ait acheté pour 800 000 € de marchandises à M au cours de l'exercice N,
- dont 180 000 € restent impayés au 31/12/N.

L'élimination des comptes internes donnera lieu aux écritures suivantes :

Au bilan		
Emprunts	200 000	
Prêts		200 000
Fournisseurs	180 000	
Clients		180 000

Au compte de résultat global		
Intérêts sur prêts	10 000	
Intérêts sur emprunts		10 000
Ventes	800 000	
Coût des marchandises vendues		800 000

Pour comprendre quels sont les profits internes à éliminer, envisageons l'exemple suivant :

Exemple 27.5. – Au cours de l'exercice N, une entreprise A a vendu pour 1 000 € à une entreprise B du même groupe des marchandises achetées 700 € à un fournisseur extérieur.

Deux cas peuvent se présenter à la clôture de l'exercice :

1er cas : B a revendu ces marchandises 1 200 € à un client extérieur.

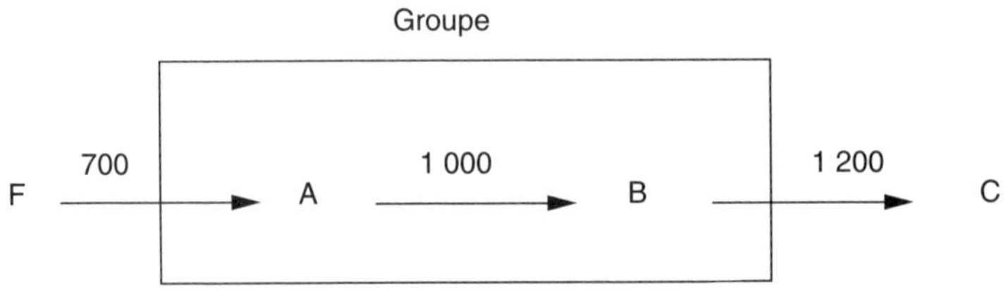

Les profits comptabilisés par les deux sociétés s'élèvent à :
– chez A : 1 000 – 700 = 300 €
– chez B : 1 200 – 1 000 = 200 €

Les états financiers cumulés enregistrent donc un profit total de 300 + 200 = 500 €.

Si l'on raisonne au niveau du groupe, on constate que celui-ci a acheté des marchandises 700 € pour les revendre 1 200 €. Il a donc fait un bénéfice de 1 200 – 700 = 500 €.

Le résultat du groupe correspondant à celui comptabilisé, il n'y a pas lieu de modifier les comptes.

2e cas : Les marchandises se trouvent dans les stocks de B à la clôture de l'exercice :

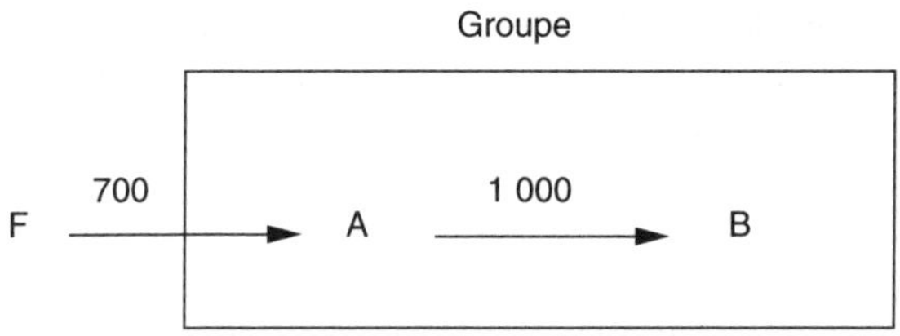

Les profits comptabilisés s'élèvent à :
– chez A : 1 000 – 700 = 300 €
– chez B : 0 puisque les marchandises n'ont pas été revendues.

Un bénéfice de 300 € figure donc dans les états financiers cumulés.

Or, le groupe n'a encore réalisé aucun bénéfice dans l'opération, puisque les marchandises achetées n'ont pas été revendues.

Il faut donc éliminer le profit interne de 300 € comptabilisé par A et actuellement inclus dans les stocks de B.

Cet exemple montre que seuls sont à éliminer les profits internes inclus dans un actif d'une des sociétés consolidées à la date de clôture.

Les stocks sont les principaux postes susceptibles de contenir des profits internes, mais d'autres actifs peuvent être concernés, par exemple en cas de cessions internes d'immobilisations.

Exemple 27.4. – (suite) Supposons que les stocks de F au 31/12/N comprennent pour 150 000 € de marchandises achetées à M et que la société mère ait réalisé sur cette vente un bénéfice de 15 000 €.

L'élimination du profit interne conduit à diminuer les stocks et le résultat cumulé de 15 000 €.

La diminution du stock final entraîne aussi une augmentation du coût des marchandises vendues (CMV), compte tenu de la relation : CMV = achats + stock initial – stock final.

Les corrections portant à la fois sur le bilan et le compte de résultat global, il faut passer deux écritures :

Au bilan		
Bénéfices non distribués M	15 000	
Stocks		15 000

Au compte de résultat global		
Coût des marchandises vendues	15 000	
Résultat global M		15 000

L'élimination des pertes internes n'est pas aussi automatique que celle des profits car il faut faire la distinction entre les pertes véritables, qui ont un caractère définitif, et celles qui résultent seulement de l'utilisation de prix de transfert inférieurs à la valeur réelle des actifs vendus.

Lorsqu'une transaction interne est conclue aux conditions normales du marché et qu'elle aboutit à une perte pour le vendeur, on peut considérer qu'elle est définitive puisque le résultat aurait été le même si l'acheteur n'avait pas appartenu au groupe. Le principe de prudence impose alors de la maintenir en comptabilité.

Mais les transactions entre sociétés du même groupe sont souvent conclues à des prix éloignés de la juste valeur des actifs concernés, afin d'optimiser la gestion des résultats au niveau du groupe et de minimiser la charge fiscale totale. Dans ce cas, la perte, qui n'est que la conséquence d'un prix de vente volontairement sous-évalué, doit être éliminée car elle n'a pas de caractère réel.

Exemple 27.6. – À la clôture de l'exercice, la société X possède en stock pour 1 000 € de marchandises achetées à l'entreprise Y du même groupe. Pour cette dernière, qui avait acheté ces marchandises 1 200 €, la transaction s'est soldée par une perte de 200 €.

Si la valeur réelle (juste valeur) des marchandises à la clôture est vraiment de 1 000 €, la perte est définitive et n'a pas à être éliminée.

Si en revanche cette valeur est supérieure à 1 200 €, la perte est totalement artificielle et doit être éliminée.

Pour une valeur comprise entre 1 000 et 1 200 €, seule la fraction de la perte correspondant à l'écart entre le prix de cession des marchandises et leur juste valeur à la clôture doit être éliminée. Supposons par exemple une valeur réelle de 1 080 €. La perte constatée par Y se décompose ainsi :

– perte définitive (réelle) : 1 200 – 1080 = 120 € : à maintenir

– perte temporaire (artificielle) : 1 080 – 1 000 = 80 € : à éliminer.

L'élimination de la perte aura pour effet de ramener le stock à sa valeur réelle (1 080 €) :

Au bilan		
Stocks	80	
Bénéfices non distribués Y		80

Au compte de résultat global		
Résultat global Y	80	
Coût des marchandises vendues		80

Il est à noter que les profits et pertes éliminés le sont en totalité, qu'ils aient été réalisés par la société mère ou une de ses filiales.

L'ajustement des impôts différés

Chaque fois que les écritures de consolidation font naître une différence temporaire entre le résultat comptable du dernier exercice ou celui des exercices antérieurs et le résultat fiscal des périodes correspondantes, il est nécessaire de corriger en conséquence le montant des impôts différés, conformément à la norme IAS 12.

Exemple 27.4. – (suite) L'élimination du profit interne inclus dans le stock a diminué de 15 000 € le résultat de M, faisant naître une différence temporelle du même montant. Pour un taux d'imposition de 40 %, il en résulte une diminution des impôts différés de 15 000 × 40 % = 6 000 € comptabilisée ainsi :

Au bilan		
Impôts différés	6 000	
Bénéfices non distribués M		6 000

Au compte de résultat global		
Résultat global M	6 000	
Impôts sur les bénéfices		6 000

L'élimination des participations

La dernière étape consiste à répartir les capitaux propres de chaque filiale à la date de consolidation entre :
- la société mère,
- les autres actionnaires (« intérêts minoritaires »).

Exemple 27.4. – (suite) Après prise en compte des écritures de consolidation, les capitaux propres de F s'élèvent à :

Capital	100 000
Bénéfices non distribués	450 000
Autres éléments des capitaux propres	70 000
	620 000

Quant au résultat global de F, il s'élève à :

Résultat	120 000
Autres éléments du résultat global	– 10 000
	110 000

Ces montants peuvent être ventilés ainsi :

	Part de M (60 %)	Part des actionnaires minoritaires (40 %)	Total
Capital	60 000	40 000	100 000
Bénéfices non distribués	270 000	180 000	450 000
Autres éléments des capitaux propres	42 000	28 000	70 000
	372 000	248 000	620 000
Résultat	72 000	48 000	120 000
Autres éléments du résultat global	– 6 000	– 4 000	– 10 000
Résultat global	66 000	44 000	110 000

D'où les écritures suivantes :

Au bilan		
Capital F	100 000	
Bénéfices non distribués F	450 000	
Autres éléments des capitaux propres F	70 000	
Capital F – part de M		60 000
Bénéfices non distribués F – part de M		270 000
Autres éléments des capitaux propres F – part de M		42 000
Intérêts minoritaires		248 000

Au compte de résultat global		
Résultat global F – part de M	66 000	
Résultat global F – part des minoritaires	44 000	
Autres éléments du résultat global F – part de M	6 000	
Autres éléments du résultat global F – part des minoritaires	4 000	
Résultat global F		110 000
Autres éléments du résultat global F		10 000

La comptabilisation de la part de la société mère dans l'actif net de la filiale impose d'éliminer, en contrepartie, la participation figurant au bilan individuel. Celle-ci étant comptabilisée à son coût d'acquisition, il en résulte un écart appelé « écart de consolidation » qui a deux origines :

– l'« écart de première consolidation » : écart de consolidation à la date d'acquisition de la participation,

– la part de la société mère dans la variation de l'actif net de la filiale depuis cette date.

L'écart de première consolidation, qui s'explique par l'existence de plus-values latentes sur actifs chez la filiale à la date de prise de contrôle et par un goodwill résiduel, est comptabilisé selon les dispositions de l'IFRS 3 :

– les plus-values latentes sur actifs identifiables sont ajoutées à la valeur des actifs correspondants au bilan consolidé ;

– s'il est positif, le goodwill est considéré comme un actif incorporel ; s'il est négatif, comme un produit de l'exercice d'acquisition.

Selon l'IFRS 3, le goodwill se détermine par différence entre :

a) le total des trois éléments suivants :

• le montant payé par l'acquéreur,

• la valeur des participations ne donnant pas le contrôle dans l'entreprise acquise,

• et, dans un regroupement réalisé par étapes, la juste valeur à la date d'acquisition de la participation précédemment détenue par l'acquéreur ;

b) la juste valeur, à la date d'acquisition, de l'actif net identifiable de l'entreprise acquise.

Pour le calcul du goodwill, les participations ne donnant pas le contrôle sont évaluées :

– soit proportionnellement à leur part dans l'actif net identifiable de l'entreprise acquise (solution a) ;

– soit à leur juste valeur (solution b).

La première solution équivaut à considérer que seule la société mère bénéficie du goodwill de la filiale.

La seconde solution aboutit à reconnaître aux autres actionnaires une part de ce goodwill. L'IFRS 3 ne précisant pas comment déterminer la juste valeur des participations ne donnant pas le contrôle, on peut :

– retenir le cours de bourse de l'action si la filiale est cotée (solution b.1) ;

– sinon, déterminer cette juste valeur par référence au prix payé par l'acquéreur (solution b.2).

Exemple 27.4. – (suite) Supposons que la société M a pris le contrôle de la société F à la clôture de l'exercice N–3 et que l'actif net comptable de F à cette date se présentait ainsi :

Capital	100 000
Bénéfices non distribués	200 000
	300 000

Supposons également qu'à la date de la prise de contrôle, la juste valeur des constructions de F était supérieure de 80 000 € à leur valeur comptable.

Supposons enfin que la participation de M a été payée 280 000 € et que la capitalisation boursière de F au 31/12/N–3 était de 400 000 €.

Le goodwill se calcule de la façon suivante :

	Solution a	**Solution b.1**	**Solution b.2**
Prix payé par M	280 000	280 000	280 000
Participations ne donnant pas le contrôle :			
40 % [(300 000 + 60 % (80 000)] =	139 200		
40 % (400 000) =		160 000	
280 000 × 40/60 =			186 667
Total	419 200	440 000	466 667
Actif net identifiable (après impôt) : 300 000 + 60 % (80 000) =	348 000	348 000	348 000
Goodwill	71 200	92 000	118 667
dont : part de M	71 200	71 200	71 200
part des autres actionnaires	0	20 800	47 467

La participation de M et le montant des intérêts minoritaires à la date d'acquisition se décomposent donc ainsi :

	Participation de M (60 %)	**Intérêts minoritaires (40 %)**		
		Solution a	**Solution b.1**	**Solution b.2**
Part dans l'actif net (300 000)	180 000	120 000	120 000	120 000
Part dans la plus-value latente sur construction (80 000)	48 000	32 000	32 000	32 000
Part dans les impôts différés correspondants (80 000 × 40 % = 32 000)	– 19 200	– 12 800	– 12 800	– 12 800
Part dans le goodwill	71 200	0	20 800	47 467
	280 000	139 200	160 000	186 667

Avec la solution a, l'élimination de la participation aboutit à l'écriture suivante :

Au bilan		
Capital F – part de M [100 000 × 60 %]	60 000	
Bénéfices non distribués F – part de M [200 000 × 60 %]	120 000	
Constructions	80 000	
Goodwill	71 200	
Impôts différés [80 000 x 40 %]		32 000
Participation dans F		280 000
Intérêts minoritaires [32 000 – 12 800]		19 200

Avec la solution b.1, cette écriture devient :

Au bilan		
Capital F – part de M	60 000	
Bénéfices non distribués F – part de M	120 000	
Constructions	80 000	
Goodwill	92 000	
Impôts différés		32 000
Participation dans F		280 000
Intérêts minoritaires [19 200 + 20 800]		40 000

et avec la solution b.2 :

Au bilan		
Capital F – part de M	60 000	
Bénéfices non distribués F – part de M	120 000	
Constructions	80 000	
Goodwill	118 667	
Impôts différés		32 000
Participation dans F		280 000
Intérêts minoritaires [19 200 + 47 467]		66 667

Supposons que la durée d'utilisation résiduelle des constructions de F au moment de la prise de contrôle était de 12 ans. Trois ans s'étant écoulés depuis l'acquisition des actions de F, il faut amortir la plus-value latente de 80 000 × 3/12 = 20 000 €.

Les amortissements sont prélevés sur les bénéfices non distribués, ceux de N constituant en outre une charge de l'exercice en cours. D'où les écritures :

Au bilan		
Bénéfices non distribués F – part de M [20 000 × 60 %]	12 000	
Intérêts minoritaires [20 000 × 40 %]	8 000	
Amortissements cumulés constructions		20 000

Au compte de résultat global		
Dotation aux amortissements et provisions [80 000 x 1/12]	6 667	
Résultat global F – part de M [6 667 × 60 %]		4 000
Résultat global F – part des minoritaires [6 667 × 40 %]		2 667

La plus-value initiale étant partiellement amortie, il faut modifier les impôts différés en conséquence :

Au bilan		
Impôts différés [32 000 × 3/12]	8 000	
Bénéfices non distribués F – part de M [8 000 × 60 %]		4 800
Intérêts minoritaires [8 000 × 40 %]		3 200

Au compte de résultat global		
Résultat global F – part de M [2 667 × 60 %]	1 600	
Résultat global F – part des minoritaires [2 667 × 40 %]	1 067	
Impôts sur les bénéfices [32 000 × 1/12]		2 667

On notera qu'en cas de résultats déficitaires, la perte cumulée attribuable aux actionnaires minoritaires peut dépasser la part de ceux-ci dans le capital de la filiale et aboutir à des intérêts minoritaires négatifs.

La présentation des états financiers consolidés

Les intérêts minoritaires apparaissant au bilan consolidé représentent la part des actionnaires étrangers au groupe dans la richesse de la filiale. Leur classement dépend de l'approche de la consolidation qu'on adopte :

– Si on privilégie la personnalité des apporteurs de capitaux, on considérera que ces actionnaires étant étrangers au groupe, les intérêts minoritaires sont à classer dans les dettes. C'est l'approche dite « de la société mère ».

– Inversement, si on s'intéresse avant tout à la forme de la rémunération, on considérera qu'il s'agit d'actionnaires, dont la rémunération dépend des performances de la filiale, et dont les intérêts doivent, en conséquence, être inclus dans les capitaux propres. C'est l'approche dite « de l'entité économique ».

Pendant longtemps l'IASB n'a pas voulu trancher entre ces deux conceptions. Les intérêts minoritaires devaient donc être présentés entre les capitaux propres et les dettes.

Les choses ont changé depuis la révision de l'IAS 27 en décembre 2003. L'IASB est maintenant clairement en faveur de l'approche de l'entité économique, puisque les intérêts minoritaires doivent désormais être inclus dans les capitaux propres consolidés, séparément de la part de la société mère.

De la même façon, la part des actionnaires minoritaires dans le résultat de la filiale ne doit pas être présentée comme une charge mais comme un élément du résultat consolidé.

Exemple 27.4. – (suite) Le bilan et le compte de résultat global consolidés se présentent ainsi (avec la solution a) :

Bilan consolidé de M au 31/12/N

Actifs	
Actifs immobilisés	
Terrains	260 000
Constructions	1 800 000
– Amortissements cumulés	– 970 000
Matériels	1 200 000
– Amortissements cumulés	– 420 000
Goodwill	71 200
Actifs circulants	
Stocks	645 000
Clients	1 220 000
Autres créances	520 000
Trésorerie	130 000
Total des actifs	**4 456 200**
Dettes et capitaux propres	
Capitaux propres	
Capital	500 000
Bénéfices non distribués	1 233 800
Autres éléments des capitaux propres	242 000
Capitaux propres consolidés revenant aux actionnaires de la société mère	1 975 800
Participations ne donnant pas le contrôle	262 400
Total des capitaux propres consolidés	**2 238 200**
Dettes	
Provisions	300 000
Emprunts	500 000
Impôts différés	318 000
Fournisseurs	820 000
Autres dettes	280 000
Total des dettes	**2 218 000**
Total des dettes et capitaux propres	**4 456 200**

Explications :

Bénéfices non distribués :	
Bénéfices non distribués M	1 091 000
Bénéfices non distribués F – part de M	142 800
	1 233 800
Autres éléments des capitaux propres :	
Autres éléments des capitaux propres M	200 000
Autres éléments des capitaux propres F – part de M	42 000
	242 000

Comptes de résultat global consolidé de l'exercice N

	M
Ventes Coût des marchandises vendues	6 000 000 – 3 215 000
Marge brute Autres produits d'exploitation Charges de personnel Dotation aux amortissements et provisions Autres charges d'exploitation	2 785 000 600 000 – 1 600 000 – 706 667 – 380 000
Résultat d'exploitation Intérêts sur emprunts Impôts sur les bénéfices	698 333 – 50 000 – 231 333
Résultat avant éléments exceptionnels Produits exceptionnels Charges exceptionnelles	417 000 70 000 – 80 000
Résultat consolidé Autres éléments du résultat global consolidé	407 000 30 000
Résultat global consolidé	437 000
Résultat consolidé attribuable : – aux actionnaires de la société mère – aux autres actionnaires	 360 600 46 400
Résultat global consolidé attribuable : – aux actionnaires de la société mère – aux autres actionnaires	 394 600 42 400

Explications :

Résultat global consolidé attribuable aux actionnaires de la société mère :

Résultat global M	331 000
Résultat global F – part de M	63 600
	394 600

Résultat global consolidé attribuable aux autres actionnaires :

Résultat global F – part des minoritaires	42 400

Résultat consolidé attribuable aux actionnaires de la société mère :

Résultat global consolidé attribuable aux actionnaires de la société mère	394 600
– Autres éléments du résultat global M	– 40 000
– Autres éléments du résultat global F – part de M (charge)	6 000
	360 600

Résultat consolidé attribuable aux autres actionnaires :

Résultat global consolidé attribuable aux autres actionnaires	42 400
– Autres éléments du résultat global F – part des minoritaires (charge)	4 000
	46 400

Les variations de la participation de la société mère

La société mère peut, par des acquisitions ou des cessions successives d'actions, modifier sa participation dans une filiale.

Tant qu'elles n'entraînent pas la perte de contrôle de la filiale, ces opérations sont comptabilisées comme des transactions portant sur des capitaux propres.

En conséquence :

– l'opération ne donne lieu à la constatation d'aucun bénéfice ni perte,

– la différence entre la variation des intérêts minoritaires et le prix de cession des actions est comptabilisée directement dans la fraction des capitaux propres consolidés revenant à la société mère.

Exemple 27.4. – (suite) Supposons que le 1er janvier N+1, la société M vende 10 % de ses actions F (c'est-à-dire 6 % du capital de F) pour 24 000 €.

La part de M dans les capitaux propres de F évoluera ainsi :

	Avant la cession (voir bilan consolidé)	**Après la cession**	**Variation**
Part dans les bénéfices non distribués	142 800		
142 800 x 90 % =		128 520	
Part dans les autres éléments des capitaux propres	42 000		
42 000 x 90 % =		37 800	
Total	184 800	166 320	18 480

L'opération étant interprétée comme une transaction entre M et les autres actionnaires de F, l'impact sur les comptes consolidés se limitera à :

Bilan consolidé

Actifs	
Trésorerie	+ 24 000
Capitaux propres consolidés	
Bénéfices non distribués	+ 5 520
Intérêts minoritaires	+ 18 480
	+ 24 000

Les pertes de contrôle

En cas de perte de contrôle de la filiale par la société mère :

– les actifs et les dettes de la filiale, ainsi que les intérêts minoritaires sont déconsolidés à leur valeur comptable à la date de perte du contrôle ;

– l'éventuelle participation restante est comptabilisée à sa juste valeur ;

– toute différence en résultant est enregistrée dans le résultat de la société mère.

Exemple 27.4. – (suite) Supposons que le 1er janvier N, la société M vende 40 % de ses actions F (c'est-à-dire 24 % du capital de F) pour 110 000 € et que cette vente lui fasse perdre le contrôle de F.

La capitalisation boursière de F à cette date est de 400 000 €.

M n'ayant qu'une filiale, les montants à déconsolider peuvent être obtenus par différence entre le bilan consolidé au 31/12/N et le bilan individuel de M à la même date.

Quant à la participation restante, elle est évaluée à sa juste valeur : 400 000 × 36 % = 144 000.

La cession d'actions donne donc lieu à la constatation d'une perte de 110 000 – (280 000 – 144 000) = – 26 000, enregistrée dans le résultat de l'exercice de cession.

L'impact sur le bilan consolidé sera donc le suivant (tableau ci-contre).

La comptabilisation au bilan individuel de la société mère

Au bilan individuel de la société mère, les participations dans les filiales consolidées sont :

– soit comptabilisées à leur coût d'acquisition,

– soit évaluées conformément à l'IAS 39, c'est-à-dire à la valeur de marché si les actions sont cotées sur un marché actif, au coût d'acquisition sinon.

Le même traitement doit être appliqué à toutes les participations.

Principales différences par rapport aux US GAAP

La principale différence entre l'IAS 27 et les normes américaines porte sur le concept de contrôle. Aux États-Unis, le contrôle est assimilé à la détention de la majorité des droits de vote, l'existence d'un contrôle de fait n'étant généralement pas un motif de consolidation.

En outre, les droits de vote potentiels ne sont pas pris en compte dans l'appréciation du contrôle.

Des règles spécifiques existent également pour déterminer si une entité ad-hoc (*variable interest entity* et *special purpose entity*) doit ou non être consolidée.

Enfin, les US GAAP n'exigent pas que les méthodes comptables utilisées par les sociétés incluses dans le périmètre de consolidation soient identiques.

Actifs	**Bilan M**	**Bilan conso. avant perte de contrôle**	**Déconsol. de F**	**Cession des actions F**	**Bilan conso. après perte de contrôle**
Actifs immobilisés					
Terrains	200 000	260 000	– 60 000		200 000
Constructions	920 000	1 800 000	– 880 000		920 000
– Amortissements cumulés	– 500 000	– 970 000	470 000		– 500 000
Matériels	800 000	1 200 000	– 400 000		800 000
– Amortissements cumulés	– 300 000	– 420 000	120 000		– 300 000
Participation dans F	280 000	0	280 000	– 136 000	144 000
Goodwill	0	71 200	– 71 200		0
Prêts	200 000	0	200 000		200 000
Actifs circulants					
Stocks	500 000	645 000	– 145 000		500 000
Clients	1 100 000	1 220 000	– 120 000		1 100 000
Autres créances	420 000	520 000	– 100 000		420 000
Trésorerie	80 000	130 000	– 50 000	110 000	190 000
Total des actifs	3 700 000	4 456 200	– 756 200	– 26 000	3 674 000

Dettes et capitaux propres					
Capitaux propres					
Capital	500 000	500 000	0		500 000
Bénéfices non distribués	1 100 000	1 233 800	– 133 800	– 26 000	1 074 000
Autres éléments des capitaux propres	200 000	242 000	– 42 000		200 000
Capitaux propres consolidés revenant aux actionnaires de la société mère	1 800 000	1 975 800	– 175 800	– 26 000	1 774 000
Participations ne donnant pas le contrôle	0	262 400	– 262 400		0
Total des capitaux propres consolidés	1 800 000	2 238 200	– 438 200	– 26 000	1 774 000
Dettes					
Provisions	200 000	300 000	– 100 000		200 000
Emprunts	500 000	500 000	0		500 000
Impôts différés	200 000	318 000	– 118 000		200 000
Fournisseurs	800 000	820 000	– 20 000		800 000
Autres dettes	200 000	280 000	– 80 000		200 000
Total des dettes	1 900 000	2 218 000	– 318 000	0	1 900 000
Total des dettes et capitaux propres	3 700 000	4 456 200	– 756 200	– 26 000	3 674 000

La pratique en Europe

Toutes les entreprises consolident par intégration globale les filiales dont elles ont le contrôle exclusif, se référant généralement au concept de contrôle de l'IASB :

« Sont consolidées par intégration globale les sociétés que le Groupe contrôle de manière exclusive directement ou indirectement. Le contrôle existe lorsque le Groupe a le pouvoir de diriger directement ou indirectement les politiques financières et opérationnelles de l'entité afin d'obtenir des avantages de ses activités. Pour apprécier le contrôle, les droits de vote potentiels qui sont actuellement exerçables ou convertibles sont pris en considération » [Carrefour (France), rapport annuel 2008].

« Les filiales sont les entités contrôlées par le Groupe. Il est question de « contrôle » quand Belgacom détient le pouvoir de diriger la politique financière et opérationnelle d'une entreprise afin d'obtenir des avantages de ses activités. Les participations dans les filiales sont consolidées à compter de la date du transfert du contrôle au Groupe et cessent d'être consolidées à partir de la date de cession du contrôle par le Groupe. Les soldes et les transactions entre les entreprises du Groupe et les pertes ou profits non réalisés qui en résultent sont éliminés dans la consolidation. Si nécessaire, les règles comptables des filiales sont adaptées pour garantir l'établissement des états financiers consolidés sur la base de règles comptables uniformes » [Belgacom (Belgique), rapport annuel 2008].

Certaines entreprises mentionnent expressément l'uniformisation des méthodes comptables à l'intérieur du périmètre de consolidation et/ou l'élimination des opérations internes :

« Les comptes consolidés sont préparés en appliquant des méthodes comptables uniformes pour des transactions similaires et pour les événements qui se produisent dans des circonstances similaires. Des modifications ont été apportées aux méthodes comptables des filiales ou des coentreprises, quand cela s'avérait nécessaire, afin de garantir la cohérence avec les méthodes du Groupe.
Tous les soldes intragroupes, les produits et charges, les gains et pertes non réalisés résultant de transactions intragroupes sont intégralement éliminés lors de la préparation des comptes consolidés » [Delhaize (Belgique), rapport annuel 2008].

« Les produits et charges internes au Groupe, y compris les bénéfices non encore réalisés relatifs à des transactions internes à Novartis, ainsi que les dettes et créances internes, sont éliminés » [Novartis (Suisse), rapport annuel 2008].

Conséquences pour l'utilisateur des états financiers

Le principal problème posé par le traitement des participations dans les filiales est la manière dont l'écart de première consolidation est comptabilisé. Cette question étant réglée par l'IFRS 3, nous renvoyons le lecteur aux commentaires formulés dans le chapitre consacré à cette norme. Nous n'aborderons donc ici que les problèmes spécifiques aux comptes consolidés.

Le concept de contrôle

Tous les textes stipulent que doivent être consolidées par intégration globale les entreprises contrôlées, directement ou indirectement, par la société mère. Des divergences existent cependant quant à la signification du concept de contrôle.

Pour l'IASB, le contrôle ne se réduit pas à la détention de la majorité des droits de vote à l'assemblée. Il s'apprécie cas par cas, en fonction des circonstances de fait (accords entre actionnaires, dispersion de l'actionnariat...) qui permettent l'exercice du contrôle malgré une participation minoritaire.

Les Américains ont une conception beaucoup plus restrictive du contrôle, puisqu'ils assimilent généralement celui-ci à la détention de la majorité des droits de vote. Cela aboutit, dans certains cas, à des résultats étonnants, comme le montre l'exemple suivant.

Exemple 27.7. – Considérons deux groupes I et II organisés de la façon suivante :

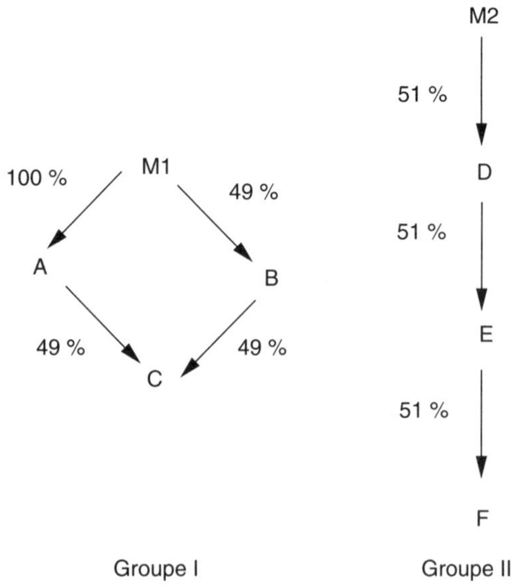

Bien que possédant un intérêt de 73 % [1] dans C, M1 ne peut, selon la règle américaine, inclure cette société dans ses comptes consolidés. Elle est considérée en effet ne contrôler que 49 % de C car n'étant pas majoritaire dans B, la participation de cette entreprise dans C ne peut être prise en compte.

1. 73 % = (1 × 0,49) + (0,49 × 0,49).

En revanche, bien que ne détenant que 13 % [1] de F, M2 peut inclure cette société dans son périmètre de consolidation car elle est réputée contrôler F par l'intermédiaire de deux participations majoritaires.

La portée pratique de cette différence de conception du contrôle est cependant limitée car le pourcentage de participation dans les filiales est généralement supérieur à 50 %.

Les exclusions du périmètre de consolidation

L'IASB considère que doivent être consolidées toutes les entreprises qui sont sous le contrôle, direct ou indirect, de la société mère. Il n'existe donc plus, pour les IFRS, d'exception permettant d'exclure une filiale du périmètre de consolidation.

Ce principe vaut aussi pour les « entités *ad hoc* » *(special purpose entities)*, c'est-à-dire pour les structures créées spécialement pour une opération particulière. Parce que le financement de ces entités est souvent majoritairement apporté par des établissements financiers, certaines entreprises, en particulier aux États-Unis, ont prétendu qu'elles ne les contrôlaient pas et les ont donc exclues de leurs comptes consolidés. Enron a ainsi pu dissimuler la majeure partie de son endettement et de ses risques réels, en profitant d'une disposition des US GAAP qui permettait de ne pas consolider une entité ad hoc dès lors que la participation de l'entreprise initiatrice ne dépassait pas un certain montant. Depuis, cette disposition a été revue et des règles plus contraignantes ont été promulguées par le normalisateur américain.

La position de l'IASB est beaucoup plus simple. L'interprétation SIC 12 stipule en effet que l'entreprise doit inclure dans son périmètre de consolidation toute entité ad hoc dont elle a, en substance, le contrôle. C'est le cas en particulier lorsque les activités de l'entité sont menées pour les besoins spécifiques de l'entreprise, ou lorsque cette dernière exerce ou a délégué le pouvoir de décision dans l'entité, ou encore lorsqu'elle supporte la majorité des risques de l'entité. L'utilisation d'entités *ad hoc* pour dissimuler des dettes est donc difficile pour les sociétés qui appliquent les IFRS.

D'une manière générale, l'analyste devra donc se méfier s'il constate que certaines entités ont été exclues du champ de la consolidation. S'il a des raisons de penser que leur inclusion aurait été de nature à modifier significativement les comptes du groupe, qu'il n'hésite pas à réclamer les comptes de l'entité en cause.

---

1. 13 % = 0,51 × 0,51 × 0,51.

L'élimination des profits internes

Les profits réalisés à l'occasion de transactions entre sociétés du même groupe doivent, en principe, être éliminés. Il arrive cependant que certaines sociétés ne procèdent pas à ces éliminations, en invoquant la faiblesse des montants en cause.

Cette pratique n'est admissible que s'il s'agit de sommes effectivement très faibles au regard du résultat consolidé et des postes concernés. L'analyste devra se convaincre que la non-élimination de ces profits n'a pas pour but de gonfler le bénéfice du groupe.

Un moyen légal de ne pas éliminer les profits internes est de réaliser les transactions sur un marché.

Exemple 27.8. – Considérons deux entreprises A et B du même groupe pétrolier. Supposons que B veuille acheter du pétrole à A. Si la transaction a lieu directement, le bénéfice réalisé par A devra être éliminé car il s'agira d'une transaction interne. Si en revanche A vend son pétrole sur le marché et si B en achète immédiatement, la transaction devient externe et le profit n'a pas à être éliminé.

Cette solution suppose évidemment l'existence d'un marché organisé. Elle n'est donc utilisable que pour l'échange de matière première.

L'IAS 27 en bref

Toute entreprise qui en contrôle une autre doit établir des comptes consolidés.

Le contrôle est le pouvoir de diriger l'exploitation et le financement d'une entreprise. Il peut exister même en cas de participation minoritaire.

Les comptes consolidés doivent être établis selon des méthodes uniformes.

La société mère et toutes les entreprises qu'elle contrôle, directement ou indirectement, sont consolidées par intégration globale.

Les comptes, opérations et profits internes réalisés entre sociétés du même groupe doivent être éliminés. Par contre, les pertes internes ne sont éliminées que si elles ne sont pas définitives.

L'écart de première consolidation est la différence entre le prix de la participation dans la filiale et la fraction correspondante de l'actif net de celle-ci au moment de l'acquisition des titres.

Il est décomposé en :

– part de la société mère dans les plus-values latentes sur actifs identifiables de la filiale (écart d'évaluation),

– et survaleur (goodwill ou écart d'acquisition).

Les plus-values latentes sur actifs identifiables de la filiale à la date de prise de contrôle sont ajoutées à la valeur comptable des actifs correspondants.

S'il est positif, le goodwill est considéré comme un actif non amortissable.

S'il est négatif, il est comptabilisé en produit de l'exercice d'acquisition.

La part des actionnaires étrangers au groupe dans l'actif net de la filiale (participations ne donnant pas le contrôle) est présentée distinctement à l'intérieur des capitaux propres consolidés.

IAS 28

PARTICIPATIONS DANS DES ENTREPRISES ASSOCIÉES[1]

Le sujet

Cette norme traite de la comptabilisation des participations qui ne confèrent pas le contrôle d'une entreprise mais permettent d'exercer une « influence notable » sur celle-ci. Elle ne s'applique qu'aux comptes consolidés.

Elle ne concerne pas les participations détenues par les organismes de capital risque, les fonds communs (SICAV, fonds de placement) et autres entités similaires qui appliquent l'IAS 39, c'est-à-dire qui évaluent les participations à leur juste valeur et comptabilisent dans le résultat les variations de celle-ci.

Définitions

Une entreprise associée est une entreprise sur laquelle l'investisseur exerce une influence notable et qui n'est ni une filiale (au sens de l'IAS 27) de celui-ci, ni une coentreprise (voir IAS 31).

L'influence notable est définie comme le pouvoir de participer aux décisions d'exploitation et de financement d'une entreprise sans pour autant contrôler ces décisions.

Elle se manifeste généralement par :

– une présence au conseil d'administration ou à l'organe de direction équivalent,

1. Norme révisée en 2003 et amendée en 2008.

– une participation aux processus de prise de décisions,
– l'existence de transactions significatives avec l'entreprise concernée,
– l'échange de personnel d'administration,
– ou la fourniture d'informations techniques importantes.

Un actionnaire est présumé exercer une influence notable lorsqu'il détient, directement ou indirectement à travers ses filiales, 20 % au moins des droits de vote. Ce seuil n'a toutefois qu'un caractère indicatif, l'existence ou l'absence d'influence notable pouvant être établie indépendamment du pourcentage de droits de vote détenu.

En tout cas, lorsqu'on se base sur le pourcentage de droits de vote pour déterminer l'existence d'une influence notable, les droits de vote potentiels exerçables ou convertibles doivent être pris en compte (voir IAS 27).

Signalons enfin que la présence d'un actionnaire majoritaire n'empêche pas forcément l'exercice d'une influence notable par un autre associé.

L'évaluation des participations dans des entreprises associées

Dans les comptes individuels

Au bilan individuel de l'investisseur, les participations qui confèrent une influence notable sont traitées comme celles qui donnent le contrôle. Elles sont donc :

– soit comptabilisées à leur coût d'acquisition,
– soit évaluées conformément à l'IAS 39, c'est-à-dire à la valeur de marché si les actions sont cotées sur un marché actif, au coût d'acquisition sinon.

Le même traitement doit être appliqué à toutes les participations de ce type.

Quant aux dividendes reçus, ils sont comptabilisés en produits, sauf s'ils proviennent de bénéfices antérieurs à la prise de participation.

Exemple 28.1. – L'entreprise a acheté le 1/03/N des actions X pour 25 000 €. Elle perçoit en juin N 2 000 € de dividendes prélevés sur le bénéfice de l'année N–1.

Ces dividendes portent sur un résultat connu au moment de l'acquisition de la participation. Le prix de celle-ci en a donc tenu compte, de sorte que la distribution d'une partie des bénéfices antérieurs ne constitue pas un produit financier, mais un remboursement partiel du prix de la participation, qui passe de 25 000 à 23 000 €. Les dividendes de juin N sont donc comptabilisés ainsi :

Juin N	Débit	Crédit
Banque (B)	2 000	
Participations (B)		2 000

Dans les comptes consolidés

L'IASB considère que les dividendes reçus ne fournissent pas une mesure correcte du bénéfice revenant à un investisseur parce qu'ils sont souvent sans rapport avec les résultats de l'entreprise associée. L'emploi de la mise en équivalence est donc exigé dans les comptes consolidés.

Selon cette méthode, la participation de l'investisseur est réévaluée chaque année en fonction du résultat global de l'entreprise associée.

Seules échappent à cette obligation les participations classées comme détenues en vue de la vente selon l'IFRS 5, ainsi que celles qui satisfont à l'ensemble des conditions suivantes :

– l'investisseur est lui-même filiale d'une autre société publiant des comptes de groupe conformes aux IFRS ;

– les autres actionnaires, y compris ceux n'ayant pas le droit de vote, ont été informés de la décision de l'investisseur et ne s'y sont pas opposés ;

– les titres émis par l'investisseur (actions, obligations...) ne sont pas cotés en bourse ;

– et l'investisseur n'a pas engagé de formalités visant à faire appel à l'épargne publique.

La procédure de mise en équivalence

La procédure de mise en équivalence comporte la plupart des étapes de la consolidation par intégration globale (voir IAS 27) ou proportionnelle (voir IAS 31).

Il convient tout d'abord de retraiter les comptes de l'entreprise associée si celle-ci n'utilise pas les mêmes méthodes comptables que l'entreprise participante. En pratique, ces ajustements peuvent néanmoins s'avérer difficiles à réaliser étant donné que l'investisseur, qui n'est qu'actionnaire minoritaire, risque de ne pas obtenir de l'entreprise associée toutes les informations nécessaires.

Contrairement à ce qui se passe en cas de consolidation par intégration globale ou proportionnelle, les comptes de l'entreprise associée ne sont pas cumulés avec ceux de la société participante. En cela, la mise en équivalence n'est pas une procédure de consolidation.

La comptabilisation de la participation lors de l'acquisition des titres

La participation est comptabilisée à son coût d'acquisition. La différence entre ce montant et la fraction correspondante des capitaux propres de l'entreprise associée à cette date est, conformément à l'IFRS 3, décomposée en deux éléments :

– la fraction correspondant à des plus-values latentes sur actifs identifiables de la société associée,

– le goodwill (survaleur) pour le reliquat.

Exemple 28.2. – Le 1er janvier N, l'entreprise M a acquis pour 2 500 000 € une participation de 20 % dans le capital de la société P. À cette date, les capitaux propres de P s'élevaient à 5 000 000 €. La valeur réelle des actifs de P correspondait à leur valeur comptable, à l'exception d'une construction estimée à 8 000 000 € et qui figurait au bilan de P pour 3 500 000 €.

Le prix de la participation (2 500 000 €) s'analyse ainsi :

part de M dans l'actif net comptable de P : 5 000 000 × 20 % =	1 000 000
part de M dans les plus-values latentes sur actifs identifiables de P : 20 % (8 000 000 – 3 500 000) =	900 000
– impôts différés correspondants : 900 000 × 30 % =	– 270 000
goodwill (par différence)	870 000
	2 500 000

L'ajustement de la participation au cours des exercices suivants

Au cours des exercices suivants, le montant de la participation est augmenté ou diminué de la part correspondante du bénéfice ou de la perte global réalisé par l'entreprise associée.

Exemple 28.2. – (suite) Supposons qu'en N, la société P réalise un bénéfice global de 800 000 € (dont 100 000 € d'autres éléments du résultat global). Au bilan consolidé, le montant de la participation sera ajusté en conséquence :

Au bilan		
Participations dans des entreprises associées [800 000 × 20 %]	160 000	
Bénéfices non distribués M [700 000 × 20 %]		140 000
Autres éléments des capitaux propres M [100 000 × 20 %]		20 000
Au compte de résultat global		
Résultat global M	160 000	
Part dans le résultat des entreprises associées		140 000
Part dans les autres éléments du résultat global des entreprises associées		20 000

Les plus-values latentes sur actifs identifiables et le goodwill ne figurant pas au bilan de l'entreprise associée, son résultat comptable ne tient pas compte de l'amortissement ou de la dépréciation de ces éléments. Il faut donc corriger en conséquence la part de résultat global revenant à l'investisseur.

Exemple 28.2. – (suite) Considérons que la durée de vie résiduelle des constructions de P à la date d'acquisition de la participation était de 20 ans.

Il convient de corriger la part de M dans le bénéfice global de P :

– en la diminuant de l'amortissement de la quote-part de M dans les plus-values latentes de P : 900 000/20 =	– 45 000
– et en l'augmentant de la réintégration des impôts différés relatifs à ces plus-values : 270 000/20 =	13 500
	– 31 500

Au bilan		
Bénéfices non distribués M	31 500	
Participations dans des entreprises associées		31 500
Au compte de résultat global		
Part dans le résultat d'entreprises associées	31 500	
Résultat global M		31 500

Les pertes prises en compte par l'investisseur ne doivent pas dépasser son investissement net dans l'entreprise associée, c'est-à-dire le montant de sa participation plus les éventuelles créances à long terme qui ont la nature de financement permanent (prêts à long terme sans date de remboursement précis et non susceptibles d'être remboursés dans un futur prévisible).

Si par la suite l'entreprise associée réalise des bénéfices, la part de l'investisseur dans ceux-ci n'est comptabilisée qu'après compensation avec les pertes non prises en compte.

Exemple 28.3. – La société A possède 30 % des actions de la société anonyme B. À la clôture de l'exercice N–1, cette participation figurait au bilan de A pour 100 000 €. A n'a pas d'autre intérêt chez B. L'exercice N s'est soldé, pour B, par une perte de 500 000 €.

A devrait normalement supporter 30 % de cette perte, soit 500 000 × 30 % = 150 000 €. Compte tenu du plafonnement, le résultat de A ne sera diminué que de 100 000 € en N :

Au bilan (fin N)		
Bénéfices non distribués A	100 000	
Participations dans des entreprises associées		100 000
Au compte de résultat global (exercice N)		
Part dans le résultat d'entreprises associées	100 000	
Résultat global A		100 000

Supposons qu'en N+1, B réalise un bénéfice de 300 000 €. 30 %, c'est-à-dire 90 000 €, reviennent à A. Mais compte tenu des pertes non prises en compte en N (50 000 €), A ne comptabilisera qu'un produit de 90 000 – 50 000 = 40 000 € :

Au bilan (fin N+1)		
Participations dans des entreprises associées	40 000	
Bénéfices non distribués A		40 000
Au compte de résultat global (exercice N+1)		
Résultat global A	40 000	
Part dans le résultat d'entreprises associées		40 000

Cependant, l'actionnaire qui se trouverait engagé au-delà de son apport en capital, soit parce que l'entreprise associée est une société de personnes, soit parce qu'il s'est porté caution ou s'est engagé à couvrir certaines dépenses, devrait provisionner les pertes supplémentaires.

Exemple 28.4. – L'entreprise X possède une participation de 40 % dans une société de personnes Y. La valeur comptable de cette participation est de 80 000 €. En N, Y a réalisé une perte de 350 000 €. Si l'on considère que les autres associés sont solvables, la perte peut être répartie au prorata de la participation. La fraction attribuable à X est donc de 350 000 × 40 % = 140 000 €. Elle sera comptabilisée ainsi :

– diminution du montant de la participation :	80 000
– provision pour risques (par différence) :	60 000
	140 000

Au bilan		
Bénéfices non distribués X	140 000	
Participations dans des entreprises associées		80 000
Provisions pour risques		60 000
Au compte de résultat global		
Part dans le résultat d'entreprises associées	140 000	
Résultat global X		140 000

La comptabilisation des dividendes perçus

Si, par la suite, l'entreprise associée distribue une partie de ses bénéfices, les dividendes perçus par l'entreprise participante ne peuvent pas être enregistrés au compte de résultat sinon le produit de la participation serait comptabilisé deux fois (lors de sa constatation et lors de sa distribution). Ils viennent donc en déduction du montant de la participation.

Exemple 28.2. – (suite) En N+1, l'entreprise P distribue pour 200 000 € de dividendes. Le montant perçu par M a été comptabilisé en produits financiers. À la clôture de l'exercice N+1, il conviendra d'annuler ce produit par l'écriture suivante :

Au bilan		
Bénéfices non distribués M [200 000 × 20 %]	40 000	
Participations dans des entreprises associées		40 000
Au compte de résultat global		
Produits financiers	40 000	
Résultat global M		40 000

L'élimination des résultats internes

La procédure de consolidation par intégration globale (IAS 27) ou proportionnelle (IAS 31) exige en principe l'élimination des opérations et résultats internes.

En cas de mise en équivalence, la question de l'élimination des créances, dettes, charges et produits réciproques ne se pose pas puisque les comptes de l'entreprise associée ne sont pas cumulés avec ceux de la société participante. Le problème demeure en revanche pour les profits résultant de transactions entre les deux sociétés.

Rappelons que seuls les profits internes contenus dans un élément du patrimoine d'une des entreprises à la date d'établissement des comptes sont concernés (profits inclus dans les stocks en particulier) et que les pertes internes à caractère définitif, c'est-à-dire résultant de transactions effectuées aux conditions du marché, ne peuvent, en aucun cas, être éliminées.

L'opération donnera lieu à un ajustement du montant de la participation.

Exemple 28.2. – (suite) Supposons qu'à la clôture de l'exercice N, il reste dans les stocks de M pour 80 000 € de marchandises achetées à P et que le coût de revient de ces marchandises pour P a été de 65 000 €.

Le résultat de P se trouve donc contenir un profit interne de (80 000 – 65 000) × 20 % = 3 000 €, qu'on annulera par l'écriture suivante :

Au bilan		
Bénéfices non distribués M	3 000	
Participations dans des entreprises associées		3 000
Au compte de résultat global		
Part dans le résultat d'entreprises associées	3 000	
Résultat global M		3 000

Le montant de la participation au bilan de l'entreprise participante

Le processus de mise en équivalence aboutit à ce que les titres détenus par l'entreprise participante soient évalués à leur coût d'acquisition diminué du goodwill, de l'amortissement des plus-values latentes constatées au moment de l'acquisition et augmenté ou diminué de la part correspondante des bénéfices ou des pertes réalisés par la société associée depuis la prise de participation.

Exemple 28.2. – (suite) Supposons que l'exercice N+1 se solde chez P par une perte globale de 100 000 €. Le compte « Participations mises en équivalence » présentera au 31/12/N+1 un solde de 2 534 000 €, s'analysant ainsi :

coût d'acquisition		2 500 000
– amortissement de la part de M dans les plus-values latentes sur actifs identifiables de P : 45 000 × 2 =		– 90 000
+ réintégration des impôts différés sur plus-values latentes : 13 500 × 2 =		27 000
+ part des résultats globaux non distribués de P depuis l'acquisition :		
exercice N : 800 000 × 20 % =	160 000	
– profit interne	– 3 000	
– dividendes distribués	– 40 000	
	117 000	
exercice N+1 : – 100 000 × 20 % =	– 20 000	
		97 000
		2 534 000

La dépréciation de la participation

L'IAS 36 sur les dépréciations d'actifs s'applique aussi aux participations dans les entreprises associées. L'investisseur doit donc apprécier chaque année s'il existe un indice montrant que la participation a pu perdre de la valeur. Si la réponse est positive, il doit déterminer la valeur recouvrable de la participation, qui correspond au maximum du prix de vente net et de la valeur d'utilité.

L'IAS 28 précise que la valeur d'utilité d'une participation se calcule en actualisant :

– soit la quote-part de l'investisseur dans les cash-flows futurs attendus de l'entreprise associée,

– soit les dividendes futurs attendus de la participation.

Dans les deux cas, les flux doivent également tenir compte du prix de revente estimé de la participation. Le taux d'actualisation n'est pas précisé mais ce devrait être le taux exigé par le marché pour un placement de risque équivalent à celui des actions de l'entreprise associée.

Exemple 28.2. – (suite) Supposons que les prévisions de cash-flows de P pour les années N+2 à N+6 sont les suivantes :

	N+2	N+3	N+4	N+5	N+6
Cash-flows	1 400 000	1 300 000	1 200 000	1 100 000	1 000 000

La valeur de marché de l'entreprise P à la fin de N+6 est estimée à 10 000 000 €.

Si l'on estime à 10 % le taux de rentabilité des capitaux propres exigé par le marché pour la société P, la valeur de cette dernière à fin N+1 s'élève à (en milliers d'euros) :

$$V_{N+1} = \frac{1\,400}{1,1} + \frac{1\,300}{(1,1)^2} + \frac{1\,200}{(1,1)^3} + \frac{1\,100}{(1,1)^4} + \frac{1\,000 + 10\,000}{(1,1)^5} = 10\,830 \text{ K€}$$

La valeur d'utilité de la participation est donc de 10 830 000 × 20 % = 2 166 000 €, d'où une dépréciation de 2 534 000 – 2 166 000 = 368 000 € constatée par l'écriture suivante :

Au bilan (fin N+1)		
Bénéfices non distribués M	368 000	
Participations dans des entreprises associées		368 000
Au compte de résultat global (exercice N+1)		
Dépréciations des participations	368 000	
Résultat global M		368 000

La perte d'influence notable

À partir du moment où l'investisseur n'a plus d'influence notable, la mise en équivalence cesse d'être appliquée et la participation est évaluée à sa juste valeur.

La différence entre :

– la juste valeur de la participation restante majorée, le cas échéant, du prix de cession des actions vendues,

– et la valeur comptable de la participation à la date de cession constitue un produit ou une charge de l'exercice de cession.

Exemple 28.5. – Jusqu'au 31 mars N, l'entreprise M exerçait une influence notable sur la société X grâce à une participation de 25 % dans le capital. Le 1er avril N, l'entreprise a cédé 60 % de ses actions (soit 15 % du capital de X) pour 6 millions €, perdant du même coup son influence notable sur cette société.

Au 31 mars N, la participation dans X, évaluée par mise en équivalence, figurait au bilan consolidé de M pour 9 millions €. La capitalisation boursière de la société X au 1er avril N est de 40 millions €.

La participation restante (10 % du capital) étant évaluée à 40 millions x 10 % = 4 millions €, la cession des actions aboutit à un bénéfice de (4 000 000 + 6 000 000) – 9 000 000 = 1 000 000 €.

L'impact sur les états financiers consolidés de M sera donc :

Bilan consolidé

Actifs	
Participation dans X : 4 000 000 – 9 000 000 =	– 5 000 000
Banque	+ 6 000 000
Capitaux propres	
Bénéfices non distribués M	+ 1 000 000

Compte de résultat global consolidé

Produits	
Profit de cession d'actions	1 000 000
Résultat	1 000 000
Résultat global	1 000 000

Principales différences par rapport aux US GAAP

Les normes américaines diffèrent de l'IAS 28 essentiellement sur les points suivants :

– Contrairement aux IFRS, la mise en équivalence n'est pas obligatoire car les entreprises américaines ont la possibilité de comptabiliser à leur juste valeur les participations donnant une influence notable.

– Les états financiers de l'entreprise associée n'ont pas à être retraités lorsque celle-ci utilise d'autres méthodes comptables que l'investisseur.

– La part de l'investisseur dans les pertes cumulées de l'entreprise associée n'est pas plafonnée à son investissement net dans celle-ci.

La pratique en Europe

Les participations qui confèrent une influence notable sont systématiquement mises en équivalence. Le niveau de détail fourni diffère sensiblement d'une entreprise à l'autre, comme le montrent les extraits suivants :

« La mise en équivalence s'applique à toutes les entreprises associées dans lesquelles le Groupe exerce une influence notable, laquelle est présumée quand le pourcentage de droits de vote est supérieur ou égal à 20 % » [Alcatel-Lucent (France), rapport annuel 2008].

« Les entreprises associées sont constituées de toutes les entités sur lesquelles le Groupe exerce une influence notable sur la gestion et la politique financière, sans avoir le contrôle, et qui s'accompagne généralement de la détention de 20 à 50 % des droits de vote.

Les entreprises associées sont comptabilisées par mise en équivalence et sont initialement évaluées au coût. Par la suite, la quote-part du Groupe dans les profits ou pertes de l'entreprise associée est comptabilisée en résultat et la quote-part du Groupe dans les variations de capitaux propres est comptabilisée en capitaux propres. Si la quote-part du Groupe dans les pertes d'une entreprise associée est égale ou supérieure à sa participation dans celle-ci, le Groupe cesse de comptabiliser sa quote-part de pertes, à moins d'avoir une obligation légale ou implicite ou de devoir effectuer des paiements au nom de l'entreprise associée.

Le goodwill lié à une entreprise associée est inclus dans la valeur comptable de la participation.

Les résultats sur les opérations internes avec les entreprises associées mises en équivalence sont éliminés dans la limite du pourcentage de participation du Groupe dans ces sociétés.

Les principes et méthodes comptables des entreprises associées ont été modifiés le cas échéant afin d'assurer l'homogénéité des traitements retenus au niveau du Groupe » [PPR (France), rapport annuel 2008].

Conséquences pour l'utilisateur des états financiers

L'imprécision du concept d'« influence notable »

Selon qu'on considère qu'une participation donne le contrôle, qu'elle confère une influence notable ou qu'elle constitue un simple placement, le résultat consolidé pourra varier dans des proportions importantes.

Si la société apparentée a réalisé un profit, une quote-part de celui-ci sera incorporée au résultat consolidé ; aussi bien avec l'intégration (globale ou proportionnelle) qu'avec la mise en équivalence. Par contre, si la participation est maintenue au coût d'acquisition, seuls les dividendes reçus par la société mère seront comptabilisés.

En cas de perte, la part de la société mère sera plafonnée au montant de la participation si on utilise la mise en équivalence ou l'évaluation au coût de revient ; alors qu'avec l'intégration globale ou proportionnelle, la société mère supportera l'intégralité de sa quote-part dans ce résultat.

Ces observations sont résumées dans le tableau suivant :

Résultat de la société apparentée	Incidence sur le résultat consolidé		
	Intégration	Mise en équival.	Coût d'acquisition
Bénéfice	illimitée	illimitée	dividendes
Perte	illimitée	limitée	limitée

Exemple 28.6. – Considérons une participation de 40 % dans le capital d'une société F. Cette participation a été acquise pour 1 000 000 €.

Le tableau précédent donne, en supposant l'absence de dividendes :

Résultat de la société apparentée	Incidence sur le résultat consolidé		
	Intégration	Mise en équival.	Coût d'acquisition
Bénéfice de 4 000 000 €	+ 1 600 000	+ 1 600 000	0
Perte de 4 000 000 €	– 1 600 000	– 1 000 000	– 1 000 000

1 600 000 = 4 000 000 × 40 %

1 000 000 = coût d'acquisition de la participation.

On voit donc que les entreprises ont intérêt à utiliser :
– l'intégration (globale ou proportionnelle) ou la mise en équivalence en cas de bénéfice,
– la mise en équivalence ou le coût d'acquisition en cas de perte importante.

La mise en équivalence peut également être très pratique pour sous-évaluer l'endettement d'un groupe, comme le montre l'exemple suivant :

Exemple 28.7. – L'entreprise M possède une participation de 40 % dans la société X.

Les bilans des deux entreprises peuvent être résumés ainsi :

	M	**X**
Actifs	1 000 [a]	700
Dettes	300	400
Capitaux propres	700	300

a. Dont participation dans X : 80.

Selon la méthode utilisée pour traiter la participation dans X, le bilan consolidé de M se présentera ainsi :

	Intégration globale (*cf.* IAS 27)		**Intégration proportionnelle (*cf.* IAS 31)**		**Mise en équivalence**	
Actifs	920 + 700 =	1 620	920 + (700 × 40 %) =	1 200	920 + (300 × 40 %) =	1 040
Dettes	300 + 400 =	700	300 + (400 × 40 %) =	460		300
Capitaux propres		920		740		740
(dont intérêts minoritaires)	300 × 60 % =	180		0		0

Le ratio dettes/total du bilan s'élèvera donc à :
– 700/1 620 = 43 % avec l'intégration globale,
– 460/1 200 = 38 % avec l'intégration proportionnelle,
– et 300/1 040 = 29 % avec la mise en équivalence.

Le choix n'est, théoriquement, pas libre puisque la méthode à utiliser dépend de l'intensité de la relation entre la société mère et l'entreprise apparentée :
– intégration globale en cas de contrôle exclusif (voir IAS 27) ;
– mise en équivalence en cas d'influence notable ;

– intégration proportionnelle ou mise en équivalence en cas de contrôle conjoint (voir IAS 31) ;
– coût d'acquisition ou juste valeur dans les autres cas.

La subjectivité des notions d'« influence notable » et de « contrôle » offre cependant une certaine latitude aux entreprises ; surtout lorsqu'on s'écarte des seuils fatidiques de 50 % et de 20 % des droits de vote, au-delà desquels une participation est présumée conférer le contrôle ou une influence notable.

La question de l'élimination des résultats internes

Les résultats des transactions entre la société mère et ses entreprises associés devraient, en théorie, être éliminés du résultat consolidé.

Lorsque la vente a été réalisée par la société mère, l'obtention des informations nécessaires ne devrait pas poser de problème. Il n'en est pas de même pour les transactions en sens inverse. On voit mal en effet une société n'appartenant pas au groupe indiquer à son client la marge qu'elle pratique sur les opérations qu'elle réalise avec lui.

L'IAS 28 en bref

Une entreprise associée est une entreprise dans laquelle l'investisseur exerce une influence notable sans en posséder le contrôle. Il y a présomption d'influence notable lorsque l'investisseur détient plus de 20 % des droits de vote.

Dans les comptes consolidés de l'investisseur, les participations dans des entreprises associées doivent être comptabilisées selon la méthode de la mise en équivalence, qui consiste à ajouter au coût d'acquisition de la participation la part de l'investisseur dans les résultats non distribués de l'entreprise associée depuis la prise de participation.

IAS 29

INFORMATION FINANCIÈRE DANS LES ÉCONOMIES HYPERINFLATIONNISTES[1]

Le sujet

Lorsque l'inflation atteint un niveau très élevé, les états financiers établis dans la monnaie du pays ne peuvent plus être considérés comme représentatifs des performances et de la situation financière des entreprises.

L'IASB estime qu'il faut alors corriger ces documents des variations du pouvoir d'achat général de la monnaie. Cette norme décrit les corrections qui doivent être apportées et la façon de les comptabiliser.

La notion d'hyperinflation

La norme n'indique pas à partir de quel niveau de hausse des prix une économie est réputée hyperinflationniste. C'est le jugement qui permet de savoir quand ce texte devient applicable.

L'IAS 29 fournit néanmoins une liste non limitative de traits caractéristiques d'une économie hyperinflationniste :

– la population du pays préfère investir sa richesse en biens non monétaires ou en une monnaie étrangère relativement stable ;

– elle évalue les créances et les dettes non pas dans la monnaie locale, mais dans une devise étrangère relativement stable, les prix pouvant être exprimés dans cette devise ;

1. Norme adoptée en 1989.

– les ventes et les achats à crédit sont conclus à des prix qui tiennent compte de la perte de pouvoir d'achat pendant la durée du crédit, même si celle-ci est courte ;
– les taux d'intérêt, les salaires et les prix sont indexés ;
– le taux cumulé d'inflation sur trois ans approche ou dépasse 100 %.

Le retraitement des états financiers

Les états financiers établis dans la monnaie d'une économie hyperinflationniste doivent être retraités dans l'unité de mesure ayant cours à la date du bilan.

Le retraitement du bilan

L'objectif des retraitements est d'exprimer tous les postes du bilan dans l'unité de mesure en vigueur à la date de clôture.

Les éléments monétaires (liquidités, créances et dettes) ne sont pas retraités puisqu'ils sont déjà exprimés dans l'unité de mesure en vigueur à la date du bilan.

Les créances et les dettes indexées sur l'inflation sont ajustées conformément au contrat prévoyant leur indexation.

Les éléments non monétaires qui figurent au coût historique sont retraités par l'application d'un indice reflétant la hausse des prix depuis leur acquisition.

Pour ceux qui ont fait l'objet d'une réévaluation (certaines immobilisations corporelles) ou d'une dépréciation, le retraitement débute à la date de leur dernière évaluation.

Le retraitement des éléments non monétaires ne doit pas aboutir à donner à ceux-ci une valeur supérieure au montant que l'entreprise est susceptible de retirer de l'utilisation ou de la cession future de ces biens. La réévaluation est donc plafonnée à la valeur recouvrable dans le cas d'une immobilisation et à la valeur de réalisation nette dans le cas des stocks.

Les éléments des capitaux propres, à l'exception des bénéfices non distribués et des écarts de réévaluation, sont également retraités par l'application d'un indice mesurant la hausse des prix depuis leur entrée dans l'entreprise.

L'indice à utiliser doit refléter l'évolution du pouvoir d'achat général. Il s'agit donc, en principe, du même indice pour tous les postes du bilan et du compte de résultat.

Le retraitement du compte de résultat global

Tous les éléments du compte de résultat global doivent aussi être exprimés dans l'unité de mesure en cours à la clôture.

Chaque poste doit donc être corrigé par l'application d'un indice reflétant la hausse des prix depuis l'enregistrement de la charge ou du produit.

Bien que la norme ne le précise pas, il est évident que des taux moyens périodiques (hebdomadaires, mensuels, voire trimestriels…) peuvent être utilisés pour la réévaluation de l'ensemble des opérations d'une même période.

Il nous semble également que les amortissements et dépréciations d'actifs doivent être réévalués de la même façon que les immobilisations correspondantes.

Le gain ou la perte sur la situation monétaire nette

L'inflation provoque un gain ou une perte sur la situation monétaire nette de l'entreprise, c'est-à-dire sur la différence entre ses actifs monétaires et ses dettes.

Si cette différence est positive (actifs monétaires > dettes), la hausse des prix se traduit par une perte car la baisse de pouvoir d'achat des actifs est supérieure à la diminution des engagements de l'entreprise.

Inversement, si les dettes sont supérieures aux actifs monétaires, il en résulte un gain car la baisse de valeur des actifs monétaires est plus que compensée par l'allégement des dettes de l'entreprise.

La différence constatée sur le bilan d'ouverture du premier exercice d'application de ces retraitements est inscrite dans les capitaux propres.

Par contre, les gains et les pertes ultérieurs sont considérés comme des produits ou des charges de l'exercice au cours duquel ils apparaissent.

Exemple 29.1. – Les états financiers d'une entreprise établie dans un pays hyperinflationniste se présentaient ainsi à la clôture des exercices N–1 et N :

Bilan (en milliers UM)

	31/12/N	**31/12/N–1**
Actifs		
Immobilisations réévaluées	300	400
Immobilisations au coût	1 100	1 200
Stocks au coût	700	600
Stocks à la valeur réalisable nette	100	0
Créances	900	700
Trésorerie	200	100
Total des actifs	3 300	3 000
Capitaux propres		
Capital	200	200
Écart de réévaluation	80	100
Bénéfices non distribués	1 220	1 100
Capitaux propres	1 500	1 400
Dettes	1 800	1 600
Total des dettes et capitaux propres	3 300	3 000

Compte de résultat global (en milliers UM)

		N		N–1
Ventes		5 000		3 500
Coût des marchandises vendues :		– 3 000		– 2 000
stock initial :	600		300	
+ achats de l'exercice	3 200		2 300	
– stock final	– 800		– 600	
Dotation aux amortissements				
– sur immobilisations réévaluées		– 100		– 100
– sur immobilisations au coût		– 100		– 100
Autres charges		– 1 700		– 1 100
Résultat		100		200
Autres éléments du résultat global		0		0
Résultat global		100		200

Le capital a été constitué à la création de l'entreprise le 1/01/N–5.

Toutes les immobilisations ont été acquises à cette même date.

La réévaluation des immobilisations a été pratiquée à la clôture de l'exercice N–3. Chaque année, une fraction de l'écart de réévaluation est virée dans les bénéfices non distribués, conformément à l'IAS 16.

Les bénéfices non distribués ont évolué ainsi durant l'exercice N (en milliers UM) :

Montant à fin N–1	1 100
+ Résultat N	100
+ Virement d'une fraction de l'écart de réévaluation : 100 – 80 =	20
= Montant à fin N	1 220

Les stocks sont supposés tous acquis à la fin de l'exercice clos.

On utilisera un indice moyen pour la conversion de l'ensemble des opérations de l'exercice.

L'évolution de l'indice des prix a été la suivante (valeur à la clôture) :

N–6	N–5	N–4	N–3	N–2	N–1	N
100	120	140	170	200	240	300

La norme est appliquée pour la première fois en N, date à laquelle le caractère hyperinflationniste de l'économie apparaît.

La première chose à faire est de déterminer l'actif net retraité au début de l'exercice N. Pour cela, il faut réévaluer le bilan à cette date :

Bilan retraité à fin N–1 (en milliers UM)

	1/01/N
Actifs	
Immobilisations réévaluées : 400 × 240/170 =	565
Immobilisations au coût : 1 200 × 240/100 =	2 880
Stocks au coût	600
Créances	700
Trésorerie	100
Total des actifs	4 845

Bilan retraité à fin N–1 (en milliers UM)

	1/01/N
Capitaux propres	
Capital : 200 × 240/100 =	480
Écart de réévaluation : 100 × 240/170 =	141
Bénéfices non distribués (par différence)	2 624
Capitaux propres	3 245
Dettes	1 600
Total des dettes et capitaux propres	4 845

La même opération est répétée à fin N :

Bilan retraité au 31/12/N (en milliers UM)

	31/12/N
Actifs	
Immobilisations réévaluées : 300 × 300/170 =	529
Immobilisations au coût : 1 100 × 300/100 =	3 300
Stocks au coût	700
Stocks à la valeur réalisable nette	100
Créances	900
Trésorerie	200
Total des actifs	5 729
Capitaux propres	
Capital : 200 × 300/100 =	600
Écart de réévaluation : 80 × 300/170 =	141
Bénéfices non distribués (par différence)	3 188
Capitaux propres	3 929
Dettes	1 800
Total des dettes et capitaux propres	5 729

L'indice moyen de réévaluation des bénéfices non distribués à fin N est donc 3 188/1 220 = 2,613

Le résultat de l'exercice s'obtient par différence entre les bénéfices non distribués à fin N, corrigés de l'effet du virement de l'écart de réévaluation, et le montant réévalué des bénéfices non retraités à fin N–1 :

Bénéfices non distribués à fin N :	3 188
– Virement d'une fraction de l'écart de réévaluation : (100 – 80) × 2,613 =	– 52
– Montant réévalué des bénéfices non distribués au début N : 2 624 × 300/240 =	– 3 280
= Résultat N	– 144

En supposant que tous les produits et toutes les charges de N autres que les amortissements ont été réalisés alors que l'indice des prix était à 270, on obtient le compte de résultat global retraité de N :

Compte de résultat global (en milliers UM)

		N
Ventes : 5 000 × 300/270 =		5 556
Coût des marchandises vendues :		– 3 506
stock initial : 600 × 300/240 =	750	
+ achats de l'exercice : 3 200 × 300/270 =	3 556	
– stock final	– 800	
Dotation aux amortissements		
– sur immobilisations réévaluées : 100 × 300/170 =		– 176
– sur immobilisations au coût : 100 × 300/100 =		– 300
Autres charges : 1 700 × 300/270 =		– 1 889
Gain sur position monétaire nette (par différence)		171
Résultat		– 144
Autres éléments du résultat global		0
Résultat global		– 144

Lorsque l'économie cesse d'être hyperinflationniste, l'entreprise interrompt l'application de la norme et les montants exprimés dans l'unité de mesure qui avait cours à la fin de la période constituent la base de la valeur comptable pour les états financiers futurs.

Exemple 29.1. – (suite) Supposons qu'en N+1, l'entreprise cesse d'appliquer l'IAS 29 en raison d'une baisse spectaculaire de l'inflation. Les montants d'immobilisations apparaissant au bilan retraité du 31/12/N constitueraient la base de calcul des amortissements de l'exercice N+1.

Lorsqu'il est fait application de cette norme, les chiffres correspondants de la période précédente sont retraités pour être exprimés dans l'unité de mesure qui a cours à la fin de la période dont on présente les comptes.

Exemple 29.2. – Les états financiers d'une entreprise étrangère opérant dans un pays hyperinflationniste sont retraités afin d'être exprimés en monnaie locale à fin N. Il faut aussi exprimer les chiffres correspondants de l'exercice N–1 en monnaie locale à fin N.

Principales différences par rapport aux US GAAP

Aux États-Unis, les problèmes posés par une monnaie fondante ne sont abordés qu'à propos de la conversion des états financiers des filiales situées dans des pays hyperinflationnistes.

Les IFRS exigent un processus en deux étapes : 1) retraitement des états financiers de la filiale selon l'IAS 29, puis 2) conversion des états financiers retraités dans la monnaie de consolidation selon l'IAS 21.

Selon les US GAAP, les états financiers d'une filiale établie dans un pays hyperinflationniste doivent être convertis dans la monnaie de la société mère, comme si celle-ci était sa monnaie fonctionnelle.

La pratique en Europe

La conversion des états financiers des filiales situées dans des pays hyperinflationnistes ne concerne pas toutes les entreprises. L'information fournie varie donc considérablement d'une société à l'autre.

« Pour les sociétés implantées dans les pays à forte inflation :

– les immobilisations, les titres de participation, les capitaux propres et les autres postes non monétaires sont réévalués en fonction de la diminution du pouvoir d'achat général de la monnaie locale au cours de l'exercice, le retraitement est effectué à l'aide d'indice de prix pertinent à la date de clôture ;

– l'ensemble des postes du bilan, à l'exception des capitaux propres revenant au Groupe, est ensuite converti en euros sur la base du cours en vigueur en fin d'exercice ;

– en ce qui concerne les capitaux propres revenant au Groupe, le solde d'ouverture est repris pour la valeur en euros de la fin de l'exercice précédent ; les autres mouvements sont convertis aux taux réels des transactions. L'écart en euros ainsi créé entre l'actif et le passif du bilan est enregistré dans un compte « Écart de conversions » inclus dans les « Capitaux propres – Part du Groupe » ;

– le compte de résultat en monnaie locale est ajusté des effets de l'inflation entre la date des transactions et la fin de l'exercice. L'ensemble des postes est ensuite converti sur la base des taux en vigueur en fin d'exercice » [Carrefour (France), rapport annuel 2008].

« Les bilans et les résultats nets des entités du Groupe actives dans les économies hyperinflationnistes sont retraités pour tenir compte des changements du pouvoir d'achat des monnaies locales en utilisant des indices officiels ayant cours à la date du bilan. Ils sont ensuite convertis en francs suisses au cours de change en vigueur à la fin de l'année » [Nestlé (Suisse), rapport annuel 2008].

« Les résultats des opérations réalisées dans des économies hyperinflationnistes sont ajustés pour refléter les variations du pouvoir d'achat de la monnaie locale de l'entité » [Diageo (Royaume-Uni), rapport annuel 2008-2009 (traduction)].

Conséquences pour l'utilisateur des états financiers

Certains utilisateurs des états financiers plaident pour l'adoption d'une comptabilité au coût de remplacement ou à pouvoir d'achat constant, seul moyen d'obtenir un résultat réel, tenant compte de toutes les charges nécessaires au maintien du capital économique.

D'autres s'opposent à ce changement en raison de la perte de crédibilité de l'information comptable qu'entraînerait inévitablement l'abandon du principe du coût historique, compte tenu de la subjectivité inhérente à toute réévaluation.

L'IASB semble se rattacher à cette seconde opinion puisque la prise en compte des effets de l'inflation n'est exigée que lorsque celle-ci atteint des niveaux très élevés [1].

Dans la mesure où la notion d'hyperinflation n'est pas définie par un taux unique mais fait appel à une série de facteurs caractéristiques, les entreprises disposent d'une certaine latitude quant au choix des filiales dont les comptes seront retraités. On peut supposer qu'elles auront tendance à réévaluer les états financiers des sociétés dont la situation monétaire nette est favorable et à laisser au coût historique ceux dont la réévaluation aboutirait à la constatation d'une perte de pouvoir d'achat. L'analyste doit en être conscient, même si les avantages du retraitement des comptes des entreprises évoluant dans un environnement hyperinflationniste l'emportent vraisemblablement sur les inconvénients d'une telle pratique.

L'IAS 29 en bref

Les états financiers d'une entreprise qui présente ses comptes dans la monnaie d'une économie hyperinflationniste doivent être retraités pour être exprimés dans l'unité de mesure qui a cours à la date du bilan.

Les retraitements consistent à appliquer à la valeur comptable des éléments non monétaires un coefficient représentant l'évolution générale des prix depuis leur entrée dans l'entreprise ou leur dernière évaluation.

Le gain ou la perte constatée sur la position monétaire nette de l'entreprise au cours de l'exercice constitue un produit ou une charge de cet exercice.

1. Rappelons cependant que la possibilité de tenir une comptabilité en valeurs actuelles est expressément reconnue par le cadre conceptuel.

IAS 30

INFORMATIONS À FOURNIR DANS LES ÉTATS FINANCIERS DES BANQUES ET DES INSTITUTIONS FINANCIÈRES ASSIMILÉES[1]

Cette norme a été remplacée par l'IFRS 7.

1. Norme adoptée en 1990.

IAS 31

PARTICIPATIONS DANS DES COENTREPRISES[1]

Le sujet

Cette norme traite de la comptabilisation des opérations réalisées en commun avec d'autres entreprises. Elle décrit notamment la méthode de consolidation (ou intégration) proportionnelle.

Comme l'IAS 28, cette norme ne s'applique pas aux participations détenues par les organismes de capital risque, les fonds communs (SICAV, fonds de placement) et autres entités similaires qui appliquent l'IAS 39, c'est-à-dire qui évaluent les participations à leur juste valeur et comptabilisent dans le résultat les variations de celle-ci.

Elle ne s'applique pas non plus aux entreprises qui sont dispensées d'établir des comptes consolidés, conformément à l'IAS 27.

Définitions

Une coentreprise est un accord contractuel par lequel plusieurs personnes conviennent de mener une activité économique soumise à un contrôle conjoint.

Le contrôle d'une activité économique est dit conjoint[2] lorsqu'il est exercé collégialement en vertu d'un accord contractuel. Cela suppose,

1. Norme révisée en 2003.

2. Dans la version française de l'IAS 31, l'expression « joint control » a été traduite parfois par « contrôle conjoint », parfois par « contrôle commun ». Nous nous en tiendrons à la première traduction.

selon l'IAS 31, que toutes les décisions financières et opérationnelles considérées comme stratégiques nécessitent l'accord unanime des associés partageant le contrôle.

L'IASB précise qu'en cas de contrôle conjoint, aucun des coentrepreneurs n'est en mesure de contrôler unilatéralement l'activité de l'entreprise. Le contrôle ne peut donc être conjoint dans les sociétés comprenant un actionnaire majoritaire.

L'existence d'un accord contractuel précisant les modalités d'exercice du contrôle est indispensable pour caractériser un contrôle conjoint. En l'absence d'accord contractuel, une participation minoritaire sera en effet présumée ne conférer au mieux qu'une « influence notable » (voir IAS 28).

Les formes de coentreprises

Les coentreprises peuvent revêtir plusieurs formes. L'IASB en distingue trois :

- les activités sous contrôle conjoint,
- les actifs sous contrôle conjoint,
- et les entités sous contrôle conjoint.

Les deux premières formes ne nécessitent pas la création d'une entité juridique distincte des coentrepreneurs. La troisième en revanche donne lieu à la création d'une personne morale dont les coentrepreneurs sont les propriétaires.

Les activités sous contrôle conjoint

C'est la forme la plus légère de coentreprise. Chaque coentrepreneur supporte ses propres charges, utilise ses propres actifs et ses propres ressources pour la réalisation d'activités soumises à un contrôle conjoint avec d'autres coentrepreneurs. L'accord contractuel prévoit généralement comment seront partagés les produits tirés de la vente de la production conjointe ainsi que les charges communes.

L'IASB cite comme exemple le cas d'entreprises regroupant leurs ressources et leurs compétences pour produire et commercialiser un avion. Chacun des coentrepreneurs est alors chargé d'une partie du processus de fabrication ; il supporte ses propres coûts et reçoit en contrepartie une fraction du produit de la vente.

La comptabilisation des activités sous contrôle conjoint ne pose pas de problème particulier. Chaque coentrepreneur enregistre les transactions générées par ces activités comme celles réalisées en son nom propre.

Exemple 31.1. – L'entreprise X exploite une ligne d'autobus conjointement avec la société Y. Au cours de l'exercice N, X a encaissé pour 300 000 € de recettes et supporté pour 270 000 € de charges au titre de cette activité. Ces opérations ont été enregistrées normalement chez X :

Charges (R) Banque (B)	270 000	 270 000
Banque (B) Prestations de services (R)	300 000	 300 000

À la clôture de l'exercice N, le résultat de l'activité sous contrôle conjoint est calculé :

Produits	500 000
Charges	– 450 000
Bénéfice	50 000

L'accord de coentreprise prévoit un partage à parts égales des produits et des charges de l'activité commune ; d'où l'écriture de régularisation :

Prestations de services (R) [300 000 – (500 000/2)]
  Charges (R) [270 000 – (450 000/2)]
  Coentrepreneur Y (B)
	50 000	
		45 000
		5 000

Tous les actifs, passifs, charges et produits étant enregistrés dans les états financiers individuels, aucun ajustement n'est nécessaire en consolidation.

Les actifs sous contrôle conjoint

Cette forme de coentreprise consiste en l'exploitation d'un ou plusieurs actifs soumis à un contrôle conjoint. Chaque coentrepreneur a droit à une partie des biens ou services produits par ces actifs et assume en contrepartie une part convenue des charges générées par leur fonctionnement.

Les oléoducs constituent des actifs sous contrôle conjoint lorsqu'ils sont exploités par plusieurs sociétés pétrolières qui les utilisent pour écouler leur production et qui en partagent les charges d'exploitation.

D'un point de vue comptable, chaque coentrepreneur enregistre dans ses états financiers individuels :

– sa quote-part des actifs sous contrôle conjoint, classée selon la nature de l'actif et non comme une participation ;

– sa quote-part des dettes engagées conjointement avec les autres coentrepreneurs ;

– les produits tirés de l'utilisation de sa quote-part de la production de la coentreprise ;

– ainsi que sa quote-part des charges engagées par la coentreprise.

Exemple 31.2. – Les cliniques A et B ont acquis conjointement un équipement médical de pointe valant 5 000 000 €. Chacun des coentrepreneurs a apporté 1 000 000 € ; le reste a été financé par un emprunt conjoint de 3 000 000 €. Au cours de l'exercice N, l'exploitation de l'équipement a généré pour 480 000 € de produits chez A et pour 420 000 € chez B. Les charges liées à l'équipement ont été :

Amortissements	500 000
Charges de fonctionnement	120 000
Intérêts de l'emprunt	180 000
	800 000

L'accord de coentreprise prévoit qu'A et B en supporteront chacune 50 %.

Chez A, l'acquisition du matériel a donné lieu à l'écriture suivante :

Matériels (B) [5 000 000/2]	2 500 000	
Banque (B)		1 000 000
Emprunts (B) [3 000 000/2]		1 500 000

L'exploitation de l'appareil au cours de l'exercice N sera comptabilisée ainsi par A :

Banque (B)	480 000	
Prestations de services (R)		480 000
Dotation aux amortissements (R) [500 000/2]	250 000	
Amortissements cumulés des matériels (B)		250 000
Charges d'exploitation (R) [120 000/2]	60 000	
Charges financières (R) [180 000/2]	90 000	
Banque (B)		150 000

Étant donné que les actifs, passifs, produits et dettes relatifs à la participation dans la coentreprise sont déjà enregistrés dans les comptes individuels du coentrepreneur, aucun ajustement n'est nécessaire au moment de la consolidation.

Les entités sous contrôle conjoint

Dans ce cas, l'activité commune s'exerce dans le cadre d'une entité juridique indépendante contrôlée conjointement par les coentrepreneurs. Cette entité fonctionne comme n'importe quelle société. Elle contrôle les actifs de la coentreprise, supporte des charges et réalise des produits. Elle peut passer des contrats en son nom propre et se procurer le financement nécessaire à la réalisation de son objet social. Les coentrepreneurs se partagent son résultat selon les modalités fixées dans ses statuts.

Cette formule est souvent utilisée pour les investissements à l'étranger, les entreprises étrangères s'associant, volontairement ou par obligation, avec une entreprise ou un organisme public local pour exercer leurs activités dans ce pays.

Tous les actifs, dettes, charges et produits de la coentreprise sont comptabilisés par l'entité sous contrôle conjoint. Au bilan des coentrepreneurs, on ne trouve que leur participation au capital de celle-ci. Lors de l'établissement des comptes consolidés, se pose donc le problème du traitement de cette participation.

La comptabilisation des participations dans des entités sous contrôle conjoint

Dans les états financiers consolidés des coentrepreneurs

Les participations dans des entités sous contrôle conjoint peuvent être comptabilisées :

– soit par la méthode de la consolidation (ou intégration) proportionnelle,

– soit par mise en équivalence.

La consolidation (ou intégration) proportionnelle consiste à inclure dans les états financiers consolidés du coentrepreneur sa quote-part dans chacun des actifs, chacune des dettes, chacun des produits et chacune des charges de l'entité sous contrôle conjoint.

La mise en équivalence (voir IAS 28) consiste seulement à réévaluer la participation en fonction de l'évolution des capitaux propres de l'entité sous contrôle conjoint depuis l'acquisition de la participation.

Un investisseur est dispensé d'appliquer l'intégration proportionnelle et la mise en équivalence si sa participation remplit toutes les conditions suivantes :

– l'investisseur est lui-même filiale d'une autre société publiant des comptes de groupe conformes aux IFRS ;

– les autres actionnaires ont été informés de la décision de l'investisseur et ne s'y sont pas opposés ;

– les titres émis par l'investisseur (actions, obligations...) ne sont pas cotés ;

– l'investisseur n'a pas engagé de formalités en vue de son introduction en bourse.

Les participations qui échappent à l'intégration proportionnelle et à la mise en équivalence sont traitées conformément à l'IAS 39, c'est-à-dire :

– comptabilisées à leur juste valeur (cours de bourse) si ces actions sont cotées sur un marché actif,

– évaluées à leur coût d'acquisition dans le cas contraire.

Dans les états financiers individuels des coentrepreneurs

Au bilan individuel de l'investisseur, les participations dans les coentreprises sont traitées comme celles qui donnent le contrôle. Elles sont donc :

– soit comptabilisées à leur coût d'acquisition,

– soit évaluées conformément à l'IAS 39, c'est-à-dire à la valeur de marché si les actions sont cotées sur un marché actif, au coût d'acquisition sinon.

Le même traitement doit être appliqué à toutes les participations de ce type.

La consolidation proportionnelle

La procédure de consolidation (ou intégration) proportionnelle comprend les mêmes étapes que celle de l'intégration globale (voir IAS 27).

Les comptes de l'entité sous contrôle conjoint doivent, en premier lieu, être retraités pour assurer l'homogénéité des méthodes comptables au sein de l'ensemble consolidé.

Si la coentreprise est étrangère, il faudra bien évidemment convertir ses comptes dans la monnaie de consolidation (voir IAS 21).

Le cumul des comptes

Les travaux de consolidation proprement dits commencent par le cumul des comptes du coentrepreneur et de ceux de l'entité sous contrôle conjoint. La différence par rapport à l'intégration globale est que les comptes de la coentreprise ne sont repris qu'au prorata de la participation du coentrepreneur.

Exemple 31.3. – L'entreprise M possède une participation de 50 % dans une coentreprise J qu'elle contrôle conjointement avec un autre associé. Les états financiers individuels de M et J à la clôture de l'exercice N se présentent ainsi :

Bilan de M au 31/12/N

Actifs	
Actifs circulants	
Banque	80 000
Clients	260 000
Stocks de marchandises	90 000
	430 000
Actifs immobilisés	
Participation dans J	90 000
Matériels	400 000
– Amortissements cumulés	– 120 000
Constructions	1 000 000
– Amortissements cumulés	– 400 000
	970 000
Total des actifs	1 400 000
Dettes	
Fournisseurs	160 000
Emprunts	300 000
Provisions	80 000
	540 000
Capitaux propres	
Capital	300 000
Bénéfices non distribués	520 000
Autres éléments des capitaux propres	40 000
	860 000
Total des dettes et capitaux propres	1 400 000

Compte de résultat global de M durant l'exercice N

Ventes de marchandises	1 500 000
Coût des marchandises vendues	– 1 050 000
Marge brute	450 000
Charges de personnel	– 300 000
Dotation aux amortissements et provisions	– 60 000
Autres charges d'exploitation	– 40 000
Résultat d'exploitation	50 000
Charges financières	– 20 000
Résultat avant impôt	30 000
Impôt sur les bénéfices	– 10 000
Résultat de l'exercice	20 000
Autres éléments du résultat global	8 000
Résultat global	28 000

Bilan de J au 31/12/N

Actifs	
Actifs circulants	
Banque	50 000
Clients	120 000
Stocks de marchandises	60 000
	230 000
Actifs immobilisés	
Matériels	200 000
– Amortissements cumulés	– 60 000
	140 000
Total des actifs	370 000
Dettes	
Fournisseurs	80 000
Emprunts	100 000
Provisions	30 000
	210 000
Capitaux propres	
Capital	100 000
Bénéfices non distribués	50 000
Autres éléments des capitaux propres	10 000
	160 000
Total des dettes et capitaux propres	370 000

Compte de résultat global de J durant l'exercice N

Ventes de marchandises	500 000
Coût des marchandises vendues	– 330 000
Marge brute	170 000
Charges de personnel	– 128 000
Dotation aux amortissements et provisions	– 12 000
Autres charges d'exploitation	– 10 000
Résultat d'exploitation	20 000
Charges financières	– 8 000
Résultat avant impôt	12 000
Impôt sur les bénéfices	– 4 000
Résultat de l'exercice	8 000
Autres éléments du résultat global	2 000
Résultat global	10 000

Le cumul des comptes de M et J donnera lieu aux écritures suivantes :

Au bilan		
Banque [80 000 + (50 000 × 50 %)	105 000	
Clients [260 000 + (120 000 × 50 %)]	320 000	
Stocks de marchandises [90 000 + (60 000 × 50 %)]	120 000	
Participation dans J	90 000	
Matériels [400 000 + (200 000 × 50 %)]	500 000	
Constructions	1 000 000	
Fournisseurs [160 000 + (80 000 × 50 %)]		200 000
Emprunts [300 000 + (100 000 × 50 %)]		
Provisions [80 000 + (30 000 × 50 %)		350 000
Amortissements cumulés matériels [120 000 +		95 000
(60 000 × 50 %)]		150 000
Amortissements cumulés constructions		400 000
Capital M		300 000
Capital J [100 000 × 50 %]		50 000
Bénéfices non distribués M		520 000
Bénéfices non distribués J [50 000 × 50 %]		25 000
Autres éléments des capitaux propres M		40 000
Autres éléments des capitaux propres J [10 000 × 50 %]		5 000

Au compte de résultat global		
Coût des marchandises vendues	1 215 000	
[1 050 000 + (330 000 × 50 %)]		
Charges de personnel [300 000 + (128 000 × 50 %)]	364 000	
Dotation aux amortissements et provisions [60 000 +	66 000	
(12 000 × 50 %)]		
Autres charges d'exploitation [40 000 + (10 000 × 50 %)]	45 000	
Charges financières [20 000 + (8 000 × 50 %)]	24 000	
Impôt sur les bénéfices [10 000 + (4 000 × 50 %)]	12 000	
Résultat global [28 000 + (10 000 × 50 %)]	33 000	
Ventes de marchandises [1 500 000 + (500 000 × 50 %)]		1 750 000
Autres éléments du résultat global [8 000 + (2 000 × 50 %)]		9 000

L'élimination des opérations internes

Les effets des transactions internes entre le coentrepreneur et l'entité sous contrôle conjoint doivent être éliminés comme dans l'intégration globale (voir IAS 27). La seule différence est que l'élimination est limitée à la part du coentrepreneur dans l'opération en cause.

Les créances, dettes, produits et charges réciproques sont éliminés en soldant les comptes concernés.

Exemple 31.3. – (suite) Supposons qu'en N, M ait vendu à J pour 200 000 € de marchandises, dont 60 000 € n'ont pas encore été payées à la clôture de l'exercice. Les écritures d'élimination seront les suivantes :

Au bilan		
Fournisseurs [60 000 × 50 %]	30 000	
Clients		30 000

Au compte de résultat gllobal		
Ventes de marchandises [200 000 × 50 %]	100 000	
Coût des marchandises vendues		100 000

Les profits internes inclus dans un élément du patrimoine de l'une ou l'autre des entreprises en cause à la clôture de l'exercice sont éliminés au prorata de la part du coentrepreneur.

Exemple 31.3. – (suite) Supposons qu'au 31/12/N, les stocks de J comprennent pour 40 000 € de marchandises achetées à M, sur lesquelles le coentrepreneur a réalisé un bénéfice de 6 000 €.

La participation de M dans J étant de 50 %, on considère que 50 % de ce profit, soit 3 000 €, constitue un profit non réalisé qu'on élimine ainsi :

Au bilan		
Bénéfices non distribués M	3 000	
Stocks de marchandises		3 000

Au compte de résultat global		
Coût des marchandises vendues	3 000	
Résultat global M		3 000

Chaque fois qu'une écriture remet en cause le résultat du dernier exercice ou des exercices antérieurs, il faut évidemment tenir compte de son incidence sur les impôts différés.

Exemple 31.3. – (suite) L'écriture précédente a diminué le résultat global de M de 3 000 €. Si l'on considère que le taux d'imposition du coentrepreneur est de 30 %, il en résulte un impôt différé-actif de 3 000 × 30 % = 900 € comptabilisé ainsi :

Au bilan		
Impôts différés – actif	900	
Bénéfices non distribués M		900

Au compte de résultat global		
Résultat global M	900	
Impôts sur les bénéfices		900

Comme pour l'intégration globale, les pertes internes ne sont à éliminer que dans la mesure où elles ne traduisent pas une perte de valeur définitive mais sont dues à l'utilisation de prix de transfert éloignés des valeurs de marché.

Exemple 31.4. – Au 31/12/N, la société H détient en stock des marchandises achetées pour 10 000 € à un de ses coentrepreneurs X qui a réalisé, à l'occasion de la vente, une perte de 3 000 €. Le coentrepreneur X a une participation de 50 % dans H.

1er cas : A la clôture de l'exercice, la valeur de marché des marchandises ne dépasse pas 10 000 €. La perte constatée est définitive et ne doit pas être annulée.

2e cas : La valeur de marché des marchandises à la clôture de l'exercice est de 12 000 €. La perte constatée par X doit être considérée comme non définitive à hauteur de 12 000 – 10 000 = 2 000 €. Il y a donc lieu de pratiquer une élimination partielle :

Au bilan		
Stocks de marchandises [2 000 × 50 %]	1 000	
Bénéfices non distribués X		1 000

Au compte de résultat global		
Résultat global X	1 000	
Coût des marchandises vendues		1 000

L'élimination de la participation

La dernière étape de la consolidation consiste à éliminer la participation du coentrepreneur dans l'entité sous contrôle conjoint. L'opération est plus simple qu'en cas d'intégration globale (voir IAS 27), puisque le cumul des comptes ayant été limité à la part du coentrepreneur dans les actifs et les dettes de la coentreprise, il n'y a pas à se préoccuper des autres actionnaires (intérêts minoritaires).

La norme IAS 31 ne fournit aucune indication quant au traitement de l'écart de première consolidation. Ceci est vraisemblablement dû au fait que les participations dans les coentreprises sont généralement détenues depuis l'origine ; de sorte que cet écart est le plus souvent nul. Si tel n'est pas le cas, on doit, par analogie avec l'IAS 27, considérer que l'écart de première consolidation est à ventiler entre ses deux composantes :

– la fraction explicable par l'existence de plus-values latentes sur actifs identifiables de l'entité sous contrôle conjoint à la date de la prise de participation,

– la fraction représentant le goodwill payé par le participant.

Exemple 31.3. – (suite) Supposons que la participation de M dans J ait été acquise le 1/01/N–2, date à laquelle les capitaux propres de J se présentaient ainsi :

Capital	100 000
Bénéfices non distribués	30 000
	130 000

M ayant payé 90 000 € sa participation dans J, l'écart de première consolidation s'élève à 90 000 – (130 000 × 50 %) = 25 000 €.

Supposons que les matériels de M au 1/01/N–2 valaient 190 000 € alors que leur valeur comptable n'était que de 170 000 €. L'écart de première consolidation s'analyse ainsi :

part dans les plus-values latentes sur actifs identifiables de J : (190 000 – 170 000) × 50 % =	10 000
– impôts différés correspondants : 10 000 × 30 % =	– 3 000
goodwill (par différence)	18 000
	25 000

La participation de M dans J sera soldée par l'écriture suivante :

Au bilan		
Capital J [100 000 × 50 %]	50 000	
Bénéfices non distribués J [30 000 x 50 %]	15 000	
Matériels	10 000	
Goodwill	18 000	
Impôts différés passifs		3 000
Participation dans J		90 000

Il faut ensuite amortir les plus-values latentes jusqu'à la date de consolidation.

Exemple 31.3. – (suite) Considérons que la valeur résiduelle des matériels de J au 1/01/N–2 était de 12 ans. Trois ans s'étant écoulés depuis l'acquisition de la participation, les amortissements à pratiquer s'élèvent à 10 000 × 3/12 = 2 500 € :

Au bilan		
Bénéfices non distribués J	2 500	
Amortissements cumulés des matériels		2 500

Au compte de résultat global		
Dotation aux amortissements et provisions [2 500 / 3]	833	
Résultat global J		833

La présentation des états financiers consolidés du coentrepreneur

La part du coentrepreneur dans les actifs, dettes, produits et charges de l'entité sous contrôle conjoint peut être :

– soit cumulée avec le poste correspondant des états financiers individuels du coentrepreneur,

– soit présentée distinctement.

Avec la première méthode, chaque ligne des états financiers consolidés comprend les éléments sous contrôle exclusif du coentrepreneur plus la part de celui-ci dans les éléments correspondants de la coentreprise.

Avec la seconde méthode, ces derniers sont isolés sur des lignes particulières.

Exemple 31.4. – (suite) Avec la première méthode, les états financiers consolidés de M se présentent ainsi :

Bilan consolidé de M au 31/12/N

Actifs	
Actifs circulants	
Banque	105 000
Clients	290 000
Impôts différés actifs	900
Stocks de marchandises	117 000
	512 900
Actifs immobilisés	
Goodwill	18 000
Matériels	510 000
– Amortissements cumulés	– 152 500
Constructions	1 000 000
– Amortissements cumulés	– 400 000
	975 500
Total des actifs	1 488 400
Dettes	
Fournisseurs	170 000
Emprunts	350 000
Impôts différés passifs	3 000
Provisions	95 000
	618 000
Capitaux propres	
Capital	300 000
Bénéfices non distribués	525 400
Autres éléments des capitaux propres	45 000
	870 400
Total des dettes et capitaux propres	1 488 400

Compte de résultat global consolidé de M durant l'exercice N

Ventes de marchandises	1 650 000
Coût des marchandises vendues	– 1 118 000
Marge brute	532 000
Charges de personnel	– 364 000
Dotation aux amortissements et provisions	– 66 833
Autres charges d'exploitation	– 45 000
Résultat d'exploitation	56 167
Charges financières	– 24 000
Résultat avant impôt	32 167
Impôt sur les bénéfices	– 11 100
Résultat de l'exercice	21 067
Autres éléments du résultat global	9 000
Résultat global	30 067

La perte du contrôle conjoint

Lorsqu'un investisseur perd le contrôle conjoint qu'il avait dans une coentreprise, le traitement est le même que pour la perte de contrôle d'une filiale (voir IAS 27) :

- Les actifs, dettes, produits et charges de la coentreprise sont déconsolidés si l'investisseur utilisait l'intégration proportionnelle.
- La participation restante est évaluée à sa juste valeur.
- Le coentrepreneur enregistre dans son résultat un gain ou une perte égal(e) à la différence entre :

– le prix de vente des actions cédées, majoré, le cas échéant, de la juste valeur des actions conservées,

– et la valeur comptable de la participation au bilan consolidé avant la cession des actions.

Principales différences par rapport aux US GAAP

Aux États-Unis, les participations dans des entités sous contrôle conjoint doivent obligatoirement être mises en équivalence, l'intégration proportionnelle n'étant pas admise sauf dans quelques rares secteurs d'activités.

En ce qui concerne les autres formes de coentreprises (activités et actifs sous contrôle conjoint), il n'existe pas de norme générale mais seulement des textes spécifiques à certains secteurs d'activité, dont les dispositions particulières sont comparables à celles de l'IAS 31.

La pratique en Europe

Beaucoup de sociétés appliquent l'intégration proportionnelle à leurs participations dans des coentreprises :

« Les sociétés dans lesquelles le Groupe exerce un contrôle conjoint avec un autre investisseur sont consolidées par intégration proportionnelle » [Lafarge (France), rapport annuel 2008].

« L'intégration proportionnelle est appliquée aux sociétés sur lesquelles le Groupe exerce un contrôle conjoint avec des partenaires (coentreprises). Les actifs, passifs, revenus et charges sont consolidés au prorata de la participation de Nestlé au capital-actions (en général 50 %) » [Nestlé (Suisse), rapport annuel 2008].

« Les entreprises sur lesquelles le Groupe exerce, avec un nombre limité d'associés, un contrôle conjoint (coentreprises) sont consolidées selon la méthode de l'intégration proportionnelle » [Solvay (Belgique), rapport annuel 2008].

Néanmoins, de nombreuses sociétés préfèrent utiliser la mise en équivalence :

« Sont également mises en équivalence les sociétés pour lesquelles le groupe exerce un contrôle conjoint » [Air France KLM (France), rapport annuel 2008-2009].

« Les sociétés associées (dont Novartis détient de 20 % à 50 % des droits de vote ou dans lesquelles il exerce une influence notable) ainsi que les joint-ventures sont comptabilisées selon la méthode de la mise en équivalence, le Groupe enregistrant sa part du résultat net et des capitaux propres de la société associée » [Novartis (Suisse), rapport annuel 2008].

Conséquences pour l'utilisateur des états financiers

Les participations dans des coentreprises peuvent être traitées soit par intégration proportionnelle, soit par mise en équivalence. La méthode choisie est susceptible d'influencer fortement le résultat consolidé et l'endettement apparent, comme nous l'avons montré dans le chapitre sur l'IAS 28.

Rappelons en effet qu'en cas d'intégration (globale ou proportionnelle), le résultat consolidé comprend l'intégralité de la part de la société mère dans le résultat de l'entreprise apparentée, quels qu'en soient le signe et le montant. Par contre, en cas de mise en équivalence, les pertes supportées par l'investisseur sont limitées au montant de sa participation.

L'incidence sur les ratios d'endettement est encore plus prononcée. En effet, avec l'intégration proportionnelle, les dettes consolidées comprennent une quote-part des dettes de la coentreprise ; alors qu'avec la mise en équivalence elles se limitent à celles de l'investisseur. Les entreprises qui souhaitent limiter leurs ratios d'endettement ont donc intérêt à consolider par mise en équivalence les coentreprises qui sont plus endettées qu'elles.

L'IAS 31 en bref

Une coentreprise est un accord contractuel par lequel plusieurs personnes (les coentrepreneurs) conviennent de mener une activité économique soumise à un contrôle conjoint.

Cette activité peut s'exercer soit par les coentrepreneurs eux-mêmes, soit dans le cadre d'une entité distincte de ceux-ci (entité sous contrôle conjoint).

La participation du coentrepreneur dans une entité sous contrôle conjoint doit être consolidée soit par la méthode de la consolidation (ou intégration) proportionnelle, soit par celle de la mise en équivalence.

La consolidation proportionnelle consiste à remplacer la participation du coentrepreneur par la fraction correspondante de chaque actif et de chaque dette de l'entité sous contrôle conjoint.

IAS 32

INSTRUMENTS FINANCIERS : PRÉSENTATION[1]

Le sujet

Avec l'apparition de nouveaux instruments financiers (options, contrats à terme, swaps...) et de techniques de financement hors-bilan, les organismes de normalisation ont été amenés à reconsidérer les règles habituelles de comptabilisation, d'évaluation et d'information concernant les instruments financiers.

L'IAS 32 ne traite plus que de la présentation des instruments financiers, la partie « Informations à fournir » ayant été transférée dans l'IFRS 7. La comptabilisation et l'évaluation de ces instruments font toujours l'objet de l'IAS 39.

Définitions

L'expression instrument financier désigne tout contrat qui donne naissance à la fois à un actif financier chez une entreprise et à un passif financier ou à un instrument de capitaux propres chez une autre.

Constituent des actifs financiers :

• la trésorerie ;

• les instruments de capitaux propres (actions, bons de souscription d'actions...) émis par d'autres entreprises ;

• tout droit contractuel de recevoir de la trésorerie ou un autre actif financier ;

• tout droit contractuel d'échanger des instruments financiers à des conditions potentiellement favorables ;

---

1. Norme révisée en 2003 et amendée en 2004, 2005 et 2008.

• tout contrat :
– aux termes duquel l'entreprise sera obligée ou pourrait être obligée de recevoir une quantité variable de ses propres instruments de capitaux propres ;
– ou un instrument dérivé qui sera soldé autrement que par l'échange d'un montant déterminé de monnaie ou d'autres actifs financiers contre un nombre déterminé d'instruments de capitaux propres de l'entreprise.

Un passif financier est une obligation contractuelle :
• de verser de la trésorerie ou de transférer un actif financier à une autre entreprise,
• d'échanger des instruments financiers à des conditions potentiellement défavorables,
• tout contrat :
– aux termes duquel l'entreprise sera obligée ou pourrait être obligée de remettre une quantité variable de ses propres instruments de capitaux propres ;
– ou un instrument dérivé qui sera soldé autrement que par l'échange d'un montant déterminé de monnaie ou d'autres actifs financiers contre un nombre déterminé d'instruments de capitaux propres de l'entreprise.

Le concept d'actif financier est très large puisqu'il englobe la plupart des créances (notamment celles sur les clients ainsi que les produits à recevoir). De même, la plupart des dettes (y compris celles à l'égard des fournisseurs et les charges à payer) constituent des passifs financiers.

Un instrument de capitaux propres est un contrat qui constate un droit résiduel sur les actifs d'une entreprise, après déduction de l'ensemble de ses passifs.

Les instruments financiers englobent les instruments primaires (créances, dettes, titres de participation) et les instruments dérivés, comme les options financières, les contrats à terme de gré à gré (*forwards*) ou normalisés (*futures*), les swaps de taux d'intérêt et de devises.

Une option financière est un contrat donnant à son acquéreur le droit d'acheter (option d'achat ou *call*) ou de vendre (option de vente ou *put*) une quantité déterminée d'un instrument financier à un prix convenu (prix d'exercice) et pendant une période définie. Pour son détenteur, l'option constitue un actif financier puisqu'elle lui confère le droit d'échanger celle-ci contre un autre actif. Inversement, pour la partie soumise à l'obligation d'échange, il s'agit d'un passif financier, sauf si les titres à remettre sont des instruments de capitaux propres de l'entreprise, auquel cas l'option constitue elle-même un instrument de capitaux propres.

Exemple 32.1. – La société X détient des options d'achat d'actions de la société Y.
• Premier cas : ces options ont été émises par la société Y elle-même.
Elles constituent :
– pour la société X : des actifs financiers ;

– pour la société Y : des instruments de capitaux propres.

• Deuxième cas : ces options ont été émises par la banque Z (qui s'est donc engagée à remettre des actions Y qu'elle détient ou qu'elle acquerra ultérieurement).

Ces options constituent :

– pour la société X : des actifs financiers ;
– pour la banque Z : des passifs financiers ;
– pour la société Y : rien car la société Y n'est pas partie au contrat.

Un contrat à terme est un contrat dans lequel les deux parties s'engagent irrévocablement à effectuer une certaine transaction à une échéance donnée et à des conditions fixées à l'avance. Ces contrats peuvent porter sur des devises, d'autres instruments financiers ou même un indice boursier. Ils sont soit conclus de gré à gré, généralement avec une banque, soit négociés sur des marchés réglementés.

Un swap est un contrat par lequel deux parties s'engagent à échanger des actifs ou des flux financiers liés à des opérations déterminées. Un swap peut porter sur un taux d'intérêt (échange des intérêts d'un emprunt à taux fixe contre ceux d'un emprunt à taux variable), des devises (échange d'une créance en dollars contre une créance en euros) ou toutes sortes d'éléments.

Dans un contrat à terme ou dans un swap, les deux parties ont à la fois un droit et une obligation d'échange. De tels contrats constituent donc, pour chacune, à la fois un actif et un passif financiers.

Il est à noter que les contrats portant sur des marchandises, comme les options ou contrats à terme sur matières premières, sont soumis à l'IAS 32 (et 39) dès lors qu'ils peuvent être dénoués par la remise d'espèces ou d'autres instruments financiers.

La possibilité d'exercer un droit contractuel ou l'obligation d'honorer un engagement peut être absolue ou dépendre de la survenance d'un événement futur. Une garantie financière, par exemple, est un passif financier pour le garant (obligation contractuelle de rembourser le prêteur en cas de défaillance du débiteur) et un actif financier pour le prêteur (droit de recevoir de l'argent du garant en cas de défaillance de l'emprunteur). Les droits et obligations conditionnels de ce type constituent des actifs ou passifs financiers, même s'ils ne satisfont pas aux conditions nécessaires pour être inscrits au bilan.

La présentation des instruments financiers

La distinction dettes/capitaux propres

Un instrument financier doit être classé en dettes ou en capitaux propres en fonction de la substance de l'accord contractuel et non de sa forme juridique.

Dans la majorité des cas, les deux coïncident. Ainsi, une action ou une obligation ordinaire constitue respectivement un instrument de capitaux propres et un passif financier à la fois d'un point de vue économique et d'un point de vue juridique.

L'innovation financière qui a caractérisé ces dernières années a cependant donné naissance à des titres qui combinent certaines caractéristiques des deux catégories. Pour aider à leur classification, l'IAS 32 pose comme principe qu'on a affaire à un instrument de capitaux propres si et seulement si les deux conditions suivantes sont satisfaites :

1) L'instrument ne comporte aucune obligation contractuelle :

– de remettre de l'argent liquide ou d'autres actifs financiers à une autre entité ;

– ou d'échanger des actifs financiers ou passifs financiers à des conditions potentiellement défavorables à l'émetteur.

2) Si l'instrument porte sur des instruments de capitaux propres de l'émetteur :

– soit il ne comporte aucune obligation contractuelle pour celui-ci de remettre une quantité variable de ses propres instruments de capitaux propres ;

– soit c'est un instrument dérivé qui ne pourra être soldé que par l'échange d'un montant fixe de monnaie ou d'autres actifs financiers contre un nombre fixe d'instruments de capitaux propres de l'émetteur.

Ainsi, certaines actions privilégiées qui comportent une obligation de rachat par l'émetteur doivent être considérées comme des passifs financiers quand bien même leurs autres caractéristiques (rémunération prélevée sur le résultat, droit de vote...) les rattachent plutôt aux instruments de capitaux propres.

Par contre, les bons de souscription d'actions (ou warrants) émis isolément ou en combinaison avec d'autres titres (obligations à bons de souscription d'actions) constituent des instruments de capitaux propres et pas des passifs financiers. En effet, leur échange contre des actions ne saurait être considéré comme effectué à des conditions défavorables puisqu'il aboutit à une augmentation des capitaux propres et qu'il ne peut donner lieu à la constatation d'une perte pour l'entreprise émettrice.

Il est à noter que le fait qu'un instrument financier implique la remise ou la réception d'instruments de capitaux propres ne suffit pas à en faire lui-même un instrument de capitaux propres. Encore faut-il que la quantité de titres à fournir ou à recevoir soit fixe. Ainsi, un contrat au terme duquel l'entreprise serait tenue de payer 10 000 € par la remise d'une quantité suffisante de ses propres actions ne serait pas un instrument de capitaux propres, mais un passif financier car il n'y aurait pas d'incertitude sur la valeur du contrat. Par contre, tout contrat obligeant l'entreprise à remettre un nombre déterminé d'actions propres (par exemple un contrat de *stock-options*) est, lui, un instrument de capitaux propres car la valeur du contrat dépendra de l'évolution du cours des actions.

Lorsqu'un instrument financier dérivé donne à l'émetteur ou au détenteur le droit de choisir le mode de règlement (monnaie ou actions), ce n'est pas non plus un instrument de capitaux propres pour l'émetteur.

Les instruments financiers composés

Certains instruments financiers sont composés de plusieurs éléments. C'est le cas notamment des obligations à bons de souscription d'actions (OBSA) et des obligations convertibles contre des actions. Ces titres comportent en effet une composante dette (l'obligation) et une composante capitaux propres (le droit de souscription ou de conversion).

L'IAS 32 impose que chacun de ces éléments fasse l'objet d'une évaluation et d'un classement séparés au bilan de l'émetteur.

L'évaluation de la composante capitaux propres s'effectue en retranchant de la juste valeur de l'actif composé la valeur de la composante dette. Cette dernière s'obtient en actualisant les flux monétaires de la dette au taux effectif [1] d'un emprunt ordinaire de même risque et de même échéance.

Exemple 32.2. – L'entreprise X émet en N un emprunt obligataire aux conditions suivantes :

Montant : 10 000 000 € (10 000 obligations de 1 000 €)
Taux d'intérêt : 7 %
Remboursement au pair dans 10 ans
Prix d'émission : 970 €

À partir de la 5e année, les souscripteurs auront la possibilité d'échanger leurs obligations contre des actions existantes de l'entreprise émettrice à raison de 2 actions pour 1 obligation.

Au moment de l'émission, le cours de l'action X est de 400 € et on estime que si les obligations n'étaient pas assorties d'un droit de conversion, l'entreprise aurait dû accorder un taux d'intérêt de 8 %.

L'évaluation de la composante dette s'effectue en actualisant les paiements prévus en l'absence de conversion au taux effectif d'un emprunt ordinaire équivalent :

$$\frac{700\,000}{1{,}08}+\frac{700\,000}{(1{,}08)^2}+\frac{700\,000}{(1{,}08)^3}+\ldots\frac{700\,000}{(1{,}08)^9}+\frac{10\,700\,000}{(1{,}08)^{10}}=9\,328\,992\text{ €}$$

En arrondissant ce montant à 9 330 000 €, on en déduit que la composante droit de conversion vaut :

$$(970 \times 10\,000) - 9\,330\,000 = 370\,000\text{ €}.$$

1. Le taux effectif (ou taux actuariel) d'un emprunt à l'émission est le taux d'actualisation tel que la valeur actuelle à cette date des paiements (intérêts et remboursements) liés à l'emprunt soit égale à son prix d'émission. Considérons par exemple un emprunt de 1 000 obligations de 1 000 € émises à 980 €, dont le taux d'intérêt est de 10 % et qui est remboursable au pair 5 ans après l'émission.

Le taux effectif de cet emprunt est le taux i tel que :

$$980\,000=\frac{100\,000}{1+i}+\frac{100\,000}{(1+i)^2}+\frac{100\,000}{(1+i)^3}+\frac{100\,000}{(1+i)^4}+\frac{1\,100\,000}{(1+i)^5}$$

c'est-à-dire 10,53 %.

L'emprunt sera donc comptabilisé ainsi :

– en dettes :	9 330 000
– en capitaux propres :	370 000
	9 700 000

D'où l'écriture d'émission :

Banque (B)	9 700 000	
Emprunts (B)		9 330 000
Droits de conversion d'obligations (B)		370 000

Par la suite, la composante « dettes » est évaluée au coût amorti (*cf.* IAS 39) qui tend à se rapprocher du prix de remboursement au fur et à mesure que l'échéance approche.

La probabilité que le droit d'option soit exercé évolue en fonction des circonstances économiques et, en particulier, du rapport entre le prix d'exercice de l'option et la valeur de l'actif sous-jacent. L'évolution de cette probabilité ne doit cependant pas modifier le classement effectué au moment de l'émission, ni le montant enregistré dans les capitaux propres car les variations de la juste valeur des instruments de capitaux propres ne sont pas enregistrées dans les états financiers.

Exemple 32.2. – (suite) Supposons que, 4 ans après l'émission, les cours de bourse de l'obligation convertible et de l'action soient respectivement de 1 050 € et 600 €. Tout détenteur d'une obligation pourrait donc, si la période de conversion était ouverte, échanger son titre coté 1 050 € contre deux actions valant au total 1 200 €. La probabilité de conversion est plus grande qu'au moment de l'émission. Ce n'est pas une raison pour reclasser une partie de la dette en capitaux propres. Ce reclassement n'interviendra qu'au moment de l'échange effectif des obligations contre des actions.

Les actions propres

Il arrive que les entreprises rachètent une partie de leurs actions pour les détruire, les remettre à des salariés ou à des dirigeants dans le cadre de plans d'intéressement ou afin d'assurer la conversion d'obligations convertibles. Ces actions propres (*treasury shares*) ne doivent pas être présentées à l'actif, mais déduites des capitaux propres.

Aucun gain ou perte n'est comptabilisé lorsqu'elles sont données en paiement, revendues ou annulées. En effet, l'éventuelle différence constatée entre le prix de vente ou de conversion et le prix d'achat des actions n'affecte pas la valeur de l'entreprise dans son ensemble. C'est un simple transfert de richesse entre anciens et nouveaux actionnaires.

Exemple 32.3. – Le capital de la société comprend 100 000 actions de valeur nominale 100 €. En N, l'entreprise a acheté en bourse 5 000 de ces actions au cours de 400 €. En N+1, 80 % de ces actions sont détruites. Les autres sont revendues à 380 € chacune. Les écritures seront :

N		
Actions propres (B) (5 000 × 400)	2 000 000	
Banque (B)		2 000 000
N+1		
Capital (B) (4 000 × 100)	400 000	
Banque (B) (1 000 × 380)	380 000	
Réserves (B)	1 220 000	
Actions propres (B)		2 000 000

Ajoutons enfin que, conformément à l'IAS 1, le montant des actions propres doit être indiqué soit au bilan, soit dans les notes.

Les intérêts, dividendes, gains et pertes sur instruments financiers

Le traitement comptable des intérêts, dividendes, pertes et gains réalisés sur un instrument financier dépend du classement opéré au moment de l'émission de cet instrument.

La rémunération et les plus ou moins-values relatives à un passif financier sont comptabilisées en charges ou en produits chez l'émetteur ; alors que celles qui concernent un instrument de capitaux propres sont enregistrées directement dans les capitaux propres.

Il résulte de cette règle que les dividendes relatifs à des actions privilégiées considérées comme des dettes (actions avec obligation de rachat) ne constituent pas une distribution de résultat mais une charge pour l'émetteur.

De même, les plus ou moins-values réalisées lors du refinancement d'un emprunt sont des éléments du résultat.

Exemple 32.4. – Au cours de l'exercice écoulé, une entreprise a renégocié les conditions d'un de ses emprunts bancaires. Elle a obtenu une réduction de 1 point de son taux d'intérêt. La valeur actuelle des économies ainsi réalisées s'élève à 50 000 €. L'emprunt étant un passif financier, ce gain sera comptabilisé ainsi :

Emprunts (B)	50 000	
Produits financiers (R)		50 000

Les frais de transaction occasionnés par l'émission ou l'acquisition d'instruments de capitaux propres doivent être déduits des capitaux propres pour leur montant après impôt. Ceux relatifs à l'émission d'un instrument composé (obligation convertible ou OBSA par exemple) doivent être ventilés entre les deux composantes de l'instrument proportionnellement à leurs valeurs relatives.

Exemple 32.2. – (suite) Supposons que l'émission de l'emprunt convertible ait occasionné 300 000 € de frais et que le taux d'imposition de l'entreprise soit de 30 %. Ces frais seront comptabilisés ainsi :

Frais financiers (R) (300 000 × 9 330/9 700)	288 557	
Réserves (B) [70 % (300 000 × 370/9 700)]	8 010	
Impôts différés (B) [30 % (300 000 × 370/9 700)]	3 433	
Banque (B)		300 000

La compensation des dettes et actifs financiers

Il peut être tentant pour une entreprise fortement endettée de diminuer son degré apparent d'endettement en compensant une partie de ses passifs financiers par des actifs de même nature.

Cette pratique est strictement réglementée car elle risque de fausser l'analyse de la situation financière de l'entreprise. Pour que la compensation d'actifs et de passifs financiers soit possible, il faut à la fois :

– que l'entreprise dispose d'un droit juridiquement exécutoire d'opérer cette compensation ;

– et qu'elle ait l'intention de procéder au règlement du solde net ou de régler simultanément l'actif et le passif.

Ces conditions sont généralement réunies lorsque les opérations sont dénouées par l'intermédiaire de la chambre de compensation d'un marché organisé.

Lorsque deux entreprises effectuent entre elles plusieurs opérations sur instruments financiers, elles peuvent conclure un accord de compensation globale (*master netting*) aux termes duquel la défaillance ou la résiliation d'un instrument financier par l'une des parties donne au cocontractant le droit de régler sur une base nette tous les autres instruments financiers. L'existence d'un tel arrangement n'est pas, en soi, suffisante pour permettre une compensation comptable. Encore faut-il que les conditions précédentes soient satisfaites.

L'IAS 32 précise qu'aucune compensation n'est possible lorsque plusieurs instruments financiers différents sont nécessaires pour reproduire les caractéristiques d'un autre instrument. On ne peut pas, par exemple, compenser un emprunt à taux variable par un prêt à taux fixe couplé avec un swap taux fixe/taux variable, bien qu'une telle combinaison puisse, en théorie, annuler le risque de taux.

On ne peut pas non plus compenser des actifs et passifs financiers mettant en cause des parties différentes car le risque de crédit demeure.

Principales différences par rapport aux US GAAP

Il n'existe pas de différence majeure entre l'IAS 32 et les règles américaines en matière de présentation des instruments financiers.

Tout au plus peut-on noter que la décomposition des instruments composés en deux éléments « dettes » et « capitaux propres » est moins systématique qu'avec les IFRS.

La pratique en Europe

Les sociétés comptabilisent les instruments financiers composés (obligations convertibles ou à warrants) en séparant les deux composantes, dette et capitaux propres :

« Certains instruments financiers contiennent à la fois une composante de dette financière et une composante de capitaux propres. C'est notamment le cas des emprunts obligataires convertibles ou échangeables ou remboursables en actions nouvelles ou existantes. Les différentes composantes de ces instruments sont comptabilisées dans les capitaux propres et dans les emprunts et dettes financières pour leurs parts respectives, telles que définies dans la norme IAS 32 "Instruments financiers : informations à fournir et présentation ».

« La composante classée en dette financière a été évaluée à la date d'émission pour les instruments émis par ex-Alcatel. Elle correspond à la valeur des flux de trésorerie futurs contractuels (incluant les coupons et le remboursement) actualisée au taux de marché (tenant compte du risque de crédit à l'émission) d'un instrument similaire présentant les mêmes conditions (maturité, flux de trésorerie) mais sans option de conversion ou de remboursement en actions. La part comptabilisée en capitaux propres est déterminée par différence entre le montant nominal à l'émission et la composante dette financière.

La composante classée en dette financière des emprunts convertibles émis par Lucent a été déterminée à la date du regroupement d'entreprises Alcatel-Lucent à sa juste valeur, selon les modalités décrites ci-dessus, en tenant compte des maturités contractuelles. La différence entre la juste valeur de la dette convertible et la composante dette a été comptabilisée comme composante capitaux propres au sein de ces derniers » [Alcatel-Lucent (France), rapport annuel 2008].

La comptabilisation des actions propres semble également conforme aux règles de l'IAS 32 :

« Les actions d'autocontrôle, qui incluent celles affectées aux plans d'options d'achat et de souscription d'actions consenties aux cadres et dirigeants du Groupe, sont comptabilisées pour leur coût d'acquisition en déduction des capitaux propres du Groupe jusqu'à la date de leur cession.

Le prix de cession est comptabilisé directement en augmentation des capitaux propres du Groupe et, dès qu'il est encaissé, en trésorerie. Aucun profit ou perte n'est donc comptabilisé dans le résultat net de l'exercice » [Renault (France), rapport annuel 2008].

« Les titres de Cap Gemini S.A. détenus par elle-même ou par des entités consolidées sont portés en diminution des capitaux propres consolidés, pour leur coût d'acquisition. Inversement, le résultat de la cession éventuelle des actions propres est imputé directement en capitaux propres pour l'effet net d'impôt. La plus ou moins-value ainsi réalisée n'affecte donc pas le résultat de l'exercice » [Cap Gemini (France), rapport annuel 2008].

« Les actions propres sont constatées en déduction des fonds propres. Le coût initial des actions propres et le produit de toute vente ultérieure sont constatés en variation des fonds propres » [SGS (Suisse), rapport annuel 2008].

Conséquences pour l'utilisateur des états financiers

L'IAS 32 permet de régler le problème du classement des instruments hybrides en posant comme principe que leurs différentes composantes doivent être distinguées et comptabilisées séparément en dettes ou en capitaux propres. Du point de vue de l'analyse financière, la reconnaissance de la prééminence de la dimension financière est incontestablement une bonne chose.

Les adversaires de cette solution invoqueront cependant la difficulté d'évaluer séparément les diverses composantes d'un titre lorsqu'elles ne font pas l'objet de marchés distincts. C'est le cas, par exemple, des obligations convertibles, dont le cours de bourse englobe les deux éléments. La difficulté, qui est réelle, ne saurait cependant constituer un obstacle insurmontable, compte tenu que l'élément le plus complexe (en l'occurrence, le droit de souscription) est évalué par différence entre la valeur totale du titre et celle de l'autre composante.

Incidemment, la distinction entre dettes et fonds propres règle le problème de la nature comptable de la rémunération des divers instruments financiers. Seuls les revenus, charges, gains ou pertes relatifs à des dettes sont à comptabiliser dans le résultat ; les autres doivent être portés directement dans les fonds propres.

Compte tenu de l'aversion des entreprises pour tout ce qui est susceptible de grever les résultats, cette règle peut, à terme, aboutir à l'abandon de certains instruments qui ne pourront plus être considérés comme des fonds propres (actions remboursables notamment) et favoriser en revanche le développement de nouveaux outils de financement répondant à la définition d'instruments de capitaux propres.

L'IAS 32 en bref

L'expression « instruments financiers » désigne les actifs financiers, les passifs financiers (dettes) et les instruments de capitaux propres.

Le classement d'un instrument financier en dettes ou en capitaux propres doit être basé sur la réalité financière et non sur la nature juridique de cet instrument.

Les composantes d'un instrument financier composé (obligations convertibles ou à bons de souscription…) doivent être classées séparément en fonction de leur nature financière.

La rémunération d'une dette ou d'une créance doit être comptabilisée dans le résultat.

La rémunération d'un instrument de capitaux propres doit être prélevée sur les capitaux propres de l'émetteur.

IAS 33

RÉSULTAT PAR ACTION[1]

Le sujet

Cette norme impose aux sociétés dont les actions ordinaires (ou des actions ordinaires potentielles) sont cotées en bourse la publication de deux résultats par action :
- un résultat dit « de base »,
- et un résultat « dilué ».

Elle s'applique également aux sociétés qui sont sur le point d'émettre des actions ordinaires (ou des actions ordinaires potentielles) sur les marchés financiers.

Définitions

Une action ordinaire est un instrument de capitaux propres subordonné à toutes les autres catégories d'instruments de capitaux propres. Cette définition la distingue des actions privilégiées qui bénéficient d'un avantage particulier (dividende minimal garanti, priorité dans la distribution des dividendes, etc.).

Une action ordinaire potentielle est un instrument de capitaux propres ou autre contrat susceptible de conférer à son détenteur des actions ordinaires. Constituent des actions ordinaires potentielles :

1. Norme révisée en 2003.

– les bons de souscription d'actions (warrants),
– les obligations convertibles en actions,
– les stock-options, etc.

Les chapitres sur l'IAS 32, l'IAS 39 et l'IFRS 2 contiennent d'autres définitions utiles à la compréhension de cette norme.

Le résultat de base par action

Le résultat de base par action (*basic earnings per share – basic EPS*) est le résultat attribuable aux porteurs d'actions ordinaires, divisé par le nombre moyen pondéré d'actions ordinaires durant la période :

$$\text{Résultat de base par action} = \frac{\text{résultat attribuable aux actions ordinaires}}{\text{nombre d'actions ordinaires}}$$

Le numérateur est le résultat attribuable aux actions ordinaires de la société mère. La part des intérêts minoritaires dans le résultat consolidé n'en fait donc pas partie.

L'existence d'actions préférentielles complique le calcul du numérateur car l'avantage dont bénéficient ces titres peut être très divers (dividende préférentiel, cumulatif ou non, remboursement obligatoire ou sur option du détenteur, etc.). Selon l'IAS 32, les actions préférentielles doivent être classées dans les capitaux propres ou dans les dettes, en fonction de la substance des avantages qui leur sont accordés. Pour le calcul du résultat par action, les ajustements à effectuer dépendent du classement de ces titres au bilan :

– Si les actions préférentielles ont été classées dans les capitaux propres, leur rémunération n'a pas été comptabilisée en charges. Les dividendes préférentiels doivent alors être déduits (après impôt) du résultat pour obtenir le numérateur du résultat par action.

– Si les actions préférentielles ont été classées dans les dettes (actions préférentielles remboursables à une certaine date ou à la demande du détenteur pour un montant fixé à l'avance), leur rémunération a, en principe, été comptabilisée en charges. Aucun ajustement n'est donc nécessaire.

Exemple 33.1. – L'entreprise affiche un bénéfice net consolidé de 10 millions d'euros. Il existe 10 000 actions préférentielles ayant reçu chacune un dividende préférentiel de 20 € (non déductible fiscalement). Ces actions préférentielles sont classées dans les capitaux propres.

Le résultat attribuable aux actions ordinaires s'établit à 10 000 000 – (10 000 x 20) = 9 800 000 €.

Le dénominateur est le nombre moyen pondéré d'actions ordinaires en circulation durant la période. Les actions propres (actions de l'entreprise détenues par l'entreprise elle-même ou ses filiales) sont exclues du calcul.

Les actions sont prises en compte à partir du moment où la contrepartie a été reçue par l'entreprise, c'est-à-dire :

– à la date de réception des fonds pour les apports en espèces ;

– à la date de conversion pour les augmentations de capital résultant de la conversion d'une dette ;

– à la date de l'acquisition pour les actions créées à la suite d'un regroupement d'entreprises.

Les actions dont l'émission est subordonnée à la réalisation de certaines conditions (*contingently issuable ordinary shares*) sont incluses dans le calcul à partir du moment où toutes les conditions nécessaires à leur émission sont réunies.

Exemple 33.2. – Le capital de l'entreprise a évolué ainsi au cours de la période :

– nombre d'actions ordinaires au 1er janvier N : 100 000 (dont 8 000 détenues par l'entreprise)

– 1er septembre N : émission de 30 000 actions ordinaires contre apports en espèces.

Le nombre moyen pondéré d'actions ordinaires au cours de l'exercice N s'élève à :

– période du 1/01 au 31/08 : (100 000 – 8 000) × 8/12 =	61 333
– période du 1/09 au 31/12 :	
(100 000 – 8 000 + 30 000) × 4/12 =	40 667
	102 000

Autre méthode de calcul :

– actions existant depuis le 1/01 : (100 000 – 8 000) × 12/12 =	92 000
– actions existant depuis le 1/09 : 30 000 × 4/12 =	10 000
	102 000

Les actions créées ou annulées sans contrepartie (actions gratuites résultant d'une augmentation de capital par incorporation de réserves ou d'un fractionnement du capital, actions annulées suite à un regroupement d'actions) sont prises en compte dès le début du plus ancien exercice présenté à titre comparatif. En effet, dans la mesure où ces variations du nombre d'actions n'ont pas d'impact sur la richesse de l'entreprise, elles ne doivent pas influer sur la mesure du résultat par action.

Exemple 33.3. – Le résultat net attribuable aux actions ordinaires a été de 800 000 € en N–1 et 1 000 000 € en N.

En N–1, le nombre d'actions ordinaires n'a pas varié.

En N, il a évolué ainsi :

nombre d'actions ordinaires au 1/01/N :	10 000
1/04/N : distribution d'1 action gratuite pour 2 existantes :	5 000
1/08/N : regroupement d'actions : 1 action nouvelle pour 2 anciennes :	– 7 500
nombre d'actions ordinaires au 31/12/N :	7 500

Le résultat de base par action de l'année N s'élève à : $\frac{1\,000\,000}{7\,500} = 133{,}33$ €.

Celui de N–1 doit être corrigé ainsi :

résultat de base par action tel qu'annoncé précédemment :
800 000/10 000 = 80,00 €

résultat de base ajusté : 800 000/7 500 = 106,67 €.

Le résultat dilué par action

Le résultat de base par action ne tient compte que des actions ordinaires en circulation. Le résultat dilué par action (*diluted earnings per share – diluted EPS*) tient aussi compte des actions susceptibles d'être créées par l'exercice des droits de souscription ou de conversion existants.

Il se calcule ainsi :

$$\text{Résultat dilué par action} = \frac{\text{résultat attribuable aux actions ordinaires}}{\text{nombre d'actions ordinaires} + \text{nombre d'actions ordinaires potentielles dilutives}}$$

Le but étant de mesurer le résultat par action si tous les instruments financiers dilutifs étaient convertis, le numérateur doit être ajusté pour tenir compte de l'impact qu'aurait la conversion de ces instruments. Le résultat attribuable aux actions ordinaires est donc augmenté, notamment des intérêts (après impôt) des obligations convertibles.

La conversion est supposée avoir lieu dès l'émission des droits de conversion ou de souscription.

Seules les actions ordinaires potentielles dites « dilutives » sont à prendre en compte, c'est-à-dire celles dont la conversion provoquerait une baisse du bénéfice par action (ou une augmentation de la perte par action). Le caractère dilutif d'une action potentielle dépend de la nature de celle-ci.

Les options d'achat d'actions ordinaires et warrants

Une option d'achat d'actions ordinaires n'est dilutive que si son prix d'exercice est inférieur à la juste valeur de l'action sous-jacente.

Exemple 33.4. – Le résultat attribuable aux actions ordinaires s'élève à 10 000 000 €. Le capital comprend 100 000 actions ordinaires. Il existe aussi 20 000 options permettant chacune d'acquérir une action ordinaire. En N, le cours moyen de l'action a été de 450 €, de sorte que la juste valeur (capitalisation boursière) de l'entreprise est de 100 000 × 450 = 45 millions €.

1er cas : Le prix d'exercice des options est égal au cours de l'action (450 €), autrement dit le souscripteur paiera l'action à sa juste valeur.

Théoriquement, le cours de l'action après exercice des options devrait être de :

$$\frac{45\,000\,000+(20\,000\times 450)}{100\,000+20\,000}=450\text{ €}$$, c'est-à-dire le même qu'avant.

Il n'y a donc pas de dilution de valeur.

2e cas : Le prix d'exercice des options (400 €) est inférieur au cours de l'action [on dit aussi que l'option est « dans les cours » (*in the money*)].

Le cours théorique de l'action après exercice des options sera :

$$\frac{45\,000\,000+(20\,000\times 400)}{100\,000+20\,000}=441{,}67\text{ €},$$

soit une dilution de 450 – 441,67 = 8,33 €.

L'action potentielle que constitue l'option est dilutive parce que son exercice provoquerait une baisse de valeur de l'action sous-jacente.

3e cas : Le prix d'exercice des options (500 €) est supérieur au cours de l'action, autrement dit l'option est « hors des cours » (*out of the money*). Les options ne sont pas exercées ; mais si elles l'étaient, le cours de l'action devrait théoriquement s'établir à :

$$\frac{45\,000\,000+(20\,000\times 500)}{100\,000+20\,000}=458{,}33\text{ €}$$

L'exercice des options provoquerait une hausse du cours de l'action. Ces options ne sont donc pas dilutives mais antidilutives.

Les options dilutives doivent être prises en compte dans le calcul du résultat dilué par action à hauteur de leur pourcentage de dilution. Pour déterminer ce dernier, l'IAS 33 demande de diviser le nombre d'actions émises en deux éléments :

– le nombre d'actions qui auraient été créées si le prix d'exercice avait été égal au cours de bourse. Ces actions, émises à leur juste valeur, ne sont ni dilutives, ni antidilutives. Elles ne sont donc pas prises en compte dans le calcul du résultat dilué par action ;

– le nombre d'actions résiduel, qui équivaut à des actions émises sans contrepartie et qui, à ce titre, sont dilutives à 100 %.

Exemple 33.4. – (suite)

1er cas (prix d'émission = juste valeur de l'action = 450 €) :

Montant reçu par l'entreprise : 20 000 × 450 = 9 000 000 €

Le nombre d'actions émises s'analyse ainsi :

Action non dilutives : 9 000 000/450 =	20 000	100 %
Actions dilutives :	0	0 %
	20 000	100 %

Résultat de base par action : 10 000 000/100 000 = 100 €

Résultat dilué par action : 10 000 000/(100 000 + 0) = 100 €.

Les deux résultats par action sont identiques. Il n'y a effectivement pas de dilution.

2e cas (prix d'émission = 400 €)

Montant reçu par l'entreprise : 20 000 × 400 = 8 000 000 €

Analyse du nombre d'actions émises :

Actions non dilutives : 8 000 000/450 =	17 778	89 %
Actions dilutives	2 222	11 %
	20 000	100 %

Résultat de base par action = 100 €
Résultat dilué par action : 10 000 000/(100 000 + 2 222) = 97,83 €.
Le dénominateur du résultat dilué par action peut aussi être calculé ainsi :

actions ordinaires	100 000
actions ordinaires potentielles	20 000
– actions ordinaires potentielles non dilutives : 20 000 × 400/450 =	– 17 778
	102 222

En ce qui concerne les options d'achat d'actions accordées aux salariés et aux dirigeants (*stock-options*), l'IAS 33 précise qu'elles doivent être prises en compte dès leur date d'émission, même si leur exercice ne peut pas intervenir avant plusieurs années. Par contre, celles dont l'exercice est subordonné à l'obtention d'un certain niveau de performance, doivent être exclues tant que le niveau de performance requis n'aura pas été atteint.

Exemple 33.5. – L'entreprise a émis deux séries de stock-options :

– une qui offre à chaque salarié justifiant de 5 ans d'ancienneté, la possibilité d'acquérir des actions de l'entreprise au prix de 160 € ;

– une autre, réservée aux dirigeants, qui permettra à ceux-ci d'acheter des actions au prix de 180 €, à condition que le résultat d'exploitation augmente de plus de 50 % dans les 3 ans qui viennent.

La première série d'options est prise en compte intégralement dans le calcul du résultat dilué par action, même si tous les salariés n'ont pas l'ancienneté requise. Par contre, la seconde série est exclue car l'émission des actions ordinaires correspondantes dépend de l'obtention d'un niveau de performance.

Les dettes convertibles en actions ordinaires

La conversion d'une dette en actions ordinaires entraîne une augmentation du nombre d'actions mais aussi une diminution des intérêts, et donc une augmentation du résultat. Le caractère dilutif ou non de la dette dépend de l'impact respectif de ces deux éléments sur le résultat par action.

Exemple 33.6. – Le résultat attribuable aux 100 000 actions ordinaires s'élève à 800 000 €. Il existe 40 000 obligations de 100 € échangeables chacune contre une action. Conformément à l'IAS 32, ces obligations ont été décomposées en deux éléments. Elles figurent actuellement au bilan pour les montants suivants :

– dettes :	3 500 000
– capitaux propres :	300 000
	3 800 000

Le taux d'imposition des bénéfices est de 30 %.
Le résultat de base par action s'établit à 800 000/100 000 = 8,00 €.

1er cas : le taux effecif [1] des obligations convertibles est de 6 % :
La conversion des obligations provoquerait :
– une augmentation du nombre d'actions de 40 000 unités,
– une augmentation du résultat de 70 % (3 500 000 × 6 %) = 147 000 €.

Le résultat dilué par action est donc : $\frac{800\,000 + 147\,000}{100\,000 + 40\,000} = 6{,}76$ €.

Le résultat dilué par action étant inférieur au résultat de base par action, il y a dilution.

2e cas : le taux effectif des obligations est de 14 % :
L'augmentation du résultat provoquée par la conversion des obligations serait de : 70 % (3 500 000 × 14 %) = 343 000 €.

Le résultat dilué par action est donc : $\frac{800\,000 + 343\,000}{100\,000 + 40\,000} = 8{,}16$ €.

Les obligations ne sont pas dilutives, mais antidilutives.

On peut généraliser en disant qu'une dette convertible en actions ordinaires est dilutive si les intérêts [2] (après impôt) par action créée sont inférieurs au résultat de base par action.

Les contrats pouvant être dénoués par la remise d'espèces ou d'actions ordinaires

Certains contrats, notamment les contrats d'intéressement des salariés et dirigeants, aboutissent soit à la remise d'espèces, soit à la remise d'actions de l'entreprise (voir IFRS 2).

Lorsque c'est l'entreprise qui a le choix du mode de règlement, elle doit considérer que celui-ci s'effectuera en actions. Les actions potentielles doivent donc être incluses dans le résultat dilué par action, si elles sont dilutives.

Exemple 33.7. – Au début de l'année N, l'entreprise a consenti à ses 200 salariés un contrat qui leur garantit, s'ils sont encore en poste 3 ans plus tard, de recevoir :
– soit 10 actions ordinaires de l'entreprise (solution A),
– soit 1 000 € chacun (solution B).

Le choix du mode de règlement appartient à l'entreprise.

1. Le taux effectif d'un emprunt intègre l'ensemble des coûts liés à l'emprunt (intérêts + amortissement des coûts d'émission et de l'éventuelle prime d'émission ou de remboursement) (voir IAS 39).

2. Par « intérêts », il faut entendre l'ensemble des coûts d'emprunts, c'est-à-dire les intérêts ± l'amortissement des frais d'émission et d'une éventuelle prime d'émission ou de remboursement.

Pour l'exercice N, le résultat attribuable aux actions ordinaires est de 1 000 000 € et il existe 20 000 actions.

Le résultat dilué par action s'élève donc à 1 000 000/(20 000 + 2 000) = 45,46 €.

Lorsque le choix du règlement appartient aux bénéficiaires, le résultat dilué par action est celui obtenu en utilisant la solution la plus dilutive.

Exemple 33.7.- (suite) On a vu que si l'entreprise remet des actions (solution A), le résultat dilué par action est de 45,46 €.

Supposons que l'entreprise est soumise à un taux d'imposition de 30 %. Si les salariés exigent le paiement en espèces (solution B), l'entreprise supportera une charge après impôt de 70 % (200 x 1 000) = 140 000 € et le résultat dilué par action s'établira à (1 000 000 – 140 000)/ 20 000 = 43,00 €.

Le mode de règlement le plus dilutif est le règlement en espèces. Le résultat dilué par action à publier est donc 43 €.

L'ordre de calcul du résultat dilué par action

Rappelons que seules les actions potentielles dilutives doivent être incluses dans le calcul du résultat dilué par action.

Le caractère dilutif ou non d'un instrument financier peut dépendre de l'ordre dans lequel le calcul est effectué. C'est pourquoi l'IAS 33 précise que, lorsqu'il existe plusieurs catégories d'actions potentielles, celles-ci doivent être introduites par ordre de dilution décroissante.

Exemple 33.8. – Le résultat attribuable aux 100 000 actions ordinaires de l'entreprise est de 1 000 000 €. Il existe également en circulation :

– 20 000 bons de souscription permettant d'acquérir une action ordinaire au prix de 100 € ;

– 30 000 obligations convertibles contre 15 000 actions ordinaires. Les caractéristiques de ces obligations sont les suivantes : valeur nominale 100 €, prix d'émission et de remboursement 100 €, taux d'intérêt 8 % ;

– 20 000 actions privilégiées qui peuvent être échangées contre un nombre égal d'actions ordinaires. Chaque action privilégiée a droit à un intérêt (comptabilisé en charges mais non déductible fiscalement) de 4 €.

Durant l'exercice, le cours moyen de l'action ordinaire a été de 120 €. Le taux d'imposition de l'entreprise est de 30 %.

Calculons l'augmentation du résultat par action qui résulterait de la conversion de ces actions ordinaires potentielles :

– Bons de souscription :

Augmentation du résultat attribuable aux actions ordinaires :	0
Augmentation du nombre d'actions ordinaires :	
20 000 – [(20 000 × 100)/ 120] =	3 333
Augmentation du résultat par action : 0/3 333 =	0

– Obligations convertibles :

Augmentation du résultat attribuable aux actions ordinaires :	
70 % (30 000 × 100 × 8 %) =	168 000
Augmentation du nombre d'actions ordinaires :	15 000

Augmentation du résultat par action : 168 000/15 000 = 11,20

– Actions privilégiées :
Augmentation du résultat attribuable aux actions ordinaires :
20 000 × 4 = 80 000
Augmentation du nombre d'actions ordinaires : 20 000
Augmentation du résultat par action : 80 000/20 000 = 4,00

Les bons de souscription sont les instruments les plus dilutifs puisque ce sont eux dont l'exercice provoquerait le plus faible accroissement (par action) du résultat. Ensuite viennent les actions privilégiées, puis les obligations convertibles.

Le résultat dilué par action se calcule donc ainsi :

	Résultat attribuable aux actions ordinaires	**Nombre d'actions ordinaires**	**Résultat par action**	
Actions ordinaires existantes	1 000 000	100 000	10,00	
Bons de souscription	0	3 333		
	1 000 000	103 333	9,68	Dilution
Actions privilégiées	80 000	20 000		
	1 080 000	123 333	8,76	Dilution
Obligations convertibles	168 000	15 000		
	1 248 000	138 333	9,02	Antidilution

Les obligations convertibles sont antidilutives puisqu'elles augmentent le résultat dilué par action. Elles ne sont donc pas prises en compte en compte dans le calcul de ce dernier qui s'établit finalement à 8,76 €.

La présentation des résultats par action

Les résultats par action (résultat de base et résultat dilué) doivent être indiqués non pas dans l'annexe, mais dans le compte de résultat global.

Lorsqu'il existe plusieurs catégories d'actions, des résultats par action doivent être calculés pour chaque catégorie.

En cas d'abandon d'activités, des résultats par action doivent en outre être calculés sur la base du résultat des activités poursuivies.

Si le nombre d'actions augmente ou diminue à la suite d'une distribution d'actions gratuites, d'un fractionnement ou d'un regroupement d'actions, les chiffres de l'année précédente doivent être ajustés pour être comparables à ceux de l'année du changement.

Principales différences par rapport aux US GAAP

La norme américaine réglementant le calcul des résultats par action est le SFAS 128. Elle ne comporte pas de différence majeure par rapport à l'IAS 33.

La pratique en Europe

Les sociétés européennes se conforment aux dispositions de l'IAS 33, comme le montrent les extraits ci-dessous.

« Le résultat net par action est déterminé en divisant le résultat net par le nombre moyen d'actions en circulation au cours de l'exercice, après déduction des actions Groupe Danone détenues par la Société et les sociétés consolidées par intégration globale.

Le résultat net dilué par action est déterminé de même, après prise en compte du nombre moyen pondéré d'actions qui résulterait de la levée des options de souscription ou d'achat d'actions » [Danone (France), rapport annuel 2008].

« On calcule le résultat de base par action (BPA) en divisant le résultat net à distribuer aux actionnaires de Novartis AG par le nombre moyen pondéré d'actions en circulation durant l'exercice, à l'exclusion du nombre moyen des propres actions détenues par le Groupe.

Pour calculer le résultat dilué par action, on ajuste le nombre moyen pondéré d'actions en circulation compte tenu des actions attribuées mais non encore acquises définitivement et de la conversion de toutes les options sur actions Novartis pouvant avoir un effet potentiellement dilutif » [Novartis (Suisse), rapport annuel 2008].

« Le bénéfice de base par action est calculé en divisant le résultat net de l'exercice attribuable aux actionnaires ordinaires par le nombre moyen pondéré d'actions ordinaires en circulation au cours de l'exercice.

Le résultat dilué par action est calculé en divisant le résultat net de l'exercice attribuable aux actions ordinaires par le nombre moyen pondéré d'actions ordinaires en circulation au cours de l'exercice, tous deux ajustés pour tenir compte des actions ordinaires potentielles dilutives » [Belgacom (Belgique), rapport annuel 2008].

Conséquences pour l'utilisateur des états financiers

Les professionnels des marchés financiers se sont toujours intéressés au bénéfice par action car cet indicateur sert de base au PER (*Price Earning Ratio*) et aux méthodes d'évaluation qui en découlent.

Pendant longtemps, il n'y a pas eu de norme sur le sujet, probablement parce que le calcul du résultat par action relève davantage de l'analyse financière que de la comptabilité. La normalisation n'apparaissait pas non plus nécessaire étant donné la facilité du calcul. Après tout, il n'est pas bien difficile de diviser le résultat de l'entreprise par le nombre d'actions en circulation.

Le développement d'instruments financiers dilutifs pour les actionnaires (obligations convertibles en actions, obligations à bons de souscription d'actions, warrants, *stock-options*, etc.) a rapidement montré la nécessité de compléter le résultat de base par action par un résultat dilué prenant en compte les actions potentielles résultant de l'exercice des droits de conversion ou de souscription existants. Ce calcul, beaucoup plus complexe que le précédent, justifie un effort de normalisation, d'autant plus que les informations nécessaires ne sont pas toujours disponibles pour l'utilisateur externe des comptes.

L'existence d'une norme réglementant le calcul des résultats par action évite en outre que les entreprises élaborent des modes de calcul sur mesures destinés à enjoliver leur rentabilité. Elle facilite également la comparaison des performances d'entreprises différentes en fournissant une base objective au calcul du PER et, par là, à l'évaluation des actions.

On peut cependant craindre que l'existence de cette norme donne une légitimité excessive à un indicateur dont l'emploi à des fins d'évaluation est sans fondement théorique solide. Peut-être aurait-il mieux valu, de ce point de vue, que le normalisateur se penche sur la mesure du cash-flow par action, théoriquement plus utile aux investisseurs. En se focalisant sur le dénominateur du ratio, l'IAS 33 risque en effet de faire oublier que le résultat par action est aussi sensible aux choix de méthodes et d'estimations que le résultat considéré globalement.

Il est au moins un écueil que l'IAS 33 évite : celui du choix du numérateur. En retenant le résultat net et non pas le résultat courant comme base de calcul, la norme empêche en effet les entreprises de jouer sur la classification courant/exceptionnel pour améliorer la présentation de leurs performances.

On pouvait penser que la révision de l'IAS 1 amènerait l'IASB, soit à remplacer le résultat par le résultat global dans le calcul des résultats par action, soit à exiger, en complément de ceux-ci, des mesures identiques basées sur le résultat global. Il n'en a rien été. En août 2008, un exposé-sondage a été publié, destiné à simplifier l'IAS 33. Il est toujours basé sur le résultat et ne fait aucune référence au résultat global. C'est surprenant, compte tenu de l'intérêt potentiel de ce concept pour l'analyse financière. Il y a même un certain paradoxe à transformer aussi fondamentalement le compte de résultat sans en tirer les conséquences en matière de mesures de performance.

L'IAS 33 en bref

Les sociétés cotées en bourse doivent publier un résultat de base par action et un résultat dilué par action.

Le résultat de base par action s'obtient en divisant le résultat attribuable aux actions ordinaires par le nombre moyen d'actions ordinaires en circulation durant l'exercice.

Le résultat dilué par action prend également en compte les actions qui seraient créées si tous les droits de conversion ou de souscription existants étaient exercés.

IAS 34

INFORMATION FINANCIÈRE INTERMÉDIAIRE[1]

Le sujet

Les sociétés cotées sur les principales bourses de valeurs sont généralement tenues, par la loi ou la réglementation boursière, de publier un rapport financier chaque semestre ou chaque trimestre. L'IAS 34 traite du contenu et de la présentation de ces rapports.

L'IASB n'impose pas la publication d'une information intermédiaire. Il encourage seulement les sociétés cotées à fournir un rapport financier semestriel dans les 60 jours suivant la fin du premier semestre de l'exercice.

Le contenu des rapports financiers intermédiaires

Tout rapport financier intermédiaire (semestriel ou trimestriel) doit comprendre :

- soit des états financiers complets,
- soit des états financiers résumés.

Qu'ils soient complets ou résumés, les états financiers sont constitués :

- du bilan,
- du compte de résultat global,
- d'un tableau de variation des capitaux propres,
- d'un tableau des flux de trésorerie,
- et de notes explicatives (annexe).

1. Norme adoptée en 1998.

Le compte de résultat global doit également mentionner le bénéfice par action (de base et dilué) de la période intermédiaire (voir IAS 33).

Si l'entreprise choisit de présenter des états financiers résumés, ceux-ci doivent comporter au moins les mêmes rubriques et sous-totaux que les états financiers annuels du dernier exercice clos.

Si l'entreprise publie des comptes consolidés, il n'est pas nécessaire d'établir des états financiers individuels pour la période intermédiaire.

L'information comparative

Les états financiers à présenter sont les suivants :

– le bilan intérimaire et le bilan du dernier exercice clos,

– le compte de résultat global de la période et le compte de résultat global cumulé des périodes de l'exercice en cours avec, à titre comparatif, les comptes de résultat globaux des périodes correspondantes de l'exercice précédent. Comme pour les états financiers annuels, le compte de résultat global peut être présenté en une ou deux parties (voir IAS 1) ;

– le tableau des variations cumulées des capitaux propres pour l'exercice en cours et pour la période correspondante de l'exercice précédent ;

– le tableau des flux de trésorerie cumulés pour l'exercice en cours et pour la période correspondante de l'exercice précédent.

Exemple 34.1. – Pour une entreprise qui clôture ses comptes le 31 décembre, les rapports intermédiaires comprennent donc :

	Si l'entreprise publie un rapport semestriel	**Si l'entreprise publie des rapports trimestriels**		
	Rapport du 30/06/N	**Rapport du 31/03/N**	**Rapport du 30/06/N**	**Rapport du 30/09/N**
Bilan	30/06/N (31/12/N–1)	31/03/N (31/12/N–1)	30/06/N (31/12/N–1)	30/09/N (31/12/N–1)
Compte de résultat global	1er sem. N (1er sem. N–1)	1er trim. N (1er trim. N–1)	2e trim. N (2e trim. N–1) et 2 premiers trim. N (2 premiers trim. N–1)	3e trim. N (3e trim. N–1) et 3 premiers trim. N (3 premiers trim. N–1)
Tableau de variation des fonds propres	30/06/N (30/06/N–1)	31/03/N (31/03/N–1)	30/06/N (30/06/N–1)	30/09/N (30/09/N–1)
Tableau des flux de trésorerie	30/06/N (30/06/N–1)	31/03/N (31/03/N–1)	30/06/N (30/06/N–1)	30/09/N (30/09/N–1)

(information comparative entre parenthèses)

Les entreprises dont l'activité est fortement saisonnière sont en outre encouragées à publier l'information relative aux 12 derniers mois écoulés, avec, à titre d'information, la même information pour l'exercice précédent. L'IAS 34 ne précise pas si cette information supplémentaire concerne uniquement le compte de résultat global ou si elle doit être étendue aux tableaux de variation des capitaux propres et de la trésorerie.

Le contenu minimal des notes explicatives

Partant du principe que l'utilisateur des documents semestriels ou trimestriels dispose déjà des états financiers annuels, l'IASB estime qu'il est inutile de répéter les informations fournies dans le dernier rapport annuel et que les notes explicatives du rapport intermédiaire doivent au contraire mettre l'accent sur les événements survenus durant le semestre ou le trimestre écoulé.

L'IAS 34 fixe néanmoins un contenu minimal à ces notes. Celles-ci doivent au minimum comprendre :

– l'affirmation que les méthodes n'ont pas changé par rapport aux derniers états financiers annuels ou, en cas de changements, une description des modifications et de leur impact sur les comptes ;

– des informations sur le caractère saisonnier ou cyclique des activités de la période ;

– la nature et le montant des éléments inhabituels ayant affecté les actifs, les dettes, les capitaux propres, le résultat et les cash-flows ;

– la nature et le montant des changements d'estimations si ceux-ci ont eu un effet significatif sur la période ;

– les émissions, rachats et remboursements d'emprunts et d'instruments de capitaux propres ;

– les événements significatifs survenus après la fin de la période intermédiaire et qui n'ont pas été comptabilisés dans les états financiers de celle-ci ;

– l'effet des variations de la composition de l'entreprise au cours de la période (notamment les regroupements d'entreprises, acquisitions ou cessions de filiales et de participations, restructurations et abandons d'activités) ;

– les changements ayant affecté les passifs éventuels ou les actifs éventuels depuis la dernière clôture annuelle.

Si l'entreprise est soumise à l'IFRS 8, elle doit en outre fournir les informations sectorielles suivantes :

– les produits provenant de clients externes,

– les produits inter-secteurs,

– une évaluation du résultat sectoriel,

– le total des actifs pour lesquels il y a eu un changement significatif du montant présenté dans les derniers états financiers annuels,

– une description des différences par rapport aux derniers états financiers annuels dans la base de segmentation ou dans la base d'évaluation du résultat sectoriel,

– un rapprochement du total des évaluations de résultat des secteurs à présenter et du résultat de l'entité avant impôt et activités abandonnées.

Les règles comptables applicables aux états financiers intermédiaires

La décomposition de l'exercice en sous-périodes (semestres ou trimestres) pose le problème de la comptabilisation des opérations irrégulières dans le temps et de la relation entre les comptes intermédiaires et les états financiers annuels.

Les charges et produits saisonniers, cycliques ou occasionnels

Il est rare que les produits apparaissent de façon régulière tout au long de l'exercice. Les ventes, souvent saisonnières, connaissent des pointes certains mois de l'année et des creux à d'autres moments. D'autres produits, comme les dividendes ou les subventions, ne sont perçus qu'une ou deux fois par an. Il en est de même de certaines charges dont le paiement est espacé dans le temps (intérêts d'emprunts, primes de fin d'année, etc.).

Ces irrégularités dans la survenance des produits et des charges posent problème pour la détermination du résultat de chaque semestre ou de chaque trimestre. La solution retenue dépend de la conception qu'on a de l'information intermédiaire.

– On peut calculer le résultat d'une période en appliquant les mêmes règles que pour l'établissement des comptes annuels. Une transaction sera alors comptabilisée dans une période donnée si, durant cette période, elle a satisfait aux conditions de comptabilisation d'un produit ou d'une charge. Cette approche, dite « ponctuelle » (*discrete* en anglais), revient en fait à considérer chaque période comme autonome. Elle présente l'avantage d'être cohérente avec les règles applicables aux comptes annuels. L'inconvénient est qu'elle peut conduire à des résultats très variables d'une période à l'autre lorsque l'activité de l'entreprise est fortement saisonnière.

– L'autre approche, dite « globale » (*integral* en anglais), s'efforce de replacer la période intermédiaire dans le cadre de l'exercice annuel auquel elle appartient. Les conditions de comptabilisation des produits et des charges ne sont donc plus appréciées période par période. La méthode consiste au contraire à estimer le montant annuel de chaque catégorie de charges et de ventiler ensuite ce montant entre les périodes intermédiaires sur la base d'une clé de répartition, généralement le chiffre d'affaires. Cela réduit la volatilité des résultats intermédiaires et favorise les comparaisons de performances entre périodes.

Bien qu'elle ne fasse pas référence à une approche particulière, l'IAS 34 semble privilégier la première solution puisqu'elle pose comme principe que les transactions doivent être comptabilisées dans la période au cours de laquelle elles surviennent.

Elle estime toutefois que la fréquence (annuelle, semestrielle ou trimestrielle) des rapports financiers ne doit pas affecter le résultat annuel. C'est pourquoi les évaluations faites pour les rapports intermédiaires doivent tenir compte de l'ensemble des informations disponibles depuis le début de l'exercice.

L'application intégrale de ce principe pourrait cependant aboutir à des incohérences, en particulier pour les charges dont le taux est progressif ou qui dépendent du franchissement de seuils, comme, parfois, les impôts ou les charges sociales. L'IAS 34 fait donc une exception en précisant que pour de telles charges, le montant comptabilisé au cours d'une période doit être basé sur le taux moyen de l'exercice.

Exemple 34.2. –

a) Le résultat avant impôt du 1er trimestre N est de 30 000 €. Selon les règles fiscales en vigueur, l'impôt annuel se calcule ainsi :

– partie du résultat inférieure ou égale à 50 000 € : 20 %

– partie du résultat supérieure à 50 000 € : 30 %.

Le résultat annuel avant impôt de l'exercice N est estimé à 150 000 €. L'impôt annuel devrait donc être de : (50 000 × 20 %) + (100 000 × 30 %) = 40 000 €, soit un taux d'imposition moyen de 40 000/150 000 = 26,7 %.

Bien que le résultat du 1er trimestre soit inférieur à 50 000 €, la charge d'impôt du trimestre ne sera pas de 30 000 × 20 % = 6 000 €, mais de 30 000 × 26,7 % = 8 010 €.

b) Un salarié gagne 5 000 € par mois. Les charges sociales, calculées annuellement, sont de 20 % du salaire annuel. Seule la fraction du salaire annuel inférieure à 50 000 € y est soumise.

Bien que le plafond soit atteint à la fin du 10e mois, la charge comptabilisée ne sera pas :

5 000 × 6 × 20 % = 6 000 € au 1er semestre

et 5 000 × 4 × 20 % = 4 000 € au 2e semestre.

Il faut au contraire se baser sur le taux moyen de charges sociales de l'exercice $\left(\frac{50\ 000 \times 20\ \%}{5\ 000 \times 12} = 16{,}7\ \%\right)$ et comptabiliser 5 000 × 6 × 16,7 % = 5 000 € au titre de chaque semestre.

Pour savoir si un actif ou une dette doit être comptabilisé au bilan d'une période intermédiaire, il faut, conformément à l'approche d'autonomie des périodes, appliquer les mêmes règles que pour l'établissement des états financiers annuels. Ainsi, en particulier :

– une provision n'est comptabilisée à la fin d'une période intermédiaire que s'il existe une obligation (juridique ou implicite) résultant d'un événement passé et devant se traduire par un décaissement probable dont le montant peut être estimé avec fiabilité (IAS 37) ;

– un actif incorporel n'est comptabilisé à la fin d'une période intermédiaire que si son coût peut être mesuré avec fiabilité et s'il est probable que cet élément générera des cash-flows futurs (IAS 38). L'IAS 34 précise que la comptabilisation d'une charge ne peut être différée jusqu'à ce que la dépense correspondante satisfasse aux conditions d'activation.

Exemple 34.3. – Au 1er trimestre N, l'entreprise a engagé 500 000 € de frais de développement. Au 31 mars N, ces frais ne satisfont pas aux conditions d'activation posées par l'IAS 38 mais l'entreprise s'attend à ce que ces conditions soient remplies avant la fin de l'année.

Elle doit néanmoins comptabiliser ces dépenses en charges du 1er trimestre. Si par la suite les conditions d'activation du projet sont effectivement remplies, ces dépenses ne pourront pas être activées.

L'entreprise doit, à la fin de chaque période intermédiaire, déprécier le goodwill, les investissements en instruments de capitaux propres, ainsi que les actifs financiers comptabilisés au coût si cela apparaît nécessaire (voir IAS 36 et IAS 39). La question qui se pose est de savoir si une telle dépréciation constituée au cours d'une période intermédiaire peut par la suite être annulée si elle apparaît excessive ou injustifiée. L'IFRIC 10 a répondu par la négative, considérant que toute dépréciation constatée sur ces éléments est définitive.

Les estimations comptables et leurs modifications

Comme pour les comptes annuels, l'établissement des états financiers intermédiaires exige de faire des estimations comptables (montant des provisions, dépréciations d'actifs, etc.). Ces estimations doivent être basées sur les informations disponibles à la date d'établissement du rapport. L'IAS 34 admet néanmoins que les méthodes utilisées soient plus simples que pour les comptes annuels. Ainsi :

– le coût des retraites de la période peut être estimé par extrapolation de la dernière évaluation actuarielle,

– la détermination de la juste valeur des immobilisations corporelles n'implique pas nécessairement le recours à des professionnels qualifiés, etc.

Lorsque, au cours d'une période ultérieure, un changement d'estimation s'avère nécessaire, son incidence doit être prise en compte dans le résultat de la période en cours.

Exemple 34.4. – Une créance sur un client a évolué ainsi au cours de l'exercice N :

	31 mars N	**30 juin N**	**30 septembre N**	**31 décembre N**
Montant de la créance	100 000	90 000	70 000	70 000
Dépréciation prévue	50 000	50 000	20 000	30 000

L'entreprise clôture ses comptes le 31 décembre et publie des rapports financiers trimestriels. L'incidence sur les résultats intermédiaires sera :

– Rapport du 31/03/N :	résultat du 1er trimestre :	– 50 000
– Rapport du 30/06/N :	résultat du 2e trimestre :	0
	résultat des 2 premiers trimestres :	– 50 000
– Rapport du 30/09/N :	résultat du 3e trimestre : 50 000 – 20 000 =	+ 30 000
	résultat des 3 premiers trimestres :	– 20 000
– Rapport annuel N :	résultat de l'année N	– 30 000

L'IAS 34 ajoute que lorsqu'une estimation est révisée au cours de la dernière période de l'exercice (2e semestre pour l'entreprise qui publie des rapports semestriels, 4e trimestre pour celle dont les rapports sont trimestriels) et que cette période ne fait pas l'objet d'un rapport financier séparé, la nature et le montant du changement d'estimation doivent être indiqués dans l'annexe aux états financiers annuels. Cette disposition a pour but d'attirer l'attention sur les changements intervenus au cours de la dernière période (voir section « Conséquences pour l'utilisateur des états financiers »).

Exemple 34.4. – (suite) La dépréciation nécessaire au 31 décembre étant différente de celle comptabilisée au 30 septembre, l'entreprise devra faire figurer dans l'annexe à ses comptes annuels de N une mention de ce type :

Augmentation de la dépréciation des comptes clients au cours du 4e trimestre N : 10 000 €.

Les changements de méthodes comptables

L'IAS 34 pose comme principe que les états financiers intermédiaires doivent être établis selon les mêmes méthodes que les états financiers annuels. Un changement de méthode n'est donc admis que s'il est également appliqué aux états financiers annuels de l'exercice en cours.

Tout changement de méthode impose de corriger l'information donnée à titre comparatif. Il faudra donc modifier les états financiers intermédiaires de l'année en cours et de l'exercice précédent.

Principales différences par rapport aux US GAAP

Aux États-Unis, c'est l'autorité boursière (la *Securities and Exchange Commission*) qui réglemente le contenu et la présentation des rapports financiers intermédiaires. Ses exigences sont semblables à celles de l'IAS 34, si ce n'est que la périodicité de ces rapports est trimestrielle. Les règles d'évaluation sont en revanche du domaine de la réglementation comptable.

La principale différence par rapport à l'IAS 34 est que les normes américaines adoptent une approche « globale », plutôt que « discrète ». En conséquence, elles admettent un plus grand nombre d'exceptions au principe d'autonomie des périodes : ainsi, les charges qui bénéficient à plusieurs périodes intermédiaires (dépenses publicitaires, réparations, ristournes accordées aux clients, taxes foncières, etc.) peuvent être réparties entre ces périodes sur la base du temps écoulé, de l'activité réalisée, etc.

Conséquences pour l'utilisateur des états financiers

La plupart des autorités de réglementation des marchés exigent la production d'informations semestrielles ou trimestrielles, répondant en cela aux souhaits des analystes financiers, qui sont toujours à la recherche d'informations récentes. L'IAS 34 réglemente le contenu et l'établissement de ces rapports.

En exigeant que les rapports semestriels ou trimestriels comprennent un ensemble complet d'états financiers, la norme facilite la comparaison avec les documents annuels. Cette contrainte peut cependant apparaître lourde pour les entreprises, même si les états financiers intermédiaires peuvent être moins détaillés que ceux établis en fin d'exercice.

De plus, il n'est pas certain que les besoins des investisseurs soient les mêmes, en cours d'année et à la fin de l'exercice. Les professionnels sont probablement plus intéressés par la connaissance du chiffre d'affaires, du résultat et des événements importants survenus au cours de la période intermédiaire que par la lecture d'un bilan trimestriel ou semestriel. En adoptant une approche essentiellement comptable, l'IASB est donc peut-être passé à côté des besoins réels des professionnels.

Une autre raison qui nous fait douter de l'utilité des rapports intermédiaires, tels qu'ils sont conçus par l'IASB, est le fait que ces rapports ne sont généralement pas audités. Profitant de cette lacune, beaucoup d'entreprises ont pris l'habitude d'enjoliver leurs performances intermédiaires, par exemple en anticipant la comptabilisation de ventes ou en retardant la comptabilisation de certaines charges. Même si ces manipulations sont finalement corrigées au cours de la dernière période afin d'ajuster les montants intermédiaires sur ceux de l'exercice qui, eux, sont audités, cela permet de gonfler artificiellement les performances des périodes intermédiaires. La réalité de ce comportement a été démontrée par plusieurs études qui ont montré que les performances du 4e trimestre sont souvent nettement en retrait par rapport à celles des trimestres précédents.

Exemple 34.5. – Au cours de l'exercice N, le chiffre d'affaires de l'entreprise a été de 10 milliards d'euros. Le 2e trimestre ayant été particulièrement mauvais (1,8 milliard), l'entreprise a comptabilisé une partie des ventes du semestre suivant dès le mois de juin pour améliorer ses performances de la période.

En l'absence d'audit des rapports intermédiaires, l'évolution du chiffre d'affaires réel et comptabilisé peut, par exemple, être la suivante (en millions €) :

	1er trim.	**2e trim.**	**3e trim.**	**4e trim.**	**Année**
Ventes réelles	2 800	1 800	2 600	2 800	10 000
Ventes comptabilisées	2 800	2 400	2 500	2 300	10 000
Différence	0	600	– 100	– 500	0

L'utilisateur de l'information intermédiaire doit donc être conscient que celle-ci ne bénéficie pas de la même fiabilité que les états financiers annuels.

L'IAS 34 en bref

Les sociétés cotées en bourse sont encouragées à publier un rapport financier intermédiaire au moins à la fin du 1er semestre de l'exercice.

Un tel rapport comprend :
- soit des états financiers complets
- soit des états financiers simplifiés.

Les états financiers intermédiaires sont établis selon les mêmes règles que les états financiers annuels.

Les opérations sont comptabilisées dans la période au cours de laquelle elles surviennent.

Toute modification d'une estimation comptable antérieure est comptabilisée dans la période de la modification.

La norme fixe le contenu minimal des notes incluses dans les rapports financiers intermédiaires.

IAS 35

ABANDON D'ACTIVITÉS[1]

Cette norme a été remplacée par l'IFRS 5.

1. Norme adoptée en 1998.

IAS 36

DÉPRÉCIATION D'ACTIFS[1]

Le sujet

Cette norme définit la procédure à utiliser pour identifier les actifs qui ont subi une perte de valeur. Elle indique également comment déterminer la dépréciation nécessaire.

Ne sont pas concernés les actifs dont les règles de dépréciation sont contenues dans d'autres normes, notamment :

- les stocks (voir IAS 2),
- les actifs résultant de contrats de construction (IAS 11),
- les impôts différés actifs (IAS 12),
- les actifs financiers (IAS 39),
- les immeubles de placement évalués à la valeur de marché (IAS 40),
- les actifs immobilisés destinés à être vendus (IFRS 5).

Définitions

La valeur recouvrable d'un actif est le montant le plus élevé entre la valeur d'utilité de l'actif et sa juste valeur diminuée des frais de vente. Autrement dit :

Valeur recouvrable =
Maximum (valeur d'utilité ; juste valeur moins frais de vente)

1. Norme révisée en 2004.

La valeur d'utilité est la valeur actuelle des cash-flows futurs attendus de l'utilisation de l'actif et de sa vente à l'issue de la période d'utilisation.

L'identification des actifs à déprécier

Un actif doit être déprécié si et seulement si sa valeur recouvrable devient inférieure à sa valeur comptable.

L'entreprise n'est pas tenue de calculer chaque année la valeur recouvrable de chacun de ses actifs pour déterminer lesquels doivent être dépréciés. Ce test n'est à pratiquer que lorsqu'il existe des indices suggérant une possible perte de valeur d'un actif.

Ces indices peuvent être externes, comme par exemple :

– une forte baisse de la valeur de marché de l'actif,

– des changements significatifs dans l'environnement technologique, commercial ou juridique de l'entreprise,

– une forte hausse des taux d'intérêt,

– ou le fait que l'actif net de l'entreprise dépasse sa capitalisation boursière.

Constituent également des indices d'une possible perte de valeur :

– le fait que l'actif soit endommagé ou victime d'obsolescence,

– des changements significatifs dans l'utilisation actuelle ou prévue de l'actif (existence d'un plan de restructuration ou d'abandon d'activité notamment),

– ou encore le fait que ses performances économiques soient inférieures aux prévisions.

Lorsqu'il existe un quelconque indice de perte de valeur, la valeur recouvrable de l'actif en cause doit être calculée.

Les actifs incorporels dont la durée d'utilisation est indéfinie (goodwill notamment) ou qui ne sont pas encore prêts à être utilisés (actifs en phase de développement) sont soumis à des règles plus strictes. Pour eux en effet, le test de dépréciation doit être pratiqué chaque année, qu'il existe ou non des indices d'une possible perte de valeur.

Le calcul de la valeur recouvrable

La valeur recouvrable d'un actif représente le montant maximal que l'on peut espérer retirer de l'actif :

– soit en l'exploitant jusqu'à la fin de sa durée d'utilisation (valeur d'utilité),

– soit en le cédant (juste valeur moins frais de vente).

Le calcul de la valeur d'utilité

La valeur d'utilité s'obtient en actualisant les cash-flows futurs attendus de l'exploitation de l'actif et de sa revente à l'issue de la période d'utilisation.

L'IAS 36 précise que ces cash-flows doivent être basés sur les budgets ou prévisions les plus récentes approuvées par la direction. Normalement, l'horizon de ces prévisions n'excède pas cinq ans. Les flux de trésorerie des années suivantes sont donc obtenus par extrapolation des prévisions précédentes à un taux de croissance généralement constant ou négatif (sauf si l'utilisation d'un taux positif est justifiée).

Les cash-flows sont ceux attendus de l'exploitation de l'actif tel qu'il est actuellement. Il ne faut donc pas tenir compte :

– d'éventuelles dépenses d'amélioration qui auraient pour effet d'accroître les performances de l'actif,

– ni d'une possible restructuration à laquelle l'entreprise ne s'est pas encore engagée.

Les flux à actualiser sont les cash-flows avant impôt.

Ils ne tiennent évidemment pas compte des intérêts d'emprunts, étant donné que le coût du financement est déjà pris en compte par le taux d'actualisation.

Les prévisions peuvent être faites soit en euros courants (c'est-à-dire en anticipant la hausse des prix), soit en euros constants (sans tenir compte de l'inflation prévisible). La première solution s'impose si l'on veut actualiser au taux de marché qui, par nature, reflète les anticipations d'inflation des investisseurs.

Exemple 36.1. – Le 1er janvier N–2, une clinique a acheté pour 1 000 000 € un appareil de radiologie. Elle prévoyait à l'origine d'utiliser ce matériel pendant 10 ans et de le revendre ensuite pour 100 000 €. En 3 ans, les appareils de ce type se sont multipliés dans la région, au point que la rentabilité future de l'équipement semble compromise. L'entreprise s'interroge donc sur la nécessité de pratiquer une dépréciation excédant l'amortissement prévu. Les dernières prévisions de la direction concernant le matériel sont :

	N+1	**N+2**	**N+3**	**N+4**
Recettes d'exploitation (actes médicaux)	240 000	230 000	220 000	200 000
Dépenses d'exploitation : Frais de personnel Entretien du matériel	 60 000 10 000	 62 000 12 000	 64 000 15 000	 66 000 18 000

Au-delà, il est prévu que :

– les recettes d'exploitation diminueront de 15 % par an,

– les frais de personnel augmenteront de 2 000 € chaque année,

– les dépenses d'entretien augmenteront de 15 % chaque année.

L'entreprise prévoit d'exploiter l'appareil jusqu'à la fin de l'année N+7 et de le revendre alors pour 40 000 €.

Les cash-flows (arrondis au millier d'€ le plus proche) se calculent ainsi :

	N+1	**N+2**	**N+3**	**N+4**	**N+5**	**N+6**	**N+7**
Recettes : Recettes d'exploitation Revente du matériel	240 000	230 000	220 000	200 000	170 000	145 000	123 000 40 000
Dépenses d'exploitation : Frais de personnel Entretien du matériel	– 60 000 – 10 000	– 62 000 – 12 000	– 64 000 – 15 000	– 66 000 – 18 000	– 68 000 – 21 000	– 70 000 – 24 000	– 72 000 – 27 000
Cash-flows à actualiser	170 000	156 000	141 000	116 000	81 000	51 000	64 000

Le taux d'actualisation doit refléter à la fois le coût de l'argent et le risque spécifique de l'actif. C'est la rémunération qu'exigerait un investisseur pour un placement présentant le même échéancier de flux et le même niveau de risque que l'actif en question.

La plupart du temps, ce taux n'est pas directement observable sur le marché. Il faut donc l'estimer, par exemple en ajoutant au taux sans risque (taux d'intérêt des obligations d'État) une prime de risque reflétant l'incertitude des prévisions.

On peut aussi se baser sur le coût du capital, avant impôt, de l'entreprise. Toutefois, cette approche n'est théoriquement valable que si le risque de l'actif considéré est du même ordre que celui de l'entreprise dans son ensemble. Sinon, le taux doit être ajusté pour tenir compte de la différence de risque.

Exemple 36.1. – (suite) Le bilan de l'entreprise à fin N peut être résumé ainsi (en milliers d'euros) :

Actifs	10 000
Dettes d'exploitation	– 2 000
Dettes financières (emprunts)	– 3 000
Capitaux propres	5 000

Le taux d'intérêt moyen des emprunts de l'entreprise est de 7 % et on estime que la rentabilité exigée par les actionnaires est de 9 %.

De la structure du bilan, il ressort que les capitaux permanents nécessaires à l'exploitation (immobilisations + besoin en fonds de roulement) s'élèvent à 8 millions (10 000 – 2 000 milliers €) et qu'ils sont financés de la façon suivante :

Emprunts	3 000
Capitaux propres	5 000
	8 000

Le coût moyen pondéré du capital, avant impôt, de l'entreprise est donc :

$$(7\ \% \times 3/8) + (9\ \% \times 5/8) = 8{,}25\ \%$$

La valeur d'utilité du matériel à fin N s'obtient en actualisant les cash-flows précédents à ce taux :

$$VU_N = \frac{170\,000}{1{,}0825} + \frac{156\,000}{(1{,}0825)^2} + \frac{141\,000}{(1{,}0825)^3} + \frac{116\,000}{(1{,}0825)^4} + \frac{81\,000}{(1{,}0825)^5} + \frac{51\,000}{(1{,}0825)^6} + \frac{64\,000}{(1{,}0825)^7} = 609\,000\ €.$$

On remarquera que le calcul de la valeur d'utilité s'apparente beaucoup à celui de la valeur actuelle nette (VAN) d'un projet d'investissement. Il en diffère cependant par le fait que, contrairement à la VAN, la valeur d'utilité se calcule avant impôt.

Exemple 36.1. – (suite) Supposons que le taux d'imposition de l'entreprise soit de 30 %.

Les cash-flows retenus pour le calcul de la VAN seraient :

	N+1	N+2	N+3	N+4	N+5	N+6	N+7
Cash-flows avant impôt (I)	170 000	156 000	141 000	116 000	81 000	51 000	64 000
Produits d'exploitation	240 000	230 000	220 000	200 000	170 000	145 000	123 000
Charges d'exploitation :							
Frais de personnel	– 60 000	– 62 000	– 64 000	– 66 000	– 68 000	– 70 000	– 72 000
Entretien du matériel	– 10 000	– 12 000	– 15 000	– 18 000	– 21 000	– 24 000	– 27 000
Amortissements [a]	– 90 000	– 90 000	– 90 000	– 90 000	– 90 000	– 90 000	– 90 000
Perte sur cession du matériel [b]							– 60 000
Résultat avant impôt	80 000	66 000	51 000	26 000	– 9 000	– 39 000	– 126 000
Impôt sur les bénéfices (II)	– 24 000	– 20 000	– 15 000	– 8 000	3 000	12 000	38 000
Cash-flows après impôt (I) – (II)	146 000	136 000	126 000	108 000	84 000	63 000	102 000

a. 90 000 = (1 000 000 – 100 000)/10.
b. – 60 000 = 40 000 – 100 000.

Compte tenu de la déductibilité fiscale des intérêts d'emprunts, le coût du capital se calcule ainsi :

$$(7\ \% \times 70\ \% \times 3/8) + (9\ \% \times 5/8) = 7{,}46\ \%$$

D'où une valeur actuelle nette de :

$$VAN_N = \frac{146\,000}{1{,}0746} + \frac{136\,000}{(1{,}0746)^2} + \frac{126\,000}{(1{,}0746)^3} + \frac{108\,000}{(1{,}0746)^4}$$

$$+ \frac{84\,000}{(1{,}0746)^5} + \frac{63\,000}{(1{,}0746)^6} + \frac{102\,000}{(1{,}0746)^7} = 597\,000\ €.$$

La juste valeur diminuée des frais de vente

Il s'agit du prix auquel pourrait être vendu l'actif dans des conditions de concurrence normale, moins les éventuels frais de vente.

Si l'élément en question fait l'objet d'un marché actif [1], elle correspond à la valeur de marché, diminuée des frais de vente.

Exemple 36.1. – (suite) Le prix auquel pourrait être revendu l'appareil à fin N est estimé à 630 000 €. Les frais de vente (courtage, transport) seraient de 50 000 €.

Après déduction de ces frais, la juste valeur s'établit à 630 000 – 50 000 = 580 000 €.

D'où une valeur recouvrable de Maximum (609 000, 580 000) = 609 000 €.

La comptabilisation de la dépréciation

Un actif doit être déprécié si et seulement si sa valeur recouvrable est inférieure à sa valeur comptable.

La dépréciation est normalement comptabilisée en charges.

Exemple 36.1. – (suite) La valeur recouvrable du matériel est de 609 000 €.

Sa valeur comptable à fin N est de : 1 000 000 – (90 000 × 3) = 730 000 €.

Le matériel est donc à déprécier de 730 000 – 609 000 = 121 000 €, d'où l'écriture :

31/12/N		
Dépréciations d'actifs (R)	121 000	
Amortissements cumulés des matériels (B)		121 000

Si l'actif a préalablement fait l'objet d'une réévaluation, la dépréciation doit, en priorité, être prélevée sur l'écart de réévaluation (et les impôts différés correspondants). Cette disposition concerne essentiellement les immobilisations corporelles évaluées selon l'autre traitement autorisé de l'IAS 16.

1. L'IASB définit un marché actif comme un marché dans lequel :
– les biens échangés sont homogènes,
– des acheteurs et des vendeurs consentants peuvent être trouvés à tout moment,
– les prix sont publiquement disponibles.

Exemple 36.2. – Un terrain a été acquis en N–10 pour 200 000 €. Il a été réévalué le 31/12/N–5 à sa juste valeur de l'époque, soit 300 000 €. Au 31 décembre N, la valeur recouvrable du terrain est estimée à 180 000 €.

Compte tenu d'un taux d'imposition de 30 %, la réévaluation a donné lieu à la comptabilisation :

– d'un écart de réévaluation de 100 000 × 70 % = 70 000 €

– d'impôts différés passifs pour 100 000 × 30 % = 30 000 €

La dépréciation est de 300 000 – 180 000 = 120 000 €. Elle sera comptabilisée ainsi :

31/12/N		
Écart de réévaluation (B)	70 000	
Impôts différés passifs (B)	30 000	
Dépréciations d'actifs (R)	20 000	
Terrains (B)		120 000

On notera que cette solution aboutit à comptabiliser une charge du même montant que si la réévaluation n'avait pas eu lieu.

Que l'actif ait ou non été réévalué, les amortissements des années suivantes doivent être ajustés de façon à étaler la nouvelle valeur comptable sur la durée d'utilisation résiduelle.

Exemple 36.1. – (suite) Après comptabilisation de la dépréciation, la valeur comptable du matériel s'établit à 609 000 €.

Étant donné qu'il reste 7 ans d'utilisation et que la valeur résiduelle du matériel à l'issue de cette période est maintenant estimée à 40 000 €, l'amortissement des années N+1 à N+7 sera :

(609 000 – 40 000)/7 = 81 286 € au lieu de 90 000.

L'utilisation d'unités génératrices de trésorerie

La plupart des actifs ne génèrent pas de cash-flows identifiables. Déterminer leur valeur recouvrable directement est donc impossible.

Mais ces actifs participent à un processus de production de biens ou de services qui, lui, génère des cash-flows pouvant être identifiés. Leur valeur recouvrable sera donc déterminée par référence à l'« unité génératrice de trésorerie » à laquelle ils appartiennent.

L'unité génératrice de trésorerie (que nous appellerons aussi UGT) est définie comme le plus petit groupe identifiable d'actifs dont l'utilisation génère des recettes indépendantes.

Sa valeur comptable est égale à la somme des valeurs comptables des actifs qui la composent.

Exemple 36.3. – Une clinique possède un laboratoire d'analyses médicales. Ce laboratoire comprend trois appareils spécialisés (A, B et C) qui ne sont généralement pas utilisés séparément mais qui participent aux analyses effectuées. Les valeurs comptables des actifs sont :

– matériel A 10 000 €
– matériel B 15 000 €
– matériel C 5 000 €

Les recettes du laboratoire pouvant être identifiées séparément, celui-ci constitue l'unité génératrice de trésorerie des matériels A, B et C. Sa valeur comptable est : 10 000 + 15 000 + 5 000 = 30 000 €.

Lorsqu'un groupe d'actifs fabrique des biens ou services pour lesquels il existe un marché actif, ce groupe constitue une unité génératrice de trésorerie, même si sa production est entièrement utilisée pour les besoins internes de l'entreprise. L'IAS 36 précise que, dans ce cas, les cash-flows sont déterminés par rapport aux prix du marché et non par rapport aux prix de cession interne utilisés.

Exemple 36.4. – Une papeterie possède un petit barrage hydraulique qui lui fournit une partie de l'électricité dont elle a besoin. Le kWh produit est facturé 0,10 € en interne, alors que le prix du marché est de 0,12 €.

Si l'on considère qu'il existe un marché actif pour l'électricité, le barrage constitue une unité génératrice de trésorerie. Sa production doit être évaluée au prix du marché (0,12 € le kWh) et non au prix de facturation interne.

L'affectation du goodwill aux unités génératrices de trésorerie

Le goodwill ne génère pas, en principe, de cash-flows identifiables. Sa valeur recouvrable doit donc être déterminée en liaison avec les unités génératrices de trésorerie auxquelles il se rattache.

Le goodwill acquis lors d'un regroupement d'entreprises doit, dès l'acquisition, être ventilé entre les unités génératrices de trésorerie (ou les groupes d'UGT) de l'acquéreur. Cette répartition ne doit pas être arbitraire mais au contraire basée sur les effets attendus de l'acquisition.

Pour éviter une répartition trop globale du goodwill, l'IAS 36 précise que la taille de chaque UGT (ou groupe d'UGT) auquel est affectée une partie du goodwill ne doit pas dépasser celle des secteurs opérationnels constitués en application de l'IFRS 8.

Exemple 36.5. – L'entreprise M comprend 2 divisions et 5 unités génératrices de trésorerie organisées ainsi :

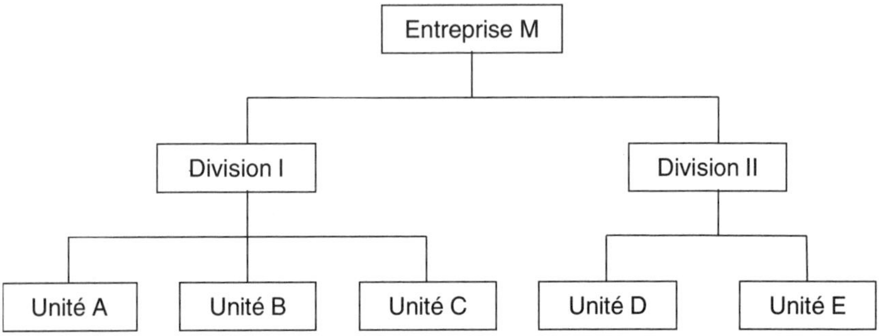

À fin N, l'entreprise M s'interroge sur la nécessité de déprécier l'unité A, qui est déficitaire. La valeur comptable de l'actif net (hors goodwill) de cette unité s'élève à 2 000 000 €. Quant à sa valeur recouvrable, elle est estimée à 1 700 000 €.

Trois ans plus tôt, M a acquis la totalité des actions de la société F.

1er cas : Le goodwill constaté lors de l'achat de F (1 million €) a été ventilé entre les UGT de M de la façon suivante :

- unité A :	200 000
- unité B :	300 000
- unité C :	500 000
	1 000 000

Pour déterminer la dépréciation de A, il suffit de comparer sa valeur comptable (goodwill compris) à sa valeur recouvrable. À fin N, on a :

valeur comptable de A, hors goodwill :	2 000 000
goodwill :	200 000
	2 200 000
valeur recouvrable :	1 700 000

L'unité A doit donc être dépréciée de 2 200 000 – 1 700 000 = 500 000 €.

2e cas : Le goodwill constaté lors de l'achat de F a été affecté globalement à la division I.

Aucun goodwill n'ayant été attribué à l'unité A, la valeur comptable de celle-ci s'élève à 2 000 000 €. La dépréciation de A n'est plus que de 2 000 000 – 1 700 000 = 300 000 €.

Cet exemple montre que le montant de la dépréciation dépend de la précision avec laquelle le goodwill a été ventilé entre les unités génératrices de trésorerie de l'acquéreur.

Les unités génératrices de trésorerie auxquelles un goodwill a été attribué doivent faire l'objet d'un test de dépréciation chaque année. Pour les autres, le test n'est à pratiquer que s'il existe des indices d'une possible perte de valeur.

L'affectation des actifs de support

Certains actifs contribuent au fonctionnement de l'entreprise dans son ensemble, comme par exemple le matériel informatique centralisé ou les équipements du siège social.

Si ces actifs dits « de support » peuvent être affectés sur une « base raisonnable et permanente » à des unités génératrices de trésorerie, la valeur comptable de ces dernières se calcule actifs de support compris.

Si cette affectation est impossible, le test de dépréciation des unités génératrices de trésorerie s'effectue sans tenir compte des actifs de support. Mais ceux-ci doivent alors être répartis entre les plus petits groupes d'UGT pour lesquels une répartition est possible et un second test de dépréciation doit être effectué au niveau de ces groupes.

La comptabilisation de la dépréciation d'une unité génératrice de trésorerie

La dépréciation de l'unité génératrice de trésorerie doit être répartie comptablement entre les différents actifs qui composent cette unité.

Les règles de répartition sont les suivantes :

– la dépréciation est en priorité affectée au goodwill,

– l'éventuel solde est ensuite réparti entre les autres actifs au prorata de leur valeur comptable.

Exemple 36.5. – (suite) Supposons que la valeur comptable de l'unité A à fin N se décompose ainsi :

Matériel industriel	1 500 000
Matériel de transport	500 000
Goodwill	200 000
	2 200 000

La dépréciation (500 000 €) sera répartie ainsi :

Goodwill	200 000
Matériel industriel : 300 000 × (1 500 000/2 000 000) =	225 000
Matériel de transport : 300 000 × (500 000/2 000 000) =	75 000
	500 000

D'où l'écriture (si les actifs n'ont pas fait antérieurement l'objet d'une réévaluation) :

31/12/N		
Dépréciations d'actifs (R)	500 000	
Goodwill (B)		200 000
Matériel industriel (B)		225 000
Matériel de transport (B)		75 000

La norme précise toutefois que cette répartition ne doit pas aboutir à faire passer la valeur comptable d'un actif en dessous de sa valeur recouvrable. Dans un tel cas, le montant de la dépréciation qui ne peut pas être affectée à un actif doit être répartie entre les autres proportionnellement à leur valeur comptable.

Exemple 36.5. – (suite) Supposons maintenant que la valeur recouvrable du matériel industriel de A est de 1 300 000 €.

La dépréciation de cet actif sera limitée à 200 000 € et c'est le matériel de transport qui supportera l'excédent de dépréciation (à condition bien sûr que cela n'ait pas pour effet d'abaisser sa valeur comptable en dessous de sa propre valeur recouvrable). L'écriture sera donc :

31/12/N		
Dépréciations d'actifs (R)	500 000	
Goodwill (B)		200 000
Matériel industriel (B)		200 000
Matériel de transport (B)		100 000

La diminution ou l'annulation d'une dépréciation d'actif

Chaque année, l'entreprise doit s'interroger sur la nécessité de réduire, voire d'annuler, les dépréciations d'actifs comptabilisées antérieurement. Les indicateurs à prendre en compte sont symétriques à ceux utilisés pour mettre en évidence la nécessité d'une dépréciation (forte hausse de la valeur de marché de l'actif, changements de l'environnement technologique, économique ou juridique, baisse des taux d'intérêt, etc.).

En cas d'augmentation de la valeur recouvrable, la dépréciation doit être réduite, voire annulée, afin de porter la valeur comptable de l'actif au niveau de la valeur recouvrable. Toutefois, la reprise d'une dépréciation ne saurait aboutir à évaluer l'actif à un montant supérieur à celui qui aurait été obtenu s'il n'avait jamais été déprécié.

Exemple 36.6. – Un équipement a été acquis pour 100 000 € au début de l'année N–5. Il est amorti linéairement sur 10 ans. À la fin de N–2, cet actif a été déprécié de 18 000 €. À fin N, cette dépréciation n'apparaît plus justifiée.

Avant reprise de la dépréciation, la valeur comptable est de :

coût :	100 000
– amortissements de N–5 à N–2 : 10 000 × 4 =	– 40 000
– dépréciation de N–2 :	– 18 000
	42 000
– amortissements de N–1 et N : (42 000/6) × 2 =	– 14 000
valeur comptable à fin N :	28 000

Si l'actif n'avait pas été déprécié, sa valeur comptable serait : 100 000 × 4/10 = 40 000 €.

La reprise de la provision donc être limitée à 40 000 – 28 000 = 12 000 €.

La reprise d'une dépréciation d'actif constitue un produit, à moins qu'elle concerne un actif réévalué, auquel cas elle doit être considérée comme une réévaluation d'actif.

Exemple 36.2. – (suite) Imaginons que le terrain acquis pour 200 000 € en N–10, réévalué à 300 000 € en N–5 et déprécié de 120 000 € en N ait une valeur recouvrable de 260 000 € à fin N+2.

La dépréciation doit être ramenée à 300 000 – 260 000 = 40 000 €, c'est-à-dire diminuée de 80 000 €.

Étant donné que la constatation de cette dépréciation a entraîné la comptabilisation d'une charge de 20 000 € en N, sa reprise provoquera :

– un produit de 20 000 €,
– une réévaluation d'actif de 60 000 €.

31/12/N+2	Débit	Crédit
Terrains (B)	80 000	
Reprises de dépréciations d'actifs (R)		20 000
Écart de réévaluation (B) [60 000 × 70 %]		42 000
Impôts différés passifs (B) [60 000 × 30 %]		18 000

Si l'actif est amortissable, les amortissements des exercices suivants devront évidemment être calculés sur la nouvelle valeur comptable.

Exemple 36.6. – (suite) Après reprise de la provision, la valeur comptable de l'actif à fin N s'établit à 28 000 + 12 000 = 40 000 €. La durée d'amortissement résiduelle étant de 4 ans, les amortissements des exercices suivants s'élèveront à 40 000/4 = 10 000 €.

La reprise de la dépréciation d'une unité génératrice de trésorerie

L'IAS 36 pose comme principe qu'une dépréciation du goodwill ne peut pas être réduite ou annulée les années suivantes.

Toute réduction de la dépréciation d'une unité génératrice de trésorerie doit donc être répartie entre les autres actifs qui constituent l'unité, proportionnellement à leur valeur comptable, sans toutefois que cela aboutisse à ce qu'un actif figure au bilan à un montant supérieur à celui qu'il aurait si l'unité n'avait pas été dépréciée.

Exemple 36.5. – (suite) Supposons qu'à fin N+1, la valeur comptable de l'unité A se décompose ainsi :

Matériel industriel	1 150 000
Matériel de transport	375 000
Goodwill :	0
	1 525 000

Supposons également qu'à cette date, la valeur recouvrable de A est de 1 650 000 €.

La dépréciation initiale doit être réduite de 1 650 000 – 1 525 000 € = 125 000 €.

Cette augmentation de valeur sera répartie ainsi :

Matériel industriel : 125 000 × (1 150 000/1 525 000) =	94 000
Matériel de transport : 125 000 × (375 000/1 525 000) =	31 000
	125 000

Mais supposons que si l'unité A n'avait pas été dépréciée en N, la valeur comptable des actifs autres que le goodwill serait, à fin N+1 :

Matériel industriel	1 220 000
Matériel de transport	450 000

Afin d'éviter que la valeur comptable des actifs composant l'unité dépasse celle qu'ils auraient si la dépréciation de A n'avait pas eu lieu, la répartition finale est la suivante :

Matériel industriel : 1 220 000 – 1 150 000 =	70 000
Matériel de transport	55 000
	125 000

Principales différences par rapport aux US GAAP

Selon les normes américaines, un test d'imparité doit être pratiqué s'il existe des raisons de penser que la valeur recouvrable d'un actif est inférieure à sa valeur comptable. Mais le concept de valeur recouvrable diffère nettement de celui de l'IAS 36. Il ne s'agit pas en effet du maximum de la valeur d'utilité et du prix de vente net, mais simplement de la somme des cash-flows futurs non actualisés.

Lorsque le test d'imparité est positif, l'actif doit être déprécié de la différence entre la valeur comptable et la juste valeur de l'actif concerné. Celle-ci correspond à la valeur de marché si l'actif est coté sur un marché actif. Sinon, elle s'obtient en actualisant les cash-flows futurs attendus de l'actif en question.

Le goodwill acquis doit être réparti entre les *reporting units* de l'acheteur, qui correspondent à des segments opérationnels ou à des subdivisions de niveau directement inférieur à ceux-ci. Leur définition est donc différente de celle des unités génératrices de trésorerie de l'IAS 36.

Le mode de calcul de la dépréciation du goodwill est également différent.

Enfin, contrairement à l'IAS 36, les normes américaines considèrent que toute dépréciation d'un actif destiné à être conservé est définitive. La reprise d'une dépréciation antérieure est donc interdite.

La valeur d'un actif peut donc varier assez significativement selon qu'on utilise les IFRS ou les US GAAP.

La pratique en Europe

L'information sur les dépréciations d'actifs fait généralement l'objet d'une section dans les notes aux comptes consolidés, comme dans l'exemple suivant :

« Vivendi réexamine la valeur des écarts d'acquisition, des autres immobilisations incorporelles, des immobilisations corporelles et des immobilisations en cours chaque fois que des événements ou modifications d'environnement de marché indiquent un risque de perte de valeur de ces actifs. En outre, conformément aux normes comptables appliquées, les écarts d'acquisition, les immobilisations incorporelles à durée de vie indéfinie et les immobilisations incorporelles en cours sont soumis à un test de perte de valeur au cours du quatrième trimestre de chaque exercice. Ce test de perte de valeur consiste à comparer la valeur recouvrable des unités génératrices de trésorerie (UGT) ou, le cas échéant, de groupes d'UGT, à la valeur nette comptable des actifs correspondants y inclus les écarts d'acquisition, le cas échéant. Une UGT est le plus petit groupe identifiable d'actifs qui génère des entrées de trésorerie largement indépendante des entrées de trésorerie générées par d'autres actifs ou groupes d'actifs.

La valeur recouvrable est déterminée comme la plus élevée entre la valeur d'utilité et la juste valeur (diminuée des coûts de cession), telles que définies ci-après pour chaque actif pris individuellement, à moins que l'actif considéré ne génère pas d'entrées de trésorerie largement indépendantes des entrées de trésorerie générées par d'autres actifs ou groupes d'actifs. Dans ce cas, la valeur recouvrable est déterminée pour le groupe d'actifs. En particulier, Vivendi met en œuvre le test de perte de valeur des écarts d'acquisition au niveau des UGT ou de groupes d'UGT, en fonction du niveau auquel la Direction de Vivendi mesure le retour sur investissement des activités.

La valeur d'utilité de chaque actif ou groupe d'actifs est déterminée par actualisation de ses flux de trésorerie futurs (méthode dite des "*discounted cash flows*" ou "DCF"), en utilisant des prévisions de flux de trésorerie cohérents avec le budget 2009 et les prévisions les plus récentes préparées par les secteurs opérationnels. Les taux d'actualisation retenus reflétent les appréciations actuelles par les acteurs de marché de la valeur temps de l'argent et les risques spécifiques à chaque actif ou groupe d'actifs. En particulier, les taux de croissance utilisés pour l'évaluation des UGT sont ceux retenus dans le cadre de l'élaboration du budget de chaque UGT ou groupe d'UGT et, pour les périodes subséquentes, conformes aux taux estimés par la société par extrapolation à partir des taux retenus pour le budget, sans excéder le taux de croissance moyen à long terme pour les marchés dans lesquels le groupe opère.

La juste valeur (diminuée des coûts de cession) correspond au montant qui pourrait être obtenu de la vente de l'actif ou d'un groupe d'actifs dans des conditions de concurrence normale entre des parties bien informées et consentantes, diminué des coûts de cession : ces valeurs sont déterminées à partir d'éléments de marché (comparaison avec des sociétés cotées similaires, avec la valeur attribuée à des actifs ou sociétés similaires lors d'opérations récentes ou des cours boursiers) ou à défaut à partir des flux de trésorerie actualisés.

Lorsque la valeur recouvrable est inférieure à la valeur nette comptable de l'actif ou du groupe d'actifs testés, une perte de valeur est comptabilisée en résultat opérationnel pour la différence ; dans le cas d'un groupe d'actifs, elle est imputée en priorité en réduction des écarts d'acquisition.

Les pertes de valeur enregistrées au titre des immobilisations corporelles et incorporelles (hors écarts d'acquisition) peuvent être reprises ultérieurement, si la valeur recouvrable redevient supérieure à la valeur nette comptable, dans la limite de la perte de valeur initialement comptabilisée déduite des amortissements qui auraient été sinon comptabilisés. En revanche, les pertes de valeur enregistrées au titre des écarts d'acquisition sont irréversibles » [Vivendi (France), rapport annuel 2008].

Conséquences pour l'utilisateur des états financiers

Les dépréciations d'actifs sont, avec les provisions, les instruments privilégiés de manipulation des comptes car l'estimation de la perte de valeur d'un actif est, pour une large part, subjective.

Cette subjectivité se manifeste en premier lieu dans le choix des actifs à soumettre au test d'imparité. Selon l'IAS 36, on doit s'interroger sur la nécessité d'une éventuelle dépréciation dès lors qu'il existe un quelconque indice d'une possible perte de valeur. L'imprécision des critères permet assez facilement à l'entreprise de choisir quels actifs feront ou non l'objet du test.

Une fois les actifs choisis, se pose le problème de l'estimation de la valeur de référence, en l'occurrence la valeur recouvrable. Pour limiter la subjectivité inhérente à toute évaluation, l'IAS 36 stipule qu'un actif doit être déprécié si et seulement si sa valeur comptable est supérieure aux cash-flows obtenus soit en continuant d'exploiter l'actif, soit en le cédant immédiatement. Si le raisonnement est irréprochable d'un point de vue théorique, son application pratique est loin d'être aisée.

La principale difficulté provient de l'impossibilité de mesurer la rentabilité de chaque actif de l'entreprise. Comment en effet évaluer ceux qui, comme une perceuse ou un ordinateur par exemple, ne génèrent pas de cash-flows directement identifiables ? L'IAS 36 répond qu'il faut raisonner au niveau de l'unité génératrice de trésorerie (UGT) à laquelle l'actif appartient. Reste encore à identifier celle-ci. En fait, seules pourront être considérées comme des unités génératrices de trésorerie les subdivisions dont les produits font l'objet de facturations à des tiers. Il s'agira donc le plus souvent de filiales ou de départements spécialisés.

Ceci dit, plus l'unité génératrice de trésorerie comporte d'équipements, plus on s'écarte de l'objectif initial qui était de mesurer la perte de valeur d'un actif particulier. Des actifs récents et d'autres complètement obsolètes peuvent en effet parfaitement coexister au sein de la même UGT de sorte que la valeur recouvrable de l'ensemble pourra apparaître supérieure à sa valeur comptable alors que certains actifs qui composent l'unité mériteraient d'être dépréciés. La dépréciation constatée dépendra donc en partie du niveau d'agrégation des actifs au sein des UGT.

L'affectation du goodwill acquis entre les différentes unités génératrices de trésorerie peut également s'avérer particulièrement difficile. Imaginons par exemple une entreprise de travaux publics qui, à des fins de diversification, acquiert une société de services informatiques. Comment ventiler le goodwill de cette dernière entre les UGT de l'acquéreur étant donné les différences entre les deux métiers ? Aucune réponse objective ne pouvant être fournie, on peut craindre que le goodwill soit intégralement affecté à la société acquise ou qu'il soit ventilé de façon arbitraire entre les diverses UGT de l'acquéreur.

La répartition des actifs entre unités génératrices de trésorerie ne résout pas non plus le problème de ceux qui sont utilisés par plusieurs de ces unités et qui, à ce titre, ne peuvent être affectés à une seule d'entre elles.

En résumé, l'IASB s'est efforcé de réduire les possibilités de manipulation des résultats en réglementant les conditions et les modalités des dépréciations d'actifs. Les principes retenus sont malheureusement trop complexes pour fournir des réponses véritablement opérationnelles. Il est donc probable que la plupart des entreprises prennent des libertés par rapport à cette norme et se contentent, comme par le passé, de déprécier les actifs dont la valeur de marché apparaît inférieure à la valeur comptable. Il n'est pas certain, bien au contraire, que cette entorse aux IFRS nuise à la qualité de l'information comptable. En tout cas, la portée de cette exception est limitée par le fait que, compte tenu de l'étendue des domaines exclus du champ d'application de l'IAS 36, cette norme ne concerne pas la totalité des actifs mais seulement (c'est encore beaucoup) les immobilisations corporelles et incorporelles.

L'IAS 36 en bref

Dès qu'il existe un quelconque indice qu'un actif a pu perdre de la valeur, la valeur recouvrable de cet actif doit être calculée.

La valeur recouvrable est le maximum des deux montants suivants : la valeur d'utilité d'une part et la juste valeur de l'actif moins les frais de vente d'autre part.

La valeur d'utilité s'obtient en actualisant les cash-flows futurs (avant impôt) de l'actif à un taux fonction du risque de celui-ci.

Si la valeur recouvrable d'un actif est inférieure à sa valeur comptable, l'actif doit être déprécié de la différence. Cette dépréciation est comptabilisée :

- en charge si l'actif était évalué au coût historique,
- par prélèvement sur l'écart de réévaluation si l'actif a été réévalué.

Si les cash-flows d'un actif ne peuvent être identifiés, la valeur recouvrable est calculée au niveau de l'unité génératrice de trésorerie à laquelle l'actif appartient. L'éventuelle dépréciation est ensuite répartie entre les actifs qui composent l'unité, proportionnellement à la valeur comptable de ceux-ci.

Si la dépréciation initiale disparaît, la valeur comptable de l'actif doit être ramenée au montant qui serait le sien si la dépréciation initiale n'avait pas été pratiquée. L'augmentation de valeur est enregistrée :

- en produit si l'actif était évalué au coût historique,
- dans les capitaux propres si l'actif figurait à un montant réévalué.

IAS 37

PROVISIONS, PASSIFS ÉVENTUELS ET ACTIFS ÉVENTUELS[1]

Le sujet

Cette norme indique dans quels cas une provision doit être constituée et dans quels cas le risque correspondant doit seulement faire l'objet d'une mention dans les notes sous la rubrique « passifs éventuels » (engagements donnés).

Les provisions dont il est question ici sont celles qui figurent au passif du bilan. Elles correspondent aux « provisions pour risques et charges » du Plan Comptable français. Les « provisions pour dépréciation d'actifs » ne constituent pas des provisions au sens de l'IASB ; ce sont des corrections de valeurs qui font l'objet de l'IAS 36.

Il est à noter que cette norme ne s'applique pas aux provisions constituées par les compagnies d'assurance pour couvrir les risques liés aux contrats conclus avec leurs clients.

Définitions

Une provision est définie comme une dette dont l'échéance ou le montant est incertain.

Cette assimilation aux dettes traduit le fait que, pour l'IASB, une provision n'est constituée que s'il existe un risque probable de décaissement ; la création de provisions ayant le caractère de réserves étant interdite.

1. Norme adoptée en 1998.

Les conditions de comptabilisation d'une provision

Une provision doit être comptabilisée si et seulement si :

– l'entreprise a une obligation actuelle (juridique ou implicite) résultant d'un événement passé ;

– l'extinction de l'obligation nécessitera probablement une sortie de ressources représentatives d'avantages économiques (c'est-à-dire, la plupart du temps, un décaissement) ;

– le montant de l'obligation peut être estimé de manière fiable.

L'obligation peut être juridique, c'est-à-dire résulter de la loi ou d'un contrat. Mais elle peut aussi être simplement implicite. Pour l'IAS 37, il existe une obligation implicite lorsque l'entreprise a :

– par ses pratiques passées, sa politique affichée ou une déclaration récente, indiqué aux tiers qu'elle assumera certaines responsabilités

– et qu'en conséquence, elle a créé chez ceux-ci l'attente fondée qu'elle assumera ces responsabilités.

Exemple 37.1. –

– Fin 1999, le pétrolier Erika sombrait au large de la Bretagne, provoquant une importante marée noire qui allait durablement souiller les côtes. En tant qu'affréteur du navire, la société TotalFina n'était pas, *a priori*, juridiquement responsable de l'accident et de ses conséquences. Elle s'est néanmoins trouvée avoir une obligation implicite après que son Président eut déclaré que sa société participerait aux opérations de dépollution.

– Une entreprise qui axe sa communication publicitaire sur le fait qu'elle remboursera la différence de prix à tout acheteur qui trouverait le même produit meilleur marché dans les six mois suivant l'achat a une obligation implicite, même si l'engagement ne figure pas sur le contrat de vente.

Lorsque l'existence de l'obligation n'est pas évidente, notamment lorsqu'elle dépend de l'issue d'un procès en cours, l'entreprise doit prendre en compte toutes les informations disponibles, y compris celles fournies par les événements post-clôture, et s'interroger sur la probabilité de l'obligation :

– si l'existence de l'obligation apparaît plus probable que sa non-existence, une provision doit être constituée ;

– si par contre la non-existence de l'obligation apparaît plus probable que son existence, aucune provision n'est à comptabiliser. L'entreprise doit seulement mentionner le risque dans ses passifs éventuels.

L'obligation doit également résulter d'un événement passé. Cette condition est la plus importante car elle s'oppose à la constitution de toute provision destinée à faire face à un événement qui ne s'est pas encore produit.

Exemple 37.1. – (suite) Dans le cas du naufrage de l'Erika, TotalFina pouvait, au 31 décembre 1999, constituer une provision pour couvrir les dépenses de dépollution auxquelles elle s'était engagée. Mais une autre entreprise pétrolière ne pouvait pas le faire, même si elle estimait que le risque d'être impliquée dans un accident semblable était réel.

Il doit être clair que l'événement générateur de l'obligation est la cause première de celle-ci, autrement dit l'événement qui ne laisse pas à l'entreprise d'autre solution réaliste que de régler l'obligation. Dans le cas d'un procès, ce n'est pas la date de début de l'action en justice mais celle du litige qui importe.

L'IAS 37 précise également que la constitution de provisions pour couvrir des pertes d'exploitation futures est interdite, même si ces pertes sont la cause d'un événement passé.

Exemple 37.2. – Une entreprise vient d'être victime d'un incendie qui a complètement détruit un entrepôt de marchandises. La remise en état du bâtiment devrait coûter 200 000 € et les marchandises détruites valaient 100 000 €. L'entreprise évalue en outre à 80 000 € les pertes à venir dues aux commandes de clients qui ne pourront pas être honorées.

Les pertes d'exploitation futures ne pouvant faire l'objet de provision, celle dernière est limitée à 300 000 €.

Enfin, l'obligation doit pouvoir être estimée de façon fiable. L'IAS 37 considère que cette condition est vérifiée dans la quasi-totalité des cas. La non-constitution d'une provision au motif de l'impossibilité d'effectuer une estimation fiable de l'obligation ne pourra donc être invoquée que dans des cas extrêmement rares. Le risque est alors simplement mentionné dans les passifs éventuels.

Les provisions pour restructurations

Les entreprises procèdent parfois à des restructurations, c'est-à-dire à des opérations, en général assez lourdes, qui modifient de façon significative leur champ d'activité ou la manière dont elles sont gérées. L'abandon d'activités, la fermeture de sites, la délocalisation de tout ou partie de la production, sont autant d'exemples de telles opérations.

Une section entière de l'IAS 37 est consacrée à la manière dont les règles générales de constitution de provisions doivent être interprétées dans le cas de restructurations.

La norme précise notamment les conditions à remplir pour qu'une obligation implicite de restructurer existe. Il faut en premier lieu que l'opération ait fait l'objet d'un plan formalisé et détaillé indiquant au moins :

– les activités concernées,

– les principaux sites affectés,

– la localisation, la fonction et le nombre approximatif de salariés à indemniser,

– les dépenses à engager,

– et la date à laquelle le plan sera mis en œuvre.

Mais il faut aussi que l'entreprise ait, soit en commençant à appliquer le plan, soit en annonçant ses principales caractéristiques, créé chez les personnes concernées une attente fondée que la restructuration sera effectivement réalisée.

Ces conditions draconiennes visent à éviter que les projets de restructurations soient l'occasion de constituer des provisions excessives.

Exemple 37.3. – (adapté d'exemples de l'IAS 37) : Une entreprise clôture ses comptes le 31 décembre. Le 12 décembre, le conseil d'administration a décidé d'abandonner une activité.

– 1er cas : Au 31 décembre, cette décision n'a pas encore été annoncée. L'entreprise ne peut pas constituer de provision car aucune obligation implicite n'existe à cette date.

– 2e cas : Le 20 décembre, un plan détaillé de restructuration a été établi et les salariés concernés ont été informés de leur prochain licenciement. Le fait générateur de l'obligation est l'annonce du plan. Une obligation implicite existe, qui justifie la constitution d'une provision.

L'IAS 37 précise que la provision doit être limitée aux charges directement liées à la restructuration, c'est-à-dire à celles qui sont à la fois :

– provoquées par la restructuration

– et non liées aux activités futures de l'entreprise.

Sont donc en particulier exclus de la provision :

– les coûts de reconversion ou de déménagement du personnel non licencié,

– les dépenses de marketing,

– les investissements dans de nouveaux systèmes et réseaux de distribution,

– et, bien entendu, d'éventuelles futures pertes d'exploitation.

Le montant de la provision

Le montant de la provision doit être la meilleure estimation possible de la dépense nécessaire au règlement de l'obligation. Ce montant tient compte non seulement des informations disponibles à la date du bilan mais également des événements post-clôture.

Les événements susceptibles de se produire d'ici au règlement de l'obligation doivent être pris en compte s'il existe des indications objectives suffisantes que ces événements se produiront.

Pour illustrer ce point, l'IAS 37 cite le cas d'une entreprise qui devrait remettre en état un site dans quelques années. Cette entreprise pourrait, pour le calcul de la provision, tenir compte de progrès technologiques probables susceptibles de réduire le coût de la remise en état.

De la même façon, l'évolution attendue de la réglementation doit être anticipée. Ainsi, même si la législation actuelle ne l'impose pas, une entreprise est tenue de constituer une provision pour dépollution s'il devient quasiment certain qu'une loi imposant une telle obligation sera adoptée.

Lorsque le règlement de l'obligation est prévu dans plusieurs années, la provision doit être actualisée. Le taux d'actualisation se calcule avant impôt sur les bénéfices. Il est fonction du coût de l'argent et du risque spécifique de la dette. Il ne doit pas en revanche tenir compte des risques déjà reflétés dans l'estimation du montant à payer.

Le montant de la provision doit bien évidemment être ajusté chaque année en fonction des informations et des événements nouveaux survenus durant la période. Si la sortie d'avantages économiques (c'est-à-dire généralement le paiement de sommes d'argent) n'apparaît plus probable, la provision doit être dissoute.

Les actifs et passifs éventuels

Les actifs et passifs éventuels sont des éléments non comptabilisés, qui sont simplement mentionnés dans les notes pour attirer l'attention des utilisateurs des états financiers sur des risques non provisionnés. Ils font partie de ce que l'on appelle généralement en français les « engagements hors bilan ».

Plus précisément, un passif éventuel est :

• soit une obligation actuelle résultant d'événements passés mais qui ne donne pas lieu à constitution d'une provision parce que :

– la sortie d'avantages économiques n'est pas jugée probable

– ou son montant ne peut être estimé avec une fiabilité suffisante ;

• soit une obligation potentielle résultant d'événements passés mais dont l'existence ne sera confirmée que par la survenance d'un événement incertain qui n'est pas totalement sous le contrôle de l'entreprise.

Exemple 37.4. –

1) Une action en justice a été intentée contre l'entreprise. Celle-ci n'estimant pas sa condamnation probable, aucune provision n'a été constituée. L'entreprise a néanmoins un passif éventuel.

2) Une entreprise s'est portée caution pour l'emprunt souscrit par une de ses filiales. L'obligation ne deviendra actuelle et justifiera la constitution d'une provision (dans les comptes individuels) qu'en cas de défaillance du débiteur principal, événement incertain et *a priori* hors du contrôle de l'entreprise cautionnaire. En attendant, la caution constitue un passif éventuel.

Les actifs éventuels sont définis de façon symétrique aux passifs éventuels. Il s'agit d'actifs potentiels résultant d'événements passés mais dont l'existence ne sera confirmée que par la survenance d'un événement futur incertain qui n'est pas totalement sous le contrôle de l'entreprise.

Exemple 37.5. – Dans le but de favoriser l'apprentissage, les autorités publiques régionales ont promis une subvention de 10 000 € pour toute embauche de personne sans qualification. Au cours de l'année écoulée, l'entreprise a engagé 10 personnes répondant à cette définition. L'octroi de la subvention est néanmoins subordonné à la réussite d'un examen professionnel par les personnes concernées 2 ans après leur engagement.

La subvention ne peut être comptabilisée puisqu'elle dépend des résultats d'un examen futur. Elle constitue cependant un actif éventuel.

Le traitement des actifs et passifs éventuels semble avoir été inspiré par le principe de prudence. En effet :

– tout passif éventuel doit être mentionné dans les notes sauf si la probabilité de décaissement est faible ;

– alors qu'un actif éventuel n'est mentionné que si l'encaissement correspondant est probable.

Bien entendu, les actifs et passifs éventuels doivent être réexaminés à chaque clôture d'exercice. S'il apparaît en particulier que les conditions nécessaires à la création d'une provision se trouvent réunies, celle-ci doit être constituée et le passif éventuel éliminé des notes.

Exemples d'application

L'IAS 37 fournit une série d'exemples qui permettent de mieux comprendre quand une provision doit être constituée. Les paragraphes suivants sont inspirés par certains de ces exemples.

Provision pour garantie

Exemple 37.6. – Un constructeur automobile offre une garantie de 3 ans à ses clients. L'expérience passée a montré que la probabilité qu'un véhicule tombe en panne est de 3 % la première année, 8 % la 2e et 15 % la 3e. Le coût moyen de la réparation est estimé à 7 % du prix de vente. Le chiffre d'affaires des 3 dernières années a été de 750 millions € en N–2, 800 millions € en N–1 et 850 millions € en N.

Une provision doit être constituée car l'événement générateur de l'obligation n'est pas la panne mais la vente du véhicule.

Si l'on suppose, pour simplifier, que les ventes ont lieu en milieu d'année, la provision pourra être calculée ainsi (en millions d'euros) :

Échéance prévue	N+1	N+2	N+3
Coût de la garantie sur les ventes de N–2 :			
750 × 6/12 × 15 % × 7 % =	3,9		
Coût de la garantie sur les ventes de N–1 :			
800 × 6/12 × 8 % × 7 % =	2,2		
800 × 6/12 × 15 % × 7 % =	4,2		
800 × 6/12 × 15 % × 7 % =		4,2	
Coût de la garantie sur les ventes de N :			
850 × 6/12 × 3 % × 7 % =	0,9		
850 × 6/12 × 8 % × 7 % =	2,4		
850 × 6/12 × 8 % × 7 % =		2,4	
850 × 6/12 × 15 % × 7 % =		4,5	
850 × 6/12 × 15 % × 7 % =			4,5
Totaux	13,6	11,1	4,5

Étant donné que l'échéance d'une partie de l'obligation est à plus d'un an, les montants correspondants doivent être actualisés. Si on estime à 6 % le taux auquel l'entreprise peut emprunter sur le marché à fin N, le montant de la provision devient :

$$13{,}6+\frac{11{,}1}{1{,}06}+\frac{4{,}5}{(1{,}06)^2}=28 \text{ millions €.}$$

Provision pour procès

Exemple 37.7. – Au cours de l'année N–1, cinq personnes sont mortes après avoir absorbé des médicaments fabriqués par l'entreprise. Un procès est en cours. À fin N–1, les avocats de l'entreprise étaient optimistes et considéraient que la responsabilité de l'entreprise ne serait probablement pas établie. À fin N, par contre, il semble probable que l'entreprise sera condamnée à payer 800 000 € à la famille de chacune des victimes.

À fin N–1, aucune provision n'est nécessaire. Il faut seulement mentionner un passif éventuel dans l'annexe, sauf si on estime que la probabilité de condamnation est faible.

Par contre, à fin N, l'entreprise doit impérativement constituer une provision de 800 000 × 5 = 4 000 000 €.

Provision pour restauration de site

Exemple 37.8. – Une entreprise exploite depuis une dizaine d'années une usine qui traite des métaux lourds. L'entreprise a toujours scrupuleusement respecté la réglementation anti-pollution, notamment en installant des filtres sur ses cheminées. Malgré cela, les rejets dans l'atmosphère ont gravement contaminé les sols dans un rayon de 10 km autour de l'usine. Il n'existe pas pour le moment de législation obligeant l'entreprise à participer à la décontamination des sols mais une nouvelle loi créant une telle obligation doit prochainement être adoptée. Le coût de la décontamination pour l'entreprise est estimé à 90 millions d'euros étalés sur 3 ans.

L'événement générateur est la pollution des sols.

Dans la mesure où l'adoption de la nouvelle loi est quasi certaine, la sortie d'avantages économiques, autrement dit le paiement de dépenses de décontamination, est probable.

Si le taux d'intérêt applicable à l'entreprise est de 6 %, celle-ci doit constituer une provision de :

$$30+\frac{30}{1{,}06}+\frac{30}{(1{,}06)^2}=85 \text{ millions d'euros.}$$

Exemple 37.9. – Une entreprise pétrolière a obtenu une concession d'exploitation d'un gisement. Le contrat stipule qu'elle devra, à l'issue de la période d'exploitation, reboucher le puits d'extraction et réparer les dégâts occasionnés par son activité. Le coût de restauration du site est estimé à 60 millions €, dont 80 % imputables au rebouchage du puits et au démantèlement des installations, et 20 % à l'exploitation. Au 31 décembre N, date de clôture des états financiers, le puits est creusé, les installations édifiées et la production sur le point de démarrer. L'exploitation doit normalement durer 10 ans.

Seuls les dégâts déjà réalisés doivent faire l'objet d'une provision. Pour un taux d'actualisation de 7 %, la provision à constituer au 31/12/N est donc de :

$$\frac{60 \times 80\ \%}{(1{,}07)^{10}} = 24{,}4 \text{ millions d'euros.}$$

Selon l'IASB, ce montant ne doit pas être porté en charges l'année au cours de laquelle le puits a été percé, mais étalé sur la durée d'exploitation du gisement (voir IAS 16).

Provision pour formation du personnel

Exemple 37.10. – Compte tenu du passage obligatoire aux IFRS à partir de 2005, une société cotée en bourse a décidé en avril 2004 de faire suivre une formation spécialisée à l'ensemble de son personnel comptable. Le coût de cette formation est estimé à 100 000 €. Le séminaire doit avoir lieu en septembre 2004. L'entreprise clôture ses comptes le 30 juin.

L'événement générateur est la formation. À la date d'arrêté des comptes (30 juin 2004), il n'a pas eu lieu. Aucune provision ne peut donc être constituée.

Provision pour contrat déficitaire

Exemple 37.11. – Une entreprise vient de transférer ses services administratifs dans un nouveau bâtiment dont elle est propriétaire. Le bail des anciens locaux, qui n'est pas résiliable, doit continuer à courir pendant encore 9 mois. Aucune possibilité de sous-location n'existe. Le loyer est de 8 000 € par mois.

On a ici affaire à un contrat déficitaire, c'est-à-dire à un contrat dont les coûts inévitables (72 000 €) sont supérieurs aux produits attendus (0). La perte correspondante doit être comptabilisée dès qu'elle devient probable, d'où la constitution d'une provision de 72 000 €.

Provision pour entretien et réparation

Exemple 37.12. – Une compagnie aérienne est tenue, par les règles de l'aviation civile, de soumettre ses avions à un contrôle approfondi par un organisme indépendant tous les trois ans.

L'IAS 37 estime que le coût de ces contrôles ne peut être provisionné car l'existence de l'obligation dépend de la poursuite de l'exploitation de ces avions. L'entreprise pourrait en effet se dispenser d'engager ces dépenses en les vendant avant la date limite du contrôle. Par contre, le coût de ces contrôles doit être ajouté à celui des avions et amorti sur trois ans.

On remarquera qu'au niveau du résultat, cela revient pratiquement au même.

Les remboursements

Le fait qu'un risque soit assuré ne dispense pas de constituer une provision lorsque les conditions sont réunies.

Le remboursement attendu est comptabilisé à l'actif dès qu'il est pratiquement certain.

Au compte de résultat, la charge peut (mais ce n'est pas une obligation) être comptabilisée pour son montant net : provision – remboursement prévu.

Exemple 37.13. – Deux patients sont décédés à la suite d'infections contractées durant leur séjour à l'hôpital. Leurs familles réclament 500 000 € de dommages-intérêts. D'après les avocats de l'hôpital, il est probable qu'elles obtiendront satisfaction. L'hôpital est assuré contre ce risque à hauteur de 80 %.

L'hôpital doit simultanément comptabiliser :
- une provision de 500 000 €
- et un actif de 400 000 €.

Au compte de résultat global, la présentation pourra être la suivante :

– soit :	Produits : Indemnités d'assurance	+ 400 000
	et Charges : Dotation aux provisions	– 500 000
– soit :	Charges : Dotation aux provisions	– 100 000

Principales différences par rapport aux US GAAP

Aux États-Unis, il n'existe pas de norme sur les provisions et le terme est d'ailleurs inconnu. En fait, les dispositions relatives à ce qu'on appelle les provisions sont contenues dans une multitude de textes, de sorte qu'il n'est pas facile de comparer l'IAS 37 aux US GAAP.

Les conditions de création d'une provision sont à peu près identiques. Les US GAAP comme l'IAS 37 exigent entre autres une sortie probable d'avantages économiques.

Certains commentateurs estiment cependant que l'application de l'IAS 37 devrait aboutir à un montant de provisions supérieur à celui obtenu avec les US GAAP. Leur raisonnement repose sur le fait que l'IAS 37 précise que le terme « probable » doit être interprété comme « plus probable que non probable » [1] alors que les US GAAP se gardent de toute interprétation. Ils en concluent qu'une probabilité de 50 % suffit pour constituer une provision selon l'IAS 37 alors qu'avec les US GAAP, la probabilité nécessaire peut être de 70 voire 80 %.

Cette interprétation nous apparaît un peu aventureuse dans la mesure où l'absence de précision des US GAAP sur la signification du terme « probable » ne signifie pas pour autant l'exigence d'une probabilité largement supérieure à 50 %. Compte tenu de la précision habituelle des US GAAP, il nous semble au contraire que si les normalisateurs américains

1. La traduction publiée au Journal Officiel de l'Union européenne mentionne « plus probable qu'improbable ». Nous préférons l'expression « plus probable que non probable » qui nous semble plus proche du texte original anglais « *more likely than not* ».

avaient voulu réserver la constitution de provisions à des cas où la probabilité de paiement est particulièrement élevée, ils l'auraient dit.

La pratique en Europe

Les règles de constitution des provisions sont rarement décrites en détail, probablement parce qu'il est difficile de généraliser à partir d'une série de cas particuliers.

Les sociétés se contentent la plupart du temps de rappeler les grands principes de l'IAS 37 :

« Une provision est constituée lorsque le Groupe a une obligation juridique ou implicite, à la date du bilan :
– qui résulte d'un événement passé et,
– dont il est probable qu'elle engendrera des charges et,
– dont le montant peut être estimé de manière fiable.

Les engagements résultant de restructurations sont comptabilisés au moment de leur annonce aux personnes concernées » [Solvay (Belgique), rapport annuel 2008].

D'autres sont plus explicites pour certaines catégories de provisions :

« Provisions pour restructuration et coûts de restructuration

Le coût des actions de restructuration est intégralement provisionné dans l'exercice lorsqu'il résulte d'une obligation du Groupe, vis-à-vis de tiers, ayant pour origine la décision prise par l'organe compétent et matérialisée avant la date de clôture par l'annonce de cette décision aux tiers concernés. Ce coût correspond essentiellement aux indemnités de licenciement, aux préretraites, aux coûts des préavis non effectués et coûts de formation des personnes devant partir, coûts liés aux fermetures de sites ou d'arrêt de ligne de produit et tout autre coût résultant de programme qui modifie de façon significative soit le champ d'activité du Groupe, soit la manière dont cette activité est gérée.

Les mises au rebut d'immobilisations, dépréciations de stocks et autres actifs, ainsi que les autres coûts (déménagement, formation des personnes mutées, etc.) liés directement à des mesures de restructuration, sont également comptabilisés dans les coûts de restructuration au compte de résultat.

Les montants provisionnés correspondant à des prévisions de décaissements futurs à effectuer dans le cadre des plans de restructuration sont évalués pour leur valeur actuelle lorsque l'échéancier des paiements est tel que l'effet de la valeur temps est jugé significatif [...]

Provision pour garantie et autres provisions sur affaires

Des provisions sont comptabilisées notamment au titre (i) des garanties données sur les produits (ii) des pertes à terminaison du Groupe et (iii) des pénalités encourues en cas de non-respect des engagements contractuels. Ces provisions sont calculées sur la base de données statistiques ou sur notre meilleure estimation fondée sur l'expérience acquise. Ces provisions et leur variation sont comptabilisées en coût des ventes soit au moment de la reconnaissance du revenu (provision pour garantie client) soit dans le cadre de la comptabilisation des résultats à l'avancement pour les contrats de construction. Le montant des coûts et pénalités qui seront finalement payés peut différer sensiblement des montants initialement provisionnés et pourra donc avoir un effet significatif sur les résultats futurs » [Alcatel-Lucent (France), rapport annuel 2008].

Conséquences pour l'utilisateur des états financiers

Les provisions sont au cœur de l'opposition entre les deux conceptions de la comptabilité :

- la conception anglo-saxonne,
- et la conception européenne continentale.

Selon cette dernière, l'exigence de prudence prime sur toute autre considération. La constitution de provisions excessives, voire sans objet, n'est donc pas forcément condamnée. Bien au contraire, dans certains pays comme la Suisse, ces « réserves latentes » sont explicitement autorisées par la loi.

Dans l'approche anglo-saxonne par contre, c'est la fiabilité de l'information comptable qui importe. De ce point de vue, la sous-estimation de la richesse de l'entreprise est tout aussi néfaste que sa surévaluation. Les provisions doivent donc être réservées à la couverture de risques probables. C'est évidemment à cette conception que se rattache l'IASB en mettant des conditions précises à la constitution de provisions.

Les provisions sont les principaux instruments de manipulation des résultats. Leur montant résulte en effet d'une appréciation des risques, par nature subjective et donc difficile à contrôler. En exigeant l'existence d'une obligation actuelle résultant d'événements passés, l'IAS 37 s'oppose à la création de provisions « de précaution » destinées à faire face à des événements hypothétiques et futurs. Les possibilités de lissage des résultats, s'en trouvent également réduites.

Les projets de restructurations sont souvent utilisés pour influencer les résultats. À peine arrivée dans l'entreprise acquise, il est courant en effet que la nouvelle équipe dirigeante provisionne des montants importants pour faire face à de lourdes restructurations prétendument indispensables au redressement de l'entreprise. Ces charges sont d'autant plus facilement comptabilisées qu'elles apparaissent comme les conséquences de la mauvaise gestion des dirigeants précédents. L'avantage pour la nouvelle équipe est que l'excès de provision pourra être annulé les années suivantes, ce qui améliorera d'autant les résultats de sa gestion.

Ne pouvant interdire les provisions pour restructuration car cela serait contraire aux principes même de la comptabilité qui exigent qu'une charge soit comptabilisée dès qu'elle est probable, l'IASB a au moins voulu éviter le provisionnement de restructurations non sincères en exigeant que les opérations projetées soient décrites avec précision et annoncées aux personnes concernées. Ces dispositions devraient être dissuasives car on imagine mal l'entreprise annoncer un plan de licenciement si elle n'a pas réellement l'intention de le mettre en œuvre.

Globalement, les dispositions de l'IAS 37 visent donc à éviter la création de réserves latentes par la constitution de provisions excessives ou sans objet. La distinction entre réserves et provisions s'en trouve clarifiée et l'on peut théoriquement considérer les provisions existantes comme des dettes car représentatives de réels décaissements futurs. En pratique, l'analyste doit néanmoins être conscient que, quels que soient les efforts des normalisateurs pour restreindre les possibilités de manipulations, les provisions demeurent l'élément le moins fiable du bilan.

Pour être complète, l'appréciation des risques ne doit pas se limiter aux provisions, mais s'étendre aux passifs éventuels mentionnés dans les notes. N'oublions pas en effet que ces éléments représentent des risques qui, bien qu'improbables, sont néanmoins réels. Les passifs éventuels doivent donc être examinés avec attention car ils peuvent être annonciateurs de futures difficultés de l'entreprise. Le fait, par exemple, d'être engagée dans un contrat à long terme qui oblige l'entreprise à acheter chaque année une quantité minimale de matière première à un prix fixé à l'avance peut être particulièrement préjudiciable si le cours de la matière première baisse.

L'IAS 37 s'efforce de faire en sorte que tous les risques auxquels est soumise l'entreprise soient, d'une façon ou d'une autre, reflétés dans les états financiers :

– ceux qui sont probables sous forme de provisions,
– les autres par une mention dans les notes.

L'analyste ne saurait néanmoins avoir la naïveté de penser que ces principes sont toujours respectés. La décision de comptabiliser une provision ou même de mentionner un passif éventuel est en effet souvent le résultat d'une âpre négociation entre tous les acteurs de la production de l'information comptable (comptables, dirigeants et auditeurs). Pour illustrer ce point, revenons à un des exemples précédents.

Exemple 37.7. – Le respect des principes comptables exigerait qu'à fin N–1, l'entreprise mentionne dans l'annexe l'existence du procès et le risque correspondant. On peut craindre cependant que les dirigeants fassent pression pour que cette information ne soit pas donnée, au nom des intérêts supérieurs de l'entreprise. La simple mention du risque pourrait en effet être interprétée comme une reconnaissance de culpabilité ou, du moins, utilisée comme telle par la partie adverse.

L'enjeu est encore plus important lorsqu'il s'agit de comptabiliser une provision. Les dirigeants seront encore moins enclins à la faire car cela suppose que l'entreprise considère sa condamnation comme probable.

En résumé, quel que soit le niveau de précision des normes, il faut s'attendre à ce que :

– certains risques probables ne soient pas provisionnés, mais seulement mentionnés dans les notes,
– certains risques réels ne fassent l'objet d'aucune inscription, même dans les passifs éventuels.

L'IAS 37 en bref

Précision liminaire : Cette norme ne traite que des provisions inscrites au passif. Les dépréciations d'actifs sont couvertes par l'IAS 36.

Trois conditions sont nécessaires pour constituer une provision. Il faut :

– l'existence d'une obligation (juridique ou implicite) résultant d'un événement passé,

– une probable sortie future de ressources (autrement dit un décaissement),

– la possibilité d'estimer l'obligation avec fiabilité.

Les provisions pour restructurations sont soumises à des conditions supplémentaires particulières.

Lorsque le règlement de l'obligation doit intervenir dans plusieurs années, la provision doit être actualisée.

Une provision ne peut être constituée pour couvrir des pertes d'exploitation futures.

Lorsqu'elles résultent d'événements passés, doivent être mentionnées dans les notes sous la rubrique « passifs éventuels » :

– les obligations actuelles qui n'ont pas fait l'objet de provisions

– et les obligations potentielles dont l'existence dépendra de la survenance d'événements futurs hors du contrôle de l'entreprise.

IAS 38

IMMOBILISATIONS INCORPORELLES[1]

Le sujet

Beaucoup d'entreprises consacrent des sommes importantes à l'acquisition et à la constitution d'éléments incorporels (frais de recherche-développement, élaboration de logiciels, dépenses de formation, de publicité, etc.). Cette norme indique les conditions à remplir pour que ces dépenses, au lieu d'être enregistrées en charges, soient inscrites au bilan. Elle réglemente également l'évaluation de ces éléments une fois que ceux-ci ont été reconnus comme actifs.

L'emploi du terme « *immobilisations* incorporelles » dans la traduction française de l'IAS 38 montre que cette norme ne s'applique pas aux éléments incorporels inscrits dans les stocks (services en cours de production).

La comptabilisation du goodwill acquis lors d'un regroupement d'entreprises est détaillée dans le chapitre sur l'IFRS 3. Nous ne traiterons donc ici que des autres actifs incorporels.

Définitions

L'IAS 38 définit une immobilisation incorporelle comme un actif non monétaire identifiable sans substance physique.

L'adjectif « identifiable » permet de distinguer les immobilisations incorporelles des composantes du goodwill (savoir-faire, réputation, etc.) qui, par définition, ne sont pas identifiables car inséparables de l'entreprise.

---

1. Norme révisée en 2004.

L'IAS 38 remarque que certaines immobilisations incorporelles peuvent être contenues sur un support physique, par exemple un CD-Rom. Pour déterminer la nature de l'actif, il faut alors se demander lesquels des éléments corporels ou incorporels contenus dans l'actif sont les plus importants. La norme précise par exemple que le système d'exploitation d'un ordinateur doit être considéré comme un élément corporel car indispensable au fonctionnement du matériel. Par contre, un logiciel indépendant (traitement de texte, tableur, etc.) constitue un actif incorporel.

Comme exemples d'éléments incorporels, l'IAS 38 cite les logiciels, brevets, droits de reproduction, films cinématographiques, listes de clients, quotas d'importation, franchises, fidélité des clients, parts de marché, etc.

Les conditions de comptabilisation d'une immobilisation incorporelle

Deux conditions sont nécessaires pour comptabiliser un élément incorporel à l'actif. Il faut :

1) que cet élément génère probablement des avantages économiques futurs à l'entreprise ;

2) que son coût puisse être mesuré avec fiabilité.

L'IAS 38 précise que l'appréciation de la probabilité des avantages économiques futurs doit être basée sur des hypothèses « raisonnables et justifiées ».

Lorsque l'élément incorporel a été acquis soit séparément, soit dans le cadre d'un regroupement d'entreprises, les deux conditions précédentes sont supposées remplies. L'élément est donc comptabilisé au bilan de l'acquéreur.

L'IASB précise que ce dernier doit, à la date d'acquisition, comptabiliser tous les actifs incorporels repris, que ceux-ci aient ou non été inscrits au bilan de l'entreprise acquise.

Lorsque l'élément incorporel n'a pas été acquis par l'entreprise mais développé en interne, il est généralement difficile de distinguer son coût de l'ensemble des dépenses supportées par l'entreprise. L'IAS 38 impose alors de distinguer deux phases dans la création de cet élément :

– une phase de recherche,

– une phase de développement.

La phase de recherche

Cette phase correspond à une investigation originale dont le but est d'acquérir une compréhension et des connaissances scientifiques ou techniques nouvelles.

L'IAS 38 considère qu'à ce stade, les conditions nécessaires à la comptabilisation d'un actif incorporel ne sont pas réunies. En conséquence, les dépenses correspondantes doivent être comptabilisées en charges.

La phase de développement

La phase de développement suit normalement celle de recherche. C'est l'application de cette dernière à la production de matériaux, de procédés, de services nouveaux ou substantiellement améliorés, avant que ceux-ci soient produits ou utilisés.

Comme exemples d'activités de développement, l'IAS 38 cite :

– la conception et la construction de prototypes,

– la conception d'outils ou de moules impliquant une technologie nouvelle,

– la conception, la construction et l'exploitation d'une unité pilote (unité de taille insuffisante pour une véritable exploitation commerciale).

Il est parfois possible, dès la phase de développement, de déterminer si un projet est susceptible de donner naissance à un actif incorporel. Les dépenses relatives à cette période peuvent donc, dans certaines circonstances, être activées. Mais des conditions très strictes sont exigées pour cela. Il faut en effet :

– que la faisabilité technique du projet soit assurée ;

– que l'entreprise ait l'intention et la capacité d'achever l'immobilisation incorporelle, de l'utiliser ou de la vendre ;

– qu'elle dispose des ressources techniques, financières et autres nécessaires à l'achèvement du projet ;

– et qu'elle soit capable d'évaluer de façon fiable les dépenses de développement.

Enfin, l'entreprise doit être capable de montrer comment l'actif générera probablement des avantages économiques futurs. Pour cela, il lui faudra démontrer soit l'existence d'un marché actif pour la production issue de l'immobilisation incorporelle ou pour l'immobilisation elle-même, soit son utilité si cet actif est destiné à être utilisé en interne.

Lorsque ces conditions sont remplies, l'entreprise doit, théoriquement, comptabiliser les dépenses correspondantes à l'actif.

Les éléments incorporels qui ne peuvent être activés

Les conditions générales précédentes devraient, en principe, permettre de déterminer si un élément incorporel particulier doit ou non être considéré comme un actif.

L'IAS 38 interdit néanmoins expressément l'activation de certains éléments lorsque ceux-ci ont été créés par l'entreprise elle-même. Il s'agit en particulier du goodwill, des marques, des titres de publication et des listes de clients. L'exclusion de ces éléments générés en interne s'explique par l'impossibilité d'en mesurer le coût d'une façon fiable.

La norme fournit également une liste de dépenses qui ne peuvent être activées. Cette liste comprend :

– les coûts de démarrage : frais juridiques ou administratifs encourus lors de la constitution d'une entreprise (frais d'établissement), frais liés à l'ouverture d'une nouvelle installation, d'une nouvelle activité ou au lancement d'un nouveau produit (frais pré-opérationnels) ;

– les dépenses de formation ;

– les dépenses de publicité et de promotion ;

– les frais de re-localisation ou de réorganisation de tout ou partie de l'entreprise.

L'interdiction d'activer ces éléments résulte de la difficulté de déterminer les avantages économiques futurs attendus. Comment en effet mesurer les retombées d'une campagne publicitaire ?

Quant aux dépenses de formation, on peut considérer que leur non-activation a deux causes :

1) il est pratiquement impossible de mesurer avec fiabilité le supplément de rentabilité engendré par une formation ;

2) le contrôle exercé par l'entreprise sur cet éventuel actif serait en tout état de cause, très imparfait, compte tenu de la possibilité que le salarié démissionne.

Signalons enfin que, selon l'interprétation SIC 32, le coût de développement d'un site Internet ne peut être considéré comme une immobilisation incorporelle que si l'entreprise est en mesure de montrer que sa présence sur le réseau générera un supplément de cash-flows. Ce n'est pas le cas d'un site dont le but est simplement de faire connaître les produits de l'entreprise. Par contre, si le site est destiné à réaliser une activité de commerce électronique dont les revenus s'ajouteront au chiffre d'affaires réalisé selon des voies traditionnelles, son coût peut éventuellement être inscrit au bilan.

Les éléments incorporels qui ne sont pas activés sont comptabilisés en charges.

S'ils ont été acquis dans le cadre d'un regroupement d'entreprises, ils sont considérés comme faisant partie du goodwill généré par l'opération.

L'IAS 38 précise également qu'un élément incorporel initialement comptabilisé en charges ne peut, par la suite, être enregistré à l'actif. L'exemple suivant permet de comprendre la portée exacte de cette règle.

Exemple 38.1. – Une entreprise pharmaceutique a, le 1er janvier N, entrepris un projet de recherche-développement devant, à terme, aboutir à la mise au point d'un nouveau médicament pour le traitement des affections cardiaques.

La première année a été consacrée à des recherches visant à mieux comprendre le processus de formation du cholestérol. S'agissant d'une phase de recherche, les dépenses correspondantes (1 million €) ont été comptabilisées en charges de l'exercice.

Au début de N+1, a commencé le développement d'un médicament contre l'infarctus. Pendant les 18 premiers mois de cette étape, les chances d'aboutir n'étaient pas suffisamment avérées pour que l'on puisse enregistrer un actif. Les dépenses correspondantes (3 millions €) ont donc été comptabilisées elles aussi en charges.

Par contre, dès juillet N+2, il apparaît que les conditions de comptabilisation d'un actif incorporel sont réunies. Les dépenses antérieures (4 millions €) ne peuvent évidemment pas être activées rétroactivement mais les dépenses à venir devront, elles, être comptabilisées à l'actif.

Les dépenses ultérieures

Comme pour les immobilisations corporelles (IAS 16), les dépenses postérieures à l'acquisition ne peuvent être ajoutées au coût de l'immobilisation incorporelle que si :

1) il est probable qu'elles permettront à l'actif de générer des cash-flows supérieurs à ceux initialement prévus ;

2) ces dépenses peuvent être mesurées et attribuées à l'actif concerné d'une façon fiable.

Compte tenu de la nature des actifs incorporels, ces conditions semblent difficiles à remplir, de sorte qu'en pratique, l'activation de dépenses postérieures à l'acquisition devrait être rarissime.

L'évaluation des immobilisations incorporelles

L'évaluation initiale

Lors de leur entrée dans l'entreprise, les immobilisations incorporelles sont évaluées à leur coût, déterminé de la même façon que pour les immobilisations corporelles (voir IAS 16).

Lorsque l'actif est acquis dans le cadre d'un regroupement d'entreprises, le coût représente la juste valeur de l'actif à cette date.

– S'il existe un marché actif pour ce genre d'éléments incorporels, ce montant correspond au prix de marché.

– S'il n'existe pas de marché actif, la juste valeur peut être estimée de différentes manières. L'entreprise peut notamment se baser sur les prix constatés lors de transactions récentes sur des actifs semblables.

Il arrive parfois qu'une entreprise bénéficie d'un actif incorporel qu'elle n'a ni payé ni créé. C'est le cas notamment des concessions accordées par la puissance publique (droits d'atterrissage des compagnies aériennes, concession d'exploitation d'une chaîne de télévision, quotas d'importation, etc.).

Conformément à l'IAS 20, deux solutions s'offrent à l'entreprise bénéficiaire :

– soit comptabiliser l'actif incorporel et la subvention correspondante pour un montant nominal (1 €),

– soit comptabiliser ces deux éléments à leur juste valeur.

Les évaluations ultérieures

Au bilan, les immobilisations incorporelles sont évaluées :

– soit au coût, diminué des amortissements et corrections de valeur nécessaires ;

– soit à leur juste valeur.

L'IAS 38 précise toutefois que la juste valeur doit être déterminée par référence aux prix pratiqués sur un marché actif, ce qui, de fait, réserve ce traitement à quelques actifs homogènes faisant l'objet de transactions régulières, comme par exemple les licences de taxis ou certains quotas de production.

Seuls les éléments incorporels figurant au bilan peuvent être réévalués. La réévaluation ne peut donc aboutir à activer des éléments initialement enregistrés en charges. Rien n'interdit en revanche de réévaluer des actifs incorporels qui avaient été comptabilisés pour un montant symbolique (éléments reçus gratuitement de l'État).

Les règles de réévaluation sont les mêmes que pour les immobilisations corporelles (voir IAS 16) :

– les réévaluations doivent être renouvelées à intervalles réguliers et d'autant plus rapprochés que l'actif concerné subit des variations de valeur importantes ;

– si un actif est réévalué, tous les actifs de même catégorie doivent l'être aussi (à moins qu'il n'existe pas de marché actif pour ces derniers) ;

– l'écart de réévaluation est comptabilisé directement dans les capitaux propres, sans passer par le résultat ;

– toute perte de valeur d'un actif précédemment réévalué doit, en priorité, être déduite de l'écart de réévaluation (voir IAS 36).

Lorsqu'il n'existe plus de marché actif, l'évaluation à la juste valeur cesse d'être appliquée. L'actif est alors inscrit au bilan à sa valeur comptable (montant de la dernière réévaluation moins les amortissements et pertes de valeur constatés depuis cette date).

L'amortissement des actifs incorporels

L'entreprise doit, pour chaque actif incorporel, déterminer si celui-ci a une durée d'utilité finie ou indéterminée.

De nombreux facteurs sont à prendre en compte pour déterminer la durée d'utilité d'un actif incorporel, notamment :

– l'utilisation prévue de l'actif et la possibilité qu'il puisse être géré efficacement par une autre équipe de direction ;

– l'obsolescence technique, technologique et commerciale ;

– la stabilité du secteur d'activité de l'entreprise ;

– le comportement attendu des concurrents actuels ou potentiels ;

– les dépenses de maintenance nécessaires à l'obtention des cash-flows prévus ;

– la durée légale ou contractuelle d'utilisation de l'actif.

L'IAS 38 précise que la durée d'utilité d'un actif incorporel est indéterminée lorsqu'une analyse basée sur tous les facteurs pertinents montre qu'il n'existe pas de limite prévisible à la durée pendant laquelle cet actif produira des cash-flows.

Lorsque l'actif incorporel est protégé par des droits juridiques (brevet, concession d'exploitation, etc.), la durée d'utilité ne doit pas excéder celle des droits sauf si :
- ceux-ci sont renouvelables
- et si leur renouvellement peut être obtenu sans coût significatif.

Les actifs incorporels à durée d'utilité indéterminée ne sont pas amortis. Les autres le sont sur leur durée d'utilité.

La méthode d'amortissement utilisée doit en principe refléter le rythme de consommation des avantages économiques que représente l'actif. Si ce rythme ne peut être déterminé avec fiabilité, l'amortissement est calculé selon le mode linéaire.

Pour le calcul de la base amortissable, la valeur résiduelle de l'actif à l'issue de la période d'utilité est supposée nulle sauf si :
- un tiers s'est engagé à racheter cet actif
- ou si celui-ci fait l'objet d'un marché actif :
  - permettant de déterminer sa valeur résiduelle
  - et s'il est probable qu'un tel marché existera encore à la fin de la période d'utilité.

Enfin, précisons que l'amortissement ne commence que lorsque l'immobilisation incorporelle est prête à l'utilisation.

Exemple 38.2. – Une entreprise a travaillé durant 3 ans au développement d'un nouveau produit. Les coûts occasionnés par ce projet ont été :
- année N–3 : 0,8 million €,
- année N–2 : 1,2 million €,
- année N–1 : 1,5 million €,
- année N : 0,5 million €.

Les coûts de développement de l'année N–3 ont été comptabilisés en charges, les conditions nécessaires à leur activation n'étant pas, à l'époque, remplies. Les suivants ont en revanche été enregistrés à l'actif. Le développement du produit s'est achevé fin avril N mais la fabrication en série n'a commencé que début novembre de la même année. L'entreprise prévoit de commercialiser le produit pendant 8 ans.

L'amortissement des frais de développement ne commencera qu'à fin avril N, d'où une dotation, pour l'année N, de 3 200 000 $\times$ 1/8 $\times$ 8/12 = 267 000 €.

Comme pour les immobilisations corporelles, la durée et la méthode d'amortissement doivent être réexaminées chaque année. Si un changement s'avère nécessaire, celui-ci n'a d'incidence que sur l'exercice en cours et les suivants. Autrement dit, le changement n'a pas d'effet rétroactif.

Les autres dépréciations des actifs incorporels

Les actifs incorporels sont, comme les autres, soumis à l'IAS 36 qui concerne les dépréciations autres que les amortissements. Des règles plus strictes s'appliquent néanmoins à cette catégorie d'actifs.

Ainsi, même en l'absence d'indice d'une quelconque dépréciation, l'entreprise doit déterminer chaque année la valeur recouvrable :

– des actifs incorporels qui ne sont pas encore prêts à être utilisés (actifs en phase de développement),

– et de ceux dont la durée d'utilité est indéterminée (goodwill notamment).

Enfin, l'actif incorporel doit être exclu du bilan dès lors que plus aucun avantage économique n'est attendu de son utilisation ou de sa revente.

Principales différences par rapport aux US GAAP

Les textes américains régissant la comptabilisation des actifs incorporels sont dispersés dans différentes normes qui ne couvrent que certains actifs spécifiques ou qui ne sont applicables qu'à un secteur d'activités particulier.

Globalement, les US GAAP diffèrent de l'IAS 38 sur deux points essentiels :

– La capitalisation des frais de développement est normalement interdite. Il existe néanmoins des exceptions pour les logiciels, la production de films cinématographiques et certaines dépenses de publicité.

– Les immobilisations incorporelles ne peuvent être évaluées qu'au coût historique, la réévaluation d'actifs étant interdite.

La pratique en Europe

Selon leur activité, les entreprises sont amenées à comptabiliser à leur bilan des actifs incorporels de nature particulière, comme le montrent les deux exemples suivants :

« *Droits audiovisuels*

Dans cette rubrique figurent les parts de films et de programmes audiovisuels produits ou coproduits par TF1 Films Production, TF1 Vidéo, Glem et Telema, les droits audiovisuels de distribution et de négoce de TF1 International, TCM DA, TF1 Entreprises, ainsi que les droits musicaux détenus par Une Musique et Baxter.

Les droits audiovisuels sont comptabilisés à l'actif du bilan dans la rubrique "Droits audiovisuels" à leur coût historique à compter des faits générateurs suivants :

– la date du dernier tour de manivelle ou la date du visa d'exploitation pour les parts de coproductions cinématographiques ;

– la date de signature des contrats pour les droits audiovisuels de distribution et/ou de négoce, et les droits musicaux acquis.

Les modalités d'amortissement des différentes catégories de droits audiovisuels sont les suivantes :

– parts de coproductions cinématographiques : elles sont amorties en fonction des recettes, avec un minimum linéaire sur 3 ans ;

– droits audiovisuels “distribution” : ils sont amortis en fonction des recettes, avec un minimum linéaire sur 3 ans ;

– droits audiovisuels “négoce” : ils sont amortis de façon linéaire sur une durée de 5 ans ;

– droits musicaux : ils sont amortis sur une durée de deux ans, et l'amortissement comptabilisé la première année correspond à 75 % de leur valeur brute, les 25 % restants étant amortis au cours de la deuxième année.

La modalité d'amortissement retenue pour les films coproduits par TF1 Films Production et Telema est conforme à la pratique du secteur (amortissement en fonction des recettes, respectant une dotation minimale linéaire sur 3 ans).

Une dépréciation des droits audiovisuels est comptabilisée individuellement, le cas échéant, lorsque les prévisions de recettes futures ne couvrent pas la valeur comptable nette » [TF1 (France), rapport annuel 2008].

« *Coût d'acquisition des joueurs de clubs sportifs*

En application de l'IAS 38, *Immobilisations incorporelles*, les achats de joueurs de clubs sportifs sont comptabilisés en immobilisations incorporelles à leur coût d'acquisition et amortis linéairement sur la durée de leurs contrats.

La valeur recouvrable est également appréciée en conformité avec la norme IAS 36, *Dépréciation d'actifs* » [Metropole Télévision (M6) (France), rapport annuel 2008].

Certaines sociétés ne manquent pas d'activer les frais de développement qui peuvent l'être, comme par exemple Renault :

« Les frais de développement engagés entre la décision d'entrer dans le développement et l'industrialisation d'un véhicule nouveau ou d'un organe nouveau (moteurs, boîtes de vitesses…) et l'accord de fabrication en série de ce véhicule ou de cet organe sont comptabilisés en immobilisations incorporelles. Ces frais sont amortis linéairement à partir de l'accord de fabrication sur la durée de commercialisation prévue de ce véhicule ou de cet organe, cette durée n'excédant pas sept ans.

Les frais encourus avant la décision formelle d'entrer dans le développement du produit, de même que les frais de recherche, sont enregistrés dans les charges de la période au cours de laquelle ils sont encourus. Les frais encourus postérieurement au démarrage de la production en série sont traités comme des coûts de production » [Renault (France), rapport annuel 2008].

Dans l'industrie pharmaceutique, la tradition est de comptabiliser toutes les dépenses de développement en charges. L'application des IFRS ne semble pas avoir changé grand chose à cette pratique si l'on en croit les extraits suivants :

« Les frais de R&D internes ainsi que les versements en faveur d'organismes effectuant des recherches cliniques à titre contractuel sont imputés en totalité au compte de résultat. Le Groupe considère que les dispositions réglementaires et autres incertitudes inhérentes au développement de nouveaux produits excluent de fait la capitalisation des coûts de développement internes » [Novartis (Suisse), rapport annuel 2008].

« Selon IAS 38, les frais de développement internes sont comptabilisés en immobilisations incorporelles uniquement si les six critères suivants sont satisfaits : (a) faisabilité technique nécessaire à l'achèvement du projet de développement, (b) intention du Groupe d'achever le projet, (c) capacité de celui-ci à utiliser cet actif incorporel, (d) démonstration de la probabilité d'avantages économiques futurs attachés à l'actif, (e) disponibilité de ressources techniques, financières et autres afin d'achever le projet et (f) évaluation fiable des dépenses de développement.

En raison des risques et incertitudes liés aux autorisations réglementaires et au processus de recherche et de développement, les six critères d'immobilisation ne sont pas réputés remplis avant l'obtention de l'autorisation de mise sur le marché des médicaments. Par conséquent, les frais de développement internes intervenant avant l'obtention de l'AMM, principalement composés des coûts des études cliniques, sont comptabilisés en charges, en frais de recherche et développement, dès lors qu'ils sont encourus.

Les frais de développement chimique industriel liés au développement de voies de synthèse de seconde génération sont des coûts engagés après l'obtention de l'autorisation de mise sur le marché dans le but d'améliorer le processus industriel relatif à un principe actif. Dans la mesure où l'on considère que les six critères prévus par la norme IAS 38 sont satisfaits, ces frais sont inscrits à l'actif, en Immobilisations incorporelles, dès lors qu'ils sont encourus » [Sanofi Aventis (France), rapport annuel 2008].

Parfois, la formulation est particulièrement ambiguë, signe de la difficulté de concilier respect des IFRS et pratiques comptables du secteur :

« Les dépenses de recherche et développement sont imputées au compte de résultat de la période durant laquelle elles sont encourues. Les dépenses de développement sont capitalisées quand les critères de comptabilisation d'un actif sont réunies, généralement quand un dossier réglementaire a été déposé dans un marché majeur et que son approbation est considérée comme hautement probable » [GlaxoSmithKline (Royaume-Uni), rapport annuel 2008 (traduction)].

Conséquences pour l'utilisateur des états financiers

Les éléments incorporels constituent de plus en plus une composante essentielle de la valeur des entreprises, en particulier dans le secteur des services. Pourtant, ces éléments figurent rarement au bilan des entreprises, ce qui a fait dire à certains que les règles comptables actuelles sont inappropriées aux entreprises modernes. La critique est facile mais un peu rapide. Reconnaître un actif au bilan suppose en effet qu'on soit capable d'en déterminer soit le coût, soit la valeur.

Or, pour la plupart des éléments incorporels créés par l'entreprise, la détermination du coût est quasiment impossible car les dépenses correspondantes ne peuvent être séparées de l'ensemble des charges de l'entreprise. Comment par exemple mesurer ce qu'a coûté l'édification de la réputation d'une entreprise ?

À défaut de coût, on doit s'en remettre à une évaluation directe. Pour cela, il faut soit disposer d'une valeur de marché, soit être en mesure d'identifier les cash-flows que ces éléments sont susceptibles de générer. Or, compte tenu de la spécificité de chaque élément incorporel (il n'existe pas deux marques ni deux brevets semblables), l'obtention de valeurs de marché est, à quelques exceptions près, impossible. La mesure des cash-flows futurs est également extrêmement difficile, en raison de la nature même de ces éléments. Comment par exemple mesurer les cash-flows attribuables à la réputation d'une entreprise ou à la qualité de son personnel ?

Dans ces conditions, il ne faut pas s'étonner si l'IASB, comme tous les autres organismes de normalisation, renonce à l'activation de la plupart des éléments incorporels créés par l'entreprise.

Les frais de développement constituent une exception à ce principe. Contrairement au FASB américain, l'IASB estime en effet que ces dépenses peuvent, sous certaines conditions, être activées. Pour l'analyste financier, cette pratique présente un double risque :

– que l'entreprise inscrive à son bilan un actif sans valeur réelle afin de gonfler artificiellement sa richesse apparente ;

– qu'elle utilise l'imprécision des règles pour manipuler ses résultats comptables.

Le risque est réel car malgré la sévérité des conditions mises à l'activation des frais de développement, l'inévitable subjectivité des critères d'appréciation offre une large marge de manœuvre aux entreprises. Une appréciation trop optimiste des chances de succès d'un projet permettra d'activer certaines dépenses de R&D et de reporter ainsi sur les années suivantes une partie des charges incombant normalement à l'exercice. Inversement, un regain de pessimisme justifiera l'annulation de frais de développement précédemment activés et la diminution corrélative du résultat de l'exercice en cours.

Il est généralement impossible à l'analyste externe d'apprécier la validité des arguments ayant conduit à la solution retenue d'autant plus que, s'agissant d'activités stratégiques qui doivent rester confidentielles, l'information fournie est généralement lacunaire ou superficielle. Heureusement pour lui, la plupart des entreprises comptabilisent systématiquement leurs frais de R&D en charges au moment où ils apparaissent, supprimant ainsi les risques précédents.

Pour celles qui activent une partie de ces frais, l'analyste a le choix entre deux attitudes :

– soit faire confiance à l'entreprise et à ses auditeurs qui ont normalement dû vérifier l'application des règles de comptabilisation ;

– soit, par mesure de prudence et pour ne pas fausser les comparaisons inter-entreprises, éliminer systématiquement les frais de R&D du bilan.

Dans ce dernier cas, le retraitement consistera :

– au bilan : à retrancher les frais de R&D non encore amortis à la fois de l'actif et des fonds propres ;

– au compte de résultat global : à remplacer la dotation aux amortissements des frais de R&D par le montant des coûts activés au cours de la période. Ce retraitement risque toutefois, dans un grand nombre de cas, de s'avérer impossible par manque de détails dans les notes.

Exemple 38.3. – En N–3, une entreprise a activé pour 600 000 € de frais de développement qui ont été amortis de 75 000 € chaque année à partir de N–2. Le taux d'imposition de l'entreprise est de 30 %.

Les frais de développement non encore amortis à la fin de N s'élèvent à :

frais activés	600 000
– amortissement N–2	– 75 000
– amortissement N–1	– 75 000
– amortissement N	– 75 000
= solde non amorti	375 000

Les retraitements à effectuer sont donc :

– au bilan (annulation des frais activés) :

actifs :	– 375 000
dettes (impôts différés) : – (375 000 × 30 %) =	– 112 500
fonds propres : – (375 000 × 70 %) =	– 262 500

– au compte de résultat (annulation de l'amortissement N) :

charge d'amortissement :	– 75 000
impôt sur les bénéfices : + (75 000 × 30 %) =	+ 22 500
résultat N : + (75 000 × 70 %) =	+ 52 500

L'IAS 38 en bref

Pour qu'un élément incorporel soit comptabilisé à l'actif, il faut :
1) qu'il génère des cash-flows futurs probables,
2) que son coût ou sa valeur puisse être mesuré avec fiabilité.

Ne peuvent être comptabilisés à l'actif :
– s'ils ont été créés par l'entreprise elle-même : le goodwill, les marques, les titres de publication et les listes de clients ;
– qu'ils aient été acquis ou créés par l'entreprise : les coûts de démarrage, les dépenses de formation et de publicité, les frais de recherche et les coûts de déménagement et de réorganisation.

Les frais de développement doivent être activés si certaines conditions sont remplies.

Au bilan, les actifs incorporels sont normalement évalués à leur coût diminué des amortissements et dépréciations nécessaires. Ceux pour lesquels il existe un marché actif peuvent aussi être évalués à leur juste valeur.

L'amortissement des actifs incorporels ayant une durée d'utilisation finie commence lorsque l'actif est prêt à être utilisé.

IAS 39

INSTRUMENTS FINANCIERS : COMPTABILISATION ET ÉVALUATION[1]

Le sujet

Cette norme, qui a été modifiée à de multiples reprises, indique la manière dont les instruments financiers doivent être comptabilisés et évalués.

Elle ne s'applique pas aux participations dans les filiales, coentreprises et entreprises associées, sauf lorsque les normes correspondantes (IAS 27, IAS 28 et IAS 31) y font référence.

Elle ne concerne pas non plus les instruments de capitaux émis par l'entreprise (options, warrants, droits de conversion d'obligations) mais elle s'applique à la comptabilisation et l'évaluation de ces droits chez leur détenteur.

Les contrats d'achat et de vente portant sur des actifs non financiers (achats ou ventes à terme de matières premières par exemple) sont également soumis à cette norme s'ils sont destinés à se dénouer par l'échange de monnaie et non par la livraison des actifs concernés.

Remarque : L'IAS 39 est certainement la norme la plus complexe. Notre objectif n'est pas de couvrir l'ensemble des problèmes qu'elle traite mais seulement d'en présenter les principes de base. Pour une analyse plus approfondie du sujet, nous renvoyons le lecteur à des ouvrages spécialisés.

Définitions

Les notions d'instrument financier, d'actif financier, de passif financier et d'instrument de capitaux propres sont définies par l'IAS 32.

1. Norme révisée en 2005 et amendée en 2008.

Les autres concepts seront définis dans les sections suivantes, au fur et à mesure des besoins.

L'évaluation initiale des instruments financiers

Un actif ou un passif financier est inscrit au bilan lorsque l'entreprise se trouve engagée par les dispositions contractuelles de l'instrument en question.

Sur certains marchés, la livraison des instruments échangés s'effectue plusieurs jours ou plusieurs semaines après la conclusion du contrat (par exemple parce que les règles de fonctionnement imposent la livraison des titres à une date fixe mensuelle). Ces contrats dits « normalisés » (*regular way purchases or sales*) peuvent être comptabilisés soit lors de leur conclusion, soit à la date de livraison.

Dans tous les cas, l'instrument financier est inscrit au bilan à sa juste valeur, qui correspond généralement au prix payé ou reçu. Les éventuels coûts de transaction sont inclus dans le montant comptabilisé [sauf si l'instrument appartient à la catégorie « actifs ou passifs financiers à la juste valeur par le résultat » (voir paragraphe suivant)].

Dès la comptabilisation initiale, l'entreprise doit affecter l'actif ou le passif financier à l'une des catégories suivantes :

– actifs ou passifs financiers à la juste valeur par le résultat (*financial assets or financial liabilities at fair value through profit or loss*),

– placements détenus jusqu'à l'échéance (*held-to-maturity investments*),

– prêts et créances (*loans and receivables*),

– actifs financiers disponibles à la vente (*available-for-sale financial assets*).

Appartiennent à la première catégorie les actifs ou passifs financiers détenus à des fins de transaction (*held-for-trading*), c'est-à-dire :

– tous les dérivés autres que ceux servant à des opérations de couverture,

– les actifs et passifs financiers destinés à être vendus ou rachetés dans un avenir proche,

– ou qui font partie d'un portefeuille d'instruments financiers géré en vue de réaliser des profits à court terme.

Mais l'entreprise peut aussi affecter à cette catégorie d'autres actifs ou passifs financiers, à l'exception des instruments de capitaux propres qui ne sont pas cotés sur un marché actif et dont la juste valeur ne peut être déterminée avec fiabilité.

Initialement, cette option d'évaluation à la juste valeur n'était assortie d'aucune condition. Depuis 2005, elle est limitée à deux cas :

a) lorsque l'évaluation à la juste valeur par le résultat permet d'éviter ou de réduire sensiblement une incohérence comptable ou ;

b) lorsque les instruments financiers concernés sont gérés sur la base de leur juste valeur, conformément à une stratégie affirmée d'investissement ou de réduction des risques.

L'IAS 39 donne une série d'exemples pouvant justifier l'utilisation de cette option. Ainsi, en illustration de la condition a), la norme cite le cas d'une compagnie d'assurance dont un des passifs financiers comporterait une clause d'intéressement aux bénéfices tirés de la gestion de certains actifs de la compagnie. Classer ces actifs dans la catégorie « juste valeur par le résultat » permettrait de faire en sorte que leurs variations de valeur soient comptabilisées en même temps que celles du passif financier correspondant.

Comme exemple de situation dans laquelle la condition b) est remplie, l'IAS 39 cite le cas de participations détenues par un fonds de placement et qui échapperaient à l'IAS 28 et à l'IAS 31 en raison de la faiblesse de leurs montants. Évaluer ces actifs financiers à leur juste valeur par le résultat permettrait d'aligner leur traitement sur celui des participations plus importantes.

Les placements détenus jusqu'à l'échéance sont des actifs financiers ayant une échéance fixe et des paiements fixes ou déterminables, et que l'entreprise a l'intention et la capacité de détenir jusqu'à l'échéance (il s'agit généralement d'obligations).

L'exigence d'une échéance et de paiements fixes ou déterminables interdit aux instruments de capitaux propres (actions et titres assimilés) de figurer dans cette catégorie.

Les prêts et créances sont des actifs financiers ayant des paiements fixes ou déterminables, et qui ne sont pas cotés sur un marché actif.

Quant aux actifs financiers disponibles à la vente, ce sont des actifs financiers désignés comme tels ainsi que tous ceux qui n'appartiennent pas à une des catégories précédentes.

L'évaluation ultérieure des actifs financiers

L'évaluation des actifs financiers dépend de la catégorie à laquelle ils appartiennent.

Les placements détenus jusqu'à l'échéance

Ces actifs financiers sont évalués au coût amorti, déterminé ainsi :
  montant comptabilisé initialement
– remboursements effectués
± amortissements cumulés de l'éventuelle différence entre l'évaluation initiale et le prix de remboursement
– dépréciation éventuelle.

En cas de prime d'émission ou de remboursement, celle-ci est donc étalée sur la base du taux effectif du prêt, c'est-à-dire du taux d'actualisation tel que la valeur actuelle de tous les encaissements et décaissements futurs liés au prêt soit égale à la valeur comptable de celui-ci.

Exemple 39.1. – L'entreprise X possède 1 000 obligations de la société E. Ces obligations, émises à 93 €, ont une valeur nominale de 100 € et un taux d'intérêt fixe de 6 %. Elles seront remboursées au pair 10 ans après l'émission.

Les obligations détenues par X ont été acquises à l'émission, le 1er janvier N. Les coûts de transaction ont été de 2 € par obligation.

La première chose à faire est de calculer le taux effectif, sur la base des encaissements et décaissements prévus :

	Début N	Fin N à fin N+8	Fin N+9
Flux monétaires	– 95 000 [a]	6 000	106 000

a. 95 000 = 1 000 (93 + 2).

Le taux effectif du prêt est le taux k tel que :

$$95\,000 = \sum_{t=1}^{9} \frac{6\,000}{(1+k)^t} + \frac{106\,000}{(1+k)^{10}},\ \text{d'où } k = 6{,}70\ \%.$$

Ce taux est utilisé pour calculer le coût amorti de l'actif :

	Produit financier total (I) = (IV) × 6,70 %	**Intérêts (II)**	**Amortissement de la prime d'émission et des coûts de transaction (III) = (I) – (II)**	**Coût amorti (IV)**
Début N				95 000
N	6 365	6 000	365	95 365
N+1	6 389	6 000	389	95 754
N+2	6 416	6 000	416	96 170
N+3	6 443	6 000	443	96 613
N+4	6 473	6 000	473	97 086
N+5	6 505	6 000	505	97 591
N+6	6 539	6 000	539	98 130
N+7	6 575	6 000	575	98 705
N+8	6 613	6 000	613	99 318
N+9	6 682*	6 000	682*	100 000
			5 000	

*. Montants ajustés pour cause d'arrondis.

Les écritures seront donc :

	Débit	Crédit
1/01/N		
Obligations (B)	95 000	
Banque (B)		95 000
31/12/N		
Banque (B)	6 000	
Obligations (B)	365	
Produits de placements (R)		6 365
31/12/N+1		
Banque (B)	6 000	
Obligations (B)	389	
Produits de placements (R)		6 389

Etc.

La valeur comptable de l'actif financier augmente donc chaque année pour atteindre, à l'échéance, le montant qui sera effectivement perçu.

Les prêts et créances

Ces actifs sont aussi évalués au coût amorti, déterminé comme précédemment.

Exemple 39.2. – Le 1er janvier N, l'entreprise X a prêté 1 000 000 € à une de ses filiales. Le contrat prévoit le remboursement par 5 versements annuels de 200 000 €. Le taux d'intérêt convenu est de 7 %.

Le tableau de remboursement de l'emprunt se présente ainsi :

	Intérêts	**Remboursements**	**Annuités**	**Montant restant dû**
Début N				1 000 000
N,	70 000	200 000	270 000	800 000
N+1	56 000	200 000	256 000	600 000
N+2	42 000	200 000	242 000	400 000
N+3	28 000	200 000	228 000	200 000
N+4	14 000	200 000	214 000	0
		1 000 000		

Le taux effectif du prêt est le taux k tel que :

$$1\,000\,000 = \frac{270\,000}{1+k} + \frac{256\,000}{(1+k)^2} + \frac{242\,000}{(1+k)^3} + \frac{228\,000}{(1+k)^4} + \frac{214\,000}{(1+k)^5}, \text{ d'où } k = 7\ \%.$$

Le taux effectif correspond au taux d'intérêt car il n'y a ni prime d'émission ni coûts de transactions. Le produit financier total sera donc égal aux intérêts et le coût amorti au montant restant dû.

Dans les comptes individuels de X, les écritures seront donc :

	Débit	Crédit
1/01/N		
Prêts (B)	1 000 000	
Banque (B)		1 000 000
31/12/N		
Banque (B)	270 000	
Produits de placements (R)		70 000
Prêts (B)		200 000
31/12/N+1		
Banque (B)	256 000	
Produits de placements (R)		56 000
Prêts (B)		200 000

Les autres actifs financiers

Les autres actifs financiers sont évalués à leur juste valeur.

Pour les instruments cotés sur un marché actif, le cours représente la juste valeur. Puisque l'évaluation porte sur des actifs, le cours à retenir est normalement le prix d'offre (*bid price*).

Si l'actif n'est pas coté, la juste valeur doit être déterminée par une méthode reconnue. On peut, selon la nature de l'actif, se baser sur les prix observés lors de transactions sur des actifs semblables, actualiser les cash-flows attendus de l'actif ou encore utiliser un modèle d'évaluation d'options.

Quant aux variations de valeur, leur traitement diffère selon la nature de l'actif en question :

– si celui-ci appartient à la catégorie « juste valeur par le résultat », ces variations sont enregistrées en charges ou en produits ;

– si l'actif est considéré comme « disponible à la vente », elles sont comptabilisées directement dans les capitaux propres, et donc dans le résultat global.

Exemple 39.3. – Le 15 octobre N–1, l'entreprise a acquis 800 parts d'un fonds de placement monétaire valant chacune 1 000 €. Elle a supporté à cette occasion des frais de transaction de 1 %. S'agissant du placement d'un excédent de trésorerie, cet actif a été classé dans la catégorie « actifs financiers à la juste valeur par le résultat ».

À la date de clôture (31/12/N–1), la part du fonds de placement valait 1 012 €. Ces parts ont été cédées le 20 février N pour 1 020 €.

Les écritures sont les suivantes :

N–1		
Fonds de placement monétaires (B) (800 x 1 000)	800 000	
Charges financières (R)	8 000	
Banque (B)		808 000
Fonds de placement monétaires (B) [(800 x 1 012) – 800 000]	9 600	
Produits financiers (R)		9 600

N		
Banque (B) (800 x 1 020)	816 000	
Fonds de placement monétaires (B)		809 600
Produits financiers (R)		6 400

Exemple 39.4. – L'entreprise a acquis le 15 mai N–1 20 000 actions de la société Y pour 10 millions €. Les frais d'acquisition ont été de 240 000 €. Cette participation minoritaire n'est pas destinée à être cédée à court terme. Elle a donc été classée dans la catégorie « actifs financiers disponibles à la vente ». Depuis

la date d'acquisition, le cours de l'action Y a évolué ainsi : 31/12/N–1 : 510 € ; 31/12/N : 535 €.

D'où les écritures suivantes :

N–1		
Actions (B) (10 000 000 + 240 000)	10 240 000	
Banque (B)		10 240 000
Variations de valeur des actifs financiers disponibles à la vente (B) [10 240 000 – (20 00 x 510)]	40 000	
Actions (B)		40 000

N		
Actions (B) [(20 000 x 535) – 10 200 000]	500 000	
Variations de valeur des actifs financiers disponibles à la vente (B)		500 000

Le compte de résultat global des exercices N–1 et N se présentera ainsi :

	N-1	**N**
Résultat	0	0
Autres éléments du résultat global	– 40 000	500 000
Résultat global	– 40 000	500 000

Supposons maintenant que, contrairement aux prévisions, ces actions soient cédées en N+1 pour 11 000 000 €. L'écriture de cession serait :

N–1		
Banque (B)	11 000 000	
Variations de valeur des actifs financiers disponibles à la vente (B)	460 000	
Actions (B)		10 700 000
Résultat de cession d'actifs financiers disponibles à la vente (R)		760 000

Quant au compte de résultat global, il se présenterait ainsi :

	N+1
Résultat	760 000
Autres éléments du résultat global	– 460 000
Résultat global	300 000

On constate donc que le bénéfice total réalisé (760 000) est :
- intégralement comptabilisé dans le résultat de l'exercice de cession,
- mais étalé sur les résultats globaux des 3 exercices de détention des titres.

Une exception existe pour les instruments de capitaux propres non cotés sur un marché actif et dont la juste valeur ne peut être déterminée avec fiabilité. Ces actifs (et les dérivés correspondants) sont en effet maintenus à leur coût.

L'évaluation ultérieure des passifs financiers

À la clôture, les passifs financiers appartenant à la catégorie « juste valeur par le résultat » sont, comme leur nom l'indique, évalués à leur juste valeur et les variations de celles-ci sont comptabilisées en charges ou en produits.

Les autres sont évalués au coût amorti.

Exemple 39.1. – (suite) Mettons-nous maintenant à la place de la société E qui a émis l'emprunt obligataire et supposons que les coûts d'émission de l'emprunt ont été de 3 € par obligation.

La première chose à faire est de calculer le taux effectif, sur la base des encaissements et décaissements prévus (pour faciliter la comparaison avec la situation du détenteur des titres, on raisonnera sur 1 000 obligations) :

	Début N	Fin N à fin N+8	Fin N+9
Flux monétaires	90 000 [a]	– 6 000	– 106 000

a. 90 000 = 1 000 × (93 – 3).

Le taux effectif du prêt pour l'emprunteur est le taux k tel que :

$$90\,000 = \sum_{t=1}^{9} \frac{6\,000}{(1+k)^t} + \frac{106\,000}{(1+k)^{10}}, \text{ d'où } k = 7{,}45\ \%.$$

Le calcul du coût amorti de l'emprunt devient donc :

	Charge financière totale (I) = (IV) × 7,45 %	**Intérêts (II)**	**Amortissement de la prime d'émission et des coûts de transaction (III) = (I) – (II)**	**Coût amorti (IV)**
Début N				90 000
N	6 705	6 000	705	90 705
N+1	6 758	6 000	758	91 463
N+2	6 814	6 000	814	92 277
N+3	6 875	6 000	875	93 152
N+4	6 940	6 000	940	94 092
N+5	7 010	6 000	1 010	95 102
N+6	7 085	6 000	1 085	96 187
N+7	7 166	6 000	1 166	97 353
N+8	7 253	6 000	1 253	98 606
N+9	7 394*	6 000	1 394*	100 000
			10 000	

* Montants ajustés pour cause d'arrondis.

Les écritures seront donc :

1/01/N		
Banque (B)	90 000	
Emprunts (B)		90 000
31/12/N		
Coût des emprunts (R)	6 705	
Banque (B)		6 000
Emprunts (B)		705
31/12/N+1		
Coût des emprunts (R)	6 758	
Banque (B)		6 000
Emprunts (B)		758

Etc.

On remarque que le taux effectif et, corrélativement, le coût amorti, ne sont pas les mêmes pour l'emprunteur et le prêteur. Cela est dû à l'existence de coûts de transaction.

Le même traitement s'applique à la différence entre l'évaluation initiale de la composante « dette » d'un instrument financier composé (obligation convertible ou OBSA) et le prix de remboursement de celui-ci.

Exemple 39.5. – Le 1er janvier N, la société X a émis au pair 10 000 obligations convertibles de 500 €. Chaque obligation pourra être échangée contre 2 actions X dès le 1er janvier N+2. L'emprunt est remboursable au pair le 31 décembre N+9 et son taux d'intérêt est de 6 %. On estime que, si la société avait émis un emprunt ordinaire, le taux d'intérêt aurait été de 7 %.

S'agissant d'un instrument financier composé, il convient en premier lieu d'évaluer les deux composantes à la date d'émission (*cf.* IAS 32) :

– composante « dettes » = $\sum_{t=1}^{9} \frac{300\,000}{(1{,}07)^t} + \frac{5\,300\,000}{(1{,}07)^{10}} = 4\,648\,820€$

– composante « capitaux propres » = 5 000 000 – 4 648 820 = 351 180 €

Chaque année, la partie « dettes » doit être évaluée au coût amorti, qui s'obtient comme suit :

	Charge financière totale (I) = (IV) x 7 %	**Intérêts (II)**	**Amortissement de la différence (III) = (I) – (II)**	**Coût amorti (IV)**
Début N				4 648 820
N	325 417	300 000	25 417	4 674 237
N+1	327 197	300 000	27 197	4 701 434
N+2	329 100	300 000	29 100	4 730 534
N+3	331 137	300 000	31 137	4 761 671
N+4	333 317	300 000	33 317	4 794 988
N+5	335 649	300 000	35 649	4 830 637
N+6	338 145	300 000	38 145	4 868 782
N+7	340 815	300 000	40 815	4 909 597
N+8	343 672	300 000	43 672	4 953 269
N+9	346 731	300 000	46 731	5 000 000

Les écritures seront donc :

N	Débit	Crédit
Banque (B)	5 000 000	
Emprunts (B)		4 648 820
Droits de conversion d'obligations (B)		351 180
Charges financières (R)	325 417	
Banque (B)		300 000
Emprunts (B)		25 417

N+1	Débit	Crédit
Charges financières (R)	327 197	
Banques (B)		300 000
Emprunts (B)		27 197

Rappelons à cette occasion que, quelle que soit l'évolution du cours de l'action et donc de la valeur des droits de conversion, le montant enregistré dans les capitaux propres n'est pas modifié car les variations de la juste valeur des instruments de capitaux propres ne sont pas enregistrées dans les états financiers.

Le montant des droits de conversion ne sera donc modifié que lorsque ces droits seront exercés ou cesseront d'exister.

Exemple 39.5. – (suite) Le 1er janvier N+2, 4 000 obligations sont échangées. La société X émet à cette occasion 8 000 actions nouvelles de valeur nominale 100 €.

À la date de conversion, le coût amorti des obligations est de 4 701 434 (*cf.* tableau précédent). D'où l'écriture :

N+2		
Emprunts (B) [4 701 434 x 4 000/10 000]	1 880 574	
Droits de conversion d'obligations (B) [351 180 x 4 000/10 000]	140 472	
Capital (B) [8 000 x 100]		800 000
Prime d'émission d'actions (B)		1 221 046

À partir de cette date, il ne reste plus que 6 000 obligations, d'où pour l'exercice N+2 :

Charges financières (R) [329 100 x 6 000/10 000]	197 460	
Banque (B) [300 000 x 6 000/10 000]		180 000
Emprunts (B) [29 100 x 6 000/10 000]		17 460

À l'échéance de l'emprunt, les éventuelles obligations non converties sont remboursées et les droits de conversion non exercés peuvent être virés dans un autre compte de capitaux propres, que les IFRS ne précisent pas.

Exemple 39.5. – (suite) Supposons que plus aucune obligation n'est convertie avant l'échéance de l'emprunt (31 décembre N+9). À cette date, le remboursement des obligations restantes donne lieu aux écritures suivantes :

N+9		
Charges financières (R) [46 731 x (6 000/10 000)]	28 039	
Emprunts (B)		28 039
Emprunts (B) [5 000 000 x (6 000/10 000)]	3 000 000	
Charges financières (R) [300 000 x (6 000/10 000)]	180 000	
Banque (B)		3 180 000
Droits de conversion d'obligations (B)	210 708	
Réserves (B)		210 708

Les conséquences d'un changement de catégorie

Une remise en cause de la classification initiale d'un instrument financier peut avoir un impact sur la façon dont il est évalué. C'est pourquoi l'IAS 39 réglemente sévèrement les changements de catégorie.

Initialement, c'est-à-dire jusqu'au 30 juin 2008, la norme n'admettait aucune possibilité de reclassement pour les actifs ou passifs financiers de la catégorie « à la juste valeur par le résultat ». Ces instruments ne pouvaient changer de catégorie tant qu'ils restaient dans l'entreprise.

Suite à l'effondrement des marchés financiers au deuxième semestre 2008, les milieux financiers et politiques se sont élevés contre cette disposition qui aurait entraîné la constatation de pertes considérables par les banques et une diminution importante de la valeur comptable de leurs actifs. Certaines auraient même été dans l'impossibilité de respecter les ratios prudentiels exigés par les réglementations bancaires. Ces réactions s'appuyaient également sur le fait que les US GAAP autorisaient de tels reclassements dans certains cas. Cédant aux pressions, l'IASB a donc accepté d'autoriser certains changements de catégories.

Ainsi, depuis le 1er juillet 2008 [1], l'interdiction de reclassement n'est maintenue que pour :

– les dérivés

– et les instruments financiers que l'entreprise a volontairement classés dans la catégorie « à la juste valeur par le résultat ».

Les autres actifs financiers de cette catégorie peuvent être reclassés dans une autre catégorie si l'entreprise considère qu'ils ne sont plus détenus dans le but d'être vendus ou rachetés dans un futur proche. Dans ce cas, l'actif financier en question est transféré pour un montant égal à sa juste valeur à la date du reclassement. Ce montant devient son nouveau coût ou coût amorti.

Exemple 39.6. – En N–1, l'entreprise a investi dans un fonds d'investissement en créances hypothécaires. Au 31/12/N–1, la juste valeur de cet investissement appartenant à la catégorie « à la juste valeur par le résultat », car détenu dans un but de transaction, était de 5 000 000 €.

Devant l'évolution défavorable des prix de l'immobilier, l'entreprise a décidé, le 15/09/N, de conserver cet investissement jusqu'à ce que le marché se rétablisse. Ce rétablissement n'est pas attendu avant 2-3 ans. L'investissement est donc reclassé dans la catégorie « prêts et créances » à sa juste valeur au 15/09/N, qui est de 4 200 000 €. Ce reclassement se traduira donc par l'écriture suivante :

15/09/N		
Prêts et créances (B)	4 200 000	
Pertes sur actifs financiers à la juste valeur par le résultat (R)	800 000	
Actifs financiers à la juste valeur par le résultat (B)		5 000 000

À partir du 15/09/N, l'investissement est évalué au coût amorti. D'éventuelles nouvelles baisses de valeur du fonds n'affecteront donc plus le résultat de l'entreprise.

1. Bien que cet amendement ait été adopté en octobre 2008, sa date d'application a opportunément été avancée au 1er juillet 2008, ce qui a permis aux banques et autres entreprises concernées d'éviter la comptabilisation des baisses de cours du deuxième semestre 2008.

L'amendement introduit en octobre 2008 permet également de reclasser dans la catégorie "prêts et créances" des actifs financiers qui répondent à cette définition mais qui avaient été considérés initialement comme "disponibles à la vente", à condition toutefois que l'entreprise ait l'intention et la capacité de conserver ces actifs dans un futur prévisible ou jusqu'à l'échéance. Le changement de catégorie s'effectue à la juste valeur à la date du reclassement. Quant à la variation cumulée de la juste valeur initialement comptabilisée dans les capitaux propres, elle est :

– virée dans le résultat de chacun des exercices jusqu'à l'échéance,

– ou comptabilisée dans le résultat au moment de la cession de l'actif si celui-ci n'a pas d'échéance fixe.

Les autres dispositions en matière de reclassement restent inchangées. Ainsi, aucun actif ou passif financier ne peut être affecté à la catégorie "à la juste valeur par le résultat" postérieurement à sa comptabilisation initiale.

Par contre, si certains placements initialement considérés comme détenus jusqu'à l'échéance ne peuvent plus être maintenus dans cette catégorie parce que l'entreprise n'a plus l'intention ou la capacité de les conserver aussi longtemps, ces instruments doivent être virés dans la catégorie « disponibles à la vente » et, conséquemment, évalués à leur juste valeur. La différence entre ce montant et la valeur comptable de l'instrument au moment du changement est alors virée dans les capitaux propres jusqu'à la vente de l'actif en question.

Exemple 39.1. – (suite) Supposons que le 31/12/N+3, l'entreprise X renonce à conserver ses obligations E jusqu'à leur échéance. À cette date, le cours de bourse de ces obligations est égal à 103 % de leur valeur nominale et leur coût amorti s'élève à 96 613 € (*cf.* tableau).

Le reclassement dans la catégorie « actifs financiers disponibles à la vente » donnera lieu à l'écriture suivante :

31/12/N+3		
Actifs financiers disponibles à la vente (B) (1 000 x 100 x 103 %)	103 000	
Obligations (B)		96 613
Variations juste valeur actifs financiers disponibles à la vente (B)		6 387

Supposons que ces obligations soient revendues le 31 août N+1, alors qu'elles cotent 104 % de leur valeur nominale. Les intérêts courus s'élevant à 6 000 x 8/12 = 4 000, l'entreprise recevra au total 108 000 €. Quant aux variations de la juste valeur enregistrées dans les capitaux propres, elles seront virées dans le résultat.

31/08/N+1		
Banque (B) (104 000 + 4 000)	108 000	
Variations juste valeur actifs financiers disponibles à la vente (B)	6 387	
Actifs financiers disponibles à la vente (B)		103 000
Produits financiers (R) [4 000 + 6 387 + (104 000 – 103 000)]		11 387

L'impact sur le compte de résultat global de N et N+1 sera donc :

	N	N+1	Total
Résultat	0	11 387	11 387
Autres éléments du résultat global	6 387	– 6 387	0
Résultat global	6 387	5 000	11 387

Pour éviter des changements de catégorie trop fréquents, l'IAS 39 stipule que si l'entreprise vend avant l'échéance ou déclasse un montant significatif de placements initialement considérés comme détenus jusqu'à l'échéance, c'est la totalité des actifs de cette catégorie qui doivent désormais être considérés comme disponibles à la vente et évalués à leur juste valeur. Qui plus est, l'entreprise ne pourra plus, pendant trois ans, affecter de nouveaux actifs à la catégorie « placements détenus jusqu'à l'échéance ».

Toutefois, ces dispositions ne s'appliquent pas lorsque les ventes ou reclassements pratiqués :

– ont eu lieu peu de temps avant l'échéance (par exemple dans les trois mois qui précédent) ;

– ou sont dus à un événement isolé, non récurrent, hors du contrôle de l'entreprise et qui ne pouvait être prévu par celle-ci (par exemple une modification de la législation rendant nécessaire la vente de certains actifs financiers).

La comptabilisation des dérivés

Un dérivé est un instrument financier ou autre contrat qui présente les trois caractéristiques suivantes :

– sa valeur change en fonction des variations d'un autre élément appelé « sous-jacent » (taux d'intérêt, prix d'un instrument financier ou d'une matière première, taux de change, indice de prix ou de taux, notation de crédit) ;

– il ne nécessite aucun investissement initial, ou un investissement plus faible que celui requis pour d'autres types de contrats offrant les mêmes réactions aux variations du marché ;

– il est dénoué à une date future.

Il existe de multiples formes de dérivés. Les dérivés de base sont les options (sur action, sur taux ou sur devise), les contrats à terme (*futures*) et les swaps (de taux ou de devises).

Certains dérivés se trouvent incorporés dans d'autres instruments financiers. La question qui se pose est de savoir s'ils doivent être comptabilisés séparément de l'instrument qui les héberge. Pour l'IAS 39, cette séparation a lieu si et seulement si :

– les caractéristiques économiques et le risque du dérivé ne sont pas étroitement liés à ceux du contrat dont il fait partie ;

– un instrument séparé présentant les mêmes caractéristiques répondrait à la définition d'un dérivé ;

– l'instrument financier combiné n'est pas évalué à sa juste valeur avec variations dans le résultat.

Il importe de noter qu'un dérivé attaché à un instrument financier mais qui est transférable indépendamment de ce dernier n'est pas un dérivé incorporé mais un instrument financier séparé. Ainsi, un warrant (bon de souscription d'actions) émis en même temps qu'une obligation n'est pas un dérivé incorporé car il peut être négocié indépendamment de l'obligation. Par contre, le droit de conversion d'une obligation convertible en est un compte tenu qu'il ne peut être cédé sans céder l'obligation.

Le dérivé incorporé s'évalue normalement par différence entre la valeur de l'instrument combiné et celle de l'instrument financier qui l'héberge (voir l'exemple 32.1 du chapitre sur l'IAS 32). Si l'entreprise est incapable d'évaluer séparément le dérivé incorporé, elle doit considérer que l'instrument financier dans son ensemble est détenu dans un but de transaction.

Tous les dérivés autres que ceux servant à des opérations de couverture (et ceux portant sur un instrument de capitaux propres non coté et dont la juste valeur ne peut être déterminée avec fiabilité) font partie de la catégorie « actifs et passifs financiers à la juste valeur par le résultat ». Ils sont donc évalués à leur juste valeur.

Les paragraphes suivants exposent le mode de comptabilisation des dérivés les plus communs, lorsque ceux-ci ne servent pas à des opérations de couverture.

Les options

Rappelons qu'une option est le droit d'acheter (option d'achat ou *call*) ou de vendre (option de vente ou *put*) à tout moment (option américaine) ou à une date donnée (option européenne), un élément (le sous-jacent) à un prix fixé à l'avance (prix d'exercice).

L'option peut porter sur n'importe quel sous-jacent (action, indice boursier, taux d'intérêt, taux de change, matière première, etc.). Elle peut résulter d'un contrat de gré à gré entre deux personnes ou au contraire être normalisée (option négociable sur un marché spécialisé).

À l'origine, l'option est, comme tout actif ou passif financier, comptabilisée à sa juste valeur qui, normalement, correspond au montant payé ou reçu, appelé « prime ».

À chaque clôture d'exercice, l'option est réévaluée à sa juste valeur et la variation est comptabilisée en charges ou en produits.

Exemple 39.7. – S'attendant à un accroissement de valeur de la société Y, l'entreprise X acquiert le 15/07/N 1 000 options d'achat sur l'action Y à un prix d'exercice de 150 €. Le prix de l'option est de 10 € et les frais de transaction s'élèvent à 1 %. L'opération est comptabilisée ainsi :

15/07/N		
Options d'achat achetées (B) (1 000 x 10)	10 000	
Charges financières (R) (10 000 x 1 %)	100	
Banque (B)		10 100

À la clôture de l'exercice (31/12/N), l'option cote 9 €. D'où :

31/12/N		
Pertes sur instruments dérivés (R) (10 000 – 9 000)	1 000	
Options d'achat achetées (B)		1 000

L'option peut être dénouée de trois façons :
- par sa revente,
- par son exercice,
- ou en disparaissant sans avoir été exercée.

Exemple 39.7. – (suite)
Premier cas : les options sont revendues le 20/01/N pour 7 500 €.

20/01/N		
Banque (B)	7 500	
Pertes sur instruments dérivés (R) (10 000 x 1 %)	1 500	
Options d'achat achetées (B)		9 000

Deuxième cas : le cours de l'action Y atteignant 170 €, les options sont exercées le 15/06/N+1. Les actions acquises sont classées dans la catégorie "actifs financiers à la juste valeur par le résultat".

15/06/N		
Actions (B) (1 000 x 170)	170 000	
Banque (B) (1 000 x 150)		150 000
Options d'achat achetées (B)		9 000
Gains sur instruments dérivés (R)		11 000

Troisième cas : l'échéance (30/06/N+1) est atteinte sans que les options soient exercées.

30/06/N+1		
Pertes sur instruments dérivés (R)	9 000	
Options d'achat achetées (B)		9 000

Bien évidemment, les écritures seraient inversées chez le vendeur des options :

15/07/N		
Banque (B)	10 000	
Options d'achat vendues (B)		10 000

31/12/N		
Options d'achat vendues (B)	1 000	
Gains sur instruments dérivés (R)		1 000

Premier cas : rien car l'engagement du vendeur demeure (les options n'ont pas été détruites).

Deuxième cas : le vendeur achète les actions Y et les remet à l'entreprise X. Les frais de transaction sur l'achat sont de 1 %.

15/06/N+1		
Actions (B) (1 000 x 170)	170 000	
Charges financières (R)	1 700	
Banque (B)		171 700
Options d'achat vendues (B)	9 000	
Banque (B)	150 000	
Pertes sur instruments dérivés (R)	11 000	
Actions (B)		170 000

Troisième cas :

30/06/N+1		
Options d'achat vendues (B)	9 000	
Gains sur instruments dérivés (R)		9 000

Les contrats à terme

Un contrat à terme (*forward*) est l'engagement d'acheter ou de vendre à une date donnée et à un prix fixé à l'avance une certaine quantité d'un actif financier. On réserve en principe l'appellation *futures* aux contrats à terme standardisés et négociés sur un marché spécialisé.

Les contrats peuvent porter sur des actifs réels (par exemple des Bons du Trésor) ou notionnels. Dans ce dernier cas, le sous-jacent n'existe pas physiquement ; il s'agit d'un actif théorique standardisé créé par les autorités du marché.

Exemple 39.8. – Le 1er novembre N, l'entreprise conclut un contrat de vente à terme de 100 000 USD à 3 mois. Le prix convenu est de 1,10 €.

À la signature du contrat, la juste valeur du contrat est nulle. Aucune écriture n'est donc comptabilisée.

À la clôture de l'exercice, le dollar vaut 1,05 €. Le contrat s'est donc apprécié de 100 000 × (1,10 – 1,05) = 5 000 €, d'où l'écriture :

31/12/N		
Contrats à terme sur devises (B)	5 000	
Gains sur contrats à terme (R)		5 000

À la date d'échéance, le contrat est dénoué alors que le dollar vaut 1,07 €.

1/02/N+1		
Banque (B) [110 000 – 107 000]	3 000	
Pertes sur contrats à terme (R)	2 000	
Contrats à terme sur devises (B)		5 000

Les swaps

Un swap est un contrat par lequel deux parties s'engagent à échanger à une date fixée des actifs financiers ou des montants d'intérêts.

Exemple 39.9. – Anticipant une baisse des taux, l'entreprise s'engage, le 1er avril N, dans un contrat de gré à gré portant sur l'échange d'un taux d'intérêt variable contre un taux fixe de 7 %. Le contrat porte sur un prêt notionnel de 1 000 000 €.

Aucune écriture n'est comptabilisée à la signature du contrat car il n'y a ni encaissement ni décaissement, et la juste valeur du contrat est nulle.

À la clôture de l'exercice (31/12/N), le taux d'intérêt du marché est de 7,2 %. Le contrat doit être déprécié de 1 000 000 × (7,2 – 7) % = 2 000 €.

31/12/N		
Pertes sur swaps (R)	2 000	
Swaps de taux d'intérêt (B)		2 000

À l'échéance (1er avril N+1), le taux variable est de 6,5 %.

Échéance du contrat		
Swaps de taux d'intérêt (B)	2 000	
Banque (B) [1 000 000 × (7,5 – 7) %]	5 000	
Gains sur swaps (R)		7 000

La dépréciation des actifs financiers

À chaque clôture d'exercice, l'entreprise doit s'interroger sur la nécessité de déprécier certains actifs financiers. Constituent notamment des indices d'une possible perte de valeur des retards dans le paiement des annuités ou le fait que le débiteur connaisse des difficultés financières.

Le montant et le mode de comptabilisation de la dépréciation dépendent de la catégorie à laquelle l'actif financier appartient.

Les actifs financiers comptabilisés au coût amorti

La perte de valeur est égale à la différence entre la valeur comptable de l'actif et la valeur actuelle des cash-flows futurs attendus, actualisés au taux effectif initial de l'actif.

Elle peut être comptabilisée soit directement en moins du montant de l'actif, soit faire l'objet d'une provision pour dépréciation.

Exemple 39.1. – (suite) À fin N+6, il apparaît que, compte tenu de ses difficultés financières, la société E ne pourra probablement pas faire face à ses engagements. On prévoit que les obligataires devront renoncer aux intérêts et qu'ils ne récupéreront probablement que 80 % du prix de remboursement à l'échéance du prêt.

Compte tenu de ces modifications, la valeur actuelle des cash-flows attendus à partir du 31/12/N+6 est :

$$\frac{0}{1,067}+\frac{0}{(1,067)^2}+\frac{80\ 000}{(1,067)^3}=65\ 856\ €$$ au lieu de 98 130 € (voir tableau initial).

Le prêt doit donc être déprécié de 98 130 – 65 856 = 32 274 €, d'où l'écriture :

31/12/N+6		
Dépréciation des prêts (R)	32 274	
Prêts (B)		32 274

ou

31/12/N+6		
Dotation aux provisions (R)	32 274	
Provision pour dépréciation des prêts (B)		32 274

Si par la suite, la perte probable diminue suite à un événement objectif, la dépréciation est ajustée par la comptabilisation d'un produit. Toutefois, l'opération ne doit pas aboutir à ce que l'actif présente une valeur comptable supérieure à celle qu'il aurait si la dépréciation initiale n'avait pas été comptabilisée. Le produit est donc limité en conséquence.

Exemple 39.1. – (suite) Supposons qu'à fin N+8, la société E annonce qu'elle paiera à l'échéance convenue l'intégralité du prix de remboursement prévu ainsi que la moitié des intérêts non payés (9 000 €).

À fin N+8, la valeur actuelle des cash-flows attendus s'établit à :

$$\frac{109\ 000}{1{,}067} = 102\ 155\ € \text{ au lieu de } \frac{80\ 000}{1{,}067} = 74\ 977\ €.$$

La dépréciation devrait être diminuée de 102 155 – 74 977 = 27 178 €.

Mais comme cela aboutirait à donner au prêt une valeur supérieure à celle qu'il aurait en l'absence de dépréciation (99 318 € d'après le tableau initial), la correction est finalement limitée à 99 318 – 74 977 = 24 341 €.

31/12/N+8		
Prêts (B)	24 341	
Annulations de dépréciations de prêts (R)		24 341

ou

31/12/N+8		
Provisions pour dépréciation des prêts (B)	24 341	
Reprises de provisions (R)		24 341

Les actifs financiers comptabilisés au coût

Pour les actifs financiers comptabilisés au coût d'acquisition (actions de sociétés non cotées et dérivés correspondants), le coût doit être comparé à la valeur actuelle des cash-flows futurs actualisés au taux du marché.

Exemple 39.10. – L'entreprise possède 30 % du capital d'une société X non cotée en bourse. Cette participation a été payée 7 millions €. En N, X a dégagé un cash-flow de 1 500 000 €. On prévoit une croissance des cash-flows de 2 % chaque année. La rentabilité exigée par le marché pour un placement de ce niveau de risque est estimée à 10 %.

Compte tenu des prévisions, la valeur de la société X à fin N est de :

$$\frac{1\ 500\ 000 \times 1{,}02}{0{,}1 - 0{,}02} = 19\ 125\ 000\ €.$$

La valeur de la participation peut donc être estimée à 19 125 000 × 30 % = 5 737 500 €, soit une dépréciation de 7 000 000 – 5 737 500 = 1 262 500 €.

31/12/N		
Dépréciation des actions (R)	1 262 500	
Actions (B)		1 262 500

L'IAS 39 précise qu'une telle dépréciation ne peut être ultérieurement diminuée ou annulée.

Les actifs financiers disponibles à la vente

Les actifs de cette catégorie sont, normalement, comptabilisés à leur juste valeur mais les variations de celle-ci sont comptabilisées dans les capitaux propres.

Si, à la suite d'une diminution de la juste valeur de l'actif, on estime que celui-ci doit être déprécié, la perte comptabilisée dans les capitaux propres est virée dans le compte de résultat.

Exemple 39.11. – L'entreprise possède des actions X achetées en N–2 pour 100 000 € (frais de transaction inclus). Ces actions sont considérées comme « disponibles à la vente ». Leur valeur a évolué ainsi : 31/12/N–2 : 105 000 € ; 31/12/N–1 : 90 000 € ; 31/12/N : 60 000 €.

À fin N, la perte de valeur n'apparaît pas due à des fluctuations du marché mais à une détérioration sérieuse de la situation financière de la société X. Cela constitue un élément objectif de dépréciation.

S'agissant d'actifs financiers disponibles à la vente, les variations de la juste valeur constatées en N–2 et N–1 ont été comptabilisées directement dans les capitaux propres. À fin N, il faut les virer au résultat, d'où l'écriture :

31/12/N		
Dépréciation d'actifs financiers disponibles à la vente (R) (100 000 – 60 000)	40 000	
Variations de valeur des actifs financiers disponibles à la vente (B)		10 000
Actifs financiers disponibles à la vente (B) (90 000 – 60 000)		30 000

La perte totale (40 000 €) a donc été étalée de la façon suivante :

	N-2	N-1	N	Totaux
Résultat	0	0	– 40 000	– 40 000
Autres éléments du résultat global	5 000*	– 15 000**	10 000	0
Résultat global	5 000	– 15 000	– 30 000	– 40 000

* 5 000 = 105 000 – 100 000
** –15 000 = 90 000 – 105 000

Si par la suite la valeur augmente, le traitement diffère selon la nature des actifs concernés :

– s'il s'agit d'instruments représentatifs d'une dette de l'émetteur (obligations notamment) et si la hausse de valeur est due à un événement objectif postérieur à la dépréciation initiale, celle-ci est réduite par le compte de résultat ;

– par contre, s'il s'agit d'instruments de capitaux propres (actions), la dépréciation antérieure n'est pas remise en cause.

Exemple 39.11. – (suite) Supposons que, quelques années plus tard, la juste valeur des actions remonte à 80 000 €.

S'agissant d'actions, la dépréciation initiale n'est pas modifiée et aucune écriture n'est comptabilisée.

La décomptabilisation des instruments financiers

La décomptabilisation d'un passif financier

Un passif financier est sorti du bilan à son extinction, c'est-à-dire lorsque les obligations prévues au contrat expirent, sont annulées, ou lorsque l'entreprise en est déchargée.

Le transfert de la dette à un tiers (opérations d'*in-substance defeasance*) ne suffit pas pour justifier sa décomptabilisation. Encore faut-il que le débiteur initial soit juridiquement déchargé de ses obligations.

Lorsque la dette est remplacée par une autre dont les caractéristiques sont significativement différentes, elle est décomptabilisée et un nouveau passif financier est enregistré. L'IAS 39 précise que deux dettes ont des caractéristiques significativement différentes si la valeur actuelle de leurs cash-flows futurs diffère d'au moins 10 %.

Lors de la décomptabilisation d'un passif financier, la différence entre le montant payé et la valeur comptable du passif est comptabilisée dans le résultat.

La décomptabilisation d'un actif financier

Une part importante de l'IAS 39 est consacrée à la définition des conditions à remplir pour qu'un actif financier soit décomptabilisé. Ces règles peuvent être résumées ainsi :

Un actif financier est décomptabilisé :

- si les droits aux cash-flows de l'actif ont expiré ;
- ou si l'entreprise a :
  - transféré ces droits ou s'est engagée à reverser les cash-flows à un tiers,
  - et a :
    - transféré pratiquement tous les risques et avantages liés à l'actif,
    - ou perdu le contrôle de l'actif.

Comme exemple de transfert de droits sans transfert des risques, l'IAS 39 cite la vente d'un actif accompagnée d'un engagement de rachat à un prix fixe.

Lors de la décomptabilisation, la différence ente la valeur comptable de l'actif et le montant reçu (majoré le cas échéant du gain ou de la perte cumulé figurant dans les capitaux propres) est comptabilisée dans le résultat.

Exemple 39.12. – L'entreprise possède des actions Y achetées 150 000 € (frais de transaction inclus) en N–3. Ces actions étant classées comme « disponibles à la vente », leurs fluctuations de valeur ont été enregistrées dans les capitaux propres comme autres éléments du résultat global. À fin N–1, le cumul de ces variations s'élevait à 22 000 €.

Le 15 septembre N, ces actions sont vendues pour 165 000 € (frais de transaction déduits). L'opération est comptabilisée ainsi :

15/09/N		
Banque (B)	165 000	
Variations juste valeur actifs financiers disponibles à la vente (B).	22 000	
Actifs financiers disponibles à la vente (B)		172 000
Gains sur cessions actifs financiers disponibles à la vente (R) (165 000 – 150 000)		15 000

L'impact sur le compte de résultat global de N est donc :

	N
Résultat	15 000
Autres éléments du résultat global	– 22 000
Résultat global	– 7 000

Lorsque le transfert n'a pas entraîné la décomptabilisation de l'actif (parce que le détenteur initial a conservé les risques liés à l'actif), le montant reçu lors du transfert constitue un passif financier.

La comptabilisation des opérations de couverture

Les opérations de couverture obéissent à des règles comptables particulières. Celles-ci ne sont applicables que si toutes les conditions suivantes sont remplies :

– l'entreprise a, dès le début de l'opération, désigné l'élément couvert, l'instrument de couverture et défini sa politique en la matière ;

– on s'attend à ce que la couverture soit hautement efficace ;

– l'efficacité de la couverture peut être mesurée avec fiabilité (cela suppose que la juste valeur ou les cash-flows de l'élément couvert ainsi que la juste valeur de l'instrument de couverture puissent être mesurés avec fiabilité) ;

– la couverture a toujours été hautement efficace depuis sa mise en place.

L'efficacité d'une couverture exprime dans quelle mesure les variations de valeur ou de flux de trésorerie de l'instrument de couverture compensent celles de l'élément couvert.

Les éléments susceptibles de faire l'objet d'une couverture sont très divers : actifs financiers, passifs financiers, engagements non comptabilisés, transactions futures hautement probables, investissements nets dans des entreprises étrangères.

Un investissement détenu jusqu'à l'échéance ne peut être couvert contre le risque de taux puisqu'il est destiné à être conservé quelles que soient les variations de valeur résultant de l'évolution des taux d'intérêt. Il peut par contre être couvert contre le risque de change et le risque de crédit.

Un actif non financier (un stock par exemple) peut également faire l'objet d'une couverture contre l'évolution des taux de change ou d'autres risques.

Les instruments de couverture sont généralement des dérivés. Un actif ou un passif financier non dérivé peut cependant également être désigné comme instrument de couverture du risque de change.

Seuls les instruments impliquant une partie extérieure à l'entreprise (comptes individuels) ou au groupe (comptes consolidés) peuvent constituer des instruments de couverture.

Le même instrument peut constituer une couverture contre plusieurs risques, à condition que les risques couverts puissent être clairement identifiés et que l'efficacité de la couverture puisse être démontrée.

L'IAS 39 distingue trois catégories de couvertures :
– les couvertures de juste valeur (*fair value hedges*),
– les couvertures de flux de trésorerie (*cash flow hedges*),
– et la couverture d'un investissement net dans une entreprise étrangère.

Les couvertures de juste valeur

Une couverture de juste valeur protège contre les variations de valeur d'un actif financier, d'un passif financier ou d'un engagement non comptabilisé.

Constitue une telle couverture l'entreprise qui :
– échange des intérêts variables contre des intérêts fixes pour se protéger contre les variations de valeur d'un emprunt à taux fixe ;
– achète des options de vente d'actions pour couvrir le risque de baisse du cours des actions qu'elle détient ;
– ou vend à terme une certaine quantité de pétrole qu'elle a en stock.

Comptablement, les variations de valeur de l'instrument de couverture et de l'élément couvert sont comptabilisées dans le résultat. Ces variations étant de sens contraire, l'incidence nette sur le résultat correspond à la fraction non couverte du risque.

Exemple 39.13. – L'entreprise possède 1 000 actions de la société X. Ces actions sont évaluées à leur juste valeur : 800 €. Pour se couvrir contre la baisse du cours, l'entreprise a acquis 1 000 options de vente de l'action X au prix d'exercice de 780 €.

Supposons que le cours de l'action X baisse à 750 €. L'entreprise enregistrera simultanément :

– une perte de 1 000 × (800 – 750) = 50 000 € sur les actions,
– et un gain de 1 000 × (780 – 750) = 30 000 € sur les options.

Pertes sur titres (R)	50 000	
Titres (B)		50 000
Instruments de couverture (B)	30 000	
Gains sur instruments de couverture (R)		30 000

L'incidence sur le résultat (perte nette de 50 000 – 30 000 = 20 000 €) représente le risque non couvert, autrement dit l'inefficacité de la couverture (différence entre la valeur de l'action et le prix d'exercice de l'option de vente).

Si l'instrument couvert est évalué au coût amorti, l'ajustement n'est pas comptabilisé immédiatement dans le compte de résultat, mais étalé sur la durée résiduelle du prêt ou de l'emprunt.

Les couvertures de flux de trésorerie

Ce sont des opérations visant à protéger l'entreprise contre la variabilité des cash-flows relatifs à un actif financier, un passif financier ou une transaction future hautement probable.

Comme exemples de telles opérations, on peut citer :

– l'échange d'intérêts fixes contre des intérêts variables pour se protéger contre le risque de hausse des intérêts d'un emprunt à taux variable ;

– la vente à terme de devises pour couvrir le risque de change relatif à l'encaissement de montants en monnaie étrangère.

Le principe consiste à comptabiliser le gain ou la perte sur l'instrument de couverture lorsque l'élément couvert affectera le compte de résultat.

Pour cela, tant que l'échéance n'est pas arrivée :

– la fraction du gain ou de la perte sur l'instrument de couverture qui constitue une couverture efficace est comptabilisée directement dans les capitaux propres, en autres éléments du résultat global.

– l'autre partie est enregistrée dans le résultat de l'exercice.

Le montant comptabilisé dans les capitaux propres sera ensuite viré au compte de résultat lorsque l'élément couvert aura un impact sur les charges ou les produits.

Exemple 39.14. – L'entreprise a reçu d'un client une commande dont le montant est de 1 000 000 USD. La transaction doit être réalisée le 31/03/N+1. Pour se protéger contre le risque de change, l'entreprise a vendu à terme 1 000 000 USD à 1,10 €. Le cours du dollar au 31/12/N est de 0,95 €.

À la clôture de l'exercice N, le gain sur l'instrument de couverture est de 1 000 000 × (1,10 – 0,95) = 150 000 €. Il est compensé par une perte de même montant sur l'élément couvert.

31/12/N		
Instruments de couverture (B)	150 000	
Gains sur couvertures de change (B)		150 000

Le 31/03/N+1, la transaction est réalisée et les devises vendues alors que le dollar cote 0,98 €.

31/03/N+1		
Banque (B) [1 000 000 × 0,98]	980 000	
Ventes (R)		980 000
Banque (B) [1 000 000 × (1,10 – 0,98)]	120 000	
Pertes de change (R) [1 000 000 × (0,98 – 0,95)]	30 000	
Instruments de couverture (B)		150 000
Gains sur couvertures de change (B)	150 000	
Gains de change (R)		150 000

L'impact sur le compte de résultat global des exercices N et N+1 est le suivant :

	N	N+1	Total
Résultat	0	120 000	120 000
Autres éléments du résultat global	150 000	– 150 000	0
Résultat global	150 000	– 30 000	120 000

La couverture de l'investissement net dans une entreprise étrangère

L'IAS 21 désigne par investissement net dans une entreprise étrangère la part de l'investisseur dans l'actif net d'une filiale, d'une coentreprise, d'une entreprise associée, etc.

Lorsque cette participation fait l'objet d'une couverture, cette dernière est comptabilisée comme s'il s'agissait d'une couverture de flux de trésorerie.

La seule différence est que la fraction du gain ou de la perte sur l'instrument de couverture qui est inscrite dans les capitaux propres n'est virée au compte de résultat qu'au moment de la vente de la participation.

Exemple 39.15. – En N, l'entreprise a acquis pour 7 000 000 € (10 000 000 CHF) une participation de 10 % dans la société suisse X. Cette participation est considérée comme un actif financier disponible à la vente. Pour se protéger contre les variations de valeur de sa participation, l'entreprise a en même temps vendu à terme 10 000 000 CHF au taux de 0,70 €.

Au 31/12/N, le franc suisse vaut 0,62 € et la capitalisation boursière de la société X est de 98 millions CHF. L'entreprise a réalisé un gain de 10 000 000 × (0,70 – 0,62) = 800 000 € sur l'instrument de couverture.

Ici, la couverture n'est pas totalement efficace puisqu'elle ne couvre que le risque de change, alors que la valeur de la participation est aussi fonction des performances de la société X et du marché des actions. Le gain réalisé peut donc être ventilé ainsi :

– fraction efficace : (98 000 000 × 10 %) × (0,70 – 0,62) = 784 000 €

– fraction non efficace : (2 000 000 × 10 %) × (0,70 – 0,62) = 16 000 €

800 000 €

Les écritures seront donc :

31/12/N		
Variations juste valeur actifs financiers disponibles à la vente (B) [7 000 000 – (9 800 000 x 0,62)]	924 000	
Participations (B)		924 000
Instruments de couverture (B)	800 000	
Couvertures de change (B)		784 000
Gains de change (R)		16 000

L'impact sur le résultat global sera le suivant :

	N
Résultat	16 000
Autres éléments du résultat global : – 924 000 + 784 000 =	– 140 000
Résultat global	– 124 000

On note que le montant net des autres éléments du résultat global correspond à la perte de valeur de la participation, hors variation du taux de change [140 000 = 0,7 (10 000 000 – 9 800 000)] ; c'est-à-dire à la partie non couverte de la variation de valeur de la participation.

Supposons que la participation est vendue en N+1 pour 9 500 000 CHF, alors que le franc suisse vaut 0,65 €.

La cession de la participation s'accompagne du dénouement du contrat à terme :

N+1		
Banque (B) (9 500 000 x 0,65)	6 175 000	
Pertes sur cessions d'actifs financiers disponibles à la vente (R)	825 000	
Participations (B)		6 076 000
Variations juste valeur actifs financiers disponibles à la vente (B)		924 000
Banque (B) [10 000 000 x (0,70 – 0,65)]	500 000	
Couvertures de change (B)	784 000	
Instruments de couverture (B)		800 000
Gains de change (R)		484 000

L'impact sur le résultat global de N+1 sera donc :

	N
Résultat : – 825 000 + 484 000 =	– 341 000
Autres éléments du résultat global	140 000
Résultat global	– 201 000

Quant à l'impact total sur les deux exercices, il peut être représenté ainsi :

	N	N+1	Total
Résultat	16 000	– 341 000	– 325 000
Autres éléments du résultat global	– 140 000	140 000	0
Résultat global	– 124 000	– 201 000	– 325 000

On vérifie que la perte totale (325 000 €) correspond bien à :
la perte de cession de la participation : 6 175 000 – 7 000 000 = – 825 000
– le gain sur l'instrument de couverture : 10 000 000 x (0,70 – 0,65) = 500 000
– 325 000

Principales différences par rapport aux US GAAP

Les différences entre l'IAS 39 et les normes américaines sont assez nombreuses. En voici quelques-unes :

– Les catégories d'instruments financiers ne sont pas exactement les mêmes que celles des IFRS. Les US GAAP ont notamment une catégorie « prêts destinés à la vente » (*loans-held-for-sale*) dont les éléments sont évalués au minimum du coût et de la valeur de marché.

– Seuls les titres cotés sont évalués à la juste valeur ; les autres sont évalués au coût.

– Comme les IFRS, les US GAAP offrent la possibilité d'affecter volontairement certains actifs dans la catégorie « à la juste valeur par le résultat » mais cette option est moins restrictive que selon les normes internationales. De plus, cette désignation peut, dans certains cas, s'effectuer après la comptabilisation initiale.

– Les possibilités de reclassement entre catégories d'instruments financiers diffèrent sur plusieurs points.

– Un actif financier ne peut être déprécié que si la perte de valeur est « autre que temporaire ». Dans la plupart des cas, ces dépréciations ne peuvent être annulées.

La pratique en Europe

Les sociétés cotées décrivent généralement en détail le mode de comptabilisation des instruments financiers.

Certaines, notamment les banques, mentionnent avoir utilisé les amendements de 2008 qui permettent le reclassement de certains actifs financiers :

« Le Groupe a procédé au 1er octobre 2008 à des reclassements d'actifs financiers non dérivés hors des catégories "actifs financiers à la juste valeur par résultat" et "actifs financiers disponibles à la vente". Ces reclassements ont été décidés puis réalisés dans le respect des conditions fixées par les amendements aux normes IAS 39 "Instruments financiers : comptabilisation et évaluation" et IFRS 7 "Instruments financiers : informations à fournir" adoptés par l'Union européenne le 15 octobre 2008.

Le groupe a identifié au sein de ses portefeuilles de transaction et d'actifs disponibles à la vente un certain nombre d'actifs financiers qui n'étaient plus, au 1er octobre 2008, négociables sur un marché actif. Le Groupe a alors décidé de reclasser à cette date, dans la catégorie "Prêts et créances", les actifs financiers ainsi identifiés qu'il a désormais la capacité et l'intention de détenir dans un avenir prévisible ou jusqu'à l'échéance.

Par ailleurs, la dégradation exceptionnelle des marchés a conduit le Groupe à reclasser en actifs financiers disponibles à la vente, en date du 1er octobre 2008, des instruments financiers enregistrés initialement en actifs financiers à la juste valeur par résultat dans la mesure où ces instruments n'étaient désormais plus détenus à des fins de transaction.

Aucun actif financier n'a été reclassé dans la catégorie "actifs financiers détenus jusqu'à l'échéance" au titre de ces amendements.

Les actifs financiers reclassés ont été inscrits dans leur nouvelle catégorie comptable pour leur juste valeur à la date du transfert » [Société Générale (France), rapport annuel 2008].

« L'International Accounting Standards Board a publié un amendement à International Accounting Standard 39 (IAS 39 Instruments financiers : comptabilisation et évaluation) le 13 octobre 2008, selon lequel des actifs financiers éligibles peuvent, à condition que certaines conditions soient remplies, être déclassés de la catégorie "détenus dans un but de transaction" si l'entreprise a l'intention et la capacité de les conserver dans un avenir prévisible ou jusqu'à l'échéance. Cet amendement pouvait être appliqué rétrospectivement au 1er juillet 2008 mais UBS a décidé à la fin d'octobre 2008, de ne le mettre en application qu'à partir du 1er octobre 2008, ceci à la suite d'une évaluation de ses conséquences sur les états financiers.

Au 1er octobre 2008, UBS a transféré de la catégorie "détenus dans un but de transaction" à la catégorie "prêts et créances" des actifs éligibles qu'elle a l'intention de conserver dans un futur prévisible et dont la juste valeur à cette date était de 17,6 milliards CHF. En outre, des "auction rate securities" (ARS) relatifs à des prêts étudiants dont la juste valeur était de 8,4 milliards CHF ont été reclassés le 31 décembre 2008 » [UBS (Suisse), rapport annuel 2008 (traduction)].

D'autres entreprises signalent que ces amendements n'ont pas été utilisés ou qu'ils n'ont pas eu d'impact sur les états financiers :

« En octobre 2008, l'IASB a publié des amendements à IAS 39 "Instruments financiers : comptabilisation et évaluation" et IFRS 7 "Instruments financiers : informations à fournir". Les amendements à IAS 39 permettent à une entité, dans certaines circonstances, de reclasser certains actifs financiers non dérivés des catégories "juste valeur par le résultat" et "disponibles à la vente". L'amendement à IFRS 7 exige la publication d'informations complémentaires pour les actifs financiers non dérivés qui ont été reclassés des catégories "juste valeur par le résultat" et "disponibles à la vente". Le Groupe n'a pas effectué de telles reclassifications » [Zürich (Suisse), rapport annuel 2008 (traduction)].

« Cette année, le Groupe a adopté les normes et interprétations suivantes : [...]

– Amendements à l'IAS 39 *Instruments financiers* : *comptabilisation et évaluation* et IFRS 7 *Instruments financiers : informations à fournir* (amendements applicables à compter du 1er juillet 2008).

L'adoption de ces amendements et interprétations n'a pas entraîné de modification des états financiers 2008 » [Solvay (Belgique), rapport annuel 2008].

« Les amendements à IAS 39 "Instruments financiers : comptabilisation et évaluation" et à IFRS 7 "Instruments financiers : informations à fournir", publiés le 13 octobre 2008 et applicables à compter du 1er juillet 2008, sont sans impact sur les comptes consolidés du Groupe au 31 décembre 2008 » [Air Liquide (France), rapport annuel 2008].

« L'application en 2008 des amendements et interprétations ci-après n'a pas eu d'impact significatif sur les états financiers consolidés du Groupe :

– Les amendements relatifs au reclassement d'actifs financiers (amendements à IAS 39 – Instruments financiers : Comptabilisation et évaluation et à IFRS 7 – Instruments financiers : Informations à fournir) ont été publiés le 13 octobre 2008. Ils permettent à une entité de reclasser certains actifs financiers non dérivés de la catégorie "justes valeurs par résultat" à la catégorie "disponibles la vente" si certaines conditions sont remplies [...]

Aucun reclassement d'actifs financiers, tels qu'autorisés par les amendements à IAS 39, n'a été effectué par le Groupe en 2008 » [Axa (France), rapport annuel 2008].

Conséquences pour l'utilisateur des états financiers

Les instruments financiers sont, depuis longtemps, l'objet d'une polémique opposant partisans et adversaires de la juste valeur. Les premiers soutiennent que seul ce mode d'évaluation est de nature à refléter la valeur réelle de cette catégorie particulière d'actifs et de dettes. Les seconds s'y opposent en raison de ses effets potentiels sur les résultats. Les milieux bancaires sont particulièrement concernés par cette question compte tenu de l'importance des actifs et passifs financiers dans leur bilan. Ils craignent généralement que l'emploi de la juste valeur accroisse la volatilité de leurs résultats et compromette le respect des ratios de couverture qui leur sont imposés.

L'IAS 39 apparaît comme un compromis entre ces différents intérêts. En permettant aux entreprises d'évaluer au coût ou au coût amorti leurs prêts, leurs dettes et les placements qu'elles ont l'intention de détenir jusqu'à l'échéance, la norme permet à celles qui le désirent d'éviter de voir leur résultat (et leurs capitaux propres) affectés par des variations de marchés sur lesquels elles n'ont aucune prise.

Finalement, seuls les actifs financiers détenus dans un but de transaction et ceux considérés comme disponibles à la vente sont évalués à leur juste valeur. C'est encore trop pour les adversaires de ce mode d'évaluation, qui ont profité de la crise financière de 2008 pour accuser les IFRS d'avoir amplifié les mouvements de baisse des marchés. Ces accusations, largement reprises dans les milieux financiers et politiques, ont obligé l'IASB à revenir sur le caractère définitif du classement des actifs financiers et à permettre qu'une partie de ceux qui avaient été déclarés comme détenus dans un but de transaction soient transférés dans d'autres catégories et donc cessent d'être évalués à leur juste valeur. Cet amendement, contraire au principe de permanence des méthodes, est de nature à fausser l'analyse des états financiers car il offre aux entreprises, en particulier aux banques, la possibilité de manipuler leurs résultats par un reclassement opportun de certains actifs financiers. Le suivi des performances dans le temps et les comparaisons entre entreprises s'en trouvent également compromis. Dans l'intérêt de l'analyse financière, il serait donc souhaitable que cet amendement demeure transitoire.

Une des difficultés de l'IAS 39 réside également dans l'évaluation des instruments dérivés, en particulier des options. Pour celles qui sont cotées sur un marché (options standardisées négociables), le problème ne se pose pas ; la juste valeur se confondant avec le prix du marché. L'évaluation est également relativement facile pour les droits optionnels inclus dans des instruments composés comme les obligations convertibles ou à bons de souscription d'actions ; la valeur de l'option étant déterminée par différence entre le prix de l'instrument composé et la valeur actuelle des flux monétaires liés à l'emprunt.

Dans les autres cas, le recours à des modèles d'évaluation s'impose. Malheureusement, ces modèles nécessitent toute une série de paramètres parfois difficiles à mesurer (voir le chapitre sur l'IFRS 2). Qui plus est, ils sont rarement utilisables tels quels ; il faut le plus souvent les adapter pour tenir compte des caractéristiques de l'option. Or, ces ajustements supposent des compétences qui ne sont pas forcément présentes dans toutes les entreprises. Heureusement, ces difficultés bien réelles sont limitées par le fait que la plupart des sociétés n'utilisent les dérivés qu'à des fins de couverture et qu'elles ont généralement recours à des instruments standardisés.

Évolution prévisible

L'IAS 39 étant, à l'usage, apparue extrêmement complexe et difficile à appliquer, des voix se sont élevées pour réclamer une simplification. L'IASB s'est engagé dans cette direction en entreprenant la rédaction d'une nouvelle norme destinée à remplacer l'IAS 39.

En novembre 2009, l'IASB a publié une première version de cette norme IFRS 9. Ce texte, qui devrait entrer en vigueur en 2013 mais qui est d'ores et déjà applicable par les entreprises qui le souhaitent [1], modifie

1. À l'heure où nous écrivons (mars 2010), l'Union européenne n'a pas encore adopté cette norme.

considérablement les règles de classification et d'évaluation des actifs financiers. Il devrait ultérieurement être complété par des dispositions sur les dépréciations et la comptabilité de couverture. L'IASB s'est donné pour objectif de parvenir à une norme complète avant la fin de 2010.

L'IAS 39 en bref

Lors de leur comptabilisation initiale, les actifs et passifs financiers sont affectés à l'une des catégories suivantes :
- actifs ou passifs financiers à la juste valeur par le résultat,
- placements détenus jusqu'à l'échéance,
- prêts et créances,
- actifs financiers disponibles à la vente.

Les dérivés appartiennent à la catégorie « actifs ou passifs financiers à la juste valeur par le résultat ». L'entreprise peut également, dans un certain nombre de cas, affecter à cette catégorie n'importe quel actif ou passif financier, à l'exception des actions non cotées.

Au bilan, les actifs financiers sont évalués ainsi :
- placements détenus jusqu'à l'échéance, prêts et créances : au coût amorti,
- actions non cotées : au coût,
- autres actifs financiers : à la juste valeur.

Les passifs financiers sont évalués au coût amorti, sauf ceux de la catégorie « à la juste valeur par le résultat ».

Pour les instruments évalués à la juste valeur, les variations de cette dernière sont comptabilisées ainsi :
- actifs financiers disponibles à la vente : dans les capitaux propres,
- autres actifs ou passifs financiers : dans le résultat.

La comptabilisation des opérations de couverture obéit à des règles particulières :

– couverture de juste valeur : les variations de valeur de l'instrument couvert et de l'instrument de couverture sont comptabilisées dans le résultat,

– couverture de flux de trésorerie : la fraction du gain ou de la perte sur l'instrument de couverture qui constitue une couverture efficace est comptabilisée dans les capitaux propres, puis virée au résultat lorsque la perte ou le gain sur l'instrument couvert affecte le résultat,

– couverture de l'investissement net dans une entreprise étrangère : le gain ou la perte sur l'instrument de couverture est comptabilisé dans les capitaux propres puis virée au résultat en cas de vente de la participation couverte.

IAS 40

IMMEUBLES DE PLACEMENT[1]

Le sujet

Cette norme traite de la comptabilisation et de l'évaluation des immeubles de placement, c'est-à-dire des actifs immobiliers que l'entreprise donne en location ou qu'elle détient dans l'espoir de réaliser une plus-value.

Définitions

Un immeuble de placement est un bien immobilier (terrain ou bâtiment) détenu dans le but d'en retirer des loyers ou de réaliser une plus-value.

Cette définition exclut les actifs :

– utilisés par l'entreprise à la production de biens ou de services (usines, entrepôts...) ou à des fins administratives (siège social) ;

– et ceux destinés à être vendus dans le cadre de l'activité ordinaire de l'entreprise (immeubles détenus par un promoteur dans l'attente de leur commercialisation).

Ne constituent pas non plus des immeubles de placement :

– ceux qui sont loués à des salariés de l'entreprise, ;

– les immeubles en construction (même s'ils sont destinés à devenir des immeubles de placement) ;

– et ceux qui sont loués à des locataires par un contrat de location-financement.

1. Norme révisée en 2003.

Lorsqu'un immeuble comprend une partie louée et une autre occupée par l'entreprise, deux cas sont à envisager :

– si chaque partie peut être vendue séparément, la fraction louée doit être considérée comme un immeuble de placement ;

– si les deux parties ne peuvent être vendues séparément, l'ensemble ne constitue pas un immeuble de placement sauf si la fraction occupée par l'entreprise n'est pas significative.

Lorsque le locataire est une société du groupe, l'immeuble ne peut être considéré comme un immeuble de placement dans les comptes consolidés. Par contre, l'entreprise propriétaire doit l'inscrire comme tel dans ses comptes individuels.

Signalons enfin que la qualité d'immeuble de placement n'est pas réservée aux actifs dont l'entreprise est propriétaire. Des immeubles détenus dans le cadre d'un contrat de location (location-financement ou location simple) peuvent aussi constituer des immeubles de placement s'ils satisfont à la définition donnée plus haut.

L'évaluation des immeubles de placement

L'évaluation initiale

Lors de leur entrée dans l'entreprise, les immeubles de placement sont comptabilisés à leur coût. Celui-ci est calculé comme pour les autres immobilisations corporelles (voir IAS 16).

Pour les immeubles faisant l'objet d'une location-financement, le coût correspond à la valeur actuelle des paiements minimaux liés à la location (voir IAS 17), ou à la juste valeur de l'actif si celle-ci est inférieure.

L'évaluation ultérieure

Au bilan, les immeubles de placement peuvent figurer :

– soit au coût, diminué des amortissements et autres dépréciations ;

– soit à leur juste valeur.

Le choix entre ces deux modes d'évaluation est libre. Toutefois, l'entreprise qui choisit la seconde solution doit l'appliquer à tous ses immeubles de placement. Il existe trois exceptions à ce principe :

• L'IASB admet que, dans des cas exceptionnels, il ne soit pas possible de déterminer la juste valeur de façon fiable et continue. L'immeuble en question doit alors être évalué à son coût, diminué des amortissements et dépréciations nécessaires, et ceci jusqu'à sa sortie de l'entreprise. Autrement dit, il ne sera pas possible de l'évaluer à sa juste valeur par la suite, même si celle-ci devient déterminable avec fiabilité.

• Lorsqu'ils sont considérés comme des immeubles de placement, les droits du locataire sur un immeuble faisant l'objet d'un contrat de location simple doivent obligatoirement être évalués à leur juste valeur.

• L'entreprise peut choisir un mode d'évaluation différent pour :

– les immeubles de placement qui sont adossés à des dettes dont la rémunération est fonction de la juste valeur de ces immeubles,

– et ses autres immeubles de placement.

La norme ajoute que lorsque l'entreprise a commencé à évaluer un immeuble de placement à sa juste valeur, elle doit continuer à le faire jusqu'à ce que cet actif sorte de l'entreprise ou cesse d'être un immeuble de placement, même si l'estimation de la juste valeur devient plus difficile.

La détermination de la juste valeur

La juste valeur est, de préférence, fixée par rapport aux prix du marché (après, si besoin est, ajustement pour tenir compte des spécificités de l'immeuble ou de la rareté des transactions).

Mais elle peut aussi être estimée en actualisant les cash-flows futurs (avant impôt) attendus de l'actif à un taux qui reflète le risque de celui-ci, c'est-à-dire les incertitudes relatives au montant et à l'échéance de ces flux.

Exemple 40.1. – Une entreprise possède un immeuble de bureaux qu'elle loue à d'autres sociétés. Le dernier compte d'exploitation de l'immeuble se présente ainsi (en euros) :

Produits : Loyers	1 200 000
Charges :	
Gardiennage, sécurité	– 70 000
Entretien	– 80 000
Amortissements	– 300 000
Autres charges d'exploitation	– 30 000
Intérêts hypothécaires	– 600 000
Résultat avant impôt	120 000
Impôt (30 %)	– 36 000
Résultat après impôt	84 000

Les prévisions concernant les 5 prochaines années sont les suivantes :

– loyers : augmentation de 2 % par an,

– gardiennage, sécurité : augmentation de 4 % par an,

– entretien et autres charges d'exploitation : augmentation de 3 % par an.

À partir de ces hypothèses, il est possible de prévoir les cash-flows d'exploitation de N+1 à N+5 (en milliers €) :

	N+1	N+2	N+3	N+4	N+5
Encaissements : loyers	1 224	1 248	1 273	1 299	1 325
Décaissements :					
Gardiennage, sécurité	– 73	– 76	– 79	– 82	– 85
Entretien	– 82	– 85	– 87	– 90	– 93
Autres charges d'exploitation	– 31	– 32	– 33	– 34	– 35
Cash-flows d'exploitation	1 038	1 055	1 074	1 093	1 112

Supposons qu'à fin N, le taux d'intérêt applicable à un investissement de ce type (taux hypothécaire) est de 6 %. Supposons en outre qu'à partir de la 5e année, les cash-flows seront constants.

La valeur actuelle à fin N+5 des cash-flows des années N+6 et suivantes est égale à :

$$\frac{1\,112}{0{,}06} = 18\,533 \text{ milliers d'euros.}$$

La juste valeur de l'immeuble à fin N peut donc être estimée à :

$$\frac{1\,038}{1{,}06} + \frac{1\,055}{(1{,}06)^2} + \frac{1\,074}{(1{,}06)^3} + \frac{1\,093}{(1{,}06)^4} + \frac{1\,112 + 18\,533}{(1{,}06)^5} = 18\,366 \text{ milliers d'euros.}$$

Le traitement comptable en cas d'évaluation à la juste valeur

Lorsqu'un immeuble de placement nouvellement construit est, pour la première fois, évalué à sa juste valeur, l'écart entre celle-ci et la valeur comptable de l'actif au moment de son achèvement constitue une charge ou un produit.

Exemple 40.2. – L'entreprise a fait construire un immeuble d'habitation dont le coût est de 5 millions d'euros. Au 31 décembre N, l'actif est évalué à sa juste valeur, estimée à 5 100 000 €.

L'évaluation de l'immeuble à fin N donnera lieu à l'écriture suivante :

Immeubles de placement (B)	5 100 000	
Constructions en cours (B)		5 000 000
Gains sur immeubles de placement (R)		100 000

Par la suite, toute variation de la juste valeur est également enregistrée dans le compte de résultat.

Exemple 40.2. – (suite) Supposons qu'à fin N+1, la juste valeur de l'immeuble s'établisse à 5 250 000 €. On aura l'écriture suivante :

Immeubles de placement (B) [5 250 000 – 5 100 000]	150 000	
Gains sur immeubles de placement (R)		150 000

Ces règles diffèrent donc de celles applicables aux autres immobilisations corporelles (IAS 16) sur trois points essentiels :

1) l'écart de réévaluation initial est comptabilisé dans le compte de résultat et non dans les capitaux propres ;

2) les réévaluations sont pratiquées chaque année (au lieu d'être espacées dans le temps) ;

3) toute variation de valeur est comptabilisée dans le compte de résultat, qu'elle soit positive ou négative.

En outre, les immeubles de placement étant réévalués chaque année, la constatation d'amortissements devient inutile. Ainsi, dans l'exemple précédent, aucun amortissement n'est comptabilisé en N+1, ni les années suivantes.

Les changements de classification

Lorsqu'un actif devient un immeuble de placement évalué à sa juste valeur, l'écart entre celle-ci et la valeur comptable au moment de l'évaluation est traité différemment selon l'origine de l'actif :

– si ce dernier figurait en stocks, l'écart est enregistré en charges ou en produits de l'exercice ;

– si l'immeuble figurait dans les immobilisations corporelles, l'opération est considérée comme une réévaluation et traitée conformément à l'IAS 16.

Exemple 40.3. – Jusqu'au 30 septembre N, l'entreprise occupait un immeuble de bureaux dont elle est propriétaire. Depuis cette date, elle le loue à d'autres sociétés, de sorte que cet actif est devenu un immeuble de placement. Au 30/09/N, la juste valeur de l'immeuble est estimée à 7 000 000 € alors que sa valeur comptable s'établit à :

coût	5 000 000
amortissements cumulés	– 3 000 000
	2 000 000

Si l'entreprise choisit l'évaluation à la juste valeur, le changement de nature de l'immeuble donnera lieu aux écritures suivantes, en supposant un taux d'imposition de 30 % :

30/09/N		
Amortissements cumulés des constructions (B)	3 000 000	
Constructions (B)		3 000 000
Immeubles de placement (B)	7 000 000	
Constructions (B)		2 000 000
Écart de réévaluation (B) [5 000 000 × 70 %]		3 500 000
Impôts différés passifs (B) [5 000 000 × 30 %]		1 500 000

La norme n'est pas très explicite sur le traitement ultérieur de l'écart de réévaluation. Elle se contente d'indiquer que celui-ci sera viré directement dans les réserves en cas de cession de l'immeuble. Selon nous, cela semble indiquer que l'écart de réévaluation n'est pas affecté par les variations de valeur postérieures au changement de catégorie, celles-ci étant comptabilisées dans le compte de résultat.

Exemple 40.3. – (suite) Supposons que la juste valeur de l'immeuble s'établisse à 6 800 000 € à fin N et à 7 300 000 € à fin N+1. Supposons également que l'immeuble soit vendu le 15 avril N+2 pour 7 500 000 €.

On devrait donc avoir les écritures suivantes :

31/12/N		
Pertes sur immeubles de placement (R) [7 000 000 – 6 800 000]	200 000	
Immeubles de placement (B)		200 000
31/12/N+1		
Immeubles de placement (B) [7 300 000 – 6 800 000]	500 000	
Gains sur immeubles de placement (R)		500 000
15/04/N+2		
Banque (B)	7 500 000	
Immeubles de placement (B)		7 300 000
Gains sur cessions d'actifs (R)		200 000
Écart de réévaluation (B)	3 500 000	
Bénéfices non distribués(B)		3 500 000
Impôts différés passifs (B)	1 500 000	
Impôts sur les bénéfices (R)		1 500 000

Lorsqu'un actif cesse d'être un immeuble de placement, par exemple parce que l'entreprise cesse de le louer pour l'occuper elle-même, il doit être comptabilisé à son coût. Ce dernier correspond à la juste valeur de l'immeuble à la date du changement.

Exemple 40.4. – L'entreprise occupe depuis le 1er juin N un immeuble de bureaux précédemment loué à des sociétés. La juste valeur de l'immeuble était respectivement de 6 900 000 € au 31/12/N–1 et de 7 000 000 € au 1er juin N. À cette même date, la durée d'utilisation résiduelle est estimée à 35 ans.

Les écritures de l'exercice N seront :

1/06/N		
Immeubles de placement (B) [7 000 000 – 6 900 000]	100 000	
Gains sur immeubles de placement (R)		100 000
Constructions (B)	7 000 000	
Immeubles de placement (B)		7 000 000
31/12/N		
Dotation aux amortissements (R) [(7 000 000 / 35) × 7/12]	116 667	
Amortissements cumulés des constructions (B)		116 667

Principales différences par rapport aux US GAAP

Aux États-Unis, il n'existe pas de norme comparable à l'IAS 40. Seules les sociétés d'investissement sont soumises à des règles d'évaluation spécifiques.

Dans les autres entreprises, les immeubles de placement sont traités comme les autres immobilisations corporelles. Ils sont donc évalués à leur coût, diminué des amortissements et autres dépréciations nécessaires, sans possibilité de réévaluation.

La pratique en Europe

Beaucoup d'entreprises ne mentionnent pas le traitement comptable des immeubles de placement, peut-être parce qu'elles n'en possèdent pas ou qu'elles ne leur appliquent pas de traitement particulier.

Parmi les sociétés qui font référence à des immeubles de placement, on en trouve qui ont choisi l'évaluation à la juste valeur :

« L'immobilier de placement est comptabilisé à sa juste valeur avec les variations de celle-ci enregistrées dans le compte de résultat de la période du changement. UBS emploie des experts immobiliers internes pour déterminer la juste valeur des immeubles de placement grâce à des techniques d'évaluation reconnues. Lorsque des prix de transactions récentes pour des propriétés comparables sont disponibles, la juste valeur est déterminée par référence à ces transactions » [UBS (Suisse), rapport annuel 2008 (traduction)].

D'autres entreprises préfèrent l'évaluation au coût historique :

« Les immeubles de placement sont enregistrés pour leur coût d'acquisition diminué du cumul des amortissements et des éventuelles pertes de valeur, selon les mêmes modalités que les immobilisations corporelles » [Vinci (France), rapport annuel 2008].

« Les immeubles de placement sont comptabilisés au coût historique, déduction faite des amortissements cumulés et des dépréciations de valeur. La durée de vie des immeubles résidentiels est estimée à 50 ans » [SwatchGroup (Suisse), rapport annuel 2008].

Les banques et compagnies d'assurance utilisent aussi la possibilité offerte par l'IAS 40 de traiter séparément les immeubles de placement adossés à des passifs dont le rendement est fonction de la juste valeur de ces immeubles :

« L'immobilier de placement (à l'exclusion des immeubles de placement adossés totalement ou partiellement à des passifs de contrats dont le risque financier est supporté par l'assuré et à des contrats "with-profit") est comptabilisé au coût. Les composants des immeubles sont amortis sur leur durée estimée d'utilisation, en tenant compte de leur valeur résiduelle, si celle-ci peut être estimée de façon fiable. L'immobilier de placement, adossé totalement ou partiellement aux passifs de :

– contrats dont le risque financier est supporté par l'assuré,

– polices "with-profit" dont la rémunération est fondée sur des actifs immobiliers, est comptabilisé à la juste valeur, les variations de la juste valeur étant enregistrées en résultat » [Axa (France), rapport annuel 2008].

Conséquences pour l'utilisateur des états financiers

L'IAS 40 offre le choix entre deux modes d'évaluation pour les immeubles de placement : le coût historique ou la juste valeur. La solution retenue est susceptible d'avoir des conséquences importantes sur les états financiers.

Étant donné que la hausse des prix de l'immobilier compense généralement la dépréciation résultant de l'utilisation des immeubles, l'évaluation de ceux-ci au coût historique aboutit à sous-estimer la valeur des actifs de l'entreprise. Cette méthode oblige en outre à constater des amortissements qui amputent le résultat d'une charge conventionnelle mais ne représentent aucune perte de valeur réelle.

L'évaluation à la juste valeur donne une vision plus juste des actifs et de la rentabilité réelle de l'entreprise ; mais elle souffre d'un handicap lié à la subjectivité de l'évaluation. Prévoir les flux de trésorerie futurs d'un immeuble loué est certes plus facile que pour la plupart des autres actifs, compte tenu de l'existence d'une base de calcul (les loyers actuels) et de la relative stabilité des locations dans le temps. L'estimation nécessite cependant plusieurs hypothèses (évolution des loyers et des charges d'exploitation, taux d'actualisation, valeur résiduelle de l'actif à l'issue de la période de location…) que les entreprises peuvent mettre à profit pour orienter le résultat dans le sens voulu.

L'évaluation par référence au prix du marché offre des garanties d'objectivité supérieures, mais encore faut-il qu'il existe un marché véritablement actif pour ce type d'immeubles, ce qui n'est pas toujours le cas, notamment lorsque le bien loué est vraiment spécifique par sa nature ou sa localisation. L'évaluation est aussi, *a priori*, plus fiable lorsqu'elle émane de professionnels indépendants que lorsqu'elle est pratiquée par l'entreprise elle-même.

En résumé, l'évaluation des immeubles de placement offre de multiples possibilités d'influencer l'actif net et le résultat. Toutefois, compte tenu de l'importance toute relative de ces actifs au bilan, le risque de manipulations comptables à grande échelle est, le plus souvent, limité. L'analyste devra cependant être vigilant lorsque ces biens représentent une part non négligeable des actifs de l'entreprise.

L'IAS 40 en bref

Les immeubles de placement sont des actifs immobiliers détenus pour être loués ou réaliser une plus-value.

Au bilan, ils peuvent être évalués :
- soit au coût, diminué des amortissements et autres dépréciations nécessaires,
- soit à leur juste valeur.

La solution retenue s'applique à tous les immeubles de placement.

En cas d'évaluation à la juste valeur :
- celle-ci est déterminée chaque année,
- et toute variation, qu'elle soit positive ou négative, est immédiatement comptabilisée dans le résultat.

IAS 41

AGRICULTURE[1]

Le sujet

Cette norme concerne l'activité agricole, c'est-à-dire la gestion de la transformation biologique de plantes ou d'animaux vivants. Elle couvre notamment l'élevage de cheptels, l'exploitation forestière, la culture de vergers ou de plantations, l'horticulture et l'aquaculture.

L'existence d'une gestion de la transformation biologique est essentielle. Ainsi, la récolte de ressources non gérées, comme la pêche en mer, n'est pas une activité agricole. Par contre, la pisciculture en est une.

Définitions

L'IAS 41 appelle actif biologique toute plante ou animal vivant.

On remarquera qu'un terrain, même agricole, n'est pas un actif biologique. Il n'est donc pas concerné par cette norme, mais par l'IAS 16.

L'IAS 41 désigne par transformation biologique le processus de croissance, de dégénérescence, de production et de procréation des actifs biologiques.

Cette transformation aboutit :

– soit à l'apparition d'un produit agricole, comme le lait, la laine ou le café,

1. Norme adoptée en 2000.

– soit à un changement de l'actif biologique lui-même (croissance ou naissance d'un animal ou d'une plante supplémentaire).

La récolte est le détachement de la production d'un actif biologique ou l'arrêt de ses processus vitaux (traite du bétail, abattage d'arbres...).

La production agricole est le produit récolté des actifs biologiques de l'entreprise (lait, coton, rondins de bois, carcasses de porcs, etc.).

Elle ne doit pas être confondue avec la transformation de produits de l'agriculture. Les exemples suivants, pour la plupart extraits d'un tableau fourni par l'IAS 41, illustrent cette différence.

Actifs biologiques	Produits agricoles	Produits résultant de la transformation de produits agricoles
Vaches	Lait	Fromage
Porcs	Carcasses	Saucisses, jambon fumé
Moutons	Laine	Fil de tissage
Vignes	Raisin	Vin
Arbres fruitiers	Fruits cueillis	Fruits transformés
Caféiers	Graines de café	Café torréfié

L'IAS 41 ne concerne pas la transformation des produits agricoles. Ces activités sont soumises aux autres normes (IAS 2 et 16 notamment).

La comptabilisation et l'évaluation des actifs biologiques et de la production agricole

L'évaluation des actifs biologiques

Dès leur comptabilisation initiale et à chaque clôture d'exercice, les actifs biologiques doivent être évalués à leur juste valeur, diminuée des coûts de vente estimés.

La juste valeur correspond au prix pratiqué sur un marché actif. En l'absence d'un tel marché, elle peut être estimée de différentes façons :

– par rapport aux prix pratiqués lors de transactions récentes ;

– par rapport aux prix de marché d'actifs similaires, ajustés pour tenir compte des différences ;

– par référence à des critères couramment utilisés dans le secteur (superficie pour un verger, kilo de viande pour du bétail, etc.) ;

– en actualisant les cash-flows attendus de l'actif.

Rappelons que lorsque la juste valeur d'un actif est estimée par actualisation des cash-flows futurs, le taux d'actualisation est un taux avant impôt. Les prévisions de cash-flows ne doivent pas non plus tenir compte de l'augmentation de valeur résultant des transformations biologiques additionnelles.

Exemple 41.1. – L'entreprise possède un troupeau de vaches laitières qu'elle souhaite évaluer par actualisation des cash-flows futurs. Ces derniers comprendront :

– en recettes : les ventes de lait et le prix de vente des animaux à la fin de leur période de production,

– en dépenses : les frais de nourriture et d'entretien des vaches.

Par contre, la valeur des veaux que pourraient produire les animaux ne sera pas prise en compte.

Les coûts de vente comprennent les commissions aux intermédiaires, les montants prélevés par les agences réglementaires et les bourses de matières premières, ainsi que les droits et taxes de transfert. Ils excluent par contre le transport et autres coûts nécessaires à la mise des actifs sur le marché. Compte tenu de la déduction des frais de vente, la comptabilisation initiale d'un actif biologique peut occasionner la constatation d'une perte.

Exemple 41.2. – L'entreprise vient d'acquérir pour 100 000 € un troupeau de porcs. Ce montant peut être considéré comme une bonne estimation de la juste valeur de ces animaux. Néanmoins, si ceux-ci devaient être revendus, l'entreprise devrait supporter 5 000 € de coûts de vente.

La comptabilisation initiale des animaux se fera ainsi :

Porcs (B)	95 000	
Pertes sur actifs biologiques (R)	5 000	
Banque (B)		100 000

Inversement, la naissance d'un nouvel actif biologique donnera lieu à la comptabilisation d'un gain.

Exemple 41.3. – Une vache appartenant à l'entreprise vient de donner naissance à un veau, dont la juste valeur est estimée à 100 €.

L'animal récemment né constitue un nouvel actif biologique, comptabilisé par l'écriture suivante :

Veaux (B)	100	
Gains sur actifs biologiques (R)		100

Les plantations sont liées physiquement au terrain qui les porte. Souvent, il n'y a donc pas de marché séparé pour ces actifs, mais il existe un marché pour l'ensemble (terrain + plantation). Dans ce cas, l'actif biologique (la plantation) peut être évalué en retranchant du prix de l'ensemble la juste valeur du terrain nu.

Exemple 41.4. – L'entreprise possède un terrain couvert d'arbres faisant l'objet d'une exploitation forestière. La juste valeur de l'ensemble est estimée à 150 000 €. Un terrain nu de surface équivalente se négocie aux alentours de 100 000 €. La plantation peut donc être évaluée à 50 000 €.

L'IAS 41 a prévu une exception à l'utilisation de la juste valeur. En effet, si lors de la comptabilisation initiale d'un actif biologique, il n'existe pas de prix de marché et si les autres méthodes d'estimation de la juste valeur sont reconnues non fiables, l'actif en question peut être évalué à son coût d'acquisition ou de production, diminué des amortissements et dépréciations nécessaires. Cette exception cesse toutefois d'être applicable dès qu'une estimation fiable de la juste valeur peut être faite.

L'évaluation de la production agricole

Lors de la récolte, la production des actifs biologiques est évaluée à sa juste valeur, diminuée des coûts de vente estimés. La récolte occasionne donc généralement la comptabilisation d'un produit.

Exemple 41.5. – Un troupeau de moutons est tondu. La valeur de marché de la laine récoltée, après déduction des coûts de vente, est de 20 000 €. La récolte sera comptabilisée ainsi :

Stock de laine (B)	20 000	
Production agricole (R)		20 000

L'évaluation à la juste valeur est la règle, même si cette production fait l'objet d'un contrat de vente à terme. Toutefois, si le contrat à terme est déficitaire, une dépréciation doit être comptabilisée, conformément à l'IAS 36.

Exemple 41.6. – Un producteur a récolté 10 000 tonnes de café. À la date de la récolte, la tonne de café vaut 200 € sur le marché au comptant, mais le producteur a vendu sa production à terme il y a 3 mois.

1er cas : Le prix convenu dans le contrat de vente à terme (220 €) est supérieur au prix actuel du marché :
Malgré l'existence du contrat à terme, qui garantit que la production sera vendue 220 € la tonne, celle-ci doit être évaluée à 10 000 × 200 = 2 000 000 €.

2e cas : Le prix de vente à terme (190 €) est inférieur au prix actuel du marché.
La production est évaluée à 10 000 × 190 = 190 000 €.

Le traitement des variations de valeur

Par la suite, toute variation de valeur d'un actif biologique ou de la production agricole est enregistrée en charges ou en produits de l'exercice.

Exemple 41.7. – L'entreprise possède 10 hectares de vigne, évaluées à 500 000 € à fin N–1. Un an plus tard, la juste valeur de ces vignes est estimée à 520 000 €. En N, l'entreprise enregistrera l'écriture suivante :

Vignes (B)	20 000	
Gains sur actifs biologiques (R)		20 000

Exemple 41.5. – (suite) À la clôture de l'exercice, la laine récoltée ne vaut plus que 18 500 € sur le marché.

Pertes sur production agricole (R)	1 500	
Stock de laine (B)		1 500

La comptabilisation des subventions agricoles

La comptabilisation des subventions est normalement du ressort de l'IAS 20. Toutefois, cette norme ne s'applique qu'aux subventions liées à des actifs biologiques évalués au coût d'acquisition ou de production.

Celles relatives à des actifs biologiques évalués à leur juste valeur doivent être comptabilisées en produits lorsque toutes les conditions d'attribution de la subvention sont remplies.

Exemple 41.8. – À la fin de l'année N, l'entreprise a obtenu une subvention de 10 000 euros pour cultiver de la luzerne sur un de ses terrains. Elle devra rembourser cette somme si elle cesse cette culture dans les 5 ans suivant l'obtention de la subvention.

La subvention ne sera comptabilisée en produits que lorsqu'elle sera définitivement acquise, c'est-à-dire en N+5. On aura donc :

N		
Banque (B)	20 000	
Subventions agricoles conditionnelles (B)		20 000
N+5		
Subventions agricoles conditionnelles (B)	20 000	
Subventions agricoles (R)		20 000

Si le contrat prévoit que l'entreprise pourra, en cas de cessation de culture, conserver une fraction de la subvention proportionnelle à la durée de culture, les écritures seront :

N		
Banque (B)	20 000	
Subventions agricoles conditionnelles (B)		20 000
Chaque année N+1 à N+5		
Subventions agricoles conditionnelles (B) [20 000/5]	4 000	
Subventions agricoles (R)		4 000

Principales différences par rapport aux US GAAP

Les US GAAP ne comportant pas de norme spécifique pour les activités agricoles, celles-ci sont soumises aux règles générales. Les actifs biologiques sont donc généralement évalués à leur coût d'acquisition ou de production, et non à leur valeur de marché.

La pratique en Europe

Les sociétés européennes cotées en bourse sont peu concernées par l'IAS 41, à l'exception de celles qui exercent une activité vinicole.

« La culture de raisin par les sociétés vinicoles du groupe est considérée comme une activité agricole. En conséquence, les actifs biologiques du groupe (vignes et raisin sur les vignes) sont évalués à leur juste valeur, calculée par actualisation des cash-flows. La production agricole (raisin récolté) est évaluée à sa juste valeur lors de son transfert dans les stocks » [Diageo (Royaume-Uni), rapport annuel 2008-2009 (traduction)].

« Les stocks de vins produits par le Groupe, en particulier les vins de Champagne, sont évalués en valeur de marché de la vendange correspondante, comme si les raisins récoltés avaient été acquis auprès de tiers. Jusqu'à la date de vendange, l'évaluation des raisins se fait prorata temporis sur la base d'un rendement et d'une valeur de marché estimés » [LVMH (France), rapport annuel 2008].

Conséquences pour l'utilisateur des états financiers

L'application du coût historique a toujours posé problème en agriculture. Comment en effet évaluer le coût de production d'un animal né au sein d'un troupeau ? Comment également tenir compte de l'enrichissement né de la croissance des actifs biologiques ? En imposant l'évaluation des actifs biologiques et de la production agricole à leur juste valeur, l'IAS 41 résout le problème du calcul du coût de la production animale et végétale, même si l'estimation de la juste valeur de biens ne faisant pas l'objet d'un marché n'est pas chose aisée.

Cette norme ne résout cependant pas tous les problèmes. Une des difficultés résiduelles nous semble être l'évaluation séparée du terrain et de la plantation qu'il supporte. La solution proposée par l'IAS 41 (détermination de la valeur de la plantation par différence entre celle de l'ensemble et celle du terrain nu) n'est pas toujours applicable car elle suppose l'existence de terrains nus dans le voisinage, ce qui n'est pas forcément le cas. On peut également s'interroger sur la pertinence de cette approche pour certains biens particuliers. Comment savoir en effet quelle fraction de la valeur d'un vignoble provient des caractéristiques du terrain (nature du sol, ensoleillement, micro-climat) et quelle partie est attribuable aux plants de vigne ?

L'IAS 41 en bref

Les actifs biologiques (plantes et animaux vivants) ainsi que la production agricole sont évalués à leur juste valeur, diminuée des coûts de vente estimés.

Toute variation de la juste valeur des actifs biologiques et de la production agricole est immédiatement comptabilisée en produits ou en charges.

Les subventions agricoles liées à des actifs biologiques évalués à leur juste valeur sont comptabilisées en produits dès qu'elles sont définitivement acquises.

IFRS 1

PREMIÈRE ADOPTION DE NORMES INTERNATIONALES D'INFORMATION FINANCIÈRE[1]

Le sujet

Cette norme expose les règles à respecter lors de la première application des IFRS afin de rendre le changement transparent et assurer une certaine comparabilité aux informations comptables avant et après l'adoption des IFRS.

Définitions

Les premiers états financiers IFRS sont les premiers comptes annuels que l'entreprise déclare explicitement et sans réserve conformes aux IFRS.

Le premier exercice IFRS est l'exercice couvert par les premiers états financiers IFRS.

La date de transition aux IFRS est la date de début du premier exercice présenté à titre comparatif dans les premiers états financiers IFRS. Il s'agit donc généralement du début de l'exercice précédant la première application des IFRS.

Le premier bilan d'ouverture en IFRS est le bilan (publié ou non) de l'entreprise à la date de transition aux IFRS.

1. Norme adoptée en 2003, révisée en 2008 et amendée en 2009.

Pour les sociétés cotées soumises à la réglementation de l'Union européenne et qui n'ont pas appliqué les IFRS avant d'y être contraintes, ces termes ont la signification suivante :

– premiers états financiers IFRS : états financiers de l'exercice ouvert en 2005 ;

– premier exercice IFRS : exercice ouvert en 2005 ;

– date de transition aux IFRS : début de l'exercice ouvert en 2004 (1/01/2004 pour les sociétés clôturant leurs comptes le 31 décembre) ;

– premier bilan d'ouverture en IFRS : bilan d'ouverture de l'exercice ouvert en 2004 (bilan au 31/12/2003 pour les sociétés clôturant leurs comptes le 31 décembre).

Les principes

L'IASB refuse de considérer comme conformes à ses normes des comptes non accompagnés d'une déclaration de conformité, quand bien même l'entreprise respecterait toutes les autres dispositions des IFRS. Les premiers états financiers IFRS sont donc les premiers états financiers accompagnés de cette déclaration de conformité.

À la date de transition aux IFRS, l'entreprise doit établir son premier bilan d'ouverture en IFRS. Celui-ci est le point de départ de la comptabilité selon les IFRS.

Le premier bilan d'ouverture en IFRS est établi selon les mêmes méthodes comptables que les premiers états financiers IFRS (même si celles-ci n'étaient pas encore en vigueur à la date de transition aux IFRS). Il y a donc application rétroactive des IFRS.

Exemple IFRS 1.1. – La société décide d'appliquer pour la première fois les IFRS aux états financiers de l'exercice N. Si elle clôture ses comptes le 31 décembre, la date de transition aux IFRS est le 1er janvier N–1. Le premier bilan d'ouverture en IFRS est donc le bilan du 31 décembre N–2. Il est établi conformément aux IFRS en vigueur au 31 décembre N.

Si les méthodes comptables utilisées diffèrent de celles qui étaient employées précédemment, il en résulte des ajustements qui sont directement comptabilisés dans les capitaux propres du premier bilan d'ouverture en IFRS.

Exemple IFRS 1.1. – (suite) Le bilan au 31/12/N–2, établi selon les normes nationales, se présentait ainsi :

Actifs	1 000
Dettes	– 600
Capitaux propres	400

Selon les IFRS, les actifs auraient été évalués 900 et les dettes 630.

Le premier bilan d'ouverture en IFRS (bilan au 31/12/N–2) se présente donc ainsi :

Actifs	900
Dettes	– 630
Capitaux propres	270

dont :

montant figurant au bilan du 31/12/N	400	
incidence de la première application des IFRS	– 130	[(900 – 1 000) – (630 – 600)]
	270	

Les exceptions

L'adoption des IFRS ne doit pas être l'occasion d'une remise en cause des évaluations antérieures. C'est pourquoi les estimations utilisées à la date de transition aux IFRS doivent être cohérentes avec celles qui avaient été faites à la même date pour l'évaluation selon les normes comptables antérieures.

Exemple IFRS 1.2. – L'entreprise applique pour la première fois les IFRS à l'exercice clos le 31/12/N. Sa date de transition aux IFRS est donc le 1/01/N–1. Le bilan au 31/12/N–2, établi selon les anciennes normes, était basé sur les estimations à cette date.

Imaginons qu'en juillet N–1, soit apparue une information nouvelle qui remettait en cause les estimations précédentes. Le premier bilan d'ouverture en IFRS (bilan au 1/01/N–1) ne doit pas en tenir compte car cette information était inconnue à cette date.

L'impact de cette information se retrouvera donc dans le résultat (ou le résultat global) de l'exercice N–1.

Les dispenses d'application rétroactive des IFRS

L'application rétroactive des IFRS peut s'avérer difficile dans certains cas, en particulier pour les éléments les plus anciens. L'IFRS 1 admet donc une série de dispenses d'application de ce principe. Elles concernent en particulier :

– l'évaluation des actifs immobilisés,

– les avantages du personnel,

– les différences de conversion comptabilisées dans les capitaux propres,

– les instruments financiers composés,

– les regroupements d'entreprises.

L'évaluation des actifs immobilisés

L'entreprise est autorisée à utiliser comme coût présumé de ses immobilisations corporelles, incorporelles et immeubles de placement, leur juste valeur à la date de transition aux IFRS.

Si ces actifs ont fait l'objet d'une réévaluation à une date antérieure, le montant réévalué peut aussi être utilisé comme coût présumé à cette date.

Exemple IFRS 1.3. – L'entreprise applique pour la première fois les IFRS à l'exercice clos le 31/12/N. Elle a des difficultés pour déterminer le coût d'un immeuble qu'elle détient depuis une trentaine d'années. Au 31/12/N–6, la juste valeur de l'immeuble avait été estimée à 2 millions d'euros et sa durée d'utilisation résiduelle à 20 ans.

Pour établir le premier bilan en IFRS (bilan au 31/12/N–2), l'entreprise peut évaluer l'immeuble à : 2 000 000 – (100 000 × 4) = 1 600 000 €.

Les avantages du personnel

La règle dite « du corridor » de l'IAS 19 permet de ne comptabiliser que les écarts actuariels qui dépassent un certain montant. L'application rétroactive de cette règle exigerait que l'entreprise ventile les écarts actuariels cumulés depuis le début de chaque régime jusqu'à la date de transition aux IFRS en une part comptabilisée et une part non comptabilisée.

À titre de simplification, l'IASB admet que, lors de la première application des IFRS, la totalité des écarts actuariels soient comptabilisés, sans que l'entreprise doive, pour autant, renoncer à utiliser la règle du corridor pour les écarts actuariels ultérieurs.

Les différences de conversion comptabilisées dans les capitaux propres

L'IAS 21 impose de comptabiliser directement dans les capitaux propres les différences de conversion des états financiers en monnaies étrangères et de ne les virer au résultat que lors de la cession ultérieure de la filiale étrangère.

L'entreprise qui adopte pour la première fois les IFRS n'est pas tenue de se conformer à ces dispositions. Elle peut considérer que le montant cumulé des différences de conversion est nul à la date de transition aux IFRS. Dans ce cas, bien entendu, seuls les écarts de conversion constatés ultérieurement seront virés au résultat au moment de la vente de la filiale.

Les instruments financiers composés

Conformément à l'IAS 32, la composante dette et la composante capitaux propres des instruments financiers composés (obligations convertibles, obligations à warrants) doivent être évaluées et comptabilisées séparément.

L'IFRS 1 permet cependant à l'entreprise qui applique pour la première fois les IFRS de ne pas distinguer ces deux éléments si la composante dettes se trouve dénouée à la date de transition aux IFRS.

Les regroupements d'entreprises

L'entreprise qui se conforme pour la première fois aux IFRS peut choisir de ne pas appliquer l'IFRS 3 aux regroupements d'entreprises antérieurs à la date de transition aux IFRS (à condition de ne retraiter aucun d'entre eux, sinon elle est tenue de retraiter l'ensemble des regroupements ultérieurs).

Les informations à fournir

Les premiers états financiers IFRS doivent comprendre au moins un exercice présenté à titre comparatif selon les IFRS.

Si l'entreprise présente également des chiffres plus anciens (exercices N–2 et antérieurs), elle doit :

– indiquer clairement que ceux-ci n'ont pas été préparés selon les IFRS,

– et mentionner (sans les quantifier) les principaux ajustements qui seraient nécessaires pour les rendre conformes aux IFRS.

Les premiers états financiers IFRS doivent également comprendre :

• un rapprochement entre les capitaux propres présentés selon le référentiel comptable antérieur et selon les IFRS aux deux dates suivantes :

– la date de transition aux IFRS (c'est-à-dire, normalement, la fin de N–2),

– et la clôture du dernier exercice présenté selon le référentiel comptable antérieur (exercice N–1) ;

• un rapprochement entre le résultat global présenté selon l'ancien référentiel comptable et selon les IFRS.

La pratique en Europe

Les entreprises de certains pays (Suisse, Allemagne) ont pu adopter les IFRS avant 2005. Pour les autres, l'année 2005 a été le premier exercice d'application des IFRS. Toutes ont donné, à l'époque, une information assez détaillée sur les ajustements pratiqués et les dispenses utilisées.

Certaines entreprises mentionnent encore, plusieurs années plus tard, les choix faits lors du passage aux IFRS :

« Il convient par ailleurs de rappeler les options prises par Accor dans le cadre de la préparation de son bilan d'ouverture IFRS au 1er janvier 2004 (date de transition aux IFRS pour le Groupe), et ce en vertu de la norme IFRS 1, dans la mesure où celles-ci continuent d'avoir un impact important sur les comptes :

– non-retraitement des regroupements d'entreprises antérieurs au 1er janvier 2004 ;

– reclassement en réserves consolidées des écarts de conversion cumulés au 1er janvier 2004 ;

– non-réévaluation des immobilisations corporelles et incorporelles à la date de transition à leur juste valeur » [Accor (France), rapport annuel 2008].

« Les normes IFRS ont été appliquées avec effet rétrospectif au 1er janvier 2004, à l'exception de certaines exemptions prévues dans la norme IFRS 1 sur la première application des normes IFRS :

– non-retraitement des regroupements d'entreprise antérieurs au 1er janvier 2004 ;

– comptabilisation dans les capitaux propres d'ouverture des écarts actuariels relatifs aux retraites et avantages assimilés existants au 1er janvier 2004 ;

– reclassement des réserves de conversion au 1er janvier 2004 dans les réserves consolidées ;

– non réévaluation des immobilisations corporelles au 1er janvier 2004 ;

– non comptabilisation des plans d'options d'achat ou de souscription d'actions antérieurs au 7 novembre 2002 » [L'Oréal (France), rapport annuel 2008].

Conséquences pour l'utilisateur des états financiers

La première application d'un référentiel comptable doit satisfaire à deux exigences contradictoires :

1) Assurer la comparabilité des performances dans le temps, en évitant notamment que les états financiers de l'année du changement soient pollués par de multiples ajustements des postes du bilan.

2) Limiter le coût des ajustements à pratiquer pour ne pas trop pénaliser les entreprises qui changent de référentiel.

Les solutions trouvées par l'IFRS 1 semblent un bon compromis car :

– l'application rétroactive des IFRS permet véritablement de comparer les résultats de l'exercice du changement à ceux de l'année précédente ;

– et les dispenses d'ajustements sont suffisamment limitées pour ne pas compromettre la lisibilité des états financiers.

Bien évidemment, les possibilités de comparaison sont limitées aux exercices dont les comptes sont retraités. Ainsi, quel que soit le soin apporté aux ajustements, les états financiers de l'exercice du changement ne seront pas comparables à ceux publiés trois ou quatre années auparavant. L'analyste ne doit pas l'oublier dans ses analyses à long terme, notamment dans l'observation de longues séries de ratios.

L'IFRS 1 en bref

L'entreprise qui applique pour la première fois les IFRS doit retraiter les comptes de l'exercice précédent.

Certaines simplifications sont admises pour éviter de devoir remonter trop loin dans le temps.

Les premiers états financiers établis conformément aux IFRS doivent être accompagnés d'une déclaration de conformité à ces normes.

IFRS 2

PAIEMENT FONDÉ SUR DES ACTIONS[1]

Le sujet

Cette norme traite de la comptabilisation des options sur actions (*stock-options*) et autres rémunérations des salariés et des dirigeants lorsque celles-ci sont basées sur la valeur des actions de l'entreprise (ou d'une société du même groupe). Mais elle s'applique aussi, d'une façon générale, à toutes les transactions dont le montant est, d'une manière ou d'une autre, indexé sur les capitaux propres de l'entreprise.

Elle ne concerne pas, en revanche, les actions remises dans le cadre d'un regroupement d'entreprises (voir IFRS 3).

Définitions

L'IFRS 2 distingue trois catégories de transactions dont le prix est basé sur des actions :

– celles qui sont payées sous forme d'actions ou d'options sur actions de l'entreprise ou d'une entreprise du même groupe (*equity-settled share-based payment transactions*) ;

– celles qui sont payées en espèces (ou par la remise d'autres actifs), mais pour un montant qui est fonction de la valeur des actions de l'entreprise ou d'une entreprise du même groupe (*cash-settled share-based payment transactions*) ;

1. Norme publiée en 2004 et amendée en 2008 et 2009.

– et celles qui offrent à l'entreprise ou au bénéficiaire le choix entre des espèces ou des actions de l'entreprise ou d'une entreprise du même groupe.

Les règles générales de comptabilisation

Les transactions dont le prix est basé sur des actions doivent être comptabilisées au moment où l'entreprise obtient les biens et services correspondants. En contrepartie, on enregistre :
– une augmentation des capitaux propres si le règlement est prévu sous forme d'actions ou d'options sur actions ;
– une dette si le règlement doit avoir lieu en espèces.

Si les biens ou services reçus ne satisfont pas aux conditions de comptabilisation d'un actif, ils sont comptabilisés en charges. C'est évidemment le cas des services rendus par les salariés et les dirigeants, dont la rémunération constitue généralement une charge immédiate.

Les contrats payables en actions ou en options sur actions de l'entreprise

Les transactions correspondantes sont comptabilisées à la juste valeur des biens ou services reçus. Si celle-ci ne peut être déterminée avec fiabilité, elle est remplacée par la juste valeur des instruments de capitaux propres émis. La date d'évaluation est celle à laquelle le contrat a été conclu. Cette date est appelée « date d'attribution » (*granting date*). Lorsque l'approbation des actionnaires est nécessaire, c'est la date de l'assemblée générale.

L'IFRS 2 précise qu'il n'est généralement pas possible de déterminer avec fiabilité la juste valeur des services rendus par les salariés et les dirigeants. Les avantages accordés à ces personnes sont donc comptabilisés à la juste valeur des actions ou options sur actions remises en paiement de ces services.

Lorsque les avantages accordés aux salariés [1] ne sont assortis d'aucune condition, leur comptabilisation en charges est immédiate.

Exemple IFRS 2.1. – Le 10 janvier N, l'entreprise distribue 10 000 actions. Ces actions, de valeur nominale 100 €, ont été rachetées 350 € l'unité en novembre N–1. Leur cours de bourse au 10/01/N est de 370 €.

L'IAS 32 interdisant de comptabiliser un gain ou une perte lors de la cession par une entreprise, de ses propres instruments de capitaux propres, l'opération sera comptabilisée ainsi :

1. Nous utiliserons dorénavant l'expression « salariés » pour désigner l'ensemble des personnes travaillant pour l'entreprise. Cela inclut donc les dirigeants, administrateurs, membres du conseil de surveillance, etc.

10/01/N		
Rémunérations en actions (R) [10 000 × 370]	3 700 000	
Actions propres (B) [10 000 × 350]		3 500 000
Résultat de cessions d'actions propres (B)		200 000

Souvent, les droits sont soumis à une condition, comme le maintien du salarié dans l'entreprise pendant un certain temps, ou l'obtention d'un certain niveau de performance par l'entreprise ou le bénéficiaire. Dans ce cas, le coût correspondant doit être étalé sur la « période d'acquisition des droits » (*vesting period*), c'est-à-dire sur l'intervalle de temps que l'entreprise estime nécessaire pour que la ou les conditions soient réalisées. Les paragraphes qui suivent illustrent différentes situations de ce type.

Droits soumis à une condition de présence dans l'entreprise

Lorsque les droits ne seront acquis qu'à l'expiration d'un certain délai et sous réserve que le bénéficiaire soit toujours présent dans l'entreprise à cette date, le nombre d'actions ou d'options à émettre est ajusté chaque année en fonction des prévisions de départ des personnes concernées.

L'évaluation des titres reste par contre basée sur leur juste valeur à la date d'attribution. Les variations ultérieures de cours ne sont donc pas répercutées dans le coût des biens ou services reçus.

Exemple IFRS 2.2. – Au début de l'année N, l'entreprise signe avec ses 200 salariés un accord stipulant que chacun d'eux recevra 10 actions à la fin de l'année N+2, s'il est encore dans l'entreprise à cette date. Le cours de l'action à la signature du contrat est de 250 €. Au début N, l'entreprise estime à 90 % le pourcentage de salariés qui seront toujours en place à la fin de N+2.

À fin N, le pourcentage probable de présence a été ramené à 80 %, compte tenu des départs observés durant l'année. À cette même date, le cours de l'action est de 240 €.

Les écritures tiennent compte de l'évolution des prévisions de présence mais pas de la variation de valeur de l'action :

N		
Rémunérations en actions (R) [1/3 (200 × 10 × 250 × 80 %)]	133 333	
Actions à remettre (B)		133 333

(le compte « actions à remettre » est un compte de capitaux propres)

À fin N+1, le pourcentage de présence probable passe à 75 % et l'action vaut 270 €.

N+1		
Rémunérations en actions (R)	116 667	
[2/3 (200 × 10 × 250 × 75 %) – 133 333]		
Actions à remettre (B)		116 667

Fin N+2, en définitive, 156 personnes se voient remettre des actions, dont la juste valeur est de 260 €. Ces actions ont été rachetées en N+1 à 255 € l'unité.

N+2		
Rémunérations en actions (R)	140 000	
[(156 × 10 × 250) – (133 333 + 116 667)]		
Actions à remettre (B)		140 000
Actions à remettre (B) [133 333 + 116 667 + 140 000]	390 000	
Résultat de cessions d'actions propres (B)	7 800	
Actions propres (B) [1 560 × 255]		397 800

(le compte « résultat de cessions d'actions propres » est un compte de capitaux propres).

Droits soumis à une condition indépendante du marché

Nous envisageons ici le cas de droits qui ne seront acquis que lors de la survenance d'un événement indépendant de l'évolution du cours de l'action. L'événement en question est généralement la réalisation d'un certain niveau de performance par l'individu, l'équipe à laquelle il appartient, ou l'entreprise dans son ensemble.

Comme précédemment, le montant comptabilisé est ajusté chaque année en fonction de l'évolution de la probabilité que l'événement se réalise, mais on ne tient pas compte des fluctuations de valeur des actions ou options qui seront remises en paiement.

Les exemples suivants envisagent deux cas possibles.

Incertitude sur le délai nécessaire à la réalisation de la condition

Exemple IFRS 2.3. – Au début de l'année N, l'entreprise a convenu d'accorder à son directeur général 1 000 actions (de valeur nominale 100 €) dès que le résultat d'exploitation aura augmenté de 30 % par rapport à son niveau de N–1. Le cours de l'action à la signature du contrat est de 250 €. Au début N, l'entreprise estime à 3 ans le temps nécessaire pour obtenir la performance requise.

En N, le résultat d'exploitation n'a augmenté que de 5 %, ce qui amène l'entreprise à réviser ses prévisions initiales et à considérer que le seuil convenu ne sera pas atteint avant N+3. Si ces prévisions se réalisent, la période d'acquisition des droits sera de 4 ans (début N à fin N+3). D'où l'écriture :

N		
Rémunérations en actions (R) [1/4 (1 000 × 250)]	62 500	
Actions à remettre (B)		62 500

Finalement, le bénéfice de N+1 est supérieur de 25 % à celui de N–1, de sorte qu'à fin N+1, l'entreprise estime que la hausse prévue sera atteinte dès l'année suivante.

N+1		
Rémunérations en actions (R) [2/3 (1 000 × 250) – 62 500]	104 167	
Actions à remettre (B)		104 167

L'exercice N+2 se solde par un résultat d'exploitation en augmentation de 37 % par rapport à celui de N–1. L'entreprise rachète donc 1 000 actions pour 320 000 € et les remet au directeur général.

N+2		
Rémunérations en actions (R) [(1 000 × 250) – 62 500 – 104 167]	83 333	
Actions à remettre (B)		83 333
Actions propres (B)	320 000	
Banque (B)		320 000
Actions à remettre (B)	250 000	
Résultat de cessions d'actions propres (B)	70 000	
Actions propres (B)		320 000

Incertitude sur le nombre d'actions ou d'options à remettre

Exemple IFRS 2.4. – Au début de l'année N, le comité de rémunération de l'entreprise a accepté d'accorder des options d'achat d'actions (*stock-options*) au directeur général. Chacune permettra d'acquérir 1 action de la société au prix de 150 €. Ces options seront exerçables pendant 2 ans à partir du 1er janvier N+3. Le nombre de stock-options remises dépendra de la rentabilité moyenne des fonds propres au cours des années N à N+2. Le directeur général recevra :

– 5 000 options si la rentabilité moyenne des fonds propres est inférieure ou égale à 8 %,

– 8 000 options si elle est comprise entre 8 % et 12 %,

– 10 000 options si elle est supérieure ou égale à 12 %.

Au début de l'année N, l'entreprise s'attend à une rentabilité moyenne des fonds propres de 10 % au cours des trois prochaines années. À cette même date, la juste valeur d'une option est estimée à 20 €.

En N, la rentabilité des fonds propres a été de 11 % et l'entreprise pense qu'elle se maintiendra au même niveau les deux années suivantes. Compte tenu de ces prévisions, l'entreprise s'attend à remettre 8 000 options. À fin N, la juste valeur de celles-ci est de 25 €.

N		
Rémunérations en options sur actions (R) [1/3 (8 000 × 20)]	53 333	
Options sur actions (B)		53 333

L'exercice N+1 ayant été particulièrement bon, la rentabilité moyenne des fonds propres des 2 années N et N+1 s'établit finalement à 15 % et l'entreprise prévoit, pour les trois années N à N+2, une rentabilité moyenne de 13 %. À fin N+1, la juste valeur de l'option est de 35 €.

N+1		
Rémunérations en options sur actions (R) [2/3 (10 000 × 20) – 53 333]	80 000	
Options sur actions (B)		80 000

En définitive, la rentabilité moyenne des trois années N à N+2 a été de 13 %. Le directeur général reçoit donc 10 000 options dont la valeur unitaire est de 30 €.

N+2		
Rémunérations en options sur actions (R) [(10 000 × 20) – 53 333 – 80 000]	66 667	
Options sur actions (B)		66 667

Droits soumis à une condition relative au marché

Ces droits ne seront acquis que lorsqu'une condition relative au marché sera remplie, c'est-à-dire, généralement, lorsque le cours de l'action atteindra un certain niveau.

Le montant comptabilisé est fonction des conditions autres que celles relatives au marché. Il est donc indépendant de l'évolution du cours de l'action.

L'IASB justifie la non prise en compte des conditions relatives au marché par le fait que la probabilité que cette condition ne soit pas satisfaite est déjà intégrée dans l'évaluation de la juste valeur des droits à la date d'attribution.

Exemple IFRS 2.5. – Au début N, l'entreprise a accordé 10 000 options d'achat d'actions (*stock-options*) à chacun de ses 10 cadres dirigeants. Chaque option permettra, pendant 5 ans, d'acquérir 1 action de l'entreprise pour 180 €. Mais elle ne pourra être exercée qu'à une double condition :

– le cours de l'action devra avoir atteint ou dépassé 200 €,

– le bénéficiaire devra encore être en place dans l'entreprise à cette date.

Au début N, l'action vaut 130 € et la juste valeur de l'option d'achat est estimée à 2 €.

À fin N, le cours de l'action est de 140 € et la juste valeur de l'option est de 3 €. L'entreprise estime que :

– le cours de l'action n'atteindra pas 200 € avant la fin de N+4,
– 2 de ses dirigeants auront quitté l'entreprise à cette date.

La probabilité que le cours de l'action atteigne 200 € avant une certaine date est prise en compte dans l'évaluation de l'option. On aura donc :

N		
Rémunérations en options sur actions (R) [1/5 (80 000 × 2)]	32 000	
Options sur actions (B)		32 000

À fin N+1, le cours de l'action est de 170 € et la juste valeur de l'option d'achat est estimée à 9 €. L'entreprise estime maintenant que le seuil de 200 € devrait être atteint dès la fin de N+3 et que le nombre de dirigeants en place à cette date sera de 9.

Le changement de prévision sur la durée nécessaire à la réalisation de la condition de marché n'est pas pris en compte.

N+1		
Rémunérations en options sur actions (R) [2/5 (90 000 × 2) – 32 000]	40 000	
Options sur actions (B)		40 000

À fin N+2, l'action cote 210 € et les 10 dirigeants sont encore en place. Ils ont donc la possibilité d'exercer leurs options pendant 5 ans.

N+2		
Rémunérations en options sur actions (R) [(100 000 × 2) – 32 000 – 40 000]	128 000	
Options sur actions (B)		128 000

Le montant comptabilisé dans les capitaux propres

Le montant comptabilisé dans les capitaux propres ne peut être remis en cause, même si la condition d'acquisition des droits n'est finalement pas remplie ou si les options ne sont pas exercées.

Exemple IFRS 2.5. – (suite) Supposons qu'un des bénéficiaires n'exerce pas ses options dans le délai imparti (5 ans à compter du 1er janvier N+3).

Ses 10 000 options comptabilisées pour 20 000 € resteront néanmoins dans les capitaux propres. Tout au plus pourra-t-on, à l'expiration du délai d'exercice (31/12/N+7), les virer dans un compte de réserves :

31/12/N+7		
Options sur actions (B) [10 000 × 2]	20 000	
Bénéfices non distribués (B)		20 000

L'évaluation des options d'achat d'actions (stock-options)

L'IFRS 2 pose comme principe que les actions ou options d'achat remises en paiement sont évaluées à leur juste valeur à la date de conclusion du contrat (date d'attribution).

Pour les actions, la juste valeur correspond au cours de bourse. Si les actions ne sont pas cotées sur un marché actif, elle peut être estimée en actualisant les cash-flows futurs prévus à un taux fonction du risque de l'entreprise.

L'évaluation des options est plus complexe car il n'existe généralement pas d'options cotées ayant des caractéristiques proches de celles accordées aux salariés et dirigeants. L'entreprise est donc obligée d'utiliser un modèle d'évaluation (modèle de Black et Scholes, modèle binômial, etc.).

Le modèle de Black et Scholes est le plus connu et le plus utilisé. Il montre que la valeur d'une option d'achat est :

– proportionnelle à sa durée de vie résiduelle, au taux d'intérêt sans risque, au cours et à la volatilité de l'actif sous-jacent (l'action) ;

– et inversement proportionnelle au prix d'exercice.

Les modèles disponibles ont été développés pour évaluer des options de durée relativement courte (quelques mois) et aux caractéristiques simples ; alors que les *stock-options* accordées aux salariés sont généralement de longue durée (plusieurs années) et qu'elles possèdent souvent des particularités, comme une période d'exercice déterminée ou la possibilité d'exercice anticipé en cas de départ du salarié.

C'est pourquoi l'IFRS 2 précise, dans son guide d'application, que le modèle devrait, en principe, être ajusté pour refléter les caractéristiques particulières des options émises. Compte tenu de la complexité de tels modèles, il est cependant douteux que beaucoup d'entreprises disposent des compétences nécessaires à de tels ajustements. On peut donc s'attendre à ce que la plupart s'en tiennent à l'application des modèles disponibles.

L'IFRS 2 admet que, dans de rares cas, la juste valeur d'une option d'achat ne puisse être déterminée avec fiabilité. L'option doit alors être évaluée à sa valeur intrinsèque [1]. Chaque année, celle-ci est recalculée et tout écart est enregistré en produits ou en charges.

Exemple IFRS 2.6. – L'entreprise a, au début de l'année N, accordé 5 000 stock-options à un dirigeant. Chaque option donne droit, à partir du 1er janvier N+3, d'acquérir 1 action de la société pour 200 €. Au début N, l'action cote 180 €.

Si la juste valeur de l'option ne peut être déterminée avec fiabilité, l'entreprise utilisera la valeur intrinsèque, en l'occurrence 0 puisque le cours de l'action est

1. Si C désigne le cours de l'action et PE le prix d'exercice d'une option d'achat sur cette action, la valeur intrinsèque de l'option d'achat est :

C – PE si C > PE (l'option est dite *in-the-money*)

0 si C ≤ PE (l'option est dite *out-of-the money*).

inférieur au prix d'exercice de l'option. La valeur intrinsèque au 31/12/N étant nulle, l'entreprise ne comptabilisera rien au titre de N.

Supposons qu'à la clôture de l'exercice N+1, le cours de l'action soit de 230 €. La valeur intrinsèque de l'option est maintenant de 230 – 200 = 30 €, d'où l'écriture suivante :

N+1		
Rémunérations en options sur actions (R) [2/3 (5 000 × 30) – 0]	100 000	
Options sur actions (B)		100 000

Les modifications de contrat

Des événements extérieurs à l'entreprise (crise économique, événement politique, etc.) ou hors du contrôle des salariés peuvent diminuer fortement la probabilité de réalisation d'une des conditions du contrat.

De la même façon, le contrat apparaîtra moins favorable aux salariés si la valeur des actions qui doivent leur être remises chute fortement. Ce phénomène est encore accentué s'il s'agit de stock-options. Toute diminution de valeur du sous-jacent réduit en effet la probabilité d'exercice de l'option, au moins à court terme.

Pour éviter une démotivation des salariés, les entreprises sont donc parfois amenées à modifier les termes du contrat, par exemple en abaissant le niveau de résultat exigé, en augmentant le nombre d'actions remises à chaque salarié ou, s'il s'agit d'options, en abaissant le prix d'exercice. Il en résulte un coût supplémentaire qui, selon l'IFRS 2, doit être étalé sur la période restant à courir jusqu'à la date d'acquisition des droits (date de remise des actions ou date d'exercice des options, selon le cas).

Exemple IFRS 2.7. – Au début de l'année N, l'entreprise a accordé 100 stock-options à chacun de ses 200 salariés. Chaque option permettra d'acquérir 1 action de la société pour 80 € pendant 2 ans à partir du 1er janvier N+3, à condition que le salarié soit encore dans l'entreprise à cette date. À la date de conclusion du contrat, l'action vaut 60 € et la juste valeur de l'option est estimée à 8 €. L'entreprise estime que 20 salariés quitteront l'entreprise avant la fin de N+2.

À fin N, l'action ne vaut plus que 40 € et l'option 2 €. Sur les 200 salariés initiaux, 30 ont quitté l'entreprise et on s'attend à ce que 50 personnes supplémentaires partent dans les deux ans à venir. Pour remotiver le personnel, l'entreprise décide d'abaisser le prix d'exercice des options à 70 €. Sur cette base, la juste valeur des options est estimée à 7 €.

N		
Rémunérations en stock-options (R) [1/3 (100 × 120 × 8)]	32 000	
Options sur actions (B)		32 000

À fin N+1, le cours de l'action est remonté à 55 € et la juste valeur de l'option à 10 €. 15 salariés ont quitté l'entreprise au cours de l'année et on estime à 10 les départs qui devraient avoir lieu l'année suivante.

L'augmentation de valeur des options provoquée par l'abaissement du prix d'exercice (7 – 2 = 5 € par option) doit être étalée sur l'intervalle de temps entre la date de la modification (fin N) et la date d'exercice (fin N+2), soit 2 ans.

N+1		
Rémunérations en stock-options (R) [2/3 (100 × 145 × 8) + 1/2 [100 × 145 × (7 – 2)] – 32 000]	81 583	
Options sur actions (B)		81 583

Fin N+2, l'action vaut 60 € et l'option 11 €. En définitive, ce sont 140 salariés qui se voient remettre des options.

N+2		
Rémunérations en stock-options (R) [(100 × 140 × 8) + [100 × 140 × (7 – 2)] – 32 000 – 81 583]	68 417	
Options sur actions (B)		68 417

Les contrats payables en espèces pour un montant fonction de la valeur des actions de l'entreprise

Les biens et services reçus sont comptabilisés à leur juste valeur à la date de conclusion du contrat. En contrepartie, l'entreprise enregistre une dette du même montant.

Contrairement aux transactions payées en actions ou en options d'achat d'actions, la juste valeur des biens et services reçus doit être recalculée chaque année, et ses variations comptabilisées dans le compte de résultat.

L'exemple typique est un contrat accordant aux salariés une prime proportionnelle à la hausse du cours de l'action de l'entreprise.

Si le contrat n'est soumis à aucune condition, la rémunération correspondante est immédiatement comptabilisée en charges.

Exemple IFRS 2.8. – Fin N, l'entreprise décide d'accorder à ses salariés une prime égale à 20 % de l'accroissement de valeur des actions durant l'exercice. La capitalisation boursière de l'entreprise est passée de 20 millions € début N à 23 millions € à fin N.

N		
Rémunérations (R) [3 000 000 × 20 %]	600 000	
Salariés (B)		600 000

Si le contrat est assorti d'une ou plusieurs conditions, le montant comptabilisé initialement est ajusté chaque année en fonction de l'évolution de la juste valeur des droits émis et les variations sont enregistrées en charges ou en produits.

Exemple IFRS 2.9. – Début N, l'entreprise signe un plan d'intéressement aux termes duquel chacun de ses 1 000 salariés pourra, entre le 1er janvier N+2 et le 31 décembre N+3, exercer le droit de recevoir une somme égale à 10 fois la hausse de cours de l'action entre le 1er janvier N et la date d'exercice de ce droit. Le plan est réservé aux salariés qui seront encore en poste le 31/12/N+1. Au 1er janvier N, l'action cote 100 € et on estime que 5 % des salariés devraient quitter l'entreprise avant le 31/12/N+1. La juste valeur du droit, déterminée à l'aide d'un modèle d'évaluation d'options, est estimée à 230 €.

À fin N, l'action vaut 120 € et la juste valeur du droit est de 260 €. En N, 20 salariés ont quitté l'entreprise et on estime toujours que 950 personnes seront encore présentes à fin N+1.

N		
Rémunérations (R) [1/2 (950 × 260)]	123 500	
Salariés (B)		123 500

À fin N+1, 960 salariés sont finalement en poste, l'action vaut 130 € et le droit 350 €.

N+1		
Rémunérations (R) [(960 × 350) – 123 500]	212 500	
Salariés (B)		212 500

En N+2, 500 salariés exercent leurs droits. Le cours moyen de l'action au moment de l'exercice des droits est de 140 €.

N+2		
Salariés (B) [500 × 350]	175 000	
Rémunérations (R)	25 000	
Banque (B) [500 × 10 (140 – 100)]		200 000

À fin N+2, l'action vaut 127 € et le droit 290 €. Il faut ajuster la dette relative aux 460 salariés n'ayant pas encore exercé leurs droits.

N+2		
Salariés (B) [460 x (350 – 290)]	27 600	
Rémunérations (R)		27 600

En N+3, les 460 autres salariés exercent leurs droits. Le cours moyen de l'action au moment de l'exercice des droits est de 125 €.

N+3		
Salariés (B) [460 × 290]	133 400	
Banque (B) [460 × 10 (125 – 100)]		115 000
Rémunérations (R)		18 400

Les contrats offrant le choix du mode de paiement

La comptabilisation de ces contrats est différente selon que c'est le bénéficiaire ou l'entreprise qui a le choix du mode de paiement.

Les contrats dans lesquels le choix du paiement appartient au bénéficiaire

Le choix accordé au bénéficiaire peut être assimilé à une option d'achat d'actions. Un tel contrat doit donc être considéré comme un instrument financier composé de deux éléments :
- une partie dette, correspondant au paiement en espèces,
- une partie capitaux propres, correspondant au paiement en actions.

Souvent, la juste valeur des deux modes de paiement est identique, le choix se limitant à savoir si l'on souhaite recevoir le même montant en espèces ou sous forme d'actions.

Exemple IFRS 2.10. – Au début de l'année N, l'entreprise a consenti à ses 200 salariés un contrat qui leur garantit, s'ils sont encore en poste 3 ans plus tard, de recevoir :
- soit 100 actions de l'entreprise (solution A),
- soit un montant d'espèces équivalent (solution B).

Le cours de l'action à la conclusion du contrat est de 60 €. La juste valeur des 2 solutions est identique : 100 × 60 = 6 000 €. Le contrat équivaut donc à un contrat payable en espèces pour un montant fonction de la valeur des actions de l'entreprise. Il se comptabilise donc comme tel (voir section précédente).

Mais parfois, les deux solutions ne sont pas équivalentes, comme dans l'exemple suivant. L'IFRS 2 impose alors de traiter séparément la composante dettes et la composante capitaux propres du contrat. La première sera comptabilisée comme les contrats de la section précédente ; la seconde comme ceux payables en actions.

Exemple IFRS 2.11. – Au début de l'année N, l'entreprise a consenti à ses 200 salariés un contrat qui leur garantit, s'ils sont encore en poste 3 ans plus tard, de recevoir :
- soit 120 actions de l'entreprise (solution A),
- soit un montant d'espèces égal au prix de 100 actions (solution B).

S'ils choisissent le paiement en actions, les salariés devront s'engager à conserver celles-ci pendant 2 ans.

Au début de N, le cours de l'action est de 60 €. La juste valeur de la solution B est donc de 60 × 100 = 6 000 €.

Quant à la solution A, compte tenu des restrictions de transfert, sa juste valeur est estimée à 56 × 120 = 6 720 €.

L'instrument financier composé qu'est le contrat peut donc être analysé ainsi :

– composante dettes : 100 × 60 =	6 000
– composantes capitaux propres : 6 720 – 6 000 =	720
	6 720

À fin N, l'action vaut 63 € et on estime que le nombre de salariés encore en place 2 ans plus tard sera de 180. Les deux composantes du contrat seront évaluées ainsi :

N	Débit	Crédit
Rémunérations (R)	421 200	
Salariés (B) [1/3 (180 × 100 × 63)]		378 000
Options sur actions (B) [1/3 (180 × 720)]		43 200

(le compte « options sur actions » est, bien entendu, un compte de capitaux propres)

À fin N+1, l'action vaut 65 € et l'effectif prévu à fin N+2 est de 190 salariés.

N+1	Débit	Crédit
Rémunérations (R)	493 333	
Salariés (B) [2/3 (190 × 100 × 65) – 378 000]		445 333
Options sur actions (B) [2/3 (190 × 720) – 43 200]		48 000

À fin N+2, le cours de l'action est de 62 € et 185 salariés sont présents. 120 d'entre eux choisissent le paiement en espèces ; les autres des actions. L'entreprise émet donc 65 × 120 = 7 800 actions dont la valeur nominale est de 30 euros.

N+2	Débit	Crédit
Rémunérations (R)	365 667	
Salariés (B) [(185 × 100 × 62) – 378 000 – 445 333]		323 667
Options sur actions (B) [(185 × 720) – 43 200 – 48 000]		42 000
Salariés (B) [185 × 100 × 62]	1 147 000	
Options sur actions (B) [185 × 720]	133 200	
Banque (B) [120 × 100 × 62]		744 000
Capital (B) [65 × 120 × 30]		234 000
Prime d'émission d'actions (B)		302 200

Les contrats dont le choix du mode de paiement appartient à l'entreprise

Pour ces contrats, l'entreprise doit déterminer si elle a ou non l'obligation de payer en espèces. L'IFRS 2 précise qu'une telle obligation existe :
– si l'autre solution (paiement en actions) n'est pas réellement envisageable, par exemple parce que l'entreprise n'a pas le droit d'émettre des actions ;
– ou si elle a l'habitude de payer en espèces.

Si l'obligation existe, le contrat est considéré comme un contrat payable en espèces pour un montant fonction de la valeur des actions, et comptabilisé comme tel.

Si l'obligation n'existe pas, le contrat doit être traité comme un contrat payable en actions de l'entreprise.

Principales différences par rapport aux US GAAP

Les US GAAP exigent, comme l'IFRS 2, que les rémunérations basées sur la valeur des actions de l'entreprise soient comptabilisées en charges. Mais des divergences existent quant à l'évaluation de ces avantages.

La principale différence porte sur les paiements en actions ou en options sur actions à des non-salariés. Dans ce cas, la juste valeur des instruments remis peut, selon les US GAAP, être mesurée à une autre date que la date du contrat.

La pratique en Europe

Depuis qu'elles sont soumises aux IFRS, les sociétés européennes comptabilisent en charges les actions et stock-options accordées au personnel.

On notera néanmoins la variété des modèles d'évaluation utilisés.

« Le Groupe accorde aux dirigeants du Groupe et à certains salariés des options d'achat et de souscription d'actions. Les salariés bénéficient également d'attributions conditionnelles d'actions. Conformément à la norme IFRS 2, les options et les attributions conditionnelles d'actions sont évaluées à leur juste valeur à la date d'attribution. Le modèle de valorisation utilisé est le modèle mathématique binomial. Les variations de valeur postérieures à la date d'attribution ne remettent pas en cause l'évaluation initiale.

En application de la norme IFRS 2, la juste valeur des options et des attributions conditionnelles d'actions est comptabilisée dans le compte de résultat en charges de personnel linéairement entre la date d'attribution et la date d'acquisition définitive des droits, en contrepartie des capitaux propres » [Air Liquide (France), rapport annuel 2008].

« Le Groupe a des transactions dont le paiement est fondé sur des actions et qui sont réglées en instruments de capitaux propres et en trésorerie. Les rémunérations en actions réglées en instruments de capitaux propres sont comptabilisées dans le compte de résultat en tenant compte de l'augmentation correspondante des fonds propres durant la période de blocage. Elles sont valorisées à leur juste valeur à la date d'attribution, calculée selon le modèle de Black et Scholes. Le coût des rémunérations en actions réglées en instruments de capitaux propres est ajusté annuellement en fonction des prévisions d'exercice, pour les déchéances résultant du fait que les bénéficiaires ne satisfont plus aux conditions du plan, ainsi que pour les cas d'exercice anticipé.

Les engagements résultant de rémunérations dont le paiement est fondé sur des actions et qui sont réglées en trésorerie sont comptabilisés au compte de résultat durant la période de blocage. Ils sont valorisés à leur juste valeur à chaque date de clôture du bilan, calculée selon le modèle de Black et Scholes. Le coût des rémunérations en actions réglées en trésorerie est ajusté en fonction des déchéances résultant du fait que les bénéficiaires ne satisfont plus aux conditions du plan, ainsi que des cas d'exercice anticipé » [Nestlé (Suisse), rapport annuel 2008].

« Les options sur actions sont évaluées à leur juste valeur à la date d'attribution. Cette juste valeur, qui est évaluée en appliquant le modèle Monte Carlo d'évaluation d'options, est prise en charge linéairement sur la période d'acquisition des droits, en tenant compte d'une estimation du nombre d'options finalement acquises » [Solvay (Belgique), rapport annuel 2008].

Conséquences pour l'utilisateur des états financiers

D'un point de vue théorique, la comptabilisation des stock-options en charges est contestable. En effet, puisque ces titres constituent des instruments de capitaux propres, leur émission, tout comme leur exercice, ne devrait pas affecter le résultat. Si dilution il y a, ce n'est pas la valeur de l'entreprise dans son ensemble qui est diminuée, mais seulement les droits des actionnaires actuels. L'émission de stock-options s'analyse en fait comme un transfert de richesse des propriétaires actuels vers les actionnaires potentiels que sont les bénéficiaires des options. C'est la raison pour laquelle, jusqu'à une date récente, les stock-options n'étaient pas comptabilisées mais seulement mentionnées dans les notes.

Le problème est que cette forme de rémunération s'étant considérablement développée, en particulier au niveau des dirigeants (son traitement comptable antérieur n'est probablement pas étranger à ce succès), une fraction significative des frais de personnel de certaines entreprises échappait à toute comptabilisation, contribuant ainsi à gonfler le résultat. C'était particulièrement vrai pour les entreprises naissantes (*start-up*) dont les salariés sont souvent payés sous forme de stock-options. Ailleurs, c'était généralement une partie importante de la rémunération des dirigeants qui était ainsi rendue invisible. Des voix se sont donc élevées pour que les stock-options, comme toutes les autres formes de rémunération, soient comptabilisées en charges. Le FASB américain, puis l'IASB, ont finalement cédé à ces pressions et adopté un traitement comptable dont la justification est plus politique que théorique.

Quoi qu'il en soit, l'évaluation des stock-options pose de gros problèmes. Ces instruments n'étant pas cotés en bourse, l'utilisation de modèles est indispensable. Or, ces modèles (modèle de Black et Scholes, modèle binômial…) sont complexes. Qui plus est, ils ont été développés pour évaluer des options standardisées, à court terme, dont les caractéristiques sont relativement simples. Les stock-options, qui ont une durée beaucoup plus longue, présentent souvent des éléments spécifiques, notamment une période d'exercice déterminée ou la possibilité d'exercice anticipé en cas de départ du salarié. Les modèles disponibles doivent donc être adaptés pour tenir compte de ces particularités. Il est probable que la plupart des entreprises qui émettent des stock-options ne possèdent pas les compétences nécessaires à ces ajustements qui nécessitent une formation mathématique approfondie. On peut donc craindre des approximations dans l'évaluation de cette forme de rémunération, approximations qui pourraient être mises à profit par certaines entreprises pour justifier l'utilisation d'un modèle inadapté aux contrats existants.

L'IFRS 2 en bref

Cette norme distingue trois types de paiements basés sur des actions :

a) les paiements en actions ou options sur actions de l'entreprise,

b) les paiements en espèces pour un montant fonction de la valeur des actions de l'entreprise,

c) les paiements offrant le choix entre des espèces ou des actions de l'entreprise.

Les paiements en actions ou options sur actions sont comptabilisés à la juste valeur des biens ou services reçus ou, à défaut, des instruments émis. L'évaluation se fait à la date d'octroi des droits. Si ces derniers sont soumis à une condition, le coût est étalé sur la période restant à courir jusqu'à la date prévue de réalisation de la condition.

Les paiements en espèces pour un montant qui est fonction de la valeur des actions sont comptabilisés à la juste valeur des biens ou services reçus. Le montant est ajusté chaque année en fonction de l'évolution de la valeur des actions et les variations sont enregistrées dans le résultat.

Lorsque le choix du mode de paiement (espèces ou actions) appartient au bénéficiaire, le contrat est comptabilisé comme une option d'achat d'actions.

Lorsque le choix du mode de paiement appartient à l'entreprise, deux cas sont à envisager :

– si l'entreprise a l'obligation de payer en espèces, le contrat est comptabilisé comme ceux du type b) ;

– si l'entreprise n'a pas cette obligation, il est traité comme ceux du type a).

IFRS 3

REGROUPEMENTS D'ENTREPRISES[1]

Le sujet

Cette norme concerne les prises de contrôle d'entreprises. Elle indique comment l'acquéreur doit comptabiliser les actifs et les dettes qui lui sont transférés.

Elle ne s'applique pas à :

– l'acquisition d'actifs ou de groupes d'actifs ne constituant pas une entreprise ;

– la création de coentreprises, c'est-à-dire de sociétés soumises à un contrôle conjoint (voir à ce sujet l'IAS 31) ;

– le regroupement d'entités déjà sous contrôle commun (regroupement de deux filiales du même groupe par exemple).

Le concept de regroupement d'entreprises

Un regroupement d'entreprises est l'opération par laquelle un acquéreur obtient le contrôle d'une ou plusieurs entreprises ; le contrôle étant défini comme le pouvoir de diriger les politiques financière et opérationnelle d'une entité afin de retirer des avantages de ses activités[2]. Cette définition exclut donc les prises de participation ne donnant pas le contrôle de l'entité acquise.

1. Norme adoptée en 2008.
2. Pour une discussion du concept de contrôle, voir l'IAS 27.

Par entreprise, il faut entendre tout ensemble intégré d'activités et d'actifs, susceptible d'être exploité et géré dans le but de fournir un rendement sous forme de dividendes, de coûts inférieurs ou d'autres avantages économiques. Toute société constitue donc une entreprise. Mais l'existence d'une personnalité morale n'est pas nécessaire pour qualifier une structure d'entreprise. Un ensemble cohérent d'actifs et de dettes, comme les activités pharmaceutiques d'un groupe industriel chimique, constitue une entreprise au sens de cette norme, qu'il soit ou non organisé sous forme de filiale.

Un regroupement d'entreprises peut prendre plusieurs formes.

La plus extrême est la fusion, qui donne lieu au transfert de la totalité du patrimoine d'une entreprise à une autre ou à la création d'une société nouvelle par réunion de plusieurs entités existantes. Toute fusion aboutit normalement à la dissolution de la ou des entreprises dont le patrimoine est transféré.

Mais la plupart des regroupements d'entreprises s'effectuent sans mouvement d'actifs, par simple transfert d'actions de l'entreprise acquise. Il s'agit alors d'une prise de contrôle qui transforme la société vendeuse en filiale de l'acquéreur.

L'opération peut s'effectuer avec la coopération des dirigeants de la société acquise (fusion, prise de contrôle amicale) ou directement avec ses actionnaires (offre publique d'achat ou d'échange hostile).

Le patrimoine acquis peut être payé en actions de l'acquéreur (fusion, offre publique d'échange), en espèces (offre publique d'achat...) ou échangé contre d'autres actifs.

L'identification de l'acquéreur et de la date d'acquisition

L'IFRS 3 pose comme principe que, dans tout regroupement d'entreprises, il existe un acquéreur. C'est l'entité qui obtient le contrôle des autres entités participant au regroupement.

Dans la plupart des cas, l'acquéreur est évident. Pour aider à son identification, l'IFRS 3 précise néanmoins qu'il s'agit généralement de :

- l'entreprise dont la juste valeur est la plus grande ;
- celle qui remet des actions ou des liquidités à l'autre partie ;
- ou celle dont les dirigeants domineront l'entité issue du regroupement.

Il arrive parfois que l'acquisition soit inversée, c'est-à-dire que l'acquéreur soit l'entreprise dont les actions sont échangées. C'est le cas, notamment, lorsqu'une société non cotée se fait soit disant "acheter" par une plus petite mais cotée en bourse pour bénéficier de la cotation. L'identification de l'acquéreur doit alors être basée sur la détention du contrôle de l'entité issue du regroupement.

Exemple IFRS 3.1. – La société A, dont la juste valeur est estimée à 100 millions d'euros et le capital constitué de 100 000 actions, se fait acheter par la société B dont la capitalisation boursière est de 10 millions d'euros (100 000 actions valant 100 €).

Chaque action A (juste valeur 1 000 €) est échangée contre 10 actions B.
À l'issue de l'opération, le capital de B sera réparti ainsi :

anciens actionnaires de B :	100 000 actions	9 %
anciens actionnaires de A : 100 000 × 10 =	1 000 000 actions	91 %
	1 100 000 actions	100 %

Bien que ce soit des actions B qui sont remises en échange, A est l'acquéreur car ce sont ses actionnaires qui seront majoritaires dans la société B après le regroupement.

La date d'acquisition est celle à laquelle l'acquéreur a obtenu le contrôle de l'entreprise acquise. C'est généralement le moment auquel il a payé le patrimoine acquis.

Dans certains cas cependant, la date d'acquisition peut être antérieure ou postérieure au paiement, notamment lorsqu'un accord écrit précise que le contrôle de l'entreprise acquise est transféré à une date particulière.

La comptabilisation du regroupement

Chez l'acquéreur, le regroupement est comptabilisé selon la méthode dite « de l'acquisition » [1], qui consiste à enregistrer le patrimoine de l'entreprise acquise à sa juste valeur, en distinguant :
– les actifs et dettes identifiables,
– le goodwill.

Les actifs et dettes identifiables

Doivent être considérés comme actifs identifiables tous les éléments acquis qui satisfont à la définition générale des actifs, à savoir (voir cadre conceptuel) :
– la probabilité de cash-flows futurs,
– la possibilité d'une évaluation fiable.

Peuvent être reconnus comme actifs des éléments qui ne figuraient pas au bilan du vendeur parce qu'ils ne satisfaisaient pas aux conditions requises.

Des éléments incorporels peuvent notamment être reconnus à ce niveau, dans la mesure où :
– soit ils résultent de droits légaux ou contractuels (concession d'exploitation d'un service public par exemple) ;

1. Ce nom permettait de distinguer cette méthode de celle de la « mise en commun des intérêts » (*pooling of interests*) qui était utilisable dans certains cas. Depuis que cette dernière méthode a été interdite (2001), il n'existe plus qu'une seule façon de comptabiliser les regroupements d'entreprises. L'IASB continue néanmoins de désigner cette méthode par son ancien nom.

– soit ils sont séparables de l'entreprise, c'est-à-dire qu'ils peuvent être vendus indépendamment de celle-ci, comme les marques commerciales, les brevets, les licences de fabrication.

Les autres éléments, en particulier ceux qui ne peuvent être vendus sans entraîner la disparition de l'entreprise (clientèle, savoir-faire...), ne sont pas comptabilisés séparément ; ils font partie du goodwill de l'entreprise.

En ce qui concerne les dettes de l'entreprise acquise, seules celles existant à la date d'acquisition sont comptabilisées.

Parfois, l'opération est suivie d'une restructuration de l'entreprise acquise. Dans ce cas, les dépenses correspondantes (frais de fermeture de sites, de réorganisation, indemnités de licenciements, etc.) peuvent être provisionnées mais les conditions mises à la constitution de cette provision sont draconiennes (voir IAS 37). Rappelons également que d'éventuelles pertes d'exploitation futures ne peuvent en aucun cas être provisionnées (IAS 37).

Ces dispositions ont pour but d'éviter que l'acquéreur profite de l'opération pour comptabiliser des provisions excessives qui pourraient ultérieurement être dissoutes et améliorer ainsi les résultats des exercices futurs (voir la section « Conséquences pour l'utilisateur des états financiers »).

Il est à noter que le regroupement d'entreprises peut être l'occasion de comptabiliser des engagements qui ne figuraient pas au bilan de l'entreprise acquise. Les passifs éventuels de celle-ci, au sens de l'IAS 37, c'est-à-dire ses engagements hors-bilan, peuvent en effet être pris en compte dans l'analyse du prix d'acquisition, à la seule condition que leur montant puisse être estimé avec fiabilité.

Quant aux impôts différés, ils doivent tenir compte des conséquences de l'évaluation des actifs et dettes identifiables à leur juste valeur. Autrement dit, il faut comptabiliser les impôts différés sur l'écart entre la juste valeur et la valeur comptable de l'actif net identifiable de l'entreprise acquise.

À la date d'acquisition, l'acquéreur doit classer les actifs identifiables acquis et les dettes reprises de manière à permettre l'application ultérieure des autres normes. Il doit en particulier classer les actifs et passifs financiers dans les catégories prévues par l'IAS 39, afin de déterminer l'évaluation ultérieure de ces éléments.

Les actifs acquis et les dettes reprises sont évalués à leur « juste valeur » à la date d'acquisition, c'est-à-dire au prix auquel aurait abouti une transaction entre un vendeur et un acheteur bien informés et consentants, dans des conditions de concurrence normale.

Le goodwill

La juste valeur de l'entreprise acquise est généralement supérieure à celle de son actif net identifiable. La différence constitue le goodwill.

Plus précisément, le goodwill s'obtient en faisant la différence entre :
a) le total des trois éléments suivants :
– le montant payé par l'acquéreur,
– la valeur des participations ne donnant pas le contrôle dans l'entreprise acquise,
– et, dans un regroupement réalisé par étapes, la juste valeur à la date d'acquisition de la participation précédemment détenue par l'acquéreur ;

b) la juste valeur, à la date d'acquisition, de l'actif net identifiable de l'entreprise acquise.

Pour le calcul du goodwill, les participations ne donnant pas le contrôle sont évaluées :
– soit à leur juste valeur,
– soit proportionnellement à leur part dans l'actif net identifiable de l'entreprise acquise.

Ce choix s'effectue au cas par cas. Autrement dit, une société peut parfaitement utiliser la première solution pour certaines de ses acquisitions, et la seconde pour les autres.

Il va de soi que la juste valeur par action des participations détenues par les actionnaires minoritaires peut être inférieure au prix payé par l'acquéreur ; la différence représentant les avantages liés au contrôle.

Si la société acquise est cotée, la juste valeur des actions détenues par les actionnaires minoritaires peut être considérée comme égale au cours de bourse, dans la mesure où celui-ci résulte généralement de transactions ne donnant pas le contrôle.

Si les actions de la société acquises ne sont pas cotées, la juste valeur des participations minoritaires doit être déterminée autrement. L'IFRS 3 ne se prononçant pas sur la méthode à utiliser, il semble possible d'évaluer les participations minoritaires à partir du prix payé par l'acquéreur. Mais cela revient, bien évidemment, à supposer que les avantages liés au contrôle sont négligeables.

Voici un exemple de calcul du goodwill :

Exemple IFRS 3.2. – La société A a acquis pour 6 000 000 € le 1er janvier N 60 % du capital de la société B dont le patrimoine était le suivant :

	Valeur comptable	Juste valeur
Actifs :		
Terrains et constructions	3 000 000	5 000 000
Matériels	2 000 000	2 500 000
Stocks	500 000	600 000
Créances	1 200 000	1 100 000
	6 700 000	9 200 000
Dettes :	– 2 000 000	– 1 800 000
Actif net :	4 700 000	7 400 000

Le prix payé tient également compte :
– de l'existence de marques commerciales de l'entreprise acquise, évaluées à 800 000 €,
– de futures dépenses de restructuration satisfaisant aux conditions exigées pour la constitution d'une provision : 300 000 €,
– d'engagements non comptabilisés au bilan de l'entreprise acquise mais dont le montant (200 000 €) est estimable avec fiabilité.

Le taux d'imposition des bénéfices est de 30 %.

Au moment de l'acquisition, la capitalisation boursière de la société acquise était de 8 000 000 €.

L'actif net identifiable de la société acquise s'élève à :

Actif net comptabilisé à sa juste valeur	7 400 000
+ Autres actifs identifiables (marques commerciales)	800 000
– Autres dettes identifiables :	
Provision pour restructuration	– 300 000
Autres engagements	– 200 000
	7 700 000
– Impôts différés sur les plus-values constatées : 30 % (7 700 000 – 4 700 000) =	– 900 000
=	6 800 000

Selon que les participations des actionnaires minoritaires sont évaluées au cours de bourse (solution a), par rapport au prix payé par l'acquéreur (solution b) ou proportionnellement à leur part dans l'actif net identifiable de la société acquise (solution c), le goodwill se calcule ainsi :

	Évaluation des participations minoritaires à leur juste valeur		**Évaluation des participations minoritaires par rapport à l'actif net identifiable**
	Solution a)	**Solution b)**	**Solution c)**
Prix payé par l'acquéreur	6 000 000	6 000 000	6 000 000
Participations minoritaires			
8 000 000 x 40 % =	3 200 000		
6 000 000 x 40/60 =		4 000 000	
6 800 000 x 40 % =			2 720 000
Total	9 200 000	10 000 000	8 720 000
Actif net identifiable	6 800 000	6 800 000	6 800 000
Goodwill	2 400 000	3 200 000	1 920 000

Lorsque le paiement s'effectue par la remise d'actions, le prix payé par l'acquéreur représente la juste valeur des actions remises.

Si celles-ci ne sont pas cotées en bourse, il peut être plus fiable de déterminer la juste valeur de l'entreprise acquise à partir de ses propres actions, en particulier si l'entreprise acquise était cotée en bourse.

Exemple IFRS 3.2. – (suite) Supposons que la participation de A dans B a été payée par la remise de 30 000 actions A.

Premier cas : l'action A est cotée en bourse. Son cours à la date d'acquisition est de 200 €.

Le prix payé par l'acquéreur s'élève à 30 000 x 200 = 6 000 000 € et il n'y a rien de changé par rapport à la solution précédente.

Deuxième cas : l'action A n'étant pas cotée en bourse, le prix payé par l'acquéreur se détermine par rapport à la juste valeur de l'action B.

La capitalisation boursière de l'entreprise acquise étant de 8 000 000 €, le prix payé par l'acquéreur peut être estimé à 8 000 000 x 60 % = 4 800 000 €.

Les calculs précédents sont modifiés ainsi :

	Évaluation des participations minoritaires à leur juste valeur		**Évaluation des participations minoritaires par rapport à l'actif net identifiable**
	Solution a)	**Solution b)**	**Solution c)**
Prix payé par l'acquéreur	4 800 000	4 800 000	4 800 000
Participations minoritaires			
8 000 000 x 40 % =	3 200 000		
4 800 000 x 40/60 =		3 200 000	
6 800 000 x 40 % =			2 720 000
Total	8 000 000	8 000 000	7 520 000
Actif net identifiable	6 800 000	6 800 000	6 800 000
Goodwill	1 200 000	1 200 000	720 000

La présentation au bilan consolidé de l'acquéreur

L'entreprise acquise se trouvant, à l'issue du regroupement, sous le contrôle de l'acquéreur, elle est consolidée par intégration globale (voir IAS 27).

Le bilan consolidé de l'acquéreur à la date d'acquisition comprend donc :

- à l'actif : tous les actifs de l'entreprise acquise (y compris le goodwill) ;
- dans les capitaux propres : la part correspondante :

– de l'acquéreur,

– des actionnaires minoritaires.

Exemple IFRS 3.2. – (suite) En supposant que l'acquéreur a payé sa participation 6 000 000 € et que les participations ne donnant pas le contrôle sont évaluées au cours de bourse (solution a), le goodwill est de 2 400 000 € (voir tableau précédent).

Les actifs et dettes de la société acquise sont donc comptabilisés ainsi au bilan consolidé de l'acheteur :

Actifs :	
Terrains et constructions	5 000 000
Matériels	2 500 000
Marques commerciales	800 000
Goodwill	2 400 000
Stocks	600 000
Créances	1 100 000
	12 400 000
Dettes :	
Provisions : 300 000 + 200 000 =	500 000
Impôts différés : 30 % [(7 400 000 + 800 000 – 300 000 – 200 000) – 4 700 000] =	900 000
Autres dettes	1 800 000
	3 200 000
Capitaux propres :	9 200 000

Ce dernier montant peut être analysé ainsi :

– Fraction revenant à l'acquéreur (fait partie de la part du groupe dans les capitaux propres consolidés) :

Part dans l'actif net identifiable : 6 800 000 x 60 % =	4 080 000
Goodwill (par différence)	1 920 000
	6 000 000

– Fraction revenant aux autres actionnaires de l'entreprise acquise (intérêts hors groupe) :

Part dans l'actif net identifiable : 6 800 000 x 40 % =	2 720 000
Goodwill (par différence)	480 000
	3 200 000

Remarque : si les participations ne donnant pas le contrôle avaient été évaluées proportionnellement à leur part dans l'actif net identifiable (solution c), le goodwill n'aurait été que de 1 920 000 € (voir tableau précédent) et l'actif net de la société acquise aurait été comptabilisé chez l'acheteur pour 9 200 000 – 2 400 000 + 1 920 000 = 8 720 000 €. Il se décomposerait ainsi :

– Fraction revenant à l'acquéreur (fait partie de la part du groupe dans les capitaux propres consolidés) :

Part dans l'actif net identifiable : 6 800 000 x 60 % =	4 080 000
Goodwill (par différence)	1 920 000
	6 000 000

– Fraction revenant aux autres actionnaires de l'entreprise acquise (intérêts hors groupe) :

Part dans l'actif net identifiable : 6 800 000 x 40 % =	2 720 000
Goodwill (par différence)	0
	2 720 000

La totalité du goodwill serait ainsi attribuée à l'acquéreur, ce qui reviendrait à considérer que le goodwill représente des avantages liés au contrôle de l'entreprise acquise.

Le cas du goodwill négatif

Il peut arriver que le goodwill soit négatif. C'est une situation rare mais qui se rencontre parfois lorsque l'entreprise acquise était en difficultés.

Exemple IFRS 3.3. – Une entreprise a acquis pour 4 500 000 € le 1er janvier N une participation de 52 % dans une société dont l'actif net se présentait ainsi :

	Valeur comptable	Juste valeur
Terrains	1 800 000	2 000 000
Constructions	8 600 000	9 000 000
Matériels	2 000 000	2 000 000
Stocks	800 000	900 000
Créances	2 200 000	2 500 000
	15 400 000	16 400 000
Dettes	– 6 400 000	– 6 400 000
Actif net	9 000 000	10 000 000

Le taux d'imposition de l'entreprise acquise est de 30 %.

Après prise en compte de l'impôt sur les plus-values latentes, la juste valeur de l'entreprise acquise s'établit à : 10 000 000 – 30 % (10 000 000 – 9 000 000) = 9 700 000.

En évaluant les participations minoritaires sur la base de ce montant, le goodwill est de :

Prix d'acquisition de la participation donnant le contrôle :	4 500 000
+ Participations minoritaires : 9 700 000 x 48 % =	4 656 000
– Actif net identifiable	– 9 700 000
= Goodwill	– 544 000

Plusieurs raisons peuvent expliquer l'obtention d'un goodwill négatif :

– l'acheteur peut avoir obtenu une réduction de prix en raison des coûts de restructuration ou de liquidation qu'il aura à supporter ;

– il peut aussi avoir réalisé une bonne affaire ;

– enfin, étant donné que le montant du goodwill dérive de l'évaluation de l'entreprise acquise, une surestimation de celle-ci n'est pas à exclure.

Pour éviter cette dernière éventualité, l'IFRS 3 exige, chaque fois que le goodwill apparaît négatif, de vérifier le coût d'acquisition et la juste valeur attribuée aux actifs et dettes identifiables de l'entreprise acquise. Si, après ce contrôle, le goodwill est toujours négatif, il est enregistré en produits de l'exercice d'acquisition.

Dans le résultat consolidé, le gain résultant de la comptabilisation d'un goodwill négatif est attribué en totalité à la société mère (les actionnaires minoritaires n'en reçoivent aucune part).

Les acquisitions réalisées par étapes

La prise de contrôle peut être réalisée en étapes, par acquisitions successives de titres.

Dans ce cas, la participation initiale de l'acquéreur doit être mesurée à sa juste valeur à la date d'acquisition et l'écart résultant de cette réévaluation comptabilisé dans le résultat de l'exercice d'acquisition.

Bien que l'IFRS 3 ne le précise pas, on peut penser que la juste valeur de la participation initiale se détermine par référence au prix payé pour la participation qui donne le contrôle et non par rapport au cours de bourse à la date d'acquisition.

Exemple IFRS 3.4. – L'entreprise a pris le contrôle de la société F en deux étapes :

– 1/04/N–1 : acquisition de 40 000 actions F (représentant 20 % du capital) pour 10 millions d'euros ;

– 1/10/N : acquisition de 70 000 actions F (représentant 35 % du capital) pour 21 millions d'euros.

Au 1/10/N, le cours de l'action F est de 260 €.

Bien que le cours de bourse soit inférieur, nous considérons que les actions précédemment détenues par l'acquéreur doivent être réévaluées au prix payé pour acquérir le contrôle, c'est-à-dire 21 000 000 / 70 000 = 300 €.

En N, l'acquéreur enregistrera donc un bénéfice de (40 000 x 300) – 10 000 000 = 2 000 000 €.

En supposant que la juste valeur de l'actif net identifiable de la société acquise s'élève à 50 000 000 € (après impôts), le goodwill se calcule ainsi :

	Évaluation des participations minoritaires à leur juste valeur		**Évaluation des participations minoritaires par rapport à l'actif net identifiable**
	Juste valeur = cours de bourse	**Juste valeur estimée par rapport au prix payé pour le contrôle**	
Prix payé par l'acquéreur	21 000 000	21 000 000	21 000 000
+ Participations minoritaires (45 % du capital, soit 90 000 actions)			
90 000 x 260 =	23 400 000		
90 000 x 300 =		27 000 000	
50 000 000 x 45 % =			22 500 000
+ Participation initiale de l'acquéreur			
40 000 x 300 =	12 000 000	12 000 000	12 000 000
	56 400 000	60 000 000	55 500 000
– Actif net identifiable	50 000 000	50 000 000	50 000 000
= Goodwill	6 400 000	10 000 000	5 500 000

Les ajustements du coût d'acquisition

Il n'est pas toujours possible, à la date d'acquisition, de déterminer avec précision la juste valeur de l'entreprise acquise, par manque d'informations sur certains actifs ou certaines dettes.

Dans ce cas, l'acquisition est comptabilisée avec des montants provisoires qui seront régularisés par la suite. Ces ajustements ne peuvent provenir que d'informations nouvelles sur des faits et circonstances qui existaient à la date d'acquisition ; ils ne peuvent en aucun cas résulter d'événements survenus après cette date [1].

L'évaluation devient définitive dès que l'acquéreur a obtenu les informations nécessaires ou lorsqu'il apparaît que celles-ci ne pourront être obtenues. La période d'ajustement est, en tout état de cause, limitée à 12 mois. Au-delà, toute modification du coût d'acquisition doit être considérée comme une correction d'erreur et traitée selon l'IAS 8.

Si la clôture de l'exercice intervient pendant la période d'ajustement, les actifs et dettes dont l'évaluation n'est pas définitive sont évalués au bilan à des montants tenant compte des informations disponibles à la date de clôture.

Exemple IFRS 3.5. – Le 1/10/N–1, l'entreprise M a acquis pour 10 millions d'euros 60 % de la société F dont l'actif net comptable à cette date était de 8 millions €. Au même moment, la juste valeur de l'actif net identifiable de F était estimée à 15 millions € (après impôts différés).

Des informations nouvelles apparues entre le 1/10/N–1 et le 31/12/N–1 (clôture de l'exercice) ont permis de déterminer que la juste valeur des actifs identifiables de F à la date d'acquisition avait été surévaluée de 300 000 € et celle des dettes sous-évaluée de 500 000 €.

C'est le 31 mars N que l'évaluation finale de F a pu être établie. La juste valeur des actifs de F à la date d'acquisition a finalement été estimée à 24 800 000 € et celle des dettes à 10 200 000 €.

Le tableau suivant résume l'évolution des estimations :

(Montants en milliers €)	**Valeur comptable**	**Juste valeur**		
		Estimation du 1/10/N–1	**Estimation du 31/12/N–1**	**Évaluation finale**
Actifs identifiables	18 000	25 000	24 700	24 800
– Dettes	– 10 000	– 10 000	– 10 500	– 10 200
= Actif net identifiable (avant impôt)	8 000	15 000	14 200	14 600
– Impôts différés sur plus-values latentes				
30 % (15 000 – 8 000) =		– 2 100		
30 % (14 200 – 8 000) =			– 1 860	
30 % (14 600 – 8 000) =				– 1 980
= Actif net identifiable (après impôt)		12 900	12 340	12 620

1. On retrouve cette distinction à propos des événements survenant après la clôture de l'exercice (voir IAS 10).

Si l'évaluation des participations minoritaires est basée sur la juste valeur de l'actif net identifiable de F et si le taux d'imposition est de 30 %, l'estimation du goodwill a évolué ainsi :

(Montants en milliers €)	Estimation du 1/10/N–1	Estimation du 31/12/N–1	Évaluation finale
Prix payé par l'acquéreur	10 000	10 000	10 000
+ Participations minoritaires			
12 900 x 40 % =	5 160		
12 340 x 40 % =		4 936	
12 620 x 40 % =			5 048
– Actif net identifiable (après impôt)	– 12 900	– 12 340	– 12 620
= Goodwill	2 260	2 596	2 428
dont : part de l'acquéreur	2 260	2 596	2 428
part des minoritaires*	0	0	0

* La part des minoritaires dans le goodwill est nulle parce que ces participations ont été évaluées sur la base de l'actif net identifiable de F.

Au bilan consolidé de l'acquéreur, les actifs et dettes de F figureront pour :

(Montants en milliers €)	Évaluation initiale	Ajustements N–1	Évaluation au bilan du 31/12/N–1	Ajustements N	Évaluation finale
Actifs identifiables	25 000	– 300	24 700	100	24 800
Goodwill	2 260	336	2 596	– 168	2 428
	27 260	36	27 296	– 68	27 228
Impôts différés	2 100	– 240	1 860	120	1 980
Autres dettes	10 000	500	10 500	– 300	10 200
	12 100	260	12 360	– 180	12 180
Capitaux propres	15 160	– 224	14 936	112	15 048
- part de M :	10 000	0	10 000	0	10 000
- part des minoritaires :					
40 % (12 900) =	5 160				
40 % (12 340 – 12 900) =		– 224	4 936		
40 % (12 620 – 12 340) =				112	5 048

Principales différences par rapport aux US GAAP

L'IFRS 3 et la norme américaine correspondante SFAS 141 sont le résultat d'un travail conjoint de l'IASB et du FASB. Les deux textes sont donc, sur la plupart des points, identiques.

La principale différence porte sur l'évaluation des participations minoritaires à la date d'acquisition. Selon le SFAS 141, celles-ci doivent obligatoirement être évaluées à leur juste valeur, alors que l'IFRS 3 admet aussi qu'on se limite à leur part dans l'actif net identifiable de l'entreprise acquise. Cette divergence a évidemment un impact sur le montant du goodwill constaté.

Une autre différence importante concerne les acquisitions réalisées par étapes. Alors que l'IFRS 3 exige que la participation initiale de l'acquéreur soit réévaluée à la date d'obtention du contrôle, cette réévaluation n'est pas pratiquée selon les US GAAP.

La pratique en Europe

L'IFRS 3 actuelle n'étant applicable qu'aux exercices ouverts à partir du 1er juillet 2009, les comptes de 2010 seront, pour la plupart des entreprises, les premiers à être établis conformément à cette norme. À l'heure où nous écrivons (mars 2010), nous ne disposons donc pas d'exemples réels d'application.

Conséquences pour l'utilisateur des états financiers

Par l'importance des sommes en jeu, la subjectivité des évaluations et la diversité des traitements applicables, les regroupements d'entreprises offrent de multiples possibilités d'influencer les résultats et la présentation des comptes de l'acquéreur.

L'utilisation de la méthode de mise en commun des intérêts

Jusqu'en 2001, les entreprises pouvaient, dans certains cas, utiliser la méthode de la mise en commun des intérêts (*pooling of interests*) au lieu de celle de l'acquisition. Le principe de cette méthode était de faire comme si les entreprises participant au regroupement n'avaient, de tout temps, constitué qu'une seule entité. Les actifs et les dettes de l'entreprise acquise étaient donc comptabilisés à leur valeur comptable et aucun goodwill n'était constaté.

Cette méthode reflète mal la réalité de la prise de contrôle car le prix payé par l'acquéreur est évidemment fonction de la valeur réelle du patrimoine de l'entreprise acquise, et non de sa valeur comptable. Elle était donc, en principe, réservée aux rares cas dans lesquels il est difficile d'identifier un acquéreur, c'est-à-dire aux fusions entre deux entreprises de même taille et sans versement en espèces.

Beaucoup d'entreprises ont cependant tenté d'étendre le champ d'application de cette méthode car elle présente l'avantage de ménager les résultats des exercices postérieurs au regroupement en évitant un accroissement des amortissements. Elle offre en outre la possibilité d'enregistrer des gains supérieurs en cas de cession ultérieure des biens acquis.

Exemple IFRS 3.6. – Une entreprise M acquiert, à la clôture de l'exercice N, une participation de 60 % dans l'entreprise F. Les actifs de F sont constitués d'équipements figurant pour 500 000 € au bilan et amortissables chaque année de 100 000 €. La valeur réelle de ces actifs est de 800 000 € et leur durée de vie résiduelle de 5 ans.

Avec la méthode de l'acquisition, la charge d'amortissement de chacun des exercices N+1 à N+5 s'élèvera à 800 000 / 5 = 160 000 € ; alors qu'avec la mise en commun des intérêts, elle ne sera que de 100 000 €.

Supposons en outre que ces immobilisations soient cédées pour 700 000 € à la clôture de l'exercice N+1.

La valeur nette comptable de ces biens s'établira à :

500 000 – 100 000 = 400 000 € avec la méthode de la mise en commun des intérêts,

800 000 – 160 000 = 640 000 € avec celle de l'acquisition.

Il en résulte un gain de cession de :

700 000 – 400 000 = 300 000 € dans le premier cas,

700 000 – 640 000 = 60 000 € dans le second.

Pour pouvoir utiliser la méthode de mise en commun des intérêts, de nombreuses entreprises n'ont donc pas hésité à aménager les caractéristiques du regroupement. Ainsi, la méthode étant réservée aux fusions entre sociétés de même taille, il est souvent arrivé que l'entreprise la plus grosse se sépare de certaines activités avant l'opération afin d'apparaître plus petite.

Une autre condition d'application de la mise en commun des intérêts étant que l'opération soit intégralement réglée par échange de titres, certaines entreprises ont mis au point des stratagèmes [1] consistant à proposer un échange de titres, tout en donnant aux vendeurs qui le souhaitaient la possibilité d'obtenir un règlement en espèces. Le mécanisme était le suivant : les titres reçus par les actionnaires de la société acquise pouvaient être cédés auprès d'un intermédiaire (généralement un établissement financier) qui se chargeait de les replacer, soit auprès d'investisseurs institutionnels, soit auprès des actionnaires de la société acquéreuse.

1. Ces techniques sont, dans la littérature, connues sous les noms de « *vendor placing* » et « *vendor rights* ».

Pour les sociétés qui appliquent les IFRS ou les US GAAP, ces astuces sont maintenant inutiles, compte tenu de l'interdiction de la mise en commun des intérêts. Néanmoins, cette méthode ayant beaucoup été utilisée dans le passé, elle peut encore avoir des répercussions sur les résultats actuels des entreprises.

L'évaluation de l'entreprise acquise

Même avec la méthode de l'acquisition, il est possible d'influencer les résultats futurs en jouant sur l'évaluation de l'entreprise acquise. Étant donné le caractère subjectif de toute évaluation, il est en effet très facile d'obtenir le goodwill que l'on souhaite en sous-estimant ou au contraire en gonflant l'actif net identifiable.

Exemple IFRS 3.7. – À la clôture de l'exercice N, la société M a acquis pour 1 800 000 € une participation de 60 % dans le capital de la société F. L'actif net comptable de F à cette date s'élève à 1 500 000 € et le taux d'imposition des bénéfices est de 30 %.

Si l'évaluation de F fait apparaître pour 1 000 000 € de plus-values latentes sur actifs identifiables, le prix de la participation se décomposera ainsi, en supposant que les participations minoritaires sont évaluées à leur part dans l'actif net identifiable :

Prix payé par l'acquéreur	1 800 000
+ Participations minoritaires :	
40 % [1 500 000 + 70 % (1 000 000)] =	880 000
– Actif net identifiable de F : 1 500 000 + 70 % (1 000 000) =	– 2 200 000
= Goodwill	480 000

Si en revanche on estime que la "juste valeur" des actifs identifiables correspond à leur valeur comptable, le calcul sera modifié ainsi :

Prix payé par l'acquéreur	1 800 000
+ Participations minoritaires : 40 % (1 500 000) =	600 000
– Actif net identifiable de F	– 1 500 000
= Goodwill	900 000

La latitude offerte à l'acquéreur est encore accrue par l'option offerte pour l'évaluation des participations minoritaires (juste valeur ou part de l'actif net identifiable de l'entreprise acquise).

Exemple IFRS 3.7. – (suite) Si les participations minoritaires étaient évaluées à leur juste valeur, déterminée sur la base du prix payé par l'acquéreur, le calcul du goodwill serait le suivant :

En considérant qu'il existe 1 000 000 € de plus-values latentes sur les actifs identifiables de F :

Prix payé par l'acquéreur	1 800 000
+ Participations minoritaires : 1 800 000 x 40/60 =	1 200 000
– Actif net identifiable de F : 1 500 000 + 70 % (1 000 000) =	– 2 200 000
= Goodwill	800 000

En considérant que la juste valeur de l'actif net identifiable de F correspond à sa valeur comptable :

Prix payé par l'acquéreur	1 800 000
+ Participations minoritaires : 1 800 000 x 40/60 =	1 200 000
– Actif net identifiable de F	– 1 500 000
= Goodwill	1 500 000

L'évaluation de l'entreprise acquise dépendra en définitive d'un arbitrage entre les avantages et les inconvénients liés à la constatation d'un goodwill élevé.

Certaines entreprises ont tendance à surévaluer les actifs identifiables de la filiale pour éviter de faire apparaître un goodwill trop important qui pourrait faire croire que la participation a été payée trop cher.

L'inconvénient d'une telle pratique est qu'elle provoque une hausse des amortissements des exercices suivants en raison de la reconnaissance de plus-values latentes sur les actifs identifiables de la filiale. Pour éviter cela, les entreprises peuvent être tentées de ne réévaluer que des actifs non amortissables, c'est-à-dire les terrains. Les possibilités offertes à ce niveau étant, dans la majorité des cas, limitées, l'idéal serait de trouver d'autres actifs non amortissables.

C'est ce que sont parvenues à faire certaines entreprises en attribuant une grande valeur aux marques commerciales de l'entreprise acquise. Pendant longtemps en effet, l'absence de norme concernant ces éléments leur a permis de prétendre que ces actifs n'avaient pas à être amortis. Cette possibilité cessa en 1999 avec l'application de la 1re version de l'IAS 38, qui précisait clairement que les marques commerciales devaient, comme tous les actifs incorporels, être amorties sur 20 ans maximum. Malheureusement, cette faculté de ne pas amortir certains actifs incorporels a été rétablie en 2004 avec l'adoption de la version actuelle de l'IAS 38 qui laisse aux entreprises le soin de déterminer si certains de ces actifs ont une durée d'utilisation "indéterminée" (*indefinite*), autrement dit, ne sont pas amortissables.

L'analyste externe n'est évidemment pas en mesure de vérifier la réalité des valeurs attribuées aux actifs de la société acquise. Il en est donc réduit à faire confiance aux chiffres qui lui sont présentés. Il convient cependant être méfiant lorsqu'une fraction importante du prix de la participation est justifiée par l'existence d'actifs incorporels, par nature beaucoup plus fragiles que des biens immobiliers ou des équipements.

Du point de vue de l'analyste, on peut également regretter l'option offerte en matière d'évaluation des participations minoritaires (juste valeur ou part de l'actif net identifiable). Cette option, combinée à l'absence d'indications sur la manière de déterminer cette juste valeur (cours de bourse ou quote-part du prix payé par l'acquéreur), complique en effet les comparaisons entre entreprises.

Le traitement du goodwill

Avant l'entrée en vigueur de l'IFRS 3, le goodwill était amorti sur sa durée d'utilité. Toute la difficulté était de déterminer celle-ci. Le goodwill est en effet composé de multiples éléments tels que l'image de marque, la notoriété, le savoir-faire, la qualité des dirigeants, tous plus imprécis les uns que les autres. Malgré les indications fournies par la norme de l'époque, la recherche d'objectivité dans ce domaine paraît bien illusoire. C'est vraisemblablement la raison pour laquelle certaines sociétés ne raisonnaient pas filiale par filiale, mais appliquaient la même durée d'amortissement à l'ensemble des goodwills constatés sur leurs participations.

En fait, les entreprises disposaient d'une grande latitude qui leur permettait d'amortir le goodwill sur la durée qui leur convenait le mieux. Celles qui étaient en bonne santé devaient retenir des durées courtes pour se débarrasser au plus vite de cette source de charges futures. Inversement, les entreprises faiblement bénéficiaires ou, a fortiori, déficitaires, choisissaient plutôt des durées longues pour étaler le plus possible l'amortissement.

On pourrait donc *a priori* penser que l'abandon de l'amortissement systématique du goodwill constitue un progrès puisqu'il évite de s'interroger sur une durée d'utilisation, par essence subjective. En réalité il n'en est rien car le goodwill doit désormais faire l'objet d'un test de dépréciation annuel (IAS 38). Or, déceler une perte de valeur du goodwill est tout aussi difficile, sinon plus, que de déterminer sa durée d'utilité. On peut donc craindre que certaines entreprises considèrent le goodwill comme un instrument d'ajustement des résultats et qu'elles le déprécient quand cela les arrange, d'autant plus que le test de dépréciation ne s'effectue pas sur le goodwill lui-même mais sur l'unité génératrice de trésorerie à laquelle ce goodwill appartient (voir IAS 38). L'amortissement systématique avait au moins un avantage, celui d'être pratiqué quels que soient les résultats de l'acquéreur.

Il existe, théoriquement, une troisième façon de traiter le goodwill ; c'est de le déduire directement des capitaux propres de l'acquéreur à la date d'acquisition. Cela évite d'avoir à déterminer sa durée d'utilité ou à s'interroger chaque année sur la nécessité d'une dépréciation. Mais, aux yeux des entreprises, la principale vertu de cette solution est probablement de ménager la rentabilité future, dans la mesure où elle dispense d'amortissements ou de dépréciations ultérieurs. Cette solution n'a cependant pas que des avantages, puisqu'elle peut aboutir à réduire considérablement les capitaux propres au moment de l'acquisition, et augmenter ainsi les ratios d'endettement. Pourtant, lorsque les entreprises avaient le choix, c'est cette solution que la plupart d'entre elles retenaient, signe que les avantages attendus d'une meilleure rentabilité future l'emportaient sur l'inconvénient d'un accroissement apparent de l'endettement. Cette méthode est interdite par l'IASB depuis 1995. Elle reste néanmoins autorisée dans certains pays.

Les provisions pour restructurations

Les prises de contrôle, surtout si elles s'accompagnent du départ des dirigeants de l'entreprise acquise (OPA ou OPE inamicales), donnent souvent lieu à la constitution de provisions pour restructurations d'un montant souvent élevé.

Lorsqu'une restructuration s'avère nécessaire, de telles provisions sont parfaitement justifiées ; mais ce n'est pas toujours le cas. Parfois, ce procédé est utilisé par les nouveaux dirigeants pour se couvrir contre de mauvais résultats ultérieurs. Étant donné qu'il est très difficile de déterminer l'origine d'une dépense engagée dans les mois qui suivent le regroupement, la constitution d'une provision permettra en effet d'invoquer l'héritage laissé par l'ancienne équipe dirigeante. Ce comportement est d'autant plus difficile à contester que, dans les mois qui ont précédé la prise de contrôle, les anciens dirigeants n'ont vraisemblablement pas pratiqué toutes les provisions nécessaires afin de résister à la tentative de prise de contrôle ou, à défaut, de faire monter le prix.

L'IASB a néanmoins voulu lutter contre les abus en subordonnant la constitution de provisions pour restructurations à des conditions restrictives (voir IAS 37). En obligeant les entreprises à rédiger un plan détaillé et à le communiquer aux salariés concernés, l'IASB pense dissuader les entreprises de surestimer les dépenses de restructuration envisagées. La mesure devrait être efficace car on imagine mal une société annoncer un plan de fermeture d'usines et de licenciements si elle n'a pas l'intention réelle de le mettre en œuvre.

L'IFRS 3 en bref

Un regroupement d'entreprises est l'opération par laquelle une entreprise obtient le contrôle d'une autre.

À la date d'acquisition, la juste valeur de l'entreprise acquise est décomposée en deux éléments :

– la part de l'acquéreur et des actionnaires minoritaires dans la juste valeur des actifs identifiables et des dettes de l'entreprise acquise ;

– un solde, nommé goodwill.

Au bilan consolidé de l'acquéreur :

– les actifs et les dettes de l'entreprise acquise sont comptabilisés initialement à leur juste valeur ;

– les actifs identifiables sont amortis sur leur durée résiduelle d'utilisation ;

– le goodwill est inscrit à l'actif mais non amorti ; il sera seulement déprécié en cas de perte de valeur.

S'il est négatif, le goodwill est comptabilisé en produits au moment de l'acquisition.

En cas d'acquisition en étapes, la participation initiale de l'acquéreur doit être réévaluée à la date d'obtention du contrôle.

IFRS 4

CONTRATS D'ASSURANCE[1]

Le sujet

L'IASB a entrepris l'élaboration d'une norme détaillée sur les activités d'assurance. Ce projet ne pouvant être terminé à temps pour 2005, il a été décidé de le scinder en deux en publiant une première norme à caractère provisoire (l'IFRS 4), destinée à harmoniser un peu la comptabilité des compagnies d'assurance, dans l'attente de la norme définitive.

L'IFRS 4 n'apporte donc pas de réponses précises aux problèmes posés par la comptabilisation des activités d'assurance. Elle se contente de fixer quelques limites aux pratiques existantes et d'imposer la publication de certaines informations. Compte tenu du caractère provisoire de cette norme, nous nous limiterons à l'essentiel.

Précisons enfin que l'IFRS 4 ne concerne que les assureurs et pas leurs clients.

Définitions

Un contrat d'assurance est un contrat par lequel une partie (l'assureur) accepte un risque d'assurance de l'autre partie (l'assuré) en s'engageant à indemniser celui-ci si un événement futur incertain et spécifié affecte négativement l'assuré.

1. Norme adoptée en 2004.

Afin de bien faire la différence entre l'assurance et les activités de couverture couvertes par l'IAS 39, l'IFRS 4 précise que le risque d'assurance n'est pas un risque financier.

Le guide d'application de l'IFRS 4 décrit différents types de contrats d'assurance. Sans entrer dans les détails, notons que sont hors du champ d'application de cette norme :

– les engagements couvrant le risque de crédit, comme les cautions données,

– la garantie accordée par les entreprises sur les produits qu'elles fabriquent ou commercialisent,

– les contrats de service prépayés, comme les contrats d'entretien proposés, notamment, par les constructeurs automobiles.

La comptabilisation et l'évaluation des contrats d'assurance

En l'absence de norme détaillée sur la comptabilisation des activités d'assurance, les assureurs devraient, en principe, se référer à l'IAS 8, qui exige que le choix des méthodes comptables soit fondé sur un certain nombre de critères.

L'application de ces dispositions risquerait cependant de conduire les assureurs à effectuer certaines modifications comptables susceptibles à nouveau d'être remises en cause lors de la publication de la norme finale. Pour éviter cela, l'IASB a décidé que les compagnies d'assurance étaient provisoirement dispensées de l'obligation d'appliquer les critères de l'IAS 8, autrement dit qu'elles étaient autorisées à conserver leurs méthodes antérieures.

L'IFRS 4 met néanmoins des limites à la liberté de choix des assureurs en imposant le respect d'un certain nombre de principes.

Ainsi, il est interdit de constituer des provisions pour couvrir des risques hypothétiques postérieurs à la date d'échéance des contrats en cours. Cette disposition vise les provisions pour catastrophes que certains assureurs créent par prélèvement, chaque année, d'une partie des primes encaissées.

Exemple IFRS 4.1. – Un contrat d'assurance couvre plusieurs risques, y compris les tremblements de terre. La survenance d'un tel événement d'ici la prochaine échéance du contrat est fort improbable. Néanmoins, la compagnie considère que le risque est significatif à l'horizon d'une centaine d'années. Elle constitue donc chaque année une provision égale à 2 % des primes encaissées. Cette provision n'est pas conforme à l'IFRS 4.

L'assureur doit en outre procéder chaque année à un test destiné à s'assurer que le montant des provisions d'assurance est adéquat. L'IFRS 4 n'impose pas de méthode particulière pour effectuer ce test. Elle se contente d'exiger que :

– le montant des provisions soit calculé à partir des prévisions de cash-flows des contrats en cours,

– et que tout ajustement des provisions soit comptabilisé dans le résultat de l'exercice.

Les changements de méthodes comptables

Dans l'attente d'une norme détaillée sur la comptabilisation des activités d'assurance, l'IASB entend assurer au moins la comparabilité des performances dans le temps. C'est pourquoi l'IFRS 4 n'autorise que les changements de méthodes qui aboutissent à des états financiers plus fiables ou plus pertinents pour la prise de décisions des utilisateurs.

Elle désigne également un certain nombre de pratiques qui peuvent continuer d'être utilisées mais dont l'adoption est interdite, notamment la non-actualisation des dettes nées des contrats d'assurance.

L'IFRS 4 précise également qu'un assureur n'est pas tenu de modifier ses méthodes comptables si celles-ci font preuve d'une prudence excessive. Il ne peut par contre introduire davantage de prudence dans des méthodes qui le sont suffisamment.

Principales différences par rapport aux US GAAP

En l'absence d'une IFRS complète sur les activités d'assurance, la comparaison par rapport aux US GAAP est impossible. Signalons seulement que les dispositions américaines relatives à ce secteur sont contenues dans plusieurs textes, notamment les SFAS 60, 97 et 120.

La pratique en Europe

Comme on pouvait le prévoir, l'application de l'IFRS 4 n'a pas bouleversé les pratiques des compagnies d'assurance :

« Contrats d'assurance et d'investissement avec participation discrétionnaire

Conformément à IFRS 4, les règles de comptabilisation et décomptabilisation décrites ci-après reposent sur les principes comptables AXA appliqués avant l'adoption des IFRS, à l'exception de l'élimination de la provision d'égalisation et des changements sélectifs de principes autorisés par IFRS 4 » [Axa (France), rapport annuel 2008].

En l'absence d'IFRS détaillé sur les activités d'assurance, les compagnies appliquent souvent les dispositions des US GAAP :

« Les états financiers consolidés du Groupe ont été établis conformément aux International Financial Reporting Standards (IFRS) et à la loi suisse. Lorsque les IFRS ne contiennent pas de directive claire concernant le traitement comptable de certaines transactions, y compris celles qui sont spécifiques aux produits d'assurance, les IFRS permettent de se référer à un autre ensemble complet de normes comptables qui utilisent un cadre conceptuel semblable. Dans de telles situations, le Groupe se base généralement sur les principes comptables généralement admis aux États-Unis d'Amérique (US GAAP) » [Zürich (Suisse), rapport annuel 2008 (traduction)].

Conséquences pour l'utilisateur des états financiers

Les activités d'assurance posent des problèmes comptables particuliers, comme le calcul des « provisions techniques » destinées à faire face aux risques assurés et qui constituent généralement le poste le plus important du bilan. Une harmonisation des règles comptables dans ce secteur est donc souhaitable. Mais ce n'est qu'au moment de l'aboutissement du projet de l'IASB qu'on pourra juger de la pertinence des solutions qui seront retenues.

En attendant, on peut seulement constater que les dispositions contenues dans l'IFRS 4 vont dans le bon sens en figeant les pratiques comptables des entreprises durant cette période transitoire.

L'IFRS 4 en bref

Dans l'attente d'une norme plus complète, les compagnies d'assurance sont autorisées à conserver leurs méthodes comptables, sous réserve qu'elles respectent quelques principes de base.

IFRS 5

ACTIFS NON COURANTS DÉTENUS EN VUE DE LA VENTE ET ACTIVITÉS ABANDONNÉES[1]

Le sujet

Cette norme impose un mode d'évaluation particulier pour les actifs immobilisés destinés à être vendus et réglemente l'information à publier sur les activités abandonnées.

Toute une série d'actifs demeurent cependant hors de son champ d'application, en particulier les actifs financiers (IAS 39), les actifs d'impôts différés (IAS 12), les actifs résultant d'avantages accordés au personnel (IAS 19) ou de contrats d'assurance (IFRS 4) et les immeubles de placement (IAS 40).

Définitions

Un actif courant (*current asset*) est un actif qui remplit une des conditions suivantes :

– on s'attend à ce qu'il soit vendu ou consommé durant le cycle d'exploitation de l'entreprise ;

– il est détenu essentiellement dans un but de transaction ;

– on s'attend à ce qu'il soit réalisé dans les 12 mois suivant la date du bilan ;

– il fait partie de la trésorerie ou des équivalents de trésorerie.

---

1. Norme adoptée en 2004.

Les actifs ne répondant pas à cette définition sont des actifs non courants (*non-current assets*).

L'IFRS 5 désigne également par l'expression groupe destiné à être cédé (*disposal group*) un ensemble d'actifs et de dettes destinés à être cédés globalement dans une transaction unique. Ce groupe peut inclure un goodwill s'il s'agit d'une unité génératrice de trésorerie à laquelle un goodwill a été attribué ou d'une activité au sein d'une telle unité.

Quant à l'expression activité abandonnée (*discontinued operation*), elle désigne une « composante d'entité » qui a été cédée ou qui est classée comme détenue pour la vente et qui, en outre :

– représente une ligne d'activité ou une région géographique majeure et distincte dont la cession fait partie d'un plan unique et coordonné,

– ou est une filiale acquise exclusivement dans un but de revente.

Enfin, par « composante d'entité », il faut entendre une subdivision dont les activités et les cash-flows peuvent être distingués clairement de celles et de ceux du reste de l'entreprise, à la fois d'un point de vue opérationnel et financier.

La qualification d'actif non courant détenu en vue de la vente

Un actif immobilisé (ou un groupe d'actifs) est considéré comme détenu en vue de la vente (*held for sale*) s'il est prévu que sa valeur comptable sera recouvrée en le cédant plutôt qu'en l'utilisant.

Deux conditions sont exigées pour une telle qualification :

1) l'actif (ou groupe d'actifs) doit pouvoir être vendu immédiatement dans son état actuel ;

2) sa vente doit être « hautement probable ».

Les exemples suivants, fortement inspirés de cas traités par l'IFRS 5, illustrent la première condition.

Exemple IFRS 5.1. – L'entreprise s'est engagée à vendre son siège social, qu'elle occupe encore.

1er cas : La durée d'évacuation du bâtiment est habituelle pour des ventes de ce type : La première condition (possibilité de vente immédiate dans l'état actuel) est remplie.

2e cas : L'entreprise compte occuper le bâtiment jusqu'à la fin de la construction de son nouveau siège social : Le bâtiment ne peut être considéré comme disponible à la vente.

Exemple IFRS 5.2. – L'entreprise vient d'acquérir un immeuble dans l'intention de le revendre. Mais elle souhaite auparavant le rénover afin d'en accroître la valeur.

L'actif n'est pas disponible pour une vente en l'état. Il ne peut donc pas être considéré comme destiné à être vendu. Il ne le deviendra qu'à la fin des rénovations.

Exemple IFRS 5.3. – L'entreprise s'est engagée à vendre une unité de production mais plusieurs commandes portant sur des produits qui ne peuvent être fabriqués que par l'unité en question, n'ont pas encore été honorées.

1er cas : L'entreprise prévoit que les commandes en cours seront servies par l'acquéreur : L'unité doit être considérée comme disponible pour une vente immédiate.

2e cas : L'entreprise a l'intention d'honorer les commandes en cours avant de céder l'unité : La condition de disponibilité pour une vente immédiate n'est pas remplie.

Pour que la seconde condition (vente hautement probable) soit satisfaite, il faut :

– que l'entreprise se soit engagée à vendre l'actif (ou le groupe d'actifs) ;

– qu'elle ait entrepris activement la recherche d'un acquéreur ;

– que l'actif (ou le groupe d'actifs) soit proposé à un prix raisonnable compte tenu de sa juste valeur actuelle ;

– et que la vente soit terminée dans les 12 mois qui suivent.

Ce délai peut être allongé si le retard est dû à des événements ou des circonstances qui échappent au contrôle de l'entreprise. Les exemples suivants, qui s'inspirent de cas envisagés par l'IFRS 5, illustrent des situations de ce type.

Exemple IFRS 5.4. – Une caisse de retraites du secteur public a l'intention de vendre un de ses actifs immobiliers. Mais la loi exige pour cela l'autorisation de l'autorité de tutelle, ce qui peut prendre plusieurs mois. Les démarches pour l'obtention de cette autorisation ne pourront être entreprises qu'après la signature d'une promesse d'achat par l'acquéreur. Il est hautement probable qu'un acheteur pourra être trouvé dans les 12 mois.

Même si, en raison du délai d'obtention de l'autorisation, la vente ne peut être terminée dans les 12 mois, l'actif doit être considéré comme détenu dans un but de transaction.

Exemple IFRS 5.5. – L'entreprise a trouvé un acquéreur pour une de ses anciennes usines. Une inspection, effectuée après signature de la promesse d'achat, a révélé une pollution des sols. L'entreprise s'est engagée à dépolluer le site mais cela risque de retarder de plusieurs mois la conclusion de la vente. Cette circonstance n'empêche cependant pas la classification de l'usine en actif immobilisé destiné à être vendu.

Exemple IFRS 5.6. – L'entreprise recherche activement depuis 20 mois un acquéreur pour son ancien siège social. Les prix sur le marché des surfaces de bureaux ayant fortement baissé durant les 15 derniers mois, les prétentions initiales de l'entreprise sont largement supérieures à la valeur de marché actuelle de l'immeuble.

1er cas : L'entreprise a revu ses prétentions à la baisse et demande maintenant un prix en rapport avec l'état du marché : L'immeuble peut continuer d'être classé comme détenu en vue de la vente.

2e cas : L'entreprise se refuse à baisser le prix de l'immeuble car elle considère que l'état actuel du marché est provisoire et que les prix devraient remonter à court terme : Peu importe la justesse des prévisions de l'entreprise ; l'immeuble ne peut plus être considéré comme destiné à être vendu.

Pour qu'un actif immobilisé (ou un groupe d'actifs) soit présenté au bilan comme détenu en vue de la vente, il faut que les deux conditions nécessaires aient été réalisées avant la clôture de l'exercice. Si ces conditions sont remplies entre la date de clôture et celle à laquelle l'autorisation de publier les états financiers a été donnée (date d'approbation des comptes par le conseil d'administration), l'information doit être mentionnée dans les notes sur les comptes.

Ne peuvent être considérés comme détenus en vue de la vente :

– les actifs dont l'abandon est prévu (ils continueront en effet d'être utilisés jusqu'à leur abandon) ;

– et les actifs temporairement inutilisés.

L'évaluation des actifs non courants détenus en vue de la vente

Les actifs immobilisés détenus en vue de la vente (et les groupes destinés à être cédés) sont évalués au minimum des deux montants suivants :

– leur valeur comptable,

– et leur juste valeur diminuée des coûts de vente.

Exemple IFRS 5.7. – L'entreprise a acquis il y a plusieurs années deux machines destinées à la fabrication d'un produit particulier. Les ventes de ce produit ayant fortement baissé, l'entreprise a décidé de se séparer d'une des machines. Celle destinée à être vendue a été acquise 2 ans plus tôt pour 100 000 € et amortie linéairement sur 5 ans, de sorte que sa valeur comptable à fin N est de 60 000 €. Compte tenu de ses spécificités, la valeur de marché de la machine est estimée à 40 000 €. Quant aux frais de cession, ils représentent environ 10 % du prix de vente.

Au bilan, la machine destinée à être vendue doit être évaluée à Min [60 000, (40 000 – 4 000)] = 36 000 €.

La valeur comptable sera ramenée à ce montant par l'écriture suivante :

Fin N		
Dépréciations d'actifs immobilisés destinés à être vendus (R)	24 000	
Matériels (B)		24 000

Dès qu'il est classé comme détenu en vue de la vente, l'actif cesse d'être amorti. Il en est de même des actifs inclus dans un groupe destiné à être cédé.

La nouvelle valeur comptable sera, bien entendu, ajustée si la juste valeur du bien évolue avant la cession. Toutefois, l'ajustement ne doit pas aboutir à conférer à l'actif une valeur comptable supérieure à celle qu'il aurait à la même date s'il n'avait pas été considéré comme détenu pour la vente.

Exemple IFRS 5.7. – (suite) À fin N+1, la machine n'est toujours pas vendue et sa juste valeur à cette date est de 50 000 €.

Par rapport à l'année précédente, l'actif s'est apprécié de 90 % (50 000) – 36 000 = 9 000 €.

Cependant, compte tenu que, s'il avait continué d'être utilisé, sa valeur comptable à fin N+1 ne serait que de 60 000 – (100 000 × 20 %) = 40 000 €, l'augmentation de valeur doit être plafonnée à 40 000 – 36 000 = 4 000 €.

L'écriture est donc la suivante :

Fin N+1		
Matériels (B)	4 000	
Gains sur actifs destinés à être vendus (R)		4 000

Toute dépréciation ou réévaluation d'un groupe destiné à être cédé doit être répartie entre les actifs immobilisés qui le constituent, conformément à l'ordre prévu par l'IAS 36.

Rappelons que, selon cette norme :

– la dépréciation ou la revalorisation est en priorité affectée au goodwill,

– l'éventuel solde est ensuite réparti entre les autres actifs au prorata de leur valeur comptable.

Exemple IFRS 5.8. – L'entreprise possède un ensemble d'actifs qu'elle s'est engagée à céder. Ce groupe destiné à être cédé comprend les éléments suivants :

	Valeur comptable
Goodwill	1 000 000
Constructions réévaluées	10 000 000
Matériels évalués au coût	6 000 000
Stocks	2 000 000
Actifs financiers	5 000 000
	24 000 000

La juste valeur du groupe est estimée à 20 millions € et les frais de vente à 1 000 000 €.

Il faut donc enregistrer une dépréciation globale de 24 000 000 – (20 000 000 – 1 000 000) = 5 000 000 €.

Les stocks échappent à la répartition de cette dépréciation car ce sont des actifs circulants. Les actifs financiers ne sont pas non plus concernés car hors du champ de l'IFRS 5.

La dépréciation globale sera donc répartie ainsi :

	Valeur comptable avant dépréciation	Dépréciation	Valeur comptable après dépréciation
Goodwill	1 000 000	– 1 000 000	0
Constructions réévaluées	10 000 000	– 2 500 000	7 500 000
Matériels évalués au coût	6 000 000	– 1 500 000	4 500 000
Stocks	2 000 000		2 000 000
Actifs financiers	5 000 000		5 000 000
	24 000 000	– 5 000 000	19 000 000

La constatation de la dépréciation se fera par l'écriture suivante :

Dépréciations d'actifs détenus pour la vente (R)	2 500 000	
Écart de réévaluation (B)	2 500 000	
Goodwill (B)		1 000 000
Constructions (B)		2 500 000
Matériels (B)		1 500 000

Si l'entreprise renonce finalement à vendre un actif précédemment considéré comme destiné à être vendu, celui-ci cesse d'être classé comme tel. Il est alors comptabilisé au plus faible des deux montants suivants :

– sa valeur comptable avant son classement, ajustée des amortissements, dépréciations et réévaluations qui auraient été pratiquées si l'actif n'avait pas été considéré comme détenu pour la vente ;

– sa valeur recouvrable au moment où la décision de ne pas le vendre a été prise.

Rappelons que, selon l'IAS 36, la valeur recouvrable correspond au montant le plus élevé de :

– la valeur d'utilité

– et de la juste valeur de l'actif, diminuée des frais de vente.

Exemple IFRS 5.7. – (suite) Supposons que le 30 juin N+2, l'entreprise décide de ne pas vendre la machine.

À cette date, la valeur d'utilité et le prix de vente net de l'actif (déterminés selon l'IAS 36) sont respectivement de 27 000 et 23 000 €. La valeur recouvrable de la machine est donc de Max (27 000, 23 000) = 27 000 €.

Si l'actif avait continué à être utilisé, sa valeur comptable au 30 juin N+2 serait de 40 000 – (20 000 × 6/12) = 30 000 €.

La machine doit donc être évaluée à Min (30 000, 27 000) = 27 000 €, d'où l'écriture :

30/06/N+2		
Dépréciations d'actifs (R) [40 000 – 27 000]	13 000	
Matériels (B)		13 000

La présentation dans les états financiers

La présentation des actifs non courants détenus en vue de la vente

Au bilan, les actifs ou groupes d'actifs immobilisés détenus en vue de la vente doivent être présentés séparément des autres actifs. De même les dettes incluses dans des groupes destinés à être cédés doivent être séparées des autres dettes.

Au compte de résultat global, les dépréciations et gains relatifs à ces éléments doivent aussi être isolés.

La présentation des activités abandonnées

L'entreprise doit mentionner dans le compte de résultat global le total du résultat (après impôt) des activités abandonnées et du gain ou de la perte (après impôt) résultant de l'évaluation ou de la cession d'actifs ou groupes d'actifs appartenant à des activités abandonnées.

Ce montant doit en outre, soit dans le compte de résultat global, soit dans les notes, être ventilé de la façon suivante :

- produits, charges et résultat avant impôt des activités abandonnées,
- impôt correspondant,
- gain ou perte résultant de l'évaluation ou de la cession d'actifs ou groupes d'actifs appartenant à des activités abandonnées,
- impôt correspondant.

Enfin, les cash-flows d'exploitation, d'investissement et de financement relatifs aux activités abandonnées doivent être indiqués soit dans le tableau des flux de trésorerie, soit dans les notes.

Les montants correspondants de l'exercice précédent doivent être ajustés pour tenir compte des activités abandonnées durant le dernier exercice clos.

Principales différences par rapport aux US GAAP

L'IFRS 5 ayant été élaboré en liaison avec le FASB, il n'existe pas de divergence majeure entre cette norme et le texte américain correspondant (SFAS 144). Notons seulement que le concept d'activité abandonnée est plus large que celui de l'IFRS 5.

La pratique en Europe

Conformément à l'IFRS 5, les sociétés européennes isolent maintenant leurs actifs immobilisés destinés à la vente :

« Depuis le 1er janvier 2005 et conformément à la norme IFRS 5, “Actifs non courants détenus en vue de la vente et activités abandonnées”, les actifs ou groupes d'actifs destinés à être cédés font l'objet d'une présentation sur une ligne à part au bilan et sont évalués et comptabilisés au montant le plus bas entre leur valeur comptable et leur valeur de marché diminuée des coûts nécessaires à la réalisation de la vente.

Un actif est classé en actifs destinés à être cédés seulement si la vente est hautement probable dans un horizon raisonnable, si l'actif est disponible en vue d'une vente immédiate dans son état actuel et si un plan de vente a été initié par le management avec un degré d'avancement suffisant.

Cette ligne regroupe par conséquent :

– les actifs non courants destinés à être cédés ;

– les groupes d'actifs destinés à être cédés ;

– l'ensemble des actifs courants et non courants rattachables à un secteur d'activité ou à un secteur géographique (c'est-à-dire à une activité non conservée) lui-même destiné à être cédé [...]

Le résultat net des activités non conservées comprend :

– le résultat net d'impôt de l'activité non conservée réalisé jusqu'à la date de cession ou jusqu'à la date de clôture si l'activité non conservée n'a pas encore été cédée à la clôture de l'exercice ;

– le résultat de cession net d'impôt si l'activité non conservée a été cédée avant la clôture de l'exercice » [Accor (France), rapport annuel 2008].

« Les actifs non courants destinés à être cédés (et les groupes destinés à être cédés) sont présentés séparément dans la partie court terme du bilan. Juste avant la classification initiale des actifs (et des groupes) en tant qu'actifs destinés à être cédés, la valeur comptable de ces actifs (ou de tous les actifs et passifs en ce qui concerne les groupes) est évaluée sur la base du principe comptable applicable. Les actifs destinés à être cédés (et les groupes) sont ensuite valorisés au plus bas de leur valeur comptable et de leur juste valeur, sous déduction des coûts de vente. Les actifs destinés à être cédés (et les groupes) ne sont plus amortis.

En cas d'abandon d'activités, le bénéfice/(perte) net(te) des activités abandonnées est présenté dans le compte de résultat consolidé. Les chiffres comparatifs sont ajustés en conséquence. Les éléments du compte de résultat et du tableau de financement relatifs aux activités abandonnées sont indiqués séparément dans les notes » [Nestlé (Suisse), rapport annuel 2008].

Conséquences pour l'utilisateur des états financiers

L'analyste étant essentiellement intéressé par l'avenir de l'entreprise, il importe de pouvoir distinguer dans les états financiers, et en particulier au niveau du résultat, ce qui relève de l'activité récurrente de l'entreprise et ce qui provient d'activités qui viennent d'être abandonnées, ou qui vont l'être prochainement.

Malheureusement, on peut craindre que certaines entreprises aient tendance à présenter leurs activités déficitaires comme des activités destinées à être abandonnées, alors même que les mauvais résultats obtenus rendent peu probable la cession, au moins à court terme, de ces activités. C'est la raison pour laquelle l'IFRS 5 subordonne la qualification d'actifs détenus en vue de la vente à toute une série de conditions destinées à prouver que l'abandon est véritablement en cours et qu'il devrait être finalisé dans les 12 mois.

Ces conditions peuvent sembler excessivement sévères. On remarquera en effet que la règle selon laquelle l'actif ou les actifs concernés doivent pouvoir être vendus en l'état exclut tout bien dont la cession implique une rénovation préalable.

De même, le délai de 12 mois peut s'avérer extrêmement court dans certains cas. Il est probable en effet que les négociations prennent beaucoup plus de temps lorsqu'elles portent sur une fraction importante de l'entreprise. Il serait néanmoins souhaitable, dans ce cas, que les activités en question puissent être isolées dans les états financiers. L'IFRS 5 ne le permet pas ; on peut le regretter même si le souci de l'IASB d'éviter les abus est compréhensible.

Quoiqu'il en soit, il ne faut pas surestimer la portée de cette norme. On remarquera en effet que les immobilisations destinées à être cédées sont évaluées de la même façon que les autres, au montant le plus faible de leur coût, diminué des amortissements, et de leur juste valeur diminuée des frais de vente (voir IAS 36). La classification en actifs destinés à la vente n'a donc pas d'impact sur le résultat ou la richesse de l'entreprise, mais uniquement sur la présentation des états financiers. Les effets de l'IFRS 5 sont donc, en définitive, limités.

L'IFRS 5 en bref

Les actifs immobilisés destinés à être vendus doivent être évalués au plus faible des deux montants suivants :

- leur valeur comptable,
- leur juste valeur diminuée des frais de vente.

Les actifs immobilisés concernés sont ceux qui :

- peuvent être vendus immédiatement dans leur état actuel
- et dont la vente est hautement probable.

Cette seconde condition est satisfaite lorsque :

- l'entreprise s'est engagée à vendre l'actif,
- elle a entrepris activement la recherche d'un acquéreur,
- l'actif est proposé à un prix raisonnable compte tenu de sa juste valeur actuelle,
- et la vente sera terminée dans un délai de 12 mois.

Au bilan, les actifs immobilisés destinés à être vendus doivent être distingués des autres actifs et les gains ou pertes correspondants isolés.

Une activité abandonnée est une composante de l'entreprise qui a été cédée ou qui est destinée à être vendue et qui, en outre :

- représente une ligne d'activité ou une région géographique majeure et distincte dont la cession fait partie d'un plan unique et coordonné,
- ou est une filiale acquise exclusivement dans un but de revente.

L'entreprise doit mentionner dans le compte de résultat global le résultat (après impôt) des activités abandonnées et le gain ou de la perte (après impôt) résultant de l'évaluation ou de la cession d'actifs appartenant à des activités abandonnées.

IFRS 6

PROSPECTION ET ÉVALUATION DE RESSOURCES MINÉRALES[1]

Le sujet

Les coûts de prospection et d'évaluation des ressources minérales étant hors du champ d'application des IAS 16 et 38, les entreprises utilisent diverses méthodes pour comptabiliser et évaluer ces dépenses. L'élaboration d'une norme sur le sujet ne pouvant être terminée avant 2005, l'IASB a choisi de publier un texte provisoire, l'IFRS 6, dans l'attente de la norme finale.

Le but de ce texte est de permettre le maintien de la plupart des solutions utilisées jusqu'ici tout en réglementant la dépréciation des éventuels actifs comptabilisés au titre de l'exploration et de l'évaluation des ressources minérales.

Définitions

Les dépenses de prospection et d'évaluation des ressources minérales sont celles encourues avant que la faisabilité technique et la viabilité commerciale de l'extraction de ces ressources soient démontrées. Elles comprennent notamment :

– le coût d'acquisition des droits de prospection,

– les études topographiques, géologiques, géochimiques et géophysiques,

1. Norme adoptée en 2005.

– les forages d'exploration,
– le creusement de tranchées.

Ces dépenses doivent être distinguées :
– des dépenses antérieures à l'obtention du droit de prospection
– et des dépenses de développement des ressources minérales (dépenses postérieures à la démonstration de la faisabilité technique et de la viabilité commerciale de l'extraction) car ces deux dernières catégories ne sont pas couvertes par l'IFRS 6.

Exemple IFRS 6.1. – Au début de l'année N, l'entreprise a décidé de s'intéresser aux ressources pétrolières de l'Océan indien. Des études géographiques et géologiques ont été effectuées pour déterminer les sites susceptibles de renfermer des gisements importants. En octobre N, il est apparu que la région X constituait un site potentiellement intéressant. Des démarches ont été entreprises avec les autorités du pays en question pour l'obtention d'un permis de prospection. En avril N+1, l'entreprise a obtenu pour 1 000 000 US $ le droit de prospecter une zone délimitée. En février N+2, la faisabilité technique et la viabilité commerciale de l'extraction du pétrole ont été établies. Le premier baril de pétrole a été extrait en novembre N+2.
Seules les dépenses encourues entre avril N+1 et février N+2 constituent des dépenses de prospection et d'évaluation des ressources minérales au sens de l'IFRS 6.
Les dépenses antérieures à avril N+1 ou postérieures à novembre N+2 sont comptabilisées en charges ; celles encourues entre février N+2 et novembre N+2 constituent des frais de développement soumis à l'IAS 38.

La comptabilisation des dépenses de prospection et d'évaluation des ressources minérales

La question principale concernant les dépenses de prospection et d'évaluation des ressources minérales est de savoir si, et à quelles conditions, ces coûts peuvent être comptabilisés à l'actif. Deux conceptions s'affrontent à ce sujet :
– Pour certains, toutes les dépenses de prospection et d'évaluation des gisements peuvent être capitalisées, quel qu'en soit le résultat. C'est la méthode dite du « *full cost* ».
– Pour d'autres, seules les dépenses ayant abouti à la découverte de réserves prouvées doivent être comptabilisées à l'actif, les autres étant enregistrées en charges. Cette méthode est celle des « *successful efforts* ».

Chaque méthode a ses partisans :
– ceux de la méthode des *successful efforts* font valoir que les activités de prospection qui n'aboutissent pas à la découverte de gisements commercialement exploitables n'ont aucune valeur et qu'elles doivent donc être comptabilisées en charges ;
– les avocats du *full cost* soutiennent au contraire que même les échecs de prospection ont de la valeur car ils peuvent permettre de mieux orienter les activités de prospection futures.

L'IFRS 6 ne se prononce pas sur la méthode à utiliser ; elle laisse ce choix aux entreprises. Elle se contente de préciser que la méthode retenue doit être appliquée de manière cohérente et permanente.

L'évaluation des actifs de prospection et d'évaluation des ressources minérales

Lors de leur comptabilisation initiale, les dépenses de prospection et d'évaluation des ressources minérales comptabilisées à l'actif sont évaluées au coût.

Lors des évaluations ultérieures, ces actifs peuvent être évalués :

– soit au coût

– soit à leur juste valeur,

conformément à l'IAS 16 s'il s'agit d'actifs corporels (installations de forage par exemple) et à l'IAS 38 s'il s'agit d'actifs incorporels (droits de prospection, études, etc.).

Étant donné leur spécificité, il est peu probable que des actifs incorporels de prospection et d'évaluation des ressources minérales puissent être évalués à leur juste valeur, compte tenu des conditions imposées pour cela par l'IAS 38 (existence d'un marché actif).

Pour les actifs corporels, une réévaluation est, en principe, davantage envisageable, l'IAS 16 exigeant seulement que la juste valeur puisse être estimée avec fiabilité. Il est néanmoins douteux que cette condition puisse réellement être satisfaite pour ce type d'actifs.

En ce qui concerne les futures dépenses de démantèlement des installations et de remise en état du site, l'IFRS 6 précise qu'elles doivent être provisionnées, conformément à l'IAS 37 (voir l'exemple 37.9).

La dépréciation des actifs de prospection et d'évaluation de ressources minérales

Un actif de prospection et d'évaluation de ressources minérales doit être soumis à un test de dépréciation lorsque les faits et circonstances suggèrent que sa valeur comptable peut excéder sa valeur recouvrable.

L'IFRS 6 cite une liste (non limitative) de tels faits et circonstances :

– la période pendant laquelle l'entreprise a le droit de prospecter dans la zone spécifique a expiré ou expirera dans un proche avenir, et il n'est pas prévu qu'elle soit renouvelée ;

– d'importantes dépenses de prospection et d'évaluation ultérieures dans la zone spécifique ne sont ni prévues au budget, ni programmées ;

– la prospection et l'évaluation de ressources minérales dans la zone spécifique n'ont pas abouti à la découverte de gisements commercialement viables et l'entreprise a décidé de cesser de telles activités dans la zone spécifique ;

– des données suffisantes existent pour indiquer que, bien qu'il soit probable qu'un développement dans la zone spécifique se poursuive, la valeur comptable de l'actif de prospection et d'évaluation ne sera probablement pas récupérée dans sa totalité suite au développement réussi ou à la vente.

Lorsqu'un test de dépréciation est nécessaire, celui-ci est pratiqué conformément à l'IAS 36 et toute dépréciation de l'actif est comptabilisée en charge.

Étant donné que la plupart des actifs de prospection et d'évaluation de ressources minérales ne produisent pas encore de cash-flows, il est généralement impossible de déterminer directement leur valeur recouvrable. La solution retenue est la même que pour le goodwill (*cf.* IAS 36) : Ces actifs doivent être affectés aux unités génératrices de trésorerie (ou groupes d'UGT) et c'est à ce niveau que s'effectue le test de dépréciation. L'IFRS 6 précise seulement que l'UGT ou le groupe d'UGT concerné ne peut pas être plus grand qu'un secteur opérationnel déterminé selon l'IFRS 8.

Exemple IFRS 6.2. – Une entreprise pétrolière distingue 4 zones de production qui constituent autant de secteurs opérationnels : Europe, Afrique, Moyen-Orient, Asie. Des dépenses de prospection ont été engagées dans l'Océan indien. Ces dépenses ont été comptabilisées à l'actif. Pour déterminer si ces actifs doivent être dépréciés, l'entreprise peut raisonner au niveau de l'UGT « Asie » ou à un niveau plus élémentaire (Indonésie par exemple).

Principales différences par rapport aux US GAAP

Les US GAAP contiennent des règles détaillées pour la comptabilisation des dépenses de prospection des entreprises productrices de pétrole et de gaz, mais pas pour les autres industries extractives.

Comme les IFRS, ces règles admettent l'utilisation des deux méthodes *full cost* et *successful efforts*.

La pratique en Europe

Les entreprises concernées (sociétés pétrolières essentiellement) utilisent généralement la méthode des « *successful efforts* », telle que définie par la norme américaine FAS 19 :

« *Coûts d'exploration*

Les dépenses de géologie et géophysique, incluant les campagnes sismiques d'exploration, sont comptabilisées directement en charge de la période.

Les droits miniers acquis sont comptabilisés en immobilisations incorporelles. Ils font régulièrement l'objet de tests de dépréciation, permis par permis, en fonction des résultats de l'exploration et de l'appréciation par la Direction Générale du Groupe.

En cas de découverte, les droits miniers non prouvés sont transférés en droits miniers prouvés, à la valeur nette comptable, dès l'enregistrement des réserves prouvées.

Les forages d'exploration sont comptabilisés et font l'objet d'un test de dépréciation sur une base individuelle comme suit :

• le coût des forages d'exploration ayant permis de découvrir des réserves prouvées est immobilisé, et amorti par la suite selon la méthode de l'unité de production, basée sur les réserves prouvées développées ;

• le coût des forages "secs" et des forages qui n'ont pas permis de découvrir des réserves prouvées est passé en charge ;

• dans l'attente de déterminer s'ils ont permis de découvrir des réserves prouvées, le coût des forages d'exploration est temporairement immobilisé quand les deux conditions suivantes sont réunies :

– le puits a mis en évidence un volume suffisant de réserves pour justifier, le cas échéant, sa complétion en tant que puits producteur en supposant que les investissements nécessaires à la production soient effectués,

– le Groupe enregistre des progrès suffisants dans la détermination des réserves et de la viabilité technique et économique du projet. Ces progrès sont évalués sur la base de critères tels que des travaux d'exploration additionnels (puits, travaux sismiques ou études significatives) en cours de réalisation ou inscrits dans un programme ferme, la réalisation de dépenses d'études de développement, et en tenant compte du fait que le Groupe puisse être dans l'attente d'autorisations d'un gouvernement ou d'un tiers sur un projet proposé ou de disponibilité de capacité de transport ou de traitement sur une installation existante.

Le coût des puits d'exploration qui ne remplissent pas ces conditions est comptabilisé en charge de la période » [Total (France), rapport annuel 2008].

« *Coûts d'exploration*

Shell applique la méthode des successful efforts pour la comptabilisation des coûts d'exploration de pétrole et de gaz naturel. Les coûts d'exploration sont comptabilisés en charges lorsqu'ils sont encourus, à l'exception du coût des forages exploratoires qui sont inscrits en immobilisations corporelles dans l'attente de la détermination de réserves prouvées.

Les puits exploratoires qui ont plus de 12 mois sont comptabilisés en charges à moins que a) des réserves prouvées aient été enregistrées, ou b) que des réserves commercialement exploitables aient été découvertes et que ces puits continuent de faire l'objet d'une activité d'exploration et d'évaluation soit parce que le forage de nouveaux puits exploratoires est en cours ou planifié pour un futur proche, soit parce que d'autres activités ont été entreprises pour faire progresser suffisamment l'évaluation de réserves et la viabilité économique et opérationnelle du projet » [Shell (Pays-Bas), rapport annuel 2008 (traduction)].

« Le Groupe applique la norme IFRS 6 - Prospection et évaluation de ressources minérales.

Les dépenses de géologie et géophysique sont enregistrées en charges dans l'exercice au cours duquel elles sont exposées.

Les coûts d'exploration sont immobilisés en investissements en cours dans l'attente de déterminer la faisabilité technique et la viabilité commerciale des réserves. Le coût des forages d'exploration est temporairement immobilisé quand les deux conditions suivantes sont réunies :

– le puits a mis en évidence un volume suffisant de réserves pour justifier, le cas échéant, sa complétion en tant que puits producteur en supposant que les investissements nécessaires à la production soient effectués ;

– le Groupe enregistre des progrès suffisants dans la détermination des réserves et de la viabilité technique et économique du projet. Ces progrès sont évalués sur la base de critères tels que des travaux d'exploration additionnels (puits, travaux sismiques ou études significatives) en cours de réalisation ou inscrits dans un programme ferme, la réalisation de dépenses d'études de développement et en tenant compte du fait que le Groupe puisse être dans l'attente d'autorisations d'un gouvernement ou d'un tiers sur un projet proposé ou de disponibilité de capacité de transport ou de traitement sur une installation existante.

Selon la méthode dite des "successful efforts", à l'issue du programme d'exploration, lorsque le puits d'exploration a permis de confirmer avec certitude l'existence de réserves commercialisables, ces montants sont inscrits en immobilisations corporelles et amortis sur la durée de production des réserves ; dans le cas contraire, ils sont comptabilisés en charges.

Le calcul d'amortissement débute à partir de la mise en production des champs.

Les immobilisations de production y compris les coûts de remise en état des sites sont amorties selon la méthode à l'unité de production (UOP – "unit of production method") au rythme de l'épuisement du champ (depletion) sur la base des réserves prouvées développée » [GDF Suez (France), rapport annuel 2008].

Conséquences pour l'utilisateur des états financiers

L'IFRS 6 apporte peu puisqu'elle se contente d'officialiser les pratiques utilisées depuis longtemps par les entreprises du secteur. On peut regretter en particulier qu'elle ne se prononce pas sur la méthode du *full cost* qui, même si elle n'est pas majoritaire, continue à être utilisée par certaines entreprises. Le projet de norme sur les industries d'extraction ayant disparu de l'agenda de l'IASB, le flou actuel risque de perdurer encore longtemps.

De toute façon, il n'est pas certain que le mode de comptabilisation des dépenses d'exploration soit la question essentielle pour les analystes financiers. Ceux-ci sont probablement davantage intéressés par des informations sur la richesse des gisements découverts car ceux-ci conditionnent l'avenir de l'entreprise.

Les informations données par les entreprises à ce sujet ne sont ni normalisées, ni soumises à vérification par un tiers, d'où un problème évident de crédibilité. Il serait donc souhaitable que des règles internationales voient le jour. Néanmoins, compte tenu de la nature de ces informations (données géologiques, géophysiques ou géochimiques), il n'est pas certain que l'élaboration d'une telle norme soit du ressort de l'IASB, ni que le contrôle de son application revienne aux réviseurs des états financiers...

L'IFRS 6 en bref

Les dépenses de prospection et d'évaluation des ressources minérales sont celles encourues avant que la faisabilité technique et la viabilité commerciale de l'extraction de ces ressources soient démontrées.

Tout ou partie de ces dépenses peut être activé.

Les dépenses comptabilisées à l'actif sont soumises aux dispositions de l'IAS 16 s'il s'agit d'actifs corporels et de l'IAS 38 s'il s'agit d'actifs incorporels.

Ces actifs sont soumis à un test de dépréciation lorsque les faits et circonstances suggèrent que leur valeur comptable peut excéder leur valeur recouvrable, conformément à l'IAS 36. En cas de dépréciation, celle-ci est comptabilisée en charges.

IFRS 7

INSTRUMENTS FINANCIERS : INFORMATIONS À FOURNIR[1]

Le sujet

L'IFRS 7 réglemente l'information à fournir sur les instruments financiers. Elle complète donc les IAS 32 et 39 consacrées respectivement à la présentation et à l'évaluation de ces instruments.

L'IFRS 7 exige des informations sur l'importance des instruments financiers, sur les risques qu'ils font courir à l'entreprise et sur la manière dont ceux-ci sont gérés.

Cette norme s'applique à toutes les entreprises, quelles que soient leur taille et leur activité. Néanmoins, il appartient à chaque entité de déterminer, en fonction de sa situation et notamment de la place qu'occupent les instruments financiers dans son activité, le niveau de détail à fournir, l'importance à accorder aux différentes exigences et la manière dont les informations peuvent être regroupées.

Définitions

L'IFRS 7 définit de façon précise les risques découlant de la possession ou de l'émission d'instruments financiers :

Risque de change : Risque que la juste valeur des cash-flows futurs d'un instrument financier fluctue à cause de variations des taux de change.

1. Norme adoptée en 2005 et amendée en 2008 et 2009.

Risque de crédit : Risque qu'une partie à un instrument financier provoque une perte financière pour l'autre partie en ne s'acquittant pas d'une obligation.

Risque de liquidité : Risque qu'une entreprise rencontre des difficultés à satisfaire aux obligations associées à des passifs financiers.

Risque de marché : Risque que la juste valeur ou les cash-flows futurs d'un instrument financier fluctuent à cause de variations des prix du marché.

Risque de taux d'intérêt : Risque que la juste valeur ou les cash-flows futurs d'un instrument financier fluctuent à cause de variations des taux d'intérêt du marché.

L'importance des instruments financiers dans l'entreprise

L'IFRS 7 pose comme principe que l'entreprise doit fournir toute information permettant aux utilisateurs des comptes d'apprécier l'importance des instruments financiers pour l'évaluation de sa situation financière et de ses performances.

Elle énonce une liste d'informations à publier pour atteindre cet objectif.

Les informations relatives au bilan

L'entreprise doit indiquer la valeur comptable de chacune des catégories d'instruments financiers définies par l'IAS 39, à savoir :

– les actifs financiers à la juste valeur par le résultat,
– les placements détenus jusqu'à l'échéance,
– les prêts et créances,
– les actifs financiers disponibles à la vente,
– les passifs financiers à la juste valeur par le résultat,
– les passifs financiers évalués au coût amorti.

Pour les actifs et passifs financiers appartenant à la catégorie « à la juste valeur par le résultat », il faut en outre donner les informations suivantes :

a) S'il s'agit d'un prêt ou d'une créance :

– l'exposition maximale au risque de crédit à la clôture de l'exercice ;

– l'éventuelle réduction de cette exposition résultant de tout dérivé de crédit lié ou instrument similaire ;

– la variation (durant la période et cumulée) de la juste valeur du prêt ou de la créance, qui est imputable au changement du risque de crédit de l'actif financier ;

– la variation (durant la période et cumulée) de la juste valeur de tout dérivé de crédit lié ou instrument similaire.

b) S'il s'agit d'un passif financier :

– la variation (durant la période et cumulée) de la juste valeur de ce passif financier, qui est imputable au changement de son risque de crédit ;

– la différence entre la valeur comptable du passif financier et le montant que l'entreprise serait contractuellement tenue de payer, à l'échéance, au porteur de l'obligation.

Pour déterminer la variation de la juste valeur d'un passif financier imputable à un changement du risque de crédit, l'IFRS 7 propose de procéder ainsi :

1. Calculer le taux de rendement interne du passif en début de période, en utilisant le prix de marché ainsi que les flux de trésorerie contractuels du passif au début de la période ;
2. Déduire de ce taux le taux d'intérêt de référence observé en début de période, pour parvenir à la composante du taux de rendement interne spécifique à l'instrument ;
3. Calculer la valeur actuelle des flux de trésorerie associés au passif en utilisant les flux de trésorerie contractuels du passif à la fin de la période et un taux d'actualisation égal à la somme du taux d'intérêt de référence observé à la fin de la période et de la composante du taux de rendement interne spécifique à l'instrument, telle que déterminée précédemment ;
4. Calculer la variation de la juste valeur qui n'est pas imputable à des variations du taux d'intérêt de référence observé par différence entre le prix de marché observé du passif à la fin de la période et le montant déterminé à l'étape précédente.

Exemple IFRS 7.1. – L'entreprise a émis le 1er janvier N–3 un emprunt obligataire de 10 millions € remboursable le 31/12/N+6. Le taux d'intérêt fixe est de 6 %. Le taux de référence choisi par l'entreprise est le LIBOR.

Au cours de l'exercice N, ce taux et la valeur de marché de l'emprunt ont évolué ainsi :

	31/12/N–1	31/12/N
Valeur de marché de l'emprunt	9 800 000	9 650 000
LIBOR	4,5 %	5,0 %

Le taux de rendement interne de l'emprunt au 31/12/N–1 est le taux k tel que :

$$9\,800\,000 = \sum_{t=1}^{6} \frac{600\,000}{(1+k)^t} + \frac{10\,600\,000}{(1+k)^7}$$

La solution de cette équation est k = 6,363 %.

La composante de ce taux spécifique à l'instrument était donc au 31/12/N–1 : 6,363 % – 4,5 % = 1,863 %.

En actualisant les flux postérieurs au 31/12/N à 6,863 % (5 % + 1,863 %), on obtient :

$$\sum_{t=1}^{5} \frac{600\,000}{(1{,}06863)^t} + \frac{10\,600\,000}{(1{,}06863)^6} = 9\,586\,902$$

On en déduit que la variation de la juste valeur imputable au risque de crédit est de 9 650 000 – 9 586 902 = + 63 098 €.

Si l'entreprise a reclassé un actif financier comme étant évalué :
– au coût ou au coût amorti, et non plus à la juste valeur
– ou à la juste valeur, et non plus au coût ou au coût amorti, elle doit indiquer le montant ainsi reclassé d'une catégorie à l'autre et les motifs de ce reclassement.

Suite à la crise financière de 2008, l'IAS 39 a été amendée pour permettre aux entreprises de reclasser certains actifs financiers initialement évalués à leur juste valeur (actifs des catégories « à la juste valeur par le résultat » et « disponibles à la vente »). Si cette option a été utilisée, l'entreprise doit indiquer :
– les montants sortis de chaque catégorie ;
– la valeur comptable et la juste valeur des actifs financiers reclassés durant la période et la précédente, et ceci jusqu'à la décomptabilisation de ces instruments ;
– les faits et circonstances indiquant que la situation ayant justifié ces reclassements était exceptionnelle ;
– pour l'exercice au cours duquel le reclassement a été opéré, le gain ou la perte qui a été enregistré dans le résultat ou le résultat global en raison de la variation de la juste valeur des actifs concernés ;
– pour chaque période suivant le reclassement et jusqu'à la décomptabilisation de ces actifs financiers, le gain ou la perte qui aurait été comptabilisé dans le résultat ou le résultat global si le reclassement n'avait pas eu lieu ;
– le taux effectif et le montant estimé des cash-flows que l'entreprise s'attend à recouvrer, déterminés à la date du reclassement.

Si l'entreprise a donné des actifs financiers en garantie de passifs ou de passifs éventuels, elle doit indiquer :
– la valeur comptable de ces actifs,
– ainsi que les termes et conditions de cette mise en garantie.

Inversement, lorsqu'elle détient une garantie (d'un actif financier ou non) qu'elle est autorisée à vendre ou à redonner en garantie en l'absence de défaillance du propriétaire de la garantie, elle doit indiquer :
– la juste valeur de la garantie détenue ;
– la juste valeur de toute garantie de ce type vendue ou redonnée en garantie et si elle est tenue de la restituer ;
– les termes et conditions associés à son utilisation de la garantie.

Au sujet des emprunts en cours à la date de clôture, l'entreprise doit fournir :
– des informations détaillées sur tout défaut de paiement survenu au cours de l'exercice ;
– et la valeur comptable des emprunts en souffrance à la date de clôture.

Elle doit également indiquer si le défaut de paiement a été réparé ou si les termes de l'emprunt ont été renégociés avant la date d'autorisation de publication des états financiers.

Les mêmes informations sont requises si le manquement aux conditions du contrat a permis au prêteur d'exiger un remboursement anticipé.

Les informations relatives au compte de résultat global

L'entreprise doit indiquer séparément, soit dans le compte de résultat global, soit dans les notes :

a) les profits nets ou pertes nettes sur :

– les actifs ou passifs financiers à la juste valeur par le résultat ;

– les actifs financiers disponibles à la vente ;

– les placements détenus jusqu'à l'échéance ;

– les prêts et créances ;

– les passifs financiers évalués au coût amorti ;

b) le produit d'intérêt total et la charge d'intérêt totale (calculés par la méthode du taux d'intérêt effectif) pour les actifs et passifs financiers qui ne sont pas comptabilisés à la juste valeur par le résultat ;

c) les produits et charges de commissions liés aux :

– actifs ou passifs financiers qui ne sont pas désignés comme étant à la juste valeur par le résultat ;

– et les activités de fiducie ou activités analogues qui conduisent l'entreprise à détenir ou à placer des actifs au nom de particuliers, de fiducies, de régimes de retraite ou d'autres institutions ;

d) les produits d'intérêts courus sur des actifs financiers qui ont subi une perte de valeur ;

e) et le montant des pertes de valeur pour chaque catégorie d'actifs financiers.

Les informations relatives à la comptabilité de couverture

Pour chaque type de couverture décrit dans IAS 39 (couverture de juste valeur, de flux de trésorerie, d'investissement net dans des activités à l'étranger), l'entreprise doit :

– décrire la nature des risques couverts ;

– décrire la couverture ;

– fournir une description des instruments financiers désignés comme instruments de couverture ;

– et indiquer leur juste valeur à la date de clôture.

Pour les couvertures de flux de trésorerie, il faut en outre indiquer :

– les périodes au cours desquelles on s'attend à ce que les flux de trésorerie interviennent et à ce qu'ils influent sur le résultat ;

– la description de toute transaction prévue pour laquelle on appliquait antérieurement une comptabilité de couverture mais dont on ne s'attend plus à ce qu'elle intervienne ;

– le montant qui a été comptabilisé en capitaux propres durant la période ;
– le montant qui a été sorti des capitaux propres et viré dans le compte de résultat global ;
– et le montant qui a été sorti des capitaux propres au cours de l'exercice et ajouté au coût d'un actif ou d'un passif non financier dont l'acquisition ou la naissance constituait une transaction couverte prévue et hautement probable.

L'entreprise doit indiquer séparément :
– dans les couvertures de juste valeur : les profits ou les pertes sur l'instrument de couverture et sur l'élément couvert, qui sont attribuables au risque couvert ;
– l'inefficacité comptabilisée dans le résultat qui découle des couvertures de flux de trésorerie ;
– l'inefficacité comptabilisée dans le résultat qui découle des couvertures d'investissements nets dans des activités à l'étranger.

La juste valeur des instruments financiers

L'entreprise doit indiquer la juste valeur de chaque catégorie d'actifs et de passifs de façon à permettre la comparaison avec les valeurs comptables correspondantes.

Pour chaque catégorie d'instruments financiers, l'entreprise doit indiquer les méthodes d'évaluation utilisées et les hypothèses appliquées dans la détermination de la juste valeur. Tout changement de méthode d'évaluation doit être mentionné, ainsi que les raisons qui l'ont motivé.

Les méthodes d'évaluation utilisées doivent être affectées à un niveau de la hiérarchie suivante :
– niveau 1 : prix coté sur un marché actif pour des actifs ou dettes identiques ;
– niveau 2 : évaluation basée sur des prix de marché autres que ceux de la catégorie précédente ;
– niveau 3 : évaluation non basée sur l'observation de prix de marché.

Pour chaque catégorie d'instruments financiers évalués à la juste valeur, l'entreprise doit indiquer :
• le niveau hiérarchique auquel la méthode d'évaluation se rattache ;
• tout transfert significatif entre les niveaux 1 et 2 de la hiérarchie précédente ;
• lorsque la méthode d'évaluation utilisée appartient au niveau 3, une réconciliation des montants au début et à la fin de la période faisant apparaître :
– le total des gains et des pertes enregistrés dans le résultat ou le résultat global de la période ;
– les achats, ventes, émissions et règlements de la période ;
– les transferts dans ou hors du niveau 3 et les raisons de ces transferts.

Si un changement raisonnable d'hypothèses était de nature à modifier significativement la juste valeur d'un instrument financier déterminée à l'aide d'une méthode de niveau 3, l'entreprise doit le signaler et indiquer l'impact de ce changement.

Aucune information sur la juste valeur n'est exigée :

– lorsque la valeur comptable correspond à une approximation raisonnable de la juste valeur, par exemple, pour des instruments financiers tels que les créances clients et les dettes fournisseurs à court terme ;

– dans le cas de placements en instruments de capitaux propres pour lesquels on ne dispose pas de prix cotés sur un marché actif.

Dans ce dernier cas, l'entreprise doit néanmoins fournir des informations afin d'aider les utilisateurs des états financiers à former leur propre jugement sur d'éventuelles différences entre la valeur comptable de ces actifs et passifs financiers et leur juste valeur. Ces informations comprennent :

– une description des instruments financiers concernés, leur valeur comptable, ainsi que les raisons pour lesquelles leur juste valeur ne peut être évaluée de façon fiable ;

– des informations sur le marché de ces instruments ;

– si et comment l'entité entend s'en défaire.

Enfin, lorsque des instruments financiers dont la juste valeur ne pouvait précédemment être évaluée de façon fiable sont décomptabilisés, ce fait doit être indiqué de même que leur valeur comptable au moment de la décomptabilisation et le montant comptabilisé en bénéfice ou en perte.

Les risques résultant des instruments financiers

L'IFRS 7 pose comme principe que l'entreprise doit fournir des informations permettant aux utilisateurs de ses états financiers d'évaluer la nature et l'ampleur des risques auxquels elle est exposée et qui découlent de la détention ou de l'émission d'instruments financiers.

La norme distingue deux séries d'informations :

– les informations qualitatives,

– les informations quantitatives.

Les informations qualitatives à fournir sont, pour chaque type de risque :

– l'exposition au risque et comment elle survient ;

– les objectifs, politique et procédures de gestion du risque, ainsi que les méthodes utilisées pour mesurer celui-ci ;

– toute variation de ces éléments par rapport à la période précédente.

En ce qui concerne les informations quantitatives, l'entreprise doit, pour chaque type de risque découlant d'instruments financiers, fournir des informations sur son exposition au risque à la date de clôture. Ces informations doivent être basées sur les informations fournies, en interne, aux principaux dirigeants de l'entreprise.

Informations sur le risque de crédit

L'entreprise doit fournir les informations suivantes, par catégorie d'instruments financiers :

– le montant qui représente le mieux son exposition maximale au risque de crédit à la date de clôture, sans tenir compte des garanties détenues ;

– s'agissant du montant précédent, une description des garanties détenues ;

– des informations sur la qualité du crédit des actifs financiers qui ne sont ni en souffrance [1] ni dépréciés ;

– la valeur comptable des actifs financiers qui seraient autrement en souffrance ou dépréciés mais dont les conditions ont été renégociées.

Pour les actifs financiers qui sont en souffrance ou dépréciés, l'entreprise doit en outre fournir les informations suivantes, par catégorie d'instruments financiers :

– une analyse de l'âge des actifs financiers qui sont en souffrance mais non dépréciés ;

– une analyse des actifs financiers individuellement déterminés comme étant dépréciés, ainsi que les facteurs pris en compte pour déterminer la dépréciation ;

– pour les montants indiqués précédemment, une description des garanties détenues par l'entreprise, ainsi qu'une estimation de leur juste valeur, sauf si cela s'avère impossible.

Si l'entreprise a obtenu des actifs financiers ou non financiers au cours de la période en prenant possession de garanties ou en mobilisant d'autres formes de rehaussement de crédit (par exemple, un cautionnement), et si ces actifs remplissent les conditions de comptabilisation énoncées dans d'autres normes, l'entreprise doit indiquer :

– la nature et la valeur comptable des actifs obtenus ;

– si ces actifs ne sont pas immédiatement convertibles en trésorerie, sa politique concernant leur cession ou leur utilisation dans le cadre de ses activités.

Informations sur le risque de liquidité

Les informations requises sont les suivantes :

– une analyse des échéances des passifs financiers non dérivés faisant apparaître les échéances contractuelles résiduelles ;

– une analyse des échéances des passifs financiers dérivés ;

– une description de la façon dont l'entreprise gère le risque de liquidité inhérent à ces instruments financiers.

---

1. Un actif financier est dit « en souffrance » (*past due*) lorsqu'une contrepartie n'a pas effectué un paiement à la date d'échéance contractuelle de celui-ci.

Informations sur le risque de marché

L'entreprise doit en principe fournir, pour chaque type de risque de marché auquel elle est exposée à la date de clôture, une analyse de sensibilité montrant comment le résultat et les capitaux propres auraient été influencés par les changements « raisonnablement possibles » des variables de risque pertinentes.

Elle doit indiquer les méthodes et hypothèses utilisées dans l'élaboration de cette analyse et, le cas échéant, les changements de méthodes et d'hypothèses par rapport à la période précédente.

Si l'entreprise utilise, pour gérer ses risques financiers, une autre forme d'analyse de sensibilité, telle que la valeur à risque, qui tient compte des interdépendances entre les variables de risque (par exemple, les taux d'intérêt et les taux de change), cette analyse peut se substituer à la précédente.

Dans ce cas, l'entreprise doit fournir :

– une explication de la méthode employée dans la préparation de cette analyse de sensibilité, ainsi que des principaux paramètres et hypothèses sous-jacents aux données fournies ;

– une explication de l'objectif de la méthode utilisée et des limites qui peuvent avoir pour effet que les informations ne reflètent pas intégralement la juste valeur des actifs et des passifs concernés.

Lorsque les analyses de sensibilité fournies ne sont pas représentatives du risque inhérent à un instrument financier (par exemple, parce que l'exposition en fin d'exercice ne reflète pas l'exposition en cours d'exercice), l'entreprise doit l'indiquer, ainsi que les raisons pour lesquelles elle estime que les analyses de sensibilité ne sont pas représentatives.

La pratique en Europe

Les sociétés cotées en bourse publient une information abondante sur leurs instruments financiers, les risques financiers auxquels elles sont exposées et la façon dont ceux-ci sont gérés.

Ces informations sont trop volumineuses et trop spécifiques pour être reportées ici.

Conséquences pour l'utilisateur des états financiers

L'information sur les instruments financiers est surtout utile pour l'évaluation de la situation financière des banques et compagnies d'assurance car ce sont elles qui sont le plus soumises aux risques générés par l'émission ou la détention de ces instruments.

On aurait donc pu s'attendre à ce que les entreprises de ces secteurs soient soumises à des exigences d'information plus grandes que les autres. Après s'être initialement engagé dans cette voie en élaborant une norme spécifique aux banques et établissements financiers (l'IAS 30, qui a été annulée lors de l'adoption de l'IFRS 7), l'IASB a préféré soumettre l'ensemble des entreprises à la même norme, au motif que c'est l'instrument financier qui génère le risque, et non l'activité de celui qui l'a émis ou qui le détient. L'IASB remarque d'autre part que les activités de certains holdings de groupes commerciaux ou industriels ne sont souvent pas fondamentalement éloignées de celles d'établissements financiers.

Même si ces arguments sont parfaitement fondés d'un point de vue théorique, beaucoup d'entreprises industrielles ou commerciales estimeront probablement que les informations qui leur sont demandées sont excessives par rapport aux risques qu'elles encourent. C'est la raison pour laquelle l'IASB a prévu la possibilité d'adapter la quantité et la structure des informations aux caractéristiques de l'entreprise.

L'IFRS 7 en bref

Toute entreprise doit publier des informations sur l'importance des instruments financiers qu'elle a émis ou qu'elle détient, sur les risques qu'ils lui font courir et sur la manière dont ces risques sont gérés.

La norme énonce une série d'informations à publier concernant le bilan, le compte de résultat global, la comptabilité de couverture et la juste valeur des instruments financiers.

Les informations relatives aux risques financiers concernent le risque de crédit, le risque de liquidité et le risque de marché.

IFRS 8

SECTEURS OPÉRATIONNELS[1]

Le sujet

L'IFRS 8, qui a succédé à l'IAS 14 en 2009, réglemente la forme et la quantité d'informations sectorielles à publier. Elle ne s'applique qu'aux entreprises dont les titres (actions ou obligations) sont cotés en bourse ou sur le point de l'être.

Lorsque l'entreprise publie à la fois des comptes individuels et des comptes consolidés, la présentation d'une information sectorielle au niveau consolidé est suffisante.

Le principe fondamental

L'IFRS 8 pose comme principe fondamental qu'une entreprise doit fournir des informations qui permettent aux utilisateurs des états financiers d'évaluer la nature et les effets financiers des activités auxquelles elle se livre et des environnements économiques dans lesquels elle opère.

Les secteurs opérationnels

Un secteur opérationnel est défini comme une composante de l'entreprise :

– qui se livre à des activités générant des produits et des charges (y compris avec d'autres composantes de l'entreprise),

1. Norme adoptée en 2006.

– dont les résultats opérationnels sont régulièrement examinés par la direction de l'entreprise en vue de prendre des décisions et d'évaluer sa performance,

– et pour laquelle des informations financières isolées sont disponibles.

L'IFRS 8 précise que toutes les composantes d'une entreprise ne sont pas des secteurs opérationnels ni même des parties de secteurs opérationnels. Ainsi, le siège social et certains services fonctionnels ne constituent généralement pas des secteurs opérationnels car ils ne génèrent pas directement de produits.

Lorsqu'une entreprise est organisée sous forme matricielle, il appartient à la direction de décider quel ensemble de composantes constitue les secteurs opérationnels.

Plusieurs secteurs opérationnels peuvent être regroupés en un seul si :

- ce regroupement est conforme au principe fondamental énoncé plus haut,
- ces secteurs présentent des caractéristiques économiques communes,
- ces secteurs sont semblables sur chacun des points suivants :

– la nature des produits et services,

– la nature des procédés de fabrication,

– le type ou la catégorie de clients,

– les méthodes de distribution,

– s'il y a lieu, la nature de l'environnement réglementaire.

Pour éviter que les entreprises n'agrègent trop l'information sectorielle, l'IFRS 8 exige que soit présenté séparément tout secteur opérationnel qui satisfait à l'une des conditions suivantes :

– ses produits (y compris les ventes à d'autres secteurs) représentent au moins 10 % des produits de l'ensemble des secteurs ;

– son résultat (en valeur absolue) représente au moins 10 % du bénéfice cumulé de tous les secteurs opérationnels bénéficiaires ou 10 % de la perte cumulée (en valeur absolue) de tous les secteurs opérationnels déficitaires ;

– ses actifs représentent au moins 10 % des actifs cumulés de l'ensemble des secteurs.

Le total des produits des secteurs opérationnels présentés séparément ne peut être inférieur à 75 % des produits de l'entreprise. Sinon, d'autres secteurs opérationnels doivent être présentés jusqu'à atteindre ce seuil. Les informations relatives aux secteurs non présentés séparément sont regroupées dans une rubrique "Autres secteurs".

L'IFRS 8 ne fixe aucune limite au nombre de secteurs. Elle indique néanmoins qu'au-delà de 10, l'entreprise doit se demander si l'information n'est pas trop détaillée.

Signalons enfin qu'en cas de modification du nombre et de la composition des secteurs, les informations comparatives de l'année précédente doivent être retraitées, sauf si les informations nécessaires ne sont pas disponibles et si le coût de leur élaboration est excessif.

Les informations à fournir par secteur opérationnel

Pour chaque secteur opérationnel, l'entreprise doit présenter :
– des informations générales,
– des informations sur le résultat, les actifs et les dettes du secteur,
– des rapprochements entre les totaux sectoriels et les montants correspondants pour l'entreprise dans son ensemble.

Les informations générales à fournir sont :
– les facteurs utilisés pour identifier les secteurs à présenter (par exemple la direction a-t-elle choisi d'organiser l'entreprise en fonction des produits, des zones géographiques, des environnements réglementaires ou selon une combinaison de facteurs ?),
– les types de produits et de services dont proviennent les produits (au sens comptable) du secteur.

Pour chaque secteur, l'entreprise doit aussi fournir :
– le résultat,
– le total des actifs,
– le total des dettes (si cet indicateur est régulièrement fourni à la direction),
– les produits, en séparant ceux provenant de clients externes et ceux résultant de transactions avec d'autres secteurs,
– les produits et charges d'intérêts,
– les amortissements,
– la charge d'impôt sur le résultat,
– la quote-part du résultat des sociétés mises en équivalence,
– les produits et charges significatifs résultant de certaines opérations (restructurations, abandons d'activités, etc.),
– les éléments significatifs sans contrepartie en trésorerie, autres que les amortissements,
– la valeur comptable des participations dans des sociétés mises en équivalence,
– le montant des acquisitions d'actifs immobilisés.

Les rapprochements à publier sont les suivants :
– total des produits sectoriels et total des produits de l'entreprise,
– total des résultats sectoriels et résultat de l'entreprise avant impôt et activités abandonnées,
– total des actifs sectoriels et total des actifs de l'entreprise,
– total des dettes sectorielles (si présentées) et total des dettes de l'entreprise,
– total des éléments significatifs présentés au niveau des secteurs et au niveau de l'entreprise.

La norme précise que le montant de chaque élément présenté doit être celui communiqué à la direction pour la prise de décision et l'évaluation des performances. Ce montant peut donc être différent de celui qui apparaît dans les états financiers.

L'entreprise doit expliquer comment ont été mesurés le résultat, le total des actifs, le total des dettes (éventuellement) de chaque secteur. Elle doit indiquer :

– la convention comptable utilisée pour évaluer les transactions entre secteurs,

– la nature d'éventuelles différences entre les mesures utilisées au niveau sectoriel et celles utilisées pour l'établissement des états financiers,

– d'éventuels changements par rapport aux modes d'évaluation utilisés les périodes précédentes.

Les informations à fournir au niveau de l'entreprise

Lorsque ces informations ne sont pas fournies au niveau des secteurs (notamment parce qu'il n'y a qu'un seul secteur opérationnel), l'entreprise doit ventiler par produit ou groupe de produits le montant des produits (au sens comptable du terme) provenant de clients externes.

Elle doit également présenter une ventilation géographique :

– des produits provenant de clients externes,

– des actifs immobilisés.

Enfin, l'entreprise doit fournir des informations sur son degré de dépendance vis-à-vis de ses principaux clients. Si un client externe est à l'origine de 10 % au moins des produits de l'entreprise, ce fait doit être signalé, ainsi que le montant des produits provenant de chaque client de ce type.

Principales différences par rapport aux US GAAP

L'IFRS 8 ayant été élaborée en collaboration avec le FASB, il n'existe pas de différence majeure entre cette norme et son homologue américaine.

La pratique en Europe

L'IFRS 8 est entrée en vigueur en 2009. Voici deux exemples d'application parmi ceux dont nous disposons à l'heure où nous écrivons (mars 2010).

« Conformément à la norme IFRS 8 – *Secteurs opérationnels,* l'information sectorielle présentée est établie sur la base des données de gestion internes utilisées pour l'analyse de la performance des activités et l'allocation des ressources par le Président-Directeur général et le Directeur général délégué, qui forment le principal organe de décision opérationnel du Groupe. En conséquence, un secteur opérationnel est une composante distincte du Groupe qui est engagée dans la fourniture de produits ou services distincts et qui est exposée à des risques et une rentabilité différents des risques et de la rentabilité des autres secteurs opérationnels.

Chaque secteur opérationnel fait l'objet d'un suivi individuel en termes de *reporting* interne, selon des indicateurs de performance communs à l'ensemble des secteurs.

Les secteurs présentés au titre de l'information sectorielle sont des secteurs opérationnels ou des regroupements de secteurs opérationnels similaires. Au 31 décembre 2009, il s'agit de Conforama, Fnac, Redcats, Puma, Gucci, Bottega Veneta, Yves Saint Laurent et les autres marques de l'activité Luxe.

Les données de gestion utilisées pour évaluer la performance d'un secteur sont établies conformément aux principes IFRS appliqués par le Groupe pour ses états financiers consolidés » [PPR (France), rapport annuel 2009].

« Les secteurs opérationnels reflètent la structure de gestion du Groupe et la manière dont les informations financières sont régulièrement examinées par le principal décideur opérationnel (PDO), qui est la Direction du Groupe (Executive Board).

Le Groupe se concentre sur deux domaines d'activité, Alimentation et Boissons et Activités pharmaceutiques. Les activités Alimentation et Boissons sont gérées au travers de trois Zones géographiques et de plusieurs Activités gérées à l'échelle mondiale (GMBs – Globally Managed Businesses). Les Zones et les GMBs atteignant le seuil quantitatif de 10 % du chiffre d'affaires, de l'EBIT ou des actifs, sont présentées séparément, à titre de secteurs à présenter. Les autres GMBs, qui n'atteignent pas ce seuil, comme Nestlé Professional, Nespresso et les coentreprises des activités Alimentation et Boissons, sont regroupées et présentées dans les Autres activités Alimentation et Boissons. Les Activités pharmaceutiques du Groupe sont également gérées et présentées séparément. Ainsi, les secteurs opérationnels à présenter du Groupe sont les suivants :

- Zone Europe ;
- Zone Amériques ;
- Zone Asie, Océanie et Afrique ;
- Nestlé Waters ;
- Nestlé Nutrition ;
- Autres activités Alimentation et Boissons ; et
- Pharma.

Certains secteurs opérationnels représentant des zones géographiques, les informations sont également présentées par produit. Les huit groupes de produits présentés constituent les catégories de produits les plus élevées de produits faisant l'objet d'une gestion interne.

Enfin, le Groupe fournit des informations imputées au pays de domicile de la société mère du Groupe (Nestlé S.A. – la Suisse) et aux 10 pays les plus importants en termes de chiffre d'affaires.

Les résultats sectoriels représentent la contribution des différents secteurs aux frais de l'organisation centrale, aux frais de recherche et développement et au bénéfice du Groupe. Les frais centraux et de recherche et développement spécifiques sont alloués aux secteurs correspondants.

Les actifs et passifs sectoriels correspondent à l'information présentée au PDO. Les actifs sectoriels comprennent les immobilisations corporelles, les immobilisations incorporelles, le goodwill, les clients et autres débiteurs, les actifs destinés à être cédés, les stocks et les comptes de régularisation actifs ainsi que les actifs financiers spécifiques aux secteurs opérationnels (nets d'impôts). Les passifs sectoriels comprennent les fournisseurs et autres créanciers, les passifs directement liés à des actifs destinés à être cédés, certaines autres dettes, ainsi que les comptes de régularisation passifs (nets d'impôts). Les éliminations représentent les soldes inter-compagnies entre les différents secteurs.

Les actifs sectoriels par segment opérationnel représentent la situation à la fin de l'exercice. Les actifs et passifs par produit sont déterminés sur la base d'une moyenne annuelle, ce qui, du point de vue de la gestion, donne une meilleure image du capital investi.

Les acquisitions d'immobilisations représentent le total des coûts encourus pour l'acquisition d'immobilisations corporelles, d'immobilisations incorporelles et de goodwill, y compris ceux qui résultent de regroupements d'entreprises. Les investissements comprennent uniquement les immobilisations corporelles.

L'amortissement des actifs sectoriels comprend l'amortissement des immobilisations corporelles et l'amortissement des immobilisations incorporelles. La perte de valeur des actifs inclut la perte de valeur des immobilisations corporelles, des immobilisations incorporelles et du goodwill.

Les montants non alloués représentent des éléments non spécifiques dont l'imputation à un secteur serait arbitraire.

Il s'agit pour l'essentiel :

– des frais et actifs/passifs centraux ;
– des frais et actifs/passifs de recherche et développement ; et
– de certains goodwills et immobilisations incorporelles.

Les actifs non courants par zone géographique comprennent les immobilisations corporelles, les immobilisations incorporelles et le goodwill imputables aux dix pays les plus importants et au pays de domicile de Nestlé S.A » [Nestlé (Suisse), rapport annuel 2009].

Conséquences pour l'utilisateur des états financiers

Plusieurs études ont montré que les analystes financiers plébiscitent les informations par secteur d'activité. Cela s'explique par le fait que la rentabilité d'une entreprise diversifiée étant une moyenne des performances obtenues dans plusieurs secteurs, il est très difficile de la comparer à celles d'entreprises mono-sectorielles. En outre, en retraçant l'évolution du chiffre d'affaires réalisé dans chaque secteur, il est possible de mettre en évidence les grandes orientations stratégiques de l'entreprise et d'anticiper sa rentabilité future.

Les informations par zone géographique sont également utiles dans la mesure où elles renseignent sur la dépendance de l'entreprise vis-à-vis de la demande nationale et sur sa capacité à profiter du développement des économies émergentes.

Il convient néanmoins d'être conscient des possibilités de manipulation de ce genre d'informations. Étant donné que c'est l'entreprise qui définit ses secteurs, il lui est facile, par un découpage approprié et des regroupements d'activités ou de régions, de dissimuler ses faiblesses.

Exemple IFRS 8.1. – L'activité « électronique » d'une entreprise diversifiée s'exerce sur deux marchés :

– le marché militaire, très rentable, grâce à des prix de vente élevés et au soutien des commandes de la défense nationale,

– le secteur civil, déficitaire, en raison d'une productivité très inférieure à celle de la concurrence internationale.

L'entreprise peut fort bien regrouper ces deux marchés sous la même rubrique « activité électronique » qui pourra même apparaître bénéficiaire ; alors que, dans un contexte de réduction des dépenses militaires, il importerait de connaître la part de chaque marché.

Exemple IFRS 8.2. – Une entreprise réalise 20 % de son chiffre d'affaires dans un pays asiatique soumis à une grande instabilité politique. Pour éviter de faire apparaître l'importance de ce risque, elle pourra choisir un découpage par continent (Europe, Amérique, Asie...), qui rend le risque politique moins apparent.

L'IFRS 8 s'efforce de limiter ces manipulations en fondant le découpage sectoriel sur l'organisation réellement utilisée par la direction. Malgré cela, il est facile à l'entreprise de produire plusieurs ventilations sectorielles et de prétendre que celle qui sert à l'identification des secteurs opérationnels est la plus utilisée.

L'entreprise peut également, par une répartition adéquate des charges communes ou la fixation de prix de transferts particuliers, gonfler artificiellement la rentabilité de certains secteurs.

Exemple IFRS 8.3. – Une entreprise possède un important service de recherche-développement dont les prestations bénéficient de façon égale à trois secteurs opérationnels.

Avant répartition de ces frais (20 millions €), les résultats de ces secteurs sont (en milliers €) :

secteur A :	20 000	62,5 %
secteur B :	10 000	31,3 %
secteur C :	2 000	6,2 %
	32 000	100,0 %

Pour ne pas faire apparaître le secteur C déficitaire, il suffira de faire supporter la majeure partie des frais de R&D par A et B. Une répartition au prorata des résultats précédents aboutira par exemple aux résultats sectoriels suivants :

secteur A : 20 000 – (20 000 x 62,5 %) =	7 500
secteur B : 10 000 – (20 000 x 31,3 %) =	3 740
secteur C : 2 000 – (20 000 x 6,2 %) =	760

De telles manipulations sont évidemment extrêmement difficiles à détecter.

L'IFRS 8 EN BREF

Les entreprises dont les actions ou les obligations sont cotées en bourse ou sur le point de l'être doivent publier une information par secteur opérationnel.

L'identification des secteurs opérationnels est basée sur le système de reporting interne de l'entreprise. Les secteurs opérationnels sont les subdivisions de l'entreprise dont les performances sont suivies régulièrement par la direction.

Tout secteur opérationnel représentant 10 % au moins des produits, des actifs ou du résultat de l'entreprise doit être présenté séparément. Les secteurs opérationnels présentés séparément doivent représenter au minimum 75 % des produits de l'entreprise.

Pour chaque secteur opérationnel, la norme exige la fourniture d'informations sur ses produits, son résultat, ses actifs.

IFRS 9

INSTRUMENTS FINANCIERS[1]

La norme IAS 39 sur la comptabilisation et l'évaluation des instruments financiers a suscité de nombreuses critiques de la part des utilisateurs, qui la trouvent difficile à comprendre et à appliquer. Partant de cette constatation, l'IASB a décidé de la remplacer par une nouvelle norme plus simple.

Le projet comprend trois étapes consacrées chacune à un thème particulier : 1) classification et évaluation des instruments financiers, 2) dépréciation des instruments financiers, 3) comptabilisation des opérations de couverture.

Sans attendre que l'ensemble de ces sujets soient examinés, l'IASB a publié en novembre 2009 une première version de la nouvelle norme IFRS 9 qui ne traite que de la classification et de l'évaluation des actifs financiers. Elle sera complétée au fur et à mesure de l'avancement des travaux du groupe de travail. L'IASB prévoit d'aboutir à une norme complète avant la fin de l'année 2010.

L'IFRS 9 provisoire décrite ci-dessous entrera en vigueur le 1er janvier 2013 mais les entreprises qui le souhaitent peuvent l'appliquer avant cette date. Il convient néanmoins de signaler qu'à la date où nous écrivons (mars 2010), l'Union européenne ne l'a pas encore adoptée.

Dans la mesure où l'IFRS 9 est destinée à remplacer l'IAS 39, nous nous limiterons à indiquer les principales différences entre ces deux normes.

1. Norme adoptée en 2009.

Le sujet

L'IFRS 9 publiée en novembre 2009 porte uniquement sur la classification et l'évaluation des actifs financiers. L'examen des passifs financiers est reporté à une étape ultérieure.

La classification des actifs financiers

Contrairement à l'IAS 39 qui identifie quatre catégories d'actifs financiers (ceux évalués à la juste valeur par le résultat, les placements détenus jusqu'à l'échéance, les prêts et créances, et les actifs financiers disponibles à la vente), l'IFRS 9 n'en distingue plus que deux : a) les actifs financiers évalués au coût amorti et b) ceux qui sont évalués à leur juste valeur.

Le choix entre ces deux modes d'évaluation s'effectue en fonction de deux critères :
- la politique de l'entreprise en matière de gestion de ces actifs,
- les caractéristiques de leurs cash-flows contractuels.

Plus précisément, un actif financier doit être évalué au coût amorti si les deux conditions suivantes sont remplies :
- il est détenu dans le cadre d'une politique de gestion dont l'objectif est de percevoir des cash-flows contractuels ;
- ces cash-flows ne sont constitués que d'intérêts et de remboursements.

Dans tous les autres cas, les actifs financiers doivent être évalués à leur juste valeur.

L'IASB précise que la politique de gestion ne s'apprécie ni actif par actif, ni globalement au niveau de l'entreprise, mais sur la base de groupes d'actifs. Une entreprise peut donc avoir plusieurs portefeuilles d'actifs financiers, certains détenus dans le but de percevoir des cash-flows contractuels et d'autres détenus dans un but spéculatif. Les premiers seront évalués au coût amorti, les seconds à leur juste valeur.

L'évaluation au coût amorti n'implique pas de conserver les actifs correspondants jusqu'à leur échéance. Certains actifs appartenant à un portefeuille évalué au coût amorti peuvent être cédés sans que cela remette en cause l'évaluation des autres composantes du portefeuille. C'est le cas notamment lorsque :
- ces actifs sont vendus parce qu'ils ne correspondent plus à la politique d'investissement de l'entreprise (si par exemple leur risque de crédit dépasse les limites que l'entreprise s'est fixées) ;
- un assureur ajuste la composition d'un portefeuille en réaction à un changement de la duration de celui-ci ;
- l'entreprise vend des actifs pour financer ses investissements.

Néanmoins, lorsque les ventes d'actifs deviennent fréquentes, l'entreprise doit s'assurer qu'elles ne remettent pas en cause l'objectif de perception de cash-flows contractuels.

Les actifs financiers détenus dans le but de réaliser des cash-flows grâce à leur vente plutôt que par la perception des intérêts et des remboursements contractuels ne peuvent être évalués au coût amorti ; ils doivent être évalués à leur juste valeur.

Les cash-flows résultant d'actifs financiers à fort effet de levier (options, contrats à terme, swaps...) sont trop volatils pour être considérés comme des « intérêts » au sens de l'IFRS 9. Ces actifs financiers doivent donc, eux aussi, être évalués à leur juste valeur.

En revanche, le fait qu'un emprunt comporte une clause qui permet à l'emprunteur de rembourser par anticipation ou au prêteur d'exiger le remboursement avant l'échéance n'interdit pas l'évaluation de cet instrument au coût amorti. Il en est de même des clauses qui permettent d'allonger la durée de l'emprunt.

Concernant les obligations convertibles en actions, l'IASB précise qu'elles ne peuvent être évaluées au coût amorti. Ces titres doivent être évalués à leur juste valeur.

Comme avec l'IAS 39, tout actif financier peut, lors de sa comptabilisation initiale, être décrit comme évalué à la juste valeur par le résultat si cela permet d'éliminer ou de réduire significativement l'incohérence comptable qui résulterait d'un autre mode d'évaluation [1].

L'évaluation des actifs financiers

L'évaluation initiale s'effectue à la juste valeur de l'actif qui, généralement, correspond au prix payé. Comme avec l'IAS 39, lorsque l'actif n'appartient pas à la catégorie « à la juste valeur par le résultat », on ajoute les coûts de transaction.

Les évaluations ultérieures s'effectuent à la juste valeur ou au coût amorti, selon la catégorie à laquelle l'actif appartient.

Pour les actifs financiers évalués à la juste valeur, les gains et pertes résultant des variations de valeur sont comptabilisés dans le résultat, sauf si l'actif est engagé dans une opération de couverture.

Une exception existe pour les instruments de capitaux propres (actions et assimilés). Les variations de la juste valeur de ces actifs peuvent en effet être présentées comme des autres éléments du résultat global. Mais cette option, qui s'effectue titre par titre, doit avoir été choisie dès l'acquisition de ceux-ci et est irrévocable. Les variations de valeur ainsi comptabilisées dans le résultat global ne peuvent plus, par la suite, être transférées dans le résultat ; mais elles peuvent être virées dans un autre compte de capitaux propres.

---

1. Il est curieux de constater que, bien qu'ayant supprimé les catégories d'actifs financiers de l'IAS 39, l'IFRS 9 continue d'utiliser l'expression « à la juste valeur par le résultat » (*at fair value through profit or loss*).

Exemple IFRS 9.1. – Depuis 2 ans, l'entreprise possède des actions de la société Alpha acquises pour 800 000 € (+ 16 000 € de coûts de transaction). Cette participation est trop faible pour permettre d'exercer une influence notable. Elle est néanmoins considérée comme stratégique, l'entreprise ayant l'intention d'intensifier sa collaboration avec Alpha. Étant donné que ces titres n'ont pas vocation à être cédés, l'entreprise a, dès leur acquisition, fait le choix d'enregistrer leurs variations de valeur en autres éléments du résultat global. La juste valeur de ces actions a évolué ainsi : Fin N–2 : 840 000 €, fin N–1 : 810 000 €, fin N : 830 000 €. Les écritures correspondantes ont été :

N–2		
Actifs financiers à la juste valeur (B)	816 000*	
Banque (B)		816 000
Actifs financiers à la juste valeur (B) [840 000 – 816 000]	24 000	
Variations de valeur des actifs financiers (B)		24 000
N–1		
Variations de valeur des actifs financiers (B) [840 000 – 810 000]	30 000	
Actifs financiers à la juste valeur (B)		30 000
N		
Actifs financiers à la juste valeur (B) [830 000 – 810 000]	20 000	
Variations de valeur des actifs financiers (B)		20 000

* Bien que ces actifs soient évalués à la juste valeur, on ajoute les coûts de transaction car les variations de valeur ne sont pas comptabilisées dans le résultat.

Une autre exception existe pour les instruments de capitaux propres dont la juste valeur est difficile à déterminer (actions non cotées essentiellement). L'IFRS 9 admet que ces titres soient évalués au coût.

Pour les actifs évalués au coût amorti, les gains et pertes sont comptabilisés dans le résultat lorsque ces actifs sont amortis, décomptabilisés, dépréciés ou reclassés.

Concernant les actifs financiers couverts, l'IFRS 9 renvoie aux dispositions de l'IAS 39.

Les reclassements

Comme sa devancière, l'IFRS 9 entend limiter les transferts d'actifs financiers d'une catégorie à l'autre, mais les moyens utilisés pour cela sont différents.

L'IFRS 9 pose comme principe que des actifs financiers doivent être reclassés si et seulement si la politique de gestion du portefeuille auquel ils appartiennent est modifiée. Ces changements devraient, selon l'IASB, être rares. L'IFRS 9 en donne deux exemples :

– Une entreprise a un portefeuille de prêts qu'elle a l'intention de céder à court terme. Elle acquiert une société qui gère ses prêts dans le but d'en percevoir les cash-flows contractuels. À l'issue de l'opération, les prêts de l'acquéreur sont mélangés à ceux de l'entreprise acquise et gérés dorénavant dans le but d'en percevoir les intérêts et les remboursements. Ces prêts doivent donc changer de catégorie.

– Une société financière décide d'abandonner son activité de financement hypothécaire. Elle n'accepte plus de nouveaux clients et cherche activement à céder son portefeuille de prêts. Ceux-ci doivent donc être reclassés.

Lorsqu'un actif initialement évalué au coût amorti est reclassé dans la catégorie « à la juste valeur », le transfert s'effectue à la juste valeur à la date du reclassement et la différence est comptabilisée dans le résultat de l'exercice en cours.

Exemple IFRS 9.2. – Des obligations initialement gérées dans le but de percevoir les intérêts et les remboursements contractuels sont dorénavant considérées comme détenues dans un but de négoce. À la date du changement d'affectation, la juste valeur des obligations est de 100 000 € et leur coût amorti 95 000 €.

Le reclassement donnera lieu à l'écriture suivante :

Actifs financiers à la juste valeur (B)	100 000	
Actifs financiers au coût amorti (B)		95 000
Gains sur reclassements d'actifs financiers (R)		5 000

Lorsqu'un actif initialement évalué à la juste valeur est reclassé dans la catégorie « au coût amorti », ce dernier est réputé correspondre à la juste valeur à la date du reclassement. L'opération ne génère donc ni gain ni perte.

Dans tous les cas, les reclassements doivent être effectués de manière prospective ; ce qui signifie que l'entreprise ne doit pas retraiter les gains, pertes et intérêts antérieurs à la date du reclassement.

La pratique en Europe

Cette norme ayant été publiée fin 2009, il n'y a pas, à l'heure où nous écrivons (mars 2010), d'exemples réels d'application.

Conséquences pour l'utilisateur des états financiers

En publiant une norme incomplète dont l'application anticipée est autorisée avant que celle qu'elle est destinée à remplacer soit annulée, l'IASB a pris le risque de créer une certaine confusion. De 2010 à 2012, les entreprises pourront en effet appliquer indifféremment l'IAS 39 ou l'IFRS 9 [1]. Ceci n'est pas de nature à simplifier la comptabilisation des instruments financiers et l'interprétation des comptes. Cette procédure est d'autant plus étonnante que l'IASB cherche, depuis des années, à réduire les options offertes par les règles comptables.

Nombreux sont ceux qui, à l'occasion de la crise financière de 2008, ont critiqué l'IAS 39, accusant l'évaluation à la juste valeur d'avoir favorisé l'effondrement des marchés. Même si les travaux qui ont abouti à l'IFRS 9 ont été entrepris dès 2005, c'est-à-dire bien avant la crise financière, on pouvait s'attendre à ce que la nouvelle norme marque un retour vers l'évaluation au coût. Il n'en est rien, bien au contraire. L'IFRS 9 confirme la préférence de l'IASB pour l'évaluation à la juste valeur. Qui plus est, la comptabilisation des variations de celle-ci dans le résultat devient la règle à laquelle n'échappent que certains investissements en actions.

Pour l'utilisateur des comptes, les changements de mode d'évaluation sont particulièrement néfastes en raison des possibilités de manipulation des résultats qu'ils offrent. L'IAS 39 s'était efforcée de les limiter au maximum avant que l'IASB soit contraint, au plus fort de la crise financière, d'autoriser, sous certaines conditions, les transferts d'une catégorie à l'autre. La question était donc de savoir si l'IFRS 9 entérinerait cette évolution. La nouvelle norme soumet les changements de mode d'évaluation à une condition *a priori* stricte (modification de la politique de gestion du portefeuille auquel l'actif appartient) mais dont la précision semble insuffisante pour éviter tout comportement opportuniste. Il faut espérer que les changements intempestifs de catégorie n'apparaîtront pas comme le prix à payer pour la réaffirmation du principe d'évaluation à la juste valeur.

L'IFRS 9 en bref

La norme publiée en 2009 est partielle. Elle ne concerne que la classification et l'évaluation des actifs financiers.

Les actifs financiers sont classés en deux catégories, en fonction de la politique de gestion du portefeuille auquel ils appartiennent :

- actifs financiers évalués à la juste valeur,
- actifs financiers évalués au coût amorti.

Les variations de valeur des actifs financiers évalués à la juste valeur sont comptabilisées dans le résultat. Des exceptions existent pour les instruments de capitaux propres.

Les changements de catégorie ne sont autorisés qu'en cas de modification de la politique de gestion du portefeuille auquel l'actif appartient.

---

1. Pour les sociétés de l'Union européenne, l'application de l'IFRS 9 ne sera possible que lorsque cette norme aura été adoptée par l'U.E.

DÉFINITIONS

On trouvera ci-dessous un certain nombre de définitions, pour la plupart extraites de la traduction officielle en français des IFRS.

Actif : ressource :
a) contrôlée par une entreprise du fait d'événements passés ; et
b) à partir de laquelle on s'attend à ce que des avantages économiques futurs reviennent à l'entreprise. (IAS 38)

Actif biologique : animal ou plante vivant. (IAS 41)

Actif courant : actif qui satisfait à l'un quelconque des critères suivants :
a) on s'attend à ce qu'il soit réalisé, ou il est destiné à la vente ou à la consommation dans le cadre du cycle normal de l'exploitation de l'entreprise ;
b) il est détenu principalement pour être cédé ;
c) on s'attend à ce qu'il soit réalisé dans un délai de douze mois après la date de clôture ; ou
d) il s'agit de trésorerie ou d'équivalent de trésorerie, sauf s'il ne peut être échangé ou utilisé pour régler un passif pendant au moins douze mois à compter de la date de clôture. (IFRS 5)

Actif de support : actif, autre que le goodwill, qui contribue aux flux de trésorerie futurs tant de l'unité génératrice de trésorerie examinée que d'autres unités génératrices de trésorerie. (IAS 36)

Actif éventuel : actif potentiel résultant d'événements passés et dont l'existence ne sera confirmée que par la survenance (ou non) d'un ou plusieurs événements futurs incertains qui ne sont pas totalement sous le contrôle de l'entreprise. (IAS 37)

Actif financier : tout actif qui est :
- de la trésorerie ;
- un instrument de capitaux propres d'une autre entreprise ;
- un droit contractuel :

– de recevoir de la trésorerie ou un autre actif financier ; ou

– d'échanger des actifs financiers ou des passifs financiers avec une autre entreprise à des conditions potentiellement favorables à l'entreprise ; ou

- un contrat qui sera ou qui pourra être dénoué par des instruments de capitaux propres de l'entreprise et qui est :

– un instrument non dérivé en vertu duquel l'entreprise est ou peut être obligée de recevoir un nombre variable de ses propres instruments de capitaux propres ; ou

– un dérivé qui sera ou qui pourra être réglé autrement que par l'échange d'un montant déterminé de trésorerie ou d'un autre actif financier contre un nombre déterminé d'instruments de capitaux propres de l'entreprise. (IAS 32)

Actif d'impôt différé : montant d'impôt sur le résultat recouvrable au cours d'exercices futurs au titre :

a) de différences temporelles déductibles ;

b) du report en avant de pertes fiscales non utilisées ; et

c) du report en avant de crédits d'impôt non utilisés. (IAS 12)

Actif incorporel : voir « immobilisation incorporelle ».

Actif monétaire : argent détenu ou actif à recevoir en argent pour un montant fixe ou déterminable. (IAS 38)

Actif non courant : actif qui ne satisfait pas à la définition d'un actif courant. (IFRS 5)

Actif qualifié : actif qui exige une longue période de préparation avant de pouvoir être utilisé ou vendu. (IAS 23)

Action ordinaire : instrument de capitaux propres qui est subordonné à toutes les autres catégories d'instruments de capitaux propres. (IAS 33)

Action ordinaire potentielle : instrument financier ou autre contrat qui peut donner à son détenteur droit à des actions ordinaires. (IAS 33)

Activité abandonnée : composante d'une entreprise dont l'entreprise s'est séparée ou bien qui est classée comme détenue en vue de la vente et :

a) qui représente une ligne d'activité ou une région géographique principale et distincte,
b) fait partie d'un plan unique et coordonné pour se séparer d'une ligne d'activité ou d'une région géographique principale et distincte ou
c) est une filiale acquise exclusivement en vue de la revente. (IFRS 5)

Activité agricole : gestion par une entreprise de la transformation biologique et de la récolte d'actifs biologiques pour la vente, en production agricole ou en d'autres actifs biologiques. (IAS 41)

Activités d'investissement : acquisition et sortie d'actifs à long terme et d'autres placements qui ne sont pas inclus dans les équivalents de trésorerie. (IAS 7)

Activités de financement : activités qui résultent des changements dans l'importance et la composition des capitaux propres et des emprunts de l'entreprise. (IAS 7)

Activités d'exploitation : voir « activités opérationnelles ».

Activités opérationnelles : principales activités génératrices de produits de l'entreprise et toutes les autres activités qui ne sont pas des activités d'investissement ou de financement. (IAS 7)

Aide publique : mesure prise par l'autorité publique destinée à fournir un avantage économique spécifique à une entreprise ou à une catégorie d'entreprises répondant à certains critères. (IAS 20)

Ajustements de reclassement : montants reclassés dans le résultat net de la période qui étaient comptabilisés en autres éléments du résultat global au cours de la période ou de périodes antérieures. (IAS 1)

Amortissement : répartition systématique du montant amortissable d'un actif sur sa durée d'utilité. (IAS 16, 36, 38)

Antidilution : accroissement du bénéfice par action ou diminution de la perte par action résultant de l'hypothèse selon laquelle les instruments convertibles sont convertis, les options ou warrants sont exercés, ou des actions ordinaires sont émises suite à la satisfaction de certaines conditions. (IAS 33).

Autorité publique : l'État ou un organisme public, ou tout autre organisme similaire local, national ou international. (IAS 20, 24)

Autres avantages à long terme : avantages (autres que les avantages postérieurs à l'emploi, et les indemnités de fin de contrat de travail) qui ne sont pas à régler dans les douze mois suivant la fin de l'exercice pendant lequel les membres du personnel ont rendu les services correspondants. (IAS 19)

Autres éléments du résultat global : éléments de produits et de charges (y compris des ajustements de reclassement) qui ne sont pas comptabilisés en résultat net comme l'imposent ou l'autorisent d'autres IFRS. (IAS 1)

Avantages à court terme : avantages du personnel (autres que les indemnités de fin de contrat de travail) qui sont à régler dans les douze mois suivant la fin de l'exercice pendant lequel les membres du personnel ont rendu les services correspondants. (IAS 19)

Avantages acquis : avantages qui ne sont pas soumis à une condition de poursuite de l'emploi. (IAS 19)

Avantages du personnel : toutes formes de contrepartie donnée par une entreprise au titre des services rendus par son personnel. (IAS 19)

Avantages économiques futurs : potentiel qu'a un actif de contribuer, directement ou indirectement, à des flux de trésorerie et d'équivalents de trésorerie allant à l'entreprise. (cadre conceptuel)

Avantages postérieurs à l'emploi : avantages du personnel (autres que les indemnités de fin de contrat de travail) qui sont payables postérieurement à la cessation de l'emploi. (IAS 19)

Base fiscale d'un actif ou d'un passif : montant attribué à cet actif ou à ce passif à des fins fiscales. (IAS 12)

Bénéfice imposable (perte fiscale) : bénéfice (perte) d'un exercice, déterminé(e) selon les règles établies par les administrations fiscales et sur la base desquelles l'impôt sur le résultat doit être payé (recouvré). (IAS 12)

Cash-flow : voir « flux de trésorerie »

Changement d'estimation comptable : ajustement de la valeur comptable d'un actif ou d'un passif, ou du montant de la consommation périodique d'un actif, résultant de l'évaluation de la situation actuelle des éléments d'actif et de passif et des avantages et obligations futurs attendus qui y sont associés. Les changements d'estimations comptables résultent d'informations nouvelles ou de nouveaux développements et, par conséquent, ne sont pas des corrections d'erreurs. (IAS 8)

Charge : diminution d'avantages économiques au cours de l'exercice sous forme de sortie ou de diminution d'actif, ou de survenance de passif, qui a pour résultat de diminuer les capitaux propres autrement que par une distribution aux participants aux capitaux propres. (cadre conceptuel)

Charge (produit) d'impôt : montant total de l'impôt exigible et de l'impôt différé inclus dans la détermination du résultat net de l'exercice. (IAS 12)

Coentrepreneur : participant à une coentreprise qui exerce un contrôle conjoint sur celle-ci. (IAS 31)

Coentreprise : accord contractuel en vertu duquel deux parties ou plus conviennent d'exercer une activité économique sous contrôle conjoint. (IAS 31, IFRS 3)

Consolidation proportionnelle : méthode de comptabilisation selon laquelle la quote-part d'un coentrepreneur dans chacun des actifs, passifs, produits et charges de l'entité contrôlée conjointement est regroupée, ligne par ligne, avec les éléments similaires dans les états financiers du coentrepreneur ou est présentée sous des postes distincts dans les états financiers du coentrepreneur. (IAS 31)

Contrat à forfait : contrat de construction dans lequel le constructeur accepte un prix fixe pour le contrat, ou un taux fixe par unité de production, soumis dans certains cas à des clauses de révision de prix. (IAS 11)

Contrat d'assurance : contrat par lequel une partie (l'assureur) accepte un risque d'assurance significatif d'une autre partie (l'assuré) en convenant d'indemniser l'assuré si un événement futur défini et incertain (l'événement assuré) affecte de façon défavorable l'assuré. (IFRS 4)

Contrat de construction : contrat spécifiquement négocié pour la construction d'un actif ou d'un ensemble d'actifs qui sont étroitement liés ou interdépendants en termes de conception, de technologie et de fonction, ou de finalité ou d'utilisation. (IAS 11)

Contrat de location : accord par lequel le bailleur cède au preneur pour une période déterminée, le droit d'utilisation d'un actif en échange d'un paiement ou d'une série de paiements. (IAS 17)

Contrat de location-financement : contrat de location ayant pour effet de transférer au preneur la quasi-totalité des risques et des avantages inhérents à la propriété d'un actif. (IAS 17)

Contrat de location non résiliable : contrat de location pouvant être résilié uniquement :
a) si une éventualité peu probable survient ;
b) avec l'autorisation du bailleur ;
c) si le preneur conclut avec le même bailleur un nouveau contrat de location portant sur le même actif ou sur un actif équivalent ; ou
d) lors du paiement par le preneur d'une somme complémentaire telle qu'il existe, dès le commencement du contrat, la certitude raisonnable que le contrat de location sera poursuivi. (IAS 17)

Contrat de location simple : contrat de location autre qu'un contrat de location-financement. (IAS 17)

Contrat déficitaire : contrat dans lequel les coûts inévitables pour satisfaire aux obligations contractuelles sont supérieurs aux avantages économiques attendus du contrat. (IAS 37)

Contrat en régie : contrat de construction dans lequel le constructeur est remboursé des coûts autorisés ou autrement définis, plus un pourcentage de ces coûts ou une rémunération fixe. (IAS 11)

Contrôle : pouvoir de diriger les politiques financière et opérationnelle d'une entreprise afin d'obtenir des avantages de ses activités. (IAS 24, 27, 28, 31, IFRS 3)

Contrôle conjoint : partage du contrôle d'une activité économique en vertu d'un accord contractuel. Il n'existe que lorsque les décisions stratégiques financières et opérationnelles liées à l'activité nécessitent le consentement unanime des parties partageant le contrôle (les coentrepreneurs). (IAS 24, 28, 31)

Coût d'un actif : montant de trésorerie ou d'équivalents de trésorerie payé ou juste valeur de toute autre contrepartie donnée pour acquérir un actif au moment de son acquisition ou de sa construction, ou, s'il y a lieu, montant attribué à cet actif lors de sa comptabilisation initiale selon les dispositions spécifiques d'autres IFRS. (IAS 16, 38, 40)

Coût amorti d'un actif financier ou d'un passif financier : montant auquel l'actif ou le passif financier est mesuré lors de la comptabilisation initiale, moins les remboursements du principal, plus ou moins l'amortissement cumulé, déterminé par la méthode du taux effectif, de toute différence entre ce montant et le montant à l'échéance, et moins toute réduction (directe ou à travers un compte de provision) pour perte de valeur ou non recouvrement. (IAS 39)

Coût des services passés : variation de la valeur actuelle de l'obligation au titre des prestations définies pour les services rendus au cours d'exercices antérieurs, résultant de l'introduction d'un nouveau régime d'avantages postérieurs à l'emploi ou d'autres avantages à long terme ou de changements apportés au cours de l'exercice à un tel régime. (IAS 19)

Coût des services rendus au cours de l'exercice : accroissement de la valeur actuelle de l'obligation au titre des prestations définies résultant des services rendus au cours de l'exercice. (IAS 19)

Coût financier : accroissement au cours d'un exercice de la valeur actuelle de l'obligation au titre des prestations définies résultant du fait que l'on s'est rapproché d'un exercice de la date de règlement des prestations. (IAS 19)

Coûts d'emprunt : intérêts et autres coûts supportés par une entreprise dans le cadre d'un emprunt de fonds. (IAS 23)

Coûts de transaction : coûts marginaux directement imputables à l'acquisition, à l'émission ou à la sortie d'un actif ou d'un passif financier. (IAS 39)

Coûts de vente : coûts marginaux directement attribuables à la cession d'un actif (ou d'un groupe destiné à être cédé), à l'exclusion des charges financières et de la charge d'impôt sur le résultat. (IFRS 5)

Couverture financière : transfert d'actifs à une entité (le fonds) distincte de l'entreprise de l'employeur pour faire face aux obligations futures de paiement des prestations de retraite. (IAS 26)

Date de reclassement d'actifs financiers : premier jour du premier exercice comptable qui suit le changement de politique de gestion qui a provoqué la décision de reclasser des actifs financiers. (IFRS 9)

Date de transition aux IFRS : début de la première période pour laquelle une entité présente des informations comparatives complètes selon les IFRS dans ses premiers états financiers IFRS. (IFRS 1)

Décomptabilisation : suppression au bilan d'un actif ou d'un passif financier comptabilisé antérieurement. (IAS 39)

Dépenses de prospection et d'évaluation : dépenses en rapport avec la prospection et l'évaluation de ressources minérales avant que la faisabilité technique et la viabilité commerciale de l'extraction d'une ressource minérale ne soient démontrables. (IFRS 6)

Dépréciation : voir « perte de valeur d'un actif ».

Dérivé : instrument financier ou autre contrat entrant dans le champ d'application de l'IAS 39 et qui présente les trois caractéristiques suivantes :
a) sa valeur change en fonction d'une variation d'un taux d'intérêt spécifié, du prix d'un instrument financier ou d'une marchandise, d'un cours de change, d'un indice de prix ou de taux, d'une notation de crédit, d'un indice de crédit ou d'une autre variable (parfois appelé le "sous-jacent") ;
b) il ne requiert aucun investissement initial net ou un investissement initial net inférieur à celui qui serait nécessaire pour d'autres types de contrats dont on pourrait attendre des réactions similaires aux évolutions des conditions du marché ; et
c) il est réglé à une date ultérieure. (IAS 39)

Dette : voir « passif ».

Développement : application des résultats de la recherche ou d'autres connaissances à un plan ou un modèle en vue de la production de matériaux, dispositifs, produits, procédés, systèmes ou services nouveaux ou substantiellement améliorés, avant le commencement de leur production commerciale ou de leur utilisation. (IAS 38)

Différences temporelles : différences entre la valeur comptable d'un actif ou d'un passif au bilan et sa base fiscale. (IAS 12)

Différences temporelles déductibles : différences temporelles qui généreront des montants déductibles dans la détermination du bénéfice imposable (perte fiscale) d'exercices futurs lorsque la valeur comptable de l'actif ou du passif sera recouvrée ou réglée. (IAS 12)

Différences temporelles imposables : différences temporelles qui généreront des montants imposables dans la détermination du bénéfice imposable (perte fiscale) d'exercices futurs lorsque la valeur comptable de l'actif ou du passif sera recouvrée ou réglée. (IAS 12)

Dilution : réduction du bénéfice par action (ou augmentation de la perte par action) qui résulterait de la conversion d'instruments convertibles, de l'exercice d'options ou de bons de souscription, ou de l'émission d'actions ordinaires si certaines conditions spécifiées étaient remplies. (IAS 33)

Durée d'utilisation d'un actif : voir « durée d'utilité d'un actif ».

Durée d'utilité d'un actif :
a) soit la période pendant laquelle l'entreprise s'attend à utiliser un actif ;
b) soit le nombre d'unités de production ou d'unités similaires que l'entreprise s'attend à obtenir de l'actif. (IAS 16, 36, 38)

Durée de vie économique d'un actif : soit :
a) la période attendue d'utilisation économique d'un actif par un ou plusieurs utilisateurs ; ou
b) le nombre d'unités de production ou d'unités similaires attendues de l'utilisation de l'actif par un ou plusieurs utilisateurs. (IAS 17)

Écarts actuariels : incluent :
a) les ajustements liés à l'expérience (les effets des différences entre les hypothèses actuarielles antérieures et ce qui s'est effectivement produit) ; et
b) les effets des changements d'hypothèses actuarielles. (IAS 19)

Efficacité d'une couverture : degré auquel les variations de la juste valeur ou des cash-flows de l'élément couvert qui sont attribuables à un risque couvert sont compensées par les variations de la juste valeur ou des cash-flows de l'instrument de couverture. (IAS 39)

Éléments monétaires : argent détenu et éléments d'actif et de passif devant être reçus ou payés pour des montants d'argent fixes ou déterminables. (IAS 21)

Entreprise associée : entité, y compris une entité sans personnalité juridique, dans laquelle l'investisseur a une influence notable, et qui n'est ni une filiale, ni une participation dans une coentreprise. (IAS 28)

Entreprise publique : entité qui est contrôlée, contrôlée conjointement ou sous l'influence notable d'une autorité publique. (IAS 24)

Équivalents de trésorerie : placements à court terme, très liquides qui sont facilement convertibles en un montant connu de trésorerie et qui sont soumis à un risque négligeable de changement de valeur. (IAS 7)

États financiers consolidés : états financiers d'un groupe présentés comme ceux d'une entreprise unique. (IAS 27, 28)

Événements postérieurs à la date de clôture : événements, tant favorables que défavorables, qui se produisent entre la date de clôture et la date à laquelle la publication des états financiers est autorisée. (IAS 10)

Filiale : entreprise, y compris sans personnalité juridique, contrôlée par une autre entreprise (appelée la société mère). (IAS 27, 28)

Flux de trésorerie : entrées et sorties de trésorerie et d'équivalents de trésorerie. (IAS 7)

Goodwill : actif représentant les avantages économiques futurs résultant des autres actifs acquis lors d'un regroupement d'entreprises qui ne sont pas identifiés individuellement et comptabilisés séparément. (IFRS 3)

Groupe : mère et toutes ses filiales. (IAS 21, 27)

Groupe destiné à être cédé : groupe d'actifs destinés à être cédés, par la vente ou d'une autre manière, ensemble en tant que groupe dans une transaction unique, et les passifs directement liés à ces actifs qui seront transférés lors de la transaction. Le groupe inclut le goodwill acquis lors d'un regroupement d'entreprises si le groupe est une unité génératrice de trésorerie à laquelle un goodwill a été attribué ou s'il s'agit d'une activité au sein d'une telle unité génératrice de trésorerie. (IFRS 5)

Immeuble de placement : bien immobilier (terrain ou bâtiment – ou partie d'un bâtiment – ou les deux) détenu (par le propriétaire ou par le preneur dans le cadre d'un contrat de location-financement) pour en retirer des loyers ou pour valoriser le capital ou les deux, plutôt que pour :

a) l'utiliser dans la production ou la fourniture de biens ou de services ou à des fins administratives ; ou
b) le vendre dans le cadre de l'activité ordinaire. (IAS 40)

Immobilisation corporelle : actif corporel :

a) qui est détenu par une entreprise soit pour être utilisé dans la production ou la fourniture de biens ou de services, soit pour être loué à des tiers, soit à des fins administratives ; et
b) dont on s'attend à ce qu'il soit utilisé sur plus d'un exercice. (IAS 16)

Immobilisation incorporelle : actif non monétaire identifiable sans substance physique. (IAS 38, IFRS 3)

Impôt différé : voir « actif d'impôt différé » et « passif d'impôt différé ».

Impôt exigible : montant des impôts sur le bénéfice payables (récupérables) au titre du bénéfice imposable (perte fiscale) d'un exercice. (IAS 12)

Indemnités de fin de contrat de travail : avantages payables à un membre du personnel du fait de :

a) la résiliation par l'entreprise du contrat de travail du membre du personnel avant l'âge normal de départ en retraite ; ou

b) la décision du membre du personnel de partir volontairement en échange de ces indemnités. (IAS 19)

Influence notable : pouvoir de participer aux décisions de politique financière et opérationnelle de l'entreprise détenue, sans toutefois exercer un contrôle ou un contrôle conjoint sur ces politiques. (IAS 24, 28, 31)

Instrument de capitaux propres : tout contrat mettant en évidence un intérêt résiduel dans les actifs d'une entreprise après déduction de tous ses passifs. (IAS 32, IFRS 2)

Instrument de couverture : dérivé désigné ou (pour une couverture du seul risque de variation des taux de change) actif ou passif financier désigné non dérivé dont on s'attend à ce que la juste valeur ou les flux de trésorerie compensent les variations de juste valeur ou de flux de trésorerie d'un élément couvert désigné. (IAS 39)

Instrument financier : tout contrat qui donne lieu à la fois à un actif financier d'une entreprise et à un passif financier ou à un instrument de capitaux propres d'une autre entreprise. (IAS 32, 33)

Intégration proportionnelle : voir « consolidation proportionnelle ».

Intérêts minoritaires : voir « participation ne donnant pas le contrôle ».

Investissement net dans un établissement à l'étranger : montant de la participation de l'entité présentant l'information financière dans l'actif net de cet établissement. (IAS 21)

Investisseur dans une coentreprise : participant à une coentreprise qui n'exerce pas un contrôle conjoint sur celle-ci. (IAS 31)

Juste valeur : montant pour lequel un actif pourrait être échangé ou un passif éteint entre des parties bien informées, consentantes et agissant dans des conditions de concurrence normale. (IAS 16, 17, 18, 19, 20, 21, 32, 38, 39, 40, 41, IFRS 1, 3, 4, 5)

Location : voir « contrat de location ».

Loyer conditionnel : partie des paiements au titre de la location dont le montant n'est pas fixé mais qui est établie sur la base d'un facteur autre que l'écoulement du temps (par exemple, pourcentage du chiffre d'affaires, degré d'utilisation, indices des prix, taux d'intérêt du marché). (IAS 17)

Marché actif : marché pour lequel toutes les conditions ci-après sont réunies :

a) les éléments négociés sur ce marché sont homogènes ;

b) on peut normalement trouver à tout moment des acheteurs et des vendeurs consentants ; et

c) les prix sont mis à la disposition du public. (IAS 36, 38, 41)

Mise en équivalence : méthode comptable selon laquelle la participation est initialement comptabilisée au coût et est ensuite ajustée pour prendre en compte les changements postérieurs à l'acquisition de la quote-part de l'investisseur dans l'actif net de l'entreprise détenue. Le résultat net de l'investisseur comprend sa quote-part du résultat net de l'entreprise détenue. (IAS 28, 31)

Méthodes comptables : principes, bases, conventions, règles et pratiques spécifiques appliqués par une entreprise pour établir et présenter ses états financiers. (IAS 8, 14)

Monnaie de présentation : monnaie utilisée pour présenter les états financiers. (IAS 21)

Monnaie étrangère : monnaie différente de la monnaie fonctionnelle d'une entreprise. (IAS 21)

Monnaie fonctionnelle : monnaie de l'environnement économique principal dans lequel l'entreprise exerce ses activités. (IAS 21)

Montant amortissable : coût d'un actif, ou tout autre montant substitué au coût, diminué de sa valeur résiduelle. (IAS 16, 36, 38)

Obligation implicite : obligation qui découle des actions d'une entreprise lorsque :

a) elle a indiqué aux tiers, par ses pratiques passées, par sa politique affichée ou par une déclaration récente suffisamment explicite, qu'elle assumera certaines responsabilités ; et que

b) en conséquence, elle a créé chez ces tiers une attente fondée qu'elle assumera ces responsabilités. (IAS 37)

Obligation juridique : obligation qui découle :

a) d'un contrat (sur la base de ses clauses explicites ou implicites) ;

b) des dispositions légales ou réglementaires ; ou

c) de toute jurisprudence. (IAS 37)

Option sur actions : contrat qui donne au porteur le droit, mais pas l'obligation, de souscrire des actions de l'entreprise a un prix fixé ou déterminable pendant une période définie. (IFRS 2)

Paiements minimaux au titre de la location : paiements que le preneur est, ou peut être, tenu d'effectuer pendant la durée du contrat de location,

à l'exclusion du loyer conditionnel, du coût des services et des taxes à payer par le bailleur et à lui rembourser, ainsi que :
a) pour le preneur, tous les montants garantis par lui ou par une personne qui lui est liée ; ou
b) pour le bailleur, toute valeur résiduelle dont le paiement lui est garanti :
i) par le preneur ;
ii) par une personne liée au preneur ; ou
iii) par un tiers indépendant ayant la capacité financière d'honorer cette garantie. (IAS 17)

Participation ne donnant pas le contrôle : participation, dans une filiale, qui n'est pas attribuable directement ou indirectement à une société mère. (IAS 27, IFRS 3)

Passif : obligation actuelle de l'entreprise résultant d'événements passés et dont l'extinction devrait se traduire pour l'entreprise par une sortie de ressources représentatives d'avantages économiques. (IAS 37)

Passif éventuel :
a) obligation potentielle résultant d'événements passés et dont l'existence ne sera confirmée que par la survenance (ou non) d'un ou plusieurs événements futurs incertains qui ne sont pas totalement sous le contrôle de l'entreprise ; ou
b) obligation actuelle résultant d'événements passés mais qui n'est pas comptabilisée car :
i) il n'est pas probable qu'une sortie de ressources représentatives d'avantages économiques sera nécessaire pour éteindre l'obligation ; ou car
ii) le montant de l'obligation ne peut être évalué avec une fiabilité suffisante. (IAS 37)

Passif financier : passif qui est :
• une obligation contractuelle :
– de remettre de la trésorerie ou un autre actif financier ; ou
– d'échanger des actifs financiers ou des passifs financiers avec une autre entreprise à des conditions potentiellement défavorables à l'entreprise ; ou
• un contrat qui sera ou qui pourra être réglé par des instruments de capitaux propres de l'entreprise et qui est :
– un instrument non dérivé en vertu duquel l'entreprise est ou peut être obligée de délivrer un nombre variable de ses propres instruments de capitaux propres ; ou
– un dérivé qui sera ou qui pourra être réglé autrement que par l'échange d'un montant déterminé de trésorerie ou d'un autre actif financier contre un nombre déterminé d'instruments de capitaux propres de l'entreprise. (IAS 32)

Passif d'impôt différé : montant d'impôt sur le résultat payable au cours d'exercices futurs au titre de différences temporelles imposables. (IAS 12)

Période de location : période non résiliable pendant laquelle le locataire s'est engagé à louer l'actif ainsi que toutes périodes ultérieures pour lesquelles il a l'option d'obtenir la poursuite de son contrat de location moyennant ou non le paiement d'une somme complémentaire dans la mesure où, dès le commencement du contrat de location, on peut avoir la certitude raisonnable que le locataire exercera son option. (IAS 17)

Période intermédiaire : période de présentation de l'information financière d'une durée inférieure à celle d'une période annuelle complète. (IAS 34)

Perte de valeur d'un actif : excédent de la valeur comptable d'un actif sur sa valeur recouvrable. (IAS 16, 36, 38)

Premiers états financiers IFRS : premiers états financiers annuels dans lesquels une entreprise adopte les IFRS, par une déclaration explicite et sans réserve de conformité à ceux-ci. (IFRS 1)

Prestations acquises : prestations dont les droits, selon les termes d'un régime de retraite, ne sont pas conditionnés par un emploi continu. (IAS 26)

Principaux dirigeants d'une entreprise : personnes qui ont l'autorité ou la responsabilité de planifier, diriger et contrôler les activités de l'entreprise, directement ou indirectement, y compris les administrateurs (exécutifs ou non) de l'entreprise. (IAS 24)

Produit agricole : produit récolté des actifs biologiques de l'entreprise. (IAS 41)

Produits des activités ordinaires : entrées brutes d'avantages économiques intervenues au cours de la période dans le cadre des activités ordinaires de l'entreprise lorsque ces entrées contribuent à des augmentations de capitaux propres autres que les augmentations relatives aux apports des participants aux capitaux propres. (IAS 18)

Prospection et évaluation de ressources minérales : recherche de ressources minérales, dont les minerais, le pétrole, le gaz naturel et autres ressources non renouvelables similaires après l'obtention par l'entreprise des droits légaux pour prospecter la zone spécifique, ainsi que la détermination de la faisabilité technique et de la viabilité commerciale de l'extraction des ressources minérales. (IFRS 6)

Provision : passif dont l'échéance ou le montant est incertain. (IAS 37)

Recherche : investigation originale et programmée entreprise en vue d'acquérir une compréhension et des connaissances scientifiques ou techniques nouvelles. (IAS 38)

Récolte : détachement des produits d'un actif biologique ou arrêt des processus vitaux d'un actif biologique. (IAS 41)

Régime à cotisations définies : régime d'avantages postérieurs à l'emploi en vertu duquel une entreprise verse des cotisations définies à une entité distincte (un fonds) et n'aura aucune obligation, juridique ou implicite, de payer des cotisations supplémentaires si le fonds n'a pas suffisamment d'actifs pour servir tous les avantages correspondant aux services rendus par le personnel pendant l'exercice et les exercices antérieurs. (IAS 19, 26)

Régime à prestations définies : régime d'avantages postérieurs à l'emploi autre que les régimes à cotisations définies. (IAS 19, 26)

Régime d'avantages postérieurs à l'emploi : accord formalisé ou non formalisé en vertu duquel une entreprise verse des avantages postérieurs à l'emploi à un ou plusieurs membres de son personnel. (IAS 19)

Régime de retraite : accord selon lequel une entreprise fournit des prestations à ses salariés au moment ou après la date de leur fin d'activité (sous forme d'une rente annuelle ou d'un capital), lorsque ces prestations, ou les cotisations de l'employeur en vue de ces prestations, peuvent être déterminées ou estimées à l'avance selon les clauses d'un accord ou les usages de l'entreprise. (IAS 26)

Régimes multi-employeurs : régimes à cotisations définies (autres que les régimes généraux et obligatoires) ou régimes à prestations définies (autres que les régimes généraux et obligatoires) qui :
a) mettent en commun les actifs apportés par différentes entités qui ne sont pas sous contrôle commun ; et
b) utilisent ces actifs pour fournir des avantages au personnel de plusieurs entités en fixant les niveaux de cotisations et d'avantages sans tenir compte de l'identité de l'entité qui emploie les membres du personnel en question. (IAS 19)

Regroupement d'entreprises : transaction ou autre événement qui permet à un acquéreur d'obtenir le contrôle d'une ou plusieurs entreprises. (IFRS 3)

Restructuration : programme planifié et contrôlé par la direction, qui modifie de façon significative :
a) soit le champ d'activité d'une entreprise ;
b) soit la manière dont cette activité est gérée. (IAS 37)

Résultat global total : variation des capitaux propres, au cours d'une période, qui résulte de transactions et d'autres événements autres que les variations résultant de transactions avec les propriétaires agissant en cette qualité. (IAS 1)

Résultat net : total des produits diminués des charges, à l'exclusion des composantes des autres éléments du résultat global. (IAS 1)

Risque d'assurance : risque, autre que financier, transféré de l'assuré à l'assureur. (IFRS 4)

Risque de change : risque que la juste valeur ou les flux de trésorerie futurs d'un instrument financier fluctuent en raison des variations des cours des monnaies étrangères. (IFRS 7)

Risque de crédit : risque qu'une partie à un instrument financier manque à une de ses obligations et amène de ce fait l'autre partie à subir une perte financière. (IFRS 7)

Risque de liquidité : risque qu'une entreprise éprouve des difficultés à honorer des engagements liés à des passifs financiers. (IFRS 7)

Risque de marché : risque que la juste valeur ou les cash-flows futurs d'un instrument financier fluctuent à cause de variations des prix du marché. (IFRS 7)

Risque de taux d'intérêt : risque que la juste valeur ou les cash-flows futurs d'un instrument financier fluctuent à cause de variations des taux d'intérêt du marché. (IFRS 7)

Risque financier : risque d'une variation future possible d'un ou de plusieurs des éléments suivants : taux d'intérêt spécifié, prix d'un instrument financier, prix d'une marchandise, taux de change, indice de prix ou de taux, notation de crédit ou indice de crédit ou autre variable, à condition, que, dans le cas d'une variable non financière, la variable ne soit pas spécifique à une des parties au contrat. (IFRS 4)

Secteur opérationnel : composante d'une entité :
a) qui se livre à des activités ordinaires dont elle peut tirer des produits et pour lesquelles elle peut engager des charges (y compris des produits et des charges relatifs à des transactions avec d'autres composantes de la même entité) ;
b) dont les résultats opérationnels sont régulièrement examinés par le principal décideur opérationnel de l'entité en vue de prendre des décisions sur les ressources à affecter au secteur et d'évaluer la performance de celui-ci ; et
c) pour laquelle des informations financières distinctes sont disponibles. (IFRS 8)

Société mère : entreprise qui a une ou plusieurs filiales. (IAS 27)

Stocks : actifs :
a) détenus pour être vendus dans le cours normal de l'activité ;
b) en cours de production pour une telle vente ; ou

c) sous forme de matières premières ou de fournitures devant être consommées dans le processus de production ou de prestation de services. (IAS 2)

Stock-option : voir « Option sur actions ».

Subvention liée à des actifs : subvention publique dont la condition principale est qu'une entreprise répondant aux conditions d'obtention doit acheter, construire ou acquérir par tout autre moyen des actifs à long terme. (IAS 20)

Subvention liée au résultat : subvention publique autre que les subventions liées à des actifs. (IAS 20)

Subvention publique : aide publique prenant la forme de transferts de ressources à une entreprise, en échange du fait que celle-ci s'est conformée ou se conformera à certaines conditions liées à ses activités opérationnelles. (IAS 20)

Taux d'intérêt effectif : taux d'actualisation qui, appliqué aux paiements et encaissements futurs attendus sur la durée de l'instrument ou, si approprié, une période plus courte, aboutit à un montant exactement égal à la valeur comptable nette de l'actif ou du passif financier. (IAS 39)

Taux d'intérêt implicite d'un contrat de location : taux d'actualisation qui donne, au commencement du contrat de location, une valeur actuelle cumulée (a) des paiements minimaux au titre de la location, et de (b) la valeur résiduelle non garantie égale à la juste valeur de l'actif loué. (IAS 17)

Taux marginal d'endettement du preneur d'un contrat de location : taux d'intérêt que le preneur aurait à payer pour un contrat de location similaire ou, si celui-ci ne peut être déterminé, taux d'intérêt qu'obtiendrait le preneur, au commencement du contrat de location, pour emprunter sur une durée et avec une garantie similaires les fonds nécessaires à l'acquisition de l'actif. (IAS 17)

Transaction dont le paiement est fondé sur des actions : transaction par laquelle l'entreprise reçoit des biens ou des services contre remise d'instruments de capitaux propres (actions ou options sur actions) de l'entreprise ; ou acquiert des biens ou des services pour des montants qui sont fonction du prix des actions ou d'autres instruments de capitaux propres de l'entreprise. (IFRS 2)

Transformation biologique : comprend les processus de croissance, de dégénérescence, de production et de procréation, qui engendrent des changements qualitatifs ou quantitatifs dans l'actif biologique. (IAS 41)

Trésorerie : fonds en caisse et dépôts à vue. (IAS 7)

Unité génératrice de trésorerie : plus petit groupe identifiable d'actifs qui génère des entrées de trésorerie qui sont largement indépendantes des entrées de trésorerie générées par d'autres actifs ou groupes d'actifs. (IAS 36, IFRS 5)

Valeur actuelle actuarielle des prestations de retraite promises : valeur actuelle des paiements attendus que le régime de retraite aura à verser aux membres du personnel existant et anciens, au titre des services déjà rendus. (IAS 26)

Valeur actuelle de l'obligation au titre de prestations définies : valeur actuelle, avant déduction des actifs du régime, des paiements futurs dont on prévoit qu'ils seront nécessaires pour éteindre l'obligation résultant des services rendus au cours de la période considérée et des périodes antérieures. (IAS 19)

Valeur comptable d'un actif : montant pour lequel un actif est comptabilisé après déduction du cumul des amortissements et du cumul des pertes de valeur. (IAS 16, 36, 38, 40, 41)

Valeur d'utilité d'un actif : valeur actuelle des flux de trésorerie futurs attendus de l'utilisation continue d'un actif ou d'une unité génératrice de trésorerie. (IAS 36, IFRS 5)

Valeur intrinsèque d'une option sur actions : différence entre la juste valeur des actions auxquelles la contrepartie a le droit (conditionnel ou inconditionnel) de souscrire ou qu'il a le droit de recevoir ; et le prix (s'il existe) que la contrepartie est (ou sera) tenue de payer pour ces actions. (IFRS 2)

Valeur nette de réalisation d'un stock : prix de vente estimé dans le cours normal de l'activité, diminué des coûts estimés pour l'achèvement et des coûts estimés nécessaires pour réaliser la vente. (IAS 2)

Valeur recouvrable d'un actif : valeur la plus élevée entre la juste valeur d'un actif diminuée des coûts de la vente et sa valeur d'utilité. (IAS 16, 36, IFRS 5)

Valeur résiduelle d'un actif : montant estimé qu'une entité obtiendrait actuellement de la sortie de l'actif, après déduction des coûts de sortie estimés, si l'actif avait déjà l'âge et se trouvait déjà dans l'état prévu à la fin de sa durée d'utilité. (IAS 16, 38)

Valeur résiduelle garantie d'un contrat de location :

a) pour le preneur : part de la valeur résiduelle qui est garantie par le preneur ou par une personne qui lui est liée (le montant de la garantie étant le montant maximum qui pourrait devenir exigible dans toute circonstance) ;

b) pour le bailleur : part de la valeur résiduelle qui est garantie par le preneur ou par une personne non liée au bailleur qui a la capacité financière d'assumer les obligations de garantie. (IAS 17)

BIBLIOGRAPHIE

Normes

Les normes de l'IASB sont rassemblées dans un ouvrage *International Financial Reporting Standards (IFRSs)* édité chaque année par l'IASB et que l'on peut commander sur le site : http://www.iasb.org

L'IASB a également publié des traductions de ses normes dans différentes langues, dont le français.

Le texte des normes adoptées par l'Union européenne peut être consulté sur le site de cette dernière :

http://ec.europa.eu/internal_market/accounting/ias/index_fr.htm

Ouvrages

Association Nationale des Directeurs Financiers et de Contrôle de Gestion, *Normes IAS/IFRS - Que faut-il faire ? Comment s'y prendre ?*, Éditions d'Organisation, Paris, 2005.

BAILLY Laurent, *Comprendre les IFRS - Guide pratique des différences à connaître entre les normes IFRS et la comptabilité française,* Maxima, Paris, 2007.

BARBE Odile et DIDELOT Laurent, *Maîtriser les IFRS*, Revue Fiduciaire, Paris, 2009.

BARNETO Pascal, *Normes IAS/IFRS - Application aux états financiers*, Dunod, Paris, 2006.

BARNETO Pascal et GRUSON Pierre, *Instruments financiers et IFRS - Evaluation et comptabilisation en IAS 32, 39 et IFRS 7*, Dunod, Paris, 2005.

BRUN Stephan, *IAS/IFRS : Les normes internationales d'information financière*, Gualino éditeur, Paris, 2006.

COLMANT Bruno, MICHEL Pierre-Armand et TONDEUR Hubert, *Comptabilité financière - Normes IAS/IFRS*, Pearson, Paris, 2008.

EPSTEIN Barry J. et JERMAKOWICZ Eva K., *IFRS policies and procedures*, Wiley, New York, 2008.

EPSTEIN Barry J. et JERMAKOWICZ Eva K., *Interpretation and application of International Financial Reporting Standards*, Wiley, New York, édition annuelle.

ERNST & YOUNG, *IFRS/US GAAP comparison*, LexisNexis, London, 2005.

ERNST & YOUNG, *International GAAP 2005*, LexisNexis, London, 2005.

JULIAN Jean-Jacques, *Les normes comptables internationales IAS-IFRS*, Foucher, Paris, 2007.

KPMG, *Insights into IFRS*, Thomson, London, 2008.

OBERT Robert, *Pratique des normes IAS/IFRS - Comparaison avec les règles françaises et les US GAAP*, Dunod, Paris, 2003.

PIERANDREI Laurent, *60 cas d'application sur les normes IAS/IFRS*, Gualino éditeur, Paris, 2006.

PricewaterhouseCoopers, *Découvrir les instruments financiers en IFRS*, Éditions Francis Lefebvre, Paris, 2007.

PricewaterhouseCoopers, *IFRS 2009*, Éditions Francis Lefebvre, Paris, 2009.

PricewaterhouseCoopers, *S'initier aux IFRS*, Éditions Francis Lefebvre, Paris, 2004.

Sites Internet

IASB : http://www.iasb.org

IAS Plus (site de Deloitte) : http://www.iasplus.com

PricewaterhouseCoopers :
http://www.pwc.com/gx/en/ifrs-reporting/ifrs-publications.jhtml

INDEX

D

E

F

G

TABLE DES MATIÈRES

Dans la même collection
(extraits)

AFTALION F. et PONCET P., *Les techniques de mesure de performance.*
ALBOUY M., *Finance immobilière et gestion de patrimoine.*
ALBOUY M., *Décisions financières et création de valeur,* 2e éd.
ALBOUY M. et BONNET C., *OPA, OPE et LBO.*
ALIOUAT B., *Les stratégies de coopération industrielle.*
AMADIEU P. et BESSIÈRE V., *Analyse de l'information financière.*
ARRÈGLE J.L., CAUVIN E., GHERTMAN M., GRAND B., ROUSSEAU P., *Les nouvelles approches de la gestion des organisations.*
BAGLIN G., BRUEL O., GARREAU A., GREIF M. et VAN DELFT Ch., *Management industriel et logistique,* 5e éd.
BANCEL F. et RICHARD A., *Les choix d'investissement.*
BASSO O., *L'intrapreneuriat.*
BÉCOUR J.C. et BOUQUIN H., *Audit opérationnel,* 3e éd.
BERTRAND P. et PRIGENT J.-L., *Gestion de portefeuille.*
BERTRAND-KERVERN F. *et alii*, *Gestion de patrimoine.*
BIDAULT F., *Le champ stratégique de l'entreprise.*
BOUQUIN H., *Comptabilité de gestion,* 5e éd.
BROIHANNE M.H., MERLI M. et ROGER P., *Finance comportementale.*
CAPET M., CAUSSE G. et MEUNIER J., *Diagnostic. Organisation. Planification d'entreprise,* 3e éd.
CASSON M., *L'entrepreneur.*
CEDDAHA F., *Fusions acquisitions,* 3e éd.
COHEN E., *Analyse financière,* 6e éd.
COLASSE B., *Introduction à la comptabilité,* 11e éd.
COLASSE B. et CASTA J.F. (études coordonnées par), *Juste valeur.*
CORMIER D., *Comptabilité anglo-saxonne et internationale,* 2e éd.
DAIGNE J.F., *Ré-ingénierie et reprise d'entreprise.*
DEMEY P., FRACHOT A. et RIBOULET G., *Introduction à la gestion actif-passif bancaire.*
DENIS H., *Stratégies d'entreprise et incertitudes environnementales.*
DESBRIÈRES Ph., *Participation financière, stock-options et rachats d'entreprise par les salariés.*
DUPUIS J.C. et LE BAS Ch. (éd.), *Le management responsable.*
DURAND R. (éd.), *Développement de l'organisation – Nouveaux regards.*
EVERAERE Ch., *Management de la flexibilité.*

FERRANDIER R. et KOEN V., *Marchés de capitaux et techniques financières*, 4e éd.

FERRARY M. et PESQUEUX Y., *Management de la connaissance.*

FLORY A. et LAFOREST D., *Les bases de données relationnelles*, 3e éd.

GABRIÉ H. et JACQUIER J.L., *La théorie moderne de l'entreprise.*

GENSSE P. et TOPSACALIAN P., *Ingénierie financière*, 3e éd.

GERVAIS M., *Contrôle de gestion*, 9e éd.

GERVAIS M., *Stratégie de l'entreprise*, 5e éd.

GHERTMAN M., *Stratégie de l'entreprise – Théories et actions.*

GIARD V., *Gestion de la production et des flux*, 3e éd.

GIARD V., *Statistique appliquée à la gestion*, 8e éd.

GIARD V., *Gestion de projet.*

GOFFIN R., *Principes de finance moderne*, 5e éd.

GRANIER Th. et JAFFEUX C., *La titrisation*, 2e éd.

HAMON J., *Bourse et gestion de portefeuille*, 3e éd.

HOESLI M., *Investissement immobilier.*

JOFFRE P. *et al.*, *Le management stratégique par le projet.*

KŒNIG G. *et alii*, *De nouvelles théories pour gérer l'entreprise du XXI*e *siècle.*

LA BRUSLERIE H. (de) *et alii*, *Ethique, déontologie et gestion de l'entreprise.*

MARTINET A.C. et REYNAUD E., *Stratégies d'entreprise et écologie.*

MONTEBELLO M., *Stratégie de création de valeur pour le client.*

MONTEBELLO M., *Création d'entreprise : connaissances et analyses stratégiques.*

SAVALL H. et ZARDET V., *Maîtriser les coûts et les performances cachés*, 5e éd.

SIMON Y., LAUTIER D. et MOREL Ch., *Finance internationale*, 10e éd.

TRÉSARRIEU J.P. (sous la direction de), *Réflexions sur la comptabilité – Hommage à Bertrand d'Illiers.*

ZAJDENWEBER D., *Économie et gestion de l'assurance.*

Cet ouvrage a été achevé d'imprimer en août 2010
dans les ateliers de Normandie Roto Impression s.a.s.
61250 Lonrai
N° d'impression : 10-2648
Dépôt légal : août 2010

Imprimé en France